Brigitte Roßbeck · Franz Marc

Allitera Verlag

BRIGITTE ROSSBECK ist Historikerin und freie Publizistin. Sie schreibt seit vielen Jahren hochgelobte Biografien. Die Autorin ist Mitglied des PEN-Zentrums Deutschland und lebt in Oberbayern.

Brigitte Roßbeck

FRANZ MARC

DIE TRÄUME UND DAS LEBEN

BIOGRAFIE

Allitera Verlag

1. Auflage April 2021
Allitera Verlag
Ein Verlag der Buch&media GmbH München

Redaktion: Dietlind Pedarnig
Layout, Satz und Umschlaggestaltung: Johanna Conrad
Gesetzt aus der Adobe Garamond Pro und der Meta Bold
Printed in Europe · ISBN 978-3-96233-268-6

Allitera Verlag
Merianstraße 24 · 80637 München
Fon 089 13 92 90 46 · Fax 089 13 92 90 65

Weitere Publikationen aus unserem Programm finden Sie auf www.allitera.de
Kontakt und Bestellungen unter info@allitera.de

INHALT

1914 BIS 1916

ANHANG

GELEITWORT

Franz Marcs Werke wurden nach dem Zweiten Weltkrieg als repräsentativ für eine Moderne betrachtet, deren Tradition durch ihre Verfemung im Nationalsozialismus gewaltsam unterbrochen wurde. Marcs Kunst bot in ihrer dynamischen Formensprache, der intensiven Farbigkeit und der scheinbar idyllischen Tier-Motivik einen idealen Ausgangspunkt für die Akzeptanz der abstrakten Malerei nach dem Krieg. Seine Hauptwerke, der *Tiger*, das *Blaue Pferd*, die *Gelbe Kuh*, wurden zu Ikonen im Kreis der Lieblingswerke der Moderne. Dies führte zu einer unreflektierten Faszination für das Œuvre eines Malers, der sich gefragt hatte, »wie sieht ein Tier die Welt oder ein Adler, ein Reh oder ein Hund?«

Dass diese zum Teil kritiklose Verehrung auch die Person des Malers miteinbezog, dessen Leben ebenso aus der Wirkung seiner Gemälde konstruiert, wie jene aus seiner Biografie erklärt wurden, lässt sich in vielen Passagen der Franz Marc-Literatur nachlesen. Klaus Lankheit, der nach dem Krieg von Maria Marc mit der Durchsicht und Veröffentlichung des schriftlichen Nachlasses des Malers betraut worden war, wirkte mit seinen Forschungen zu Franz Marcs Werk und mit der Edition seiner Schriften dieser Tendenz entgegen und schuf die Grundlage für eine wissenschaftliche Betrachtungsweise. Der Idealisierung des Kriegshelden Marc, dessen vielgelesene *Briefe aus dem Feld* selbst im Nationalsozialismus wiederaufgelegt wurden und die Franz Marc als luziden und opferbereiten Kämpfer für ein *Neues Europa* zeigten, konnte er nicht entgegenwirken.

Brigitte Roßbeck öffnet nun mit ihrer Biografie Franz Marcs eine ebenso klare wie klärende Perspektive auf sein Leben. Ihre detaillierten Archiv-Recherchen und die Erschließung neuer, bisher nicht beachteter Quellen erlauben es, dem Lebensweg Franz Marcs Schritt für Schritt zu folgen und seine künstlerische Entwicklung auch im Zusammenhang mit seinem familiären Umfeld und vor dem Hintergrund der vielen Brüche und Krisen vor allem des jungen Marc besser zu verstehen. Mit ihrer Sichtweise, die das diffizile Gleichgewicht zwischen Empathie und Distanz bewahrt, befreit sie Franz Marc von einer falschen Aura, ohne dass seine schöpferische Leistung gemindert würde.

Cathrin Klingsöhr-Leroy
Direktorin Franz Marc Museum in Kochel am See, Februar 2021

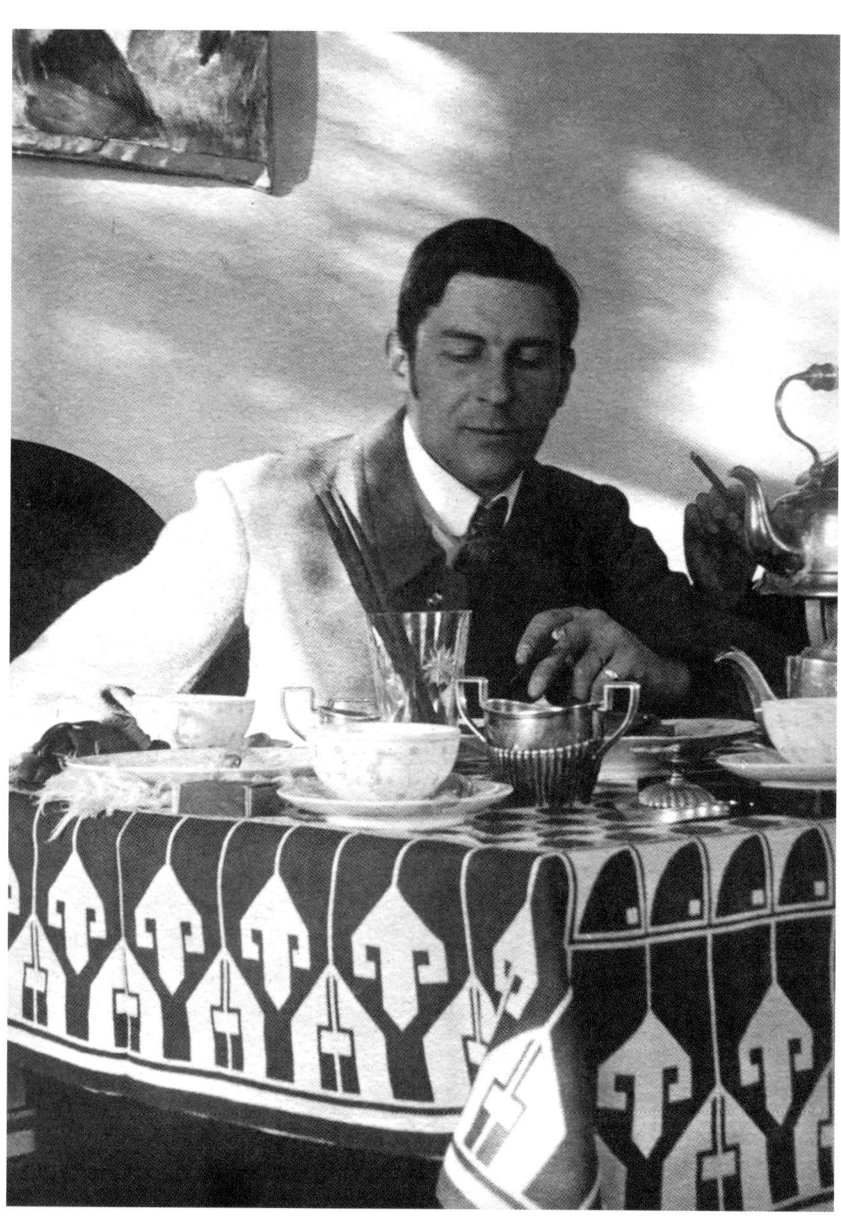

VORWORT

Mehr als ein Jahrhundert liegt zwischen dem Tod des weltweit bekannten Blauen Reiters und dieser umfassend recherchierten Darstellung seiner Herkunft und Erziehung, seiner Persönlichkeit und seines Schaffens. Ergänzt um eine Vielzahl teils bislang unveröffentlichter biografischer Fotos. Eine Publikation, die anhand teils überraschender, immer jedoch spannender Details von der Untrennbarkeit des Menschen Franz Marc von dem Maler Franz Marc erzählt. Ganz sicher kein Ersatz für das im Jahr 2000 von mir und der Koautorin Kirsten Jüngling veröffentlichte und naturgemäß auf die Beziehung des Künstlerpaares Franz und Maria Marc konzentrierte Doppelporträt. Dafür aber die erste große Lebensbeschreibung des männlichen Protagonisten.

Wichtigster Grund für Ausweitung und Intensivierung meiner Studien war die mittlerweile erheblich verbreiterte Forschungsbasis. Neue Quellen standen mir zur Verfügung. So das zwischen 2004 und 2011 erschienene dreibändige Werkverzeichnis (zusammengestellt von Annegret Hoberg und Isabelle Jansen). Die Bedeutung der 2005 erfolgten Ergänzung des Nachlasses Franz Marc im Deutschen Kunstarchiv / Nationalmuseum Nürnberg durch ein Konvolut von mehr als zweihundert, zuvor im Verborgenen gebliebenen Dokumenten trat bei genauer Durchsicht zutage. Im Verlauf meiner publizistischen Beschäftigung mit Marianne von Werefkin war ich zudem auf erhellende Inhalte des brieflichen Austauschs zwischen der Russin aus dem Kreis des Blauen Reiters mit Franz Marc gestoßen. Selbst scheinbar Nebensächliches, wie die Möglichkeit der Einsichtnahme in den auf ihre Erben übergegangenen Bibliotheksbestand der Eheleute Marc, half, offene Fragen zu klären. Dann das völlig unerwartete Auftauchen umfangreicher Aufzeichnungen aus erster Hand im Autografenhandel! Im Gegensatz zu ihren im Nürnberger Archiv verwahrten Rückblicken spricht Maria Marc in den von mir ersteigerten *Erinnerungen aus meinem Leben mit Franz Marc* uneingeschränkt Klartext in Bezug auf Irrungen und Wirrungen in Liebesdingen. Darüber hinaus gibt sie überraschenderweise zu Protokoll, dass ihr Mann bereits 1908 und nicht erst 1910, was bislang gängige Meinung war, seine erste Ausstellung hatte, und auch, dass er viel früher als von der Nachwelt kolportiert, mit der Neuen Künstler-Vereinigung München in Berührung kam.

Neu ist auch das Wissen um Franz Marcs Plan zur Gründung einer Schule für Lithografie. Und das Wissen um seine Absicht, zu Beginn des Jahres 1913 eine Nachfolgeorganisation der Neuen Künstler-Vereinigung München ins Leben zu rufen, unter Vermeidung alter Fehler.

Ähnliche Freude wie die bereits genannten Funde hat mir die Wiederentdeckung der außergewöhnlich positiven Reaktion eines Zeitungskritikers auf Franz Marcs Werkschau 1915 in der Berliner Sturm-Galerie bereitet – inklusive Auflistung dort präsentierter Bilder, deren Titel zwischenzeitlich ebenfalls in Vergessenheit geratenen waren. Auf der Suche nach Übersehenem oder Unterdrücktem las, respektive quälte ich mich durch den gesamten Bestand ungedruckter, mehrheitlich handschriftlich vorliegender Korrespondenzen. Folgte jeder nur anfänglich abseitig erscheinenden Spur. Hätte der Aufwand sich nicht tatsächlich in vielfältigster Hinsicht gelohnt, wäre allein das Ans-Licht-Bringen eindeutiger Belege für die Wandlung des Kriegsteilnehmers Franz Marc vom Befürworter zum Ankläger der Mühe wert gewesen.

Brigitte Roßbeck
Iffeldorf, Februar 2021

NACHDENKEN

»Ich war *nie frühreif* u. bin sicher, mit 40 u. 50 Jahren Lebendigeres zu leisten als mit 20. u. 30.«, vermerkte Franz Marc im Januar 1916, wenige Tage vor seinem sechsunddreißigsten Geburtstag und wenige Wochen vor seinem Tod.[1] Frei von Selbstzweifeln war der Maler zu keiner Zeit, frei von Geldnot nur gelegentlich. Unter dem Eindruck einer ihn besonders belastenden Schaffenskrise und doch in dem festen Willen, auch diese zu überwinden, hatte er Anfang 1914 an Marianne von Werefkin geschrieben: »Ich will mich nicht wiederholen, denn wozu Dinge zweimal sagen? Aber neue ›andere‹ Bilder malen heißt ein anderes Leben leben, neu denken, von vorne anfangen und das ist so unendlich schwer.«[2] Von August Macke, kurz vor Kriegsbeginn, um einen »Kunstbrief« gebeten, antwortete Franz Marc dem Freund: Er fühle sich außerstande, etwas anderes zu sagen, als dass das Malen, mit jedem Schritt, den man mache, ein Mehr an Kraftanstrengung mit sich zu bringen scheine. Denn: »... ich bin noch mit nichts fertig in mir.« Das »schreckliche ›Verkaufenmüssen‹« bedrückte ihn nicht minder. Sein größter Wunsch momentan: »Könnte ich es nur, ich würde jetzt mal fünf Jahre gar nichts ausstellen ...!«[3] Derweil er noch von einer kreativen Pause träumte, rückte die bittere Realität eines »Großen Krieges« unaufhaltsam näher.

Bereits 1916, unmittelbar nach Franz Marcs Tod, kam die Nachfrage nach seinen Werken in Gang. Ausstellungen im In- und Ausland taten ein Übriges. Die Preise für seine Bilder entwickelten sich konstant nach oben. Zu Lebzeiten fast ausschließlich von privaten Sammlern erworben, kauften jetzt vermehrt auch Museen Arbeiten von ihm.

1922 wurden, beispielsweise, achtzig Exponate in der Neuen Abteilung der Berliner Nationalgalerie im ehemaligen Kronprinzenpalais zusammengeführt und gezeigt. Das Hauptaugenmerk des Publikums lag jedoch auf dem Gemälde *Turm der blauen Pferde*. Ungezählte Male reproduziert, wurden ihm, und gern auch den *Weidenden Pferden*, Vorzugsplätze in Wohnstuben, Jugendzimmern und Studentenbuden zugewiesen. Von der insgesamt wohl hunderttausend-, wenn nicht millionenfachen Wiedergabe der beliebtesten Motive auf Kunstpostkarten ganz zu schweigen. Franz Marc war in seinem Heimatland sehr schnell sehr populär geworden, als Maler und: als ein »auf dem Felde der Ehre gefallener«[4] Held.

Ab 1930 etwa wendete sich das Blatt. Angriffe, ja Hetzkampagnen aus den Kreisen der Nationalsozialisten gegen die Avantgarde zeigten allgemein Wirkung. Museumsleiter sahen sich gezwungen, moderne Kunst aus Schauräumen zu entfernen. Manche unabhängige Galerien und nichtstaatliche Institutionen ließen sich so schnell nicht einschüchtern. 1936 stellte anlässlich Franz Marcs zwanzigstem Todestag die Kestner-Gesellschaft in Hannover hundertfünfundsechzig seiner Werke aus. Über Mangel an Besuchern konnte der Veranstalter nicht klagen. Nur hielten Presseleute und Kunstkritiker es mittlerweile für angebracht, das vermeintlich spezifisch Deutsche, sprich Germanische, am Œuvre des Expressionisten besonders zu loben.

Doch als die in Hannover präsentierten Werke, von den Galerien Nierendorf und von der Heyde übernommen, in Berlin gezeigt werden sollten, kam es zu einem Eklat: Unmittelbar bevor Alois Schardt, Museumsmann mit Schwerpunkt moderne Kunst, mit seiner Eröffnungsrede hatte beginnen wollen, untersagten Männer der Gestapo den Vortrag, ließen den voll besetzten Saal unverzüglich räumen und forderten die Entfernung der Exponate. Zwar wurde der Schließungsbefehl bald darauf zurückgenommen, die von Alois Schardt gerade verfasste Marc-Monografie jedoch konfisziert. Kaum hatte der Autor seine Stimme erhoben, um während der nachgeholten Ausstellungseröffnung aus dem Buch zu lesen, sprangen zwei Kriminalbeamte von ihren Sitzen auf und rissen es ihm aus den Händen. Tags darauf wurde die »Säuberungsaktion« in dem Verlag fortgesetzt, der sein Werk herausgebracht hatte. Wenige hundert Buchexemplare konnten, weil rechtzeitig ausgelagert, vor ihrer Vernichtung gerettet werden. Dabei hatte Schardt, nationalsozialistisches Gedankengut persönlich durchaus akzeptierend, wann immer möglich, auf die seines Erachtens »völkischen« Elemente in der Kunst des Franz Marc hingewiesen.

Im Juli 1937 wurde in den Münchner Hofgartenarkaden die Ausstellung »Entartete Kunst« eröffnet. Adolf Ziegler, Präsident der Reichskammer der bildenden Künste, in seiner Einführungsrede: »Wir befinden uns in einer Schau, die aus ganz Deutschland nur einen Bruchteil dessen umfasst, was von einer großen Zahl von Museen für Spargroschen des deutschen Volkes gekauft und als Kunst ausgestellt worden war. Sie sehen um uns herum diese Ausgeburten des Wahnsinns, der Frechheit, des Nichtkönnertums … Uns allen verursacht das, was die Schau bietet, Erschütterung und Ekel. In Durchführung meines Auftrages, alle Dokumente des Kunstniederganges und der Kunstentartung zusammenzutragen, habe ich fast sämtliche deutsche Museen besucht.« Um sie, korrekt ausgedrückt, ihrer expressionistischen Schätze zu berauben! Gemälde von Franz Marc, darunter sein berühmter *Turm der blauen Pferde*, hingen im sechsten Raum des Obergeschosses – ohne diffamierende propagandistische Hinweise übrigens. Weder waren die Bilder mit dem Namen ihres Malers noch mit Titeln versehen. An Franz Marc nämlich schieden sich die Geister. Strikter Ablehnung seines abstrakten Spätwerks stand die Akzeptanz seiner frühen Tierdarstellungen gegenüber.

Heftige Proteste vonseiten des Deutschen Offiziersbundes sowie Franz Marcs bayerischem Traditionsregiment gegen die künstlerische Herabwürdigung des Frontkämpfers und Kameraden hatten zur Folge, dass zunächst der *Turm der blauen Pferde* aus der Ausstellung »Entartete Kunst« verschwand. Als die »zur Abschreckung« zusammengestellte Gesamtkollektion ihre Reise in verschiedene Städte des Deutschen Reiches antrat, war Franz Marc mit keinem Werk mehr vertreten.

Die Frage, weshalb seine jüdische Abkunft vom Vater her weitgehend unbeachtet blieb, währenddessen radikale Antisemiten die Einbeziehung von »jüdischen Mischlingen zweiten Grades« in das nationalsozialistische Deportations- und Vernichtungsprogramm forderten, muss offen bleiben. Fest steht, dass Franz Marcs Bruder Paul sich ab 1937 auffallend »still« verhielt und »ganz zurückgezogen« lebte.[5]

Moritz Marc, Kaufmann u. Hofagent in Arolsen
hatte 7 Söhne, 7 Töchter von zwei Frauen. bekannt sind nur 4 Söhne:

Philipp Marc geb. 1750
Engl. Offiz. in americ. Freiheits-
Krieg; nach Beendigung americ.
Bürger und von Washington zum
Consul für Franken ernannt.
gest. zu Bamberg 1800.
verh. mit seiner Nichte
Franziska Marc (1773 + 1849)

Georg Marc
der Älteste
Kaufmann in
Arolsen (Kommerzienrath)
10 Kinder.

Jacob Marc
war auch in America

Dr. Moritz Marc
medizinalrath
in Bayreuth

Louis Marc
americanischer
Consul in Bamberg
verh. mit Jane

Dr. Adalbert Marcus
geb. 1753.
Hofrath in Bamberg
+ 1816

Dr. Carl Marcus
adoptiv Sohn
Klinik-Arzt in Bamberg
u. in Würzburg.

Heinrich Kaufmann in Arolsen + 1823
geb. 1763 verh. mit Mariane Leonardi
hatte 10 Kinder, darunter Dr. Louis
Marc geb. 1796 + 1857 in Arolsen
verh. mit s. cousine Julie Marc.

Franziska geb. 1773
verh. zu London 1792 mit
ihrem Onkel Philipp Marc
+ in Petersburg 1849.

Philipp
+ in Moskau
hatte d. Namen
Hirschitz angenommen

Joh. Nep. Freiherr v. Pelkhoven
geb. 1763 + 1830 zu Freising
verh. mit Hyacinthe Gräfin
von Spreti geb. 1777 + 1868.
15 Kinder.

Julia Marc
geb. 1796 + zu
München 1865

Minna geb. 1797 + 1862
verh. Kaufm. Bohnstedt – Petersburg

Moritz August Marc
geb. 1799 + 1862
Regierungs-Dir. in Speyer

verh. 1832 mit Pauline Freiin v. Pelkhoven 1806 + 1843
" 1846 mit Mechtilde " " 1813 + 1882

Ludwig Bohnstedt 1822
+ 1885 architekt in Gotha
verh. mit Olga Vanderflicht + 1906.
Kinder Ernst, Alfred, Olga Ida Ella
+ 1903 + 1866

Eduard Bohnstedt
geb. 1826 + 1894
verh. mit Fanny Marc + 1875

Robert 1855 + 1883 · Max 1857. · Mathi. 1858 · Clara · Edda 1860 + 1893 · Clara 1862 · Moritz 1864 · Willy 1866 + 1913 · Franz 1868 · Emmy 1870. · Georg 1875.

Wilhelm Marc 1839 + 1907
verh. mit S. Maurice 1877.
geb. 1847 + 1926

Paul geb. 1877. · Franz geb. 1880
+ 1916 Verdun

Mina geb. 1833 + 1905
Mathilde geb. 1834 + 1884 in Kloster Zangberg
Fanny geb. 1835 + 1875
Max geb. 1837 + 1906
Pauline geb. 1841 + 1864

Max 1869 · Ludwig 1873 · Paula 1872.

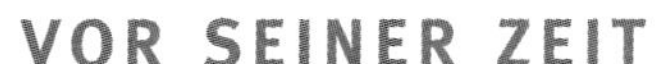

VOR SEINER ZEIT

WURZELN

Franz Marcs Ururgroßvater, Jahrgang 1690, hielt es irgendwann für angebracht, das konfessionelle Identitätsmerkmal aus seinem Namen zu entfernen. Aus dem jüdischen Geschäftsmann Marcus Juda wurde ein Moritz Marcus. Zunächst lebte er in der thüringischen Residenzstadt Gotha, später dann in der hessischen Residenzstadt Arolsen. Die Familie war weitverzweigt und durch wohlüberlegtes Heiraten innerhalb der Verwandtschaft bestens vernetzt.

Einem seiner Söhne, dem 1739 geborenen, ging die Umbenennung nicht weit genug. Mit siebenundzwanzig bestieg Franz Marcs Urgroßvater als Philipp Mark im Hafen von Portsmouth ein großes Segelschiff. Mag sein, er überquerte freiwillig den Atlantischen Ozean, mag sein, er wurde vom Landesherrn dazu gezwungen. Arolsen gehörte zum Herrschaftsgebiet Friedrich Karl Augusts von Waldeck-Pyrmont. Um seinen verschwenderischen Lebensstil beibehalten zu können, »vermietete« der hoch verschuldete Fürst männliche Landeskinder gegen bare Münze an das englische Militär. Drei Waldecker Regimenter kämpften im Amerikanischen Unabhängigkeitskrieg. Mehr als die Hälfte der Soldaten starb für eine Sache, die nicht die ihre war. Philipp Mark hatte Glück und überlebte. Es gefiel ihm gut in der Neuen Welt. Er baute in New York eine Handelsniederlassung auf und bekam 1789 die Bürgerrechte der Stadt sowie des Bundesstaats verliehen. Seit dem Inkrafttreten der Bill of Rights waren in den Vereinigten Staaten alle Menschen gleichberechtigt, egal welcher Herkunft sie waren, welche Hautfarbe oder Religion sie hatten. Erst im Alter von dreiundfünfzig Jahren trat Philipp Mark in den Stand der Ehe – und zwar in London. Bis dorthin war er seiner, ebenfalls aus Arolsen stammenden, weitaus jüngeren Nichte und zukünftigen Ehefrau entgegen gereist. Die Hochzeitszeremonie wurde von einem Rabbiner geleitet. Noch in England, unmittelbar nach der Trauung im jüdischen Ritus, vollzog das Paar seinen Übertritt vom ursprünglichen zum christlichen Glauben. Weshalb sich Philipp und Fanny Mark für eine Mitgliedschaft in der anglo-presbyterianischen Kirche entschieden, ist unbekannt.

Zunächst lagen zwei gemeinsame Jahre in New York vor den Eheleuten. Obwohl der tüchtige Kaufmann Philipp Mark in den USA ein sehr hohes

Ansehen genossen haben muss, zog es ihn und Fanny zurück nach Deutschland. Die Urkunde seiner Ernennung zum Konsul der Vereinigten Staaten in Franken ist vom Präsidenten George Washington persönlich unterzeichnet. 1794 erreichten die Heimkehrer Bamberg, wo zwei von Philipps Brüdern bedeutende Stellungen innehatten. Der eine als Leibarzt des amtierenden Fürstbischofs sowie als Direktor des ob seiner Fortschrittlichkeit weithin gerühmten Hospitals. Dem anderen war der Titel eines fürstbischöflichen Kommerzienrats verliehen worden. Beide hatten, wie die Neuankömmlinge um ein Höchstmaß an Assimilation bemüht, ihr Judentum gegen den Katholizismus eingetauscht. Aus dem Mediziner Israel Marcus war bei dieser Gelegenheit ein Adalbert Marcus geworden, aus dem Ökonomen Nathan Marcus ein Friedrich Marcus.

Sowohl bei den älter eingesessenen Geschwistern als auch jetzt bei Konsul Philipp Mark gingen die Spitzenvertreter der Bamberger Gesellschaft ein und aus.[1] Anderswo in deutschen Landen war judenfeindliches Verhalten an der Tageordnung, gemäß der fundamental ignoranten Devise: »Einmal Jud, immer Jud!« Als einer von wenigen Regenten bestand Franz Ludwig von Erthal, Fürstbischof von Würzburg und Bamberg, prinzipiell auf der Gleichbehandlung aller seiner Untertanen, konnte Zuwiderhandlungen jedoch nicht gänzlich vermeiden. Regelmäßig tauchten auch in seinem Herrschaftsgebiet anonyme antisemitische Hetzschriften auf, wovon manche zu tätlichen Angriffen bis hin zu Mord aufriefen. Namentlich Dr. Adalbert Marcus musste aufgrund übelster Angriffe und Verleumdungen zeitweilig um sein Leben fürchten.[2] Egal ob Konvertit oder nicht.

Philipp und Fanny Mark wurden Eltern von drei Kindern, allesamt in Bamberg geboren und ausnahmslos katholisch getauft. Nach Juliane Eleonore (Julia) und Wilhelmine Friederike kam im Jahr 1799 Moritz August auf die Welt.

Franz Marcs Großvater besuchte das Gymnasium am Ort. Der damalige Lernstoff umfasste »Religions-, Welt- und Naturgeschichte, Erdbeschreibung, Rechenkunde, deutsche, lateinische, griechische Sprachen, Briefkunde, Beredsamkeit und Erfahrungsseelenlehre«.[3] Ergänzt um die Förderung künstlerischer Fähigkeiten. Ein Doppelbildnis seiner Schwestern[4], vom Heranwachsenden in Aquarelltechnik gemalt, lässt einiges Talent vermuten. An den Universitäten zu Würzburg und Erlangen studierte er Rechtswissenschaft, war aber am liebsten unterwegs, reiste beispielsweise nach St. Petersburg, wo Wilhelmine Friederike seit ihrer Heirat mit dem Kaufmann Ludwig Bohnstedt lebte. Das berufliches Ziel des fertigen Advokaten: höherer Staatsbeamter. Mit fünfundzwanzig wurde ihm in Bamberg die Stellung eines Landgerichts-Assistenten angeboten, danach diejenige eines Fiskaladjunkt (Regierungsbeauftragter vornehmlich in Steuerangelegenheiten) im niederbayerischen Straubing.

Dort lernte Moritz August Mark anno 1831 den Appellationsgerichts-Assistenten Maximilian (Max) Freiherr von Pelkhoven[5] kennen, angenehm im Umgang, klug, distinguiert und ein Mann mit besten Beziehungen. Außerdem als Ältester verantwortlich für eine siebzehnköpfige Geschwisterschar. Hervorgegangen aus den zwei Ehen des – damals gerade verstorbenen – Johann Nepomuk Freiherr von Pelkhoven[6], Königlich Bayerischer Kämmerer, Regierungs- und Kreisschulrat, Mitglied des Landtags, Publizist und Gelegenheitsdichter. Seine Witwe und Mutter der jüngeren Kinder, Hyazintha Freifrau von Pelkhoven[7], geborene Gräfin Spreti, kämpfte derzeit vergebens gegen massive, seit dem unerwarteten Tod des Gatten bestehende, pekuniäre Probleme. Am ärgsten betroffen waren ihre noch ledigen Töchter, da bar jeder Mitgift. Die Suche nach Ehemännern für die auf dem Heiratsmarkt des Adels schwer vermittelbaren Fräulein war also keine leichte Sache. Dass der bürgerliche Moritz August Mark, Christ zwar, aber jüdischer Abkunft, als Kandidat überhaupt eine Chance erhielt, hing mit dem zu erwartenden Mehrfachnutzen zusammen. Neben seiner charakterlichen Eignung zählte wohl vor allem sein Angebot, dem Freund und ersatzweisem Familienoberhaupt Max von Pelkhoven die Sorge um gleich zwei seiner unversorgten Schwestern abzunehmen: Pauline und Mechthilde.

Pauline, auf Schloss Wildthurn bei Landau an der Isar geboren und auf Schloss Teising bei Neumarkt-Sankt Veit an der Rott aufgewachsen, war, als sie und Moritz August Mark einander 1832 das Jawort gaben, sechsundzwanzig, und Mechthilde, künftig eine unentbehrliche Stütze der Hausfrau, neunzehn Jahre alt. Vermutlich sorgte, im Gegenzug, Max von Pelkhoven für das entscheidende Quäntchen Protektion. Tüchtigkeit allein hilft bekanntlich nicht notwendigerweise weiter. Faktisch gingen Heirat und dienstliches Fortkommen Hand in Hand. Zum Regierungsrat ernannt, wechselte Moritz August Mark ans Rentamt von Cham. In der oberpfälzischen Stadt gebar Ehefrau Pauline zwischen 1833 und 1837 vier ihrer Kinder: Wilhelmine (Minna), Marie Mechthilde (Marie), Franziska (Fanny) und Maximilian (Max).

Mit dem Aufstieg von Moritz August Mark zum Oberregierungsrat war ein Umzug der Familie nach Landshut verbunden. Hier kam am 9. Oktober 1839 Wilhelm Moritz Eduard (Wilhelm) zur Welt – Franz Marcs Vater. Das Schlusslicht der Kinderreihe bildete Theresia. Die Frage nach der Religionszugehörigkeit ihrer sechs Nachkommen hatte sich den Eltern nicht gestellt.

In Glaubensdingen hatten die erzkatholischen von Pelkhovens und von Spretis das Sagen. Vorerst jedenfalls.

In Wilhelm Marks drittem Lebensjahr stand die nächste Ortsveränderung an. Des Vaters Versetzung in die Königliche Kammer der Finanzen führte die Familie in die bayerische Haupt- und Residenzstadt. Mit einer Adresse in der jüngst erbauten Maxvorstadt wurde ihr Ankommen im oberen Feld der Mittelschicht unterstrichen. In München starb dann 1843 Pauline Mark. Über die Todesursache der erst Sechsunddreißigjährigen ist nichts bekannt. Bevor er, einem neuerlichen Karrieresprung zufolge, nach Speyer, dem Verwaltungszentrum der bayerischen Pfalz übersiedelte, heiratete der Witwer seine seit eh und je zum Haushalt gehörende Schwägerin. Den Kindern hätte er keinen größeren Gefallen tun können. Tante Mechthilde wurde von einem jeden uneingeschränkt geliebt. Sie wiederum hatte ihre Neffen und Nichten gleichermaßen in ihr Herz geschlossen.[8]

Niemals hatte Regierungsdirektor Mark Zweifel an seiner monarchistischen Gesinnung aufkommen lassen. Doch speziell im Revolutionsjahr 1848 bot sich ihm die Gelegenheit, seine unerschütterliche Loyalität unter Beweis zu stellen. Zum Dank bekam Moritz August von König Maximilian II. das Ritterkreuz des Verdienstordens vom Heiligen Michael verliehen. Um ein Vielfaches schmückender aber war seine und seiner Frau Erhebung in den nichterblichen Adelsstand. Nichterblich hieß, den Nachkommen blieb das noble »von« verwehrt. Für die in nämlicher Zeit vollzogene Abwandlung der Schreibweise des Nachnamens von Mark in Marc gibt es keine schlüssige Erklärung.

Wilhelm Marc, nunmehr, und sein älterer Bruder Max besuchten in Speyer das humanistische Gymnasium. Überhaupt häuften die beiden Knaben reichlich Schulwissen an. Und deren Schwestern? Sie waren, wie anders, auf weibliche Etikettierungen abonniert: fromm, sittsam, verträglich, verlässlich, allenfalls belesen und genial vorzugsweise hinsichtlich Handarbeiten und Hauswirtschaft.

Bald fiel erneut ein Schatten auf die Familie. Moritz August von Marc kränkelte. Versuche, mit Hilfe von Kuren, seine Gesundheit wiederherzustellen, schlugen fehl. »Geschwüre der Halsdrüsen linkerseits« lautete die überlieferte ärztliche Diagnose.[9] Symptome einer Infektion, einer Tuberkulose, einer Krebserkrankung? Am 5. Oktober 1852 starb er im Alter von dreiundfünfzig Jahren. Seine Witwe, durch eine Pension finanziell abgesichert, kehrte nach München zurück. Gemeinsam mit ihren Schutzbefohlenen lebte sie forthin unter einem Dach mit dem alleinstehenden Max von Pelkoven – zum Vormund bestimmt, übernahm er die Vaterrolle. Mechthilde von Marc hatte auch insofern klug gehandelt, als das von ihr bevorzugte anregende Umfeld eine nicht zu unterschätzende Bereicherung bedeutete. Ihr Halbbruder führte am Hundskugelplatz ein großes Haus. Aus dem einstigen Gerichtsassistenten war eine Persönlichkeit von allerhöchstem Rang geworden. Immerhin stand Staatsrat Max von Pelkoven kurz vor seiner Berufung zum Leiter mehrerer Ministerien.[10] Im Haus des Politikers und Schöngeists gaben sich Honoratioren die Klinke in die Hand. Einer seiner vielen Freunde war der katholische Geistliche und Publizist Christian Brentano.[11]

Als Wilhelm Marc fünfzehn war, heiratete seine Schwester Fanny in St. Petersburg den Cousin Eduard Bohnstedt. Dafür kehrte Tante Julia, kürzlich verwitwete Schwester des verstorbenen August Moritz von Marc, in den Schoß der Familie zurück. In ihrer Jugend Blüte eine Schönheit, hatte sie einst den Schriftsteller und Komponisten E.T.A. Hoffmann betört. Aus der geplanten Verbindung war jedoch nichts geworden.

1858 verließ Wilhelm Marc das Gymnasium. Gern hätte er ohne Umschweife mit einer Ausbildung zum Kunstmaler begonnen. Max von Pelkoven pochte aber aus Sicherheitsgründen aufs – familienintern bewährte – Studium der Rechte. Danach würde man weitersehen. Der Achtzehnjährige fügte und beeilte sich, lediglich sieben Semester lagen zwischen Abitur und juristischem Examen. In seiner Freizeit durchstreifte der junge Mann, Skizzenbuch und Bleistift in der Tasche, die Gegenden rund um München auf der Suche nach Motiven. Erhalten gebliebene frühe Arbeiten[12] dokumentieren seinen Hang zur architektonisch exakten Wiedergabe von Schlössern, Burgen und anderen pittoresken Bauwerken.

Im Oktober 1863 schrieb er sich in die »Antiken Classe« der Königlichen Akademie der Künste München ein. Alexander Strähuber war sein Lehrer. Für den Anfang bedeutete das: zeichnen nach nichts anderem als nach Gipsabgüssen. Wie lange Wilhelm Marc das stupide Kopieren aushielt, ist nicht überliefert. Ob und – wenn ja – wie lange er eine der damals von Karl (von) Piloty, Philipp Foltz, Johann Schraudolph oder Hermann Anschütz geleiteten Malklassen besuchte, weiß ebenfalls niemand mehr zu sagen. 1864, vielleicht auch im Jahr darauf, nahm der durchaus strebsame Kunststudent Privatunterricht bei dem erfolgreichen Porträtisten Erich Correns. Es galt ein Manko auszugleichen. Hinsichtlich einer möglichst fehlerfreien Wiedergabe menschlicher Gestalten und Gesichter fehlte es Wilhelm Marc an der Übung. Ohne die Perfektionierung figürlicher Darstellungen waren die von ihm ins Auge gefassten Sujets allerdings nicht denkbar. Sogenannte Genrebilder erfreuten sich großer Beliebtheit. Manche erzählen kleine Alltagsgeschichten, manche appellieren an die

Moral oder kommen als ein witziger Einfall daher. Andere geben dem Betrachter das gute Gefühl eines Teilnehmers an großen Festlichkeiten. Gemälde, die einen innigen Moment festhalten, zierten in besonders großer Zahl die Wände bürgerlicher Salons. Somit befand sich Wilhelm Marc auf einem vielversprechenden Weg, und die Mitgliedschaft in der Münchner Künstlergenossenschaft war ein weiterer wichtiger Schritt in die angestrebte Richtung.

1864 wurde Wilhelms jüngste Schwester Theresia zu Grabe getragen. Max von Pelkhoven verstarb im gleichen Jahr. Er hinterließ seiner bis zuletzt treu für ihn sorgenden Halbschwester ein Geldvermögen in Höhe von vierundzwanzigtausend Gulden.[13] Dem jungen aufstrebenden Künstler bescherte das stattliche Erbe – genauer: die Bereitschaft von Ziehmutter Mechthilde von Marc, es auch zum Wohle des Neffen zu verwenden – ein Jahrzehnt höchsten Reisevergnügens. Obwohl Wilhelm über Zinseinkünfte aus dem Vermächtnis seiner Eltern verfügte, reichten die eigenen Einnahmen zur Stillung seines ausgeprägten Fernwehs noch nicht aus. Ferientouren und Weiterbildungsexkursionen führten ihn viele Male in diverse deutsche Sehnsuchtsorte. Italien lockte mit Bellagio, Bologna, Capri, Ferrara, Florenz, Genua, Locarno, Mailand, Padua, Pisa, Rom, Venedig, Verona und Vicenza. An Frankreich interessierte ihn Straßburg mehr als Paris. In Österreich besuchte Wilhelm nachweislich die Wachau, Eldorado der Landschaftsmaler, und Wien, um in der Weltausstellung des Jahres 1873 sein Gemälde *Ein Ausflug* hängen zu sehen. Auch bis nach Ungarn und Moskau fuhr er mit der Eisenbahn. Und des Öfteren nach St. Petersburg.

Die künstlerische Ausbeute eifrigen Schauens über den heimischen Tellerrand: ungezählte Skizzen, Zeichnungen, Aquarelle. Der größte persönliche Gewinn: Sophie Maurice, französische Staatsbürgerin, geboren am 21. Januar 1847 in dem elsässischen Ort Guebwiller, Tochter des Kaufmanns Joseph Maurice und seiner Ehefrau Nancy, geborene Martignie.[14] Die Eltern stammten aus der lothringischen Stadt Remiremont am Rande der Vogesen. Später verlegte die Familie ihren Wohnsitz in den schweizerischen Kanton Neuchâtel. Sophie war erst neun, als 1856 in Le Locle ihre Mutter starb. Forthin lebte das Mädchen in einem Internat. Gern wüsste man mehr über Kindheit und Jugend. Verbürgt ist Sophies unlösbar an calvinistische Dogmen gebundene Erziehung – folgenschwer nicht nur für sie selbst.[15]

Der Calvinismus geht von der völligen sündhaften Verderbtheit des Menschengeschlechts aus. Allein durch göttliche Gnade kann ein Individuum gerettet werden, es kann also selbst nichts für sein Seelenheil tun – außer glauben und sich an Christus und der Schrift festmachen. Gott hat, auch das eine zutiefst deprimierende calvinistische Grundannahme, von allem Anfang an, schon vor der Erschaffung der Welt, festgelegt, wer einmal gerettet wird, am Ende der Tage aufersteht und wer verdammt ist in alle Ewigkeit. Wie kann man dem Schicksal, der Prädestination dennoch entrinnen? Die Hoffnung der Calvinisten auf Auserwählung mittels Askese kommt im besonderen Ernst ihrer Lebensführung, in außerordentlichem Fleiß und Arbeitseifer sowie in strenger Kirchenzucht zum Ausdruck.

Zwischen 1862 und 1866 hielt sich Sophie nachweislich in Basel auf. Abgesehen von der Verbesserung ihrer Deutschkenntnisse besuchte sie offenkundig in der Kantonshauptstadt eine jener als exzellent eingestuften Ausbildungsstätten für Gouvernanten. Mehrsprachige kultivierte Erzieherinnen waren europaweit gesucht.

Erstmals begab sich Wilhelm Marc 1867 zu seiner Schwester Fanny nach Russland. Kurz zuvor hatte Mademoiselle Maurice ihre Vertrauensstellung im St. Petersburger Haus der Bohnstedts angetreten. Von Liebe auf den ersten Blick zwischen dem Endzwanziger und der Neunzehnjährigen konnte keine Rede sein. Sonderlich erpicht auf eine dauerhafte Bindung waren anscheinend beide nicht. Es bedurfte drei weiterer Russlandreisen und einer Wartezeit von insgesamt fast einem Jahrzehnt, um aus ihnen ein Paar zu machen. Im Sommer 1876 kam Wilhelm in Begleitung seiner ledigen Schwester Minna nach St. Petersburg. Ohne die Ankunft einer zuverlässigen Nachfolgerin wäre der überzeugten Calvinistin Sophie die Entscheidung für ein Eheleben an der Seite eines, wenn auch erkennbar toleranten, Katholiken wohl noch schwerer gefallen als ohnehin. Heirat bedeutete nämlich auch eine schmerzliche Trennung von den mutterlosen Schützlingen. Im Vorjahr hatte Fanny Bohnstedt die Geburt ihres zehnten Kindes nicht überlebt.

Die Trauung fand am 27. Februar 1877 auf konfessionell neutralem Boden statt. Zum Missfallen Mechthilde von Marcs und zum Entsetzen der Spreti- und Pelkhoven-Verwandtschaft heiraten Wilhelm und Sophie, sie dreißig, er achtunddreißig, einzig und allein auf dem Münchner Standesamt. Die erste Probe auf Konsensbereitschaft und Konsensfähigkeit, fast wichtigste Voraussetzungen für ein gedeihliches Zusammenleben, hatten Braut und Bräutigam damit bestanden. Tatsächlich standen sie am Anfang einer glücklichen Beziehung auf der Basis gegenseitigen liebevollen Respekts. Erstes äußeres Anzeichen der gedeihlichen Ehe war Sophies klitzekleiner Babybauch bei der Rückkehr der Jungvermählten im Mai von ihrer Hochzeitsreise nach Italien.

Von ihrem ersten gemeinsamen Münchner Zuhause bis zur Pferdebahnhaltestelle am Karlstor waren es zirka sieben Gehminuten, bis zum Marienplatz mit dem im Bau befindlichen Neuen Rathaus spazierte man nicht länger als eine Viertelstunde. Wilhelm Marcs Atelier befand sich in einem Anbau des Wohnhauses in der Schillerstraße 18. Ein Ölgemälde und ein Aquarell, um 1880 von ihm geschaffen, gewähren Einblicke ins Gesellschafts- und Damenzimmer. Keine Spur von gründerzeitlichem Pomp. Keine Möbel im Stile der Neugotik oder der Neorenaissance. Keine Anrichte mit Rankenwerk, grotesken Köpfen und mächtiger Bekrönung, kein Bücherschrank mit gedrechselten korinthischen Säulen und Löwentatzen-Füßen, kein überreich verzierter Schreibtisch aus massiver Eiche. Schlichte Eleganz dominiert, einige Einrichtungsgegenstände waren aus dem Biedermeier herübergerettet. Einzig Fenstervorhänge und Schabracken scheinen dem Zeitgeschmack geschuldet.

Der Familienvater in spe verdiente mit seiner Malerhände Arbeit nicht schlecht. Weitere uns bekannte Bilder aus Wilhelm Marcs umfangreichem, mehrheitlich nicht mehr greifbaren Œuvre tragen Titel wie *Abend im Klostergarten*, *Freistunde im Pensionat*, *Mutter mit Kind in Frühlingslandschaft*, *Besinnliche Stunde*, *Ausflug in den Wald*, *Der alte Sägeknecht*, *Mädchen beim Schafehüten*, *Sennerin mit Lämmchen*, *Alte Bäuerin im Gebet* oder *Prozession*.

Abgesehen von seiner beruflichen Hauptbeschäftigung hatten für Wilhelm Marc wie für seine Frau Sophie Lektüren einen hohen Stellenwert. Stetig wuchsen die Bestände ihrer Bibliothek. Sie unterhielten ein Abonnement der *Münchner Neuesten Nachrichten* und lasen genauso regelmäßig die französische Tageszeitung *Le Figaro* sowie *Die Christliche Welt*, das *Evangelische Gemeindeblatt für Gebildete aller Stände*. Überhaupt ging das Informationsbedürfnis der Eheleute weit über das normale Maß hinaus. Ihr Verantwortungsbewusstsein ebenfalls, verfügten sie doch über ein ausgeprägtes soziales Gewissen, aufgrund dessen sich beide außerstande sahen, die zunehmende Verelendung benachteiligter Gruppen in der Folge von menschenverachtenden Auswüchsen des Wirtschaftswandels von der Agrar- zur Industriegesellschaft als unabänderlich hinzunehmen.

Die Marcs waren gesellig. Sophie, »eine schöne Erscheinung«[16], wenngleich im Gegensatz zu ihrem Mann oftmals eine Spur zu streng und zu kühl, verfügte anscheinend über alle guten Eigenschaften einer perfekten Gastgeberin. Wilhelm aber (von seiner Umgebung als unermüdlicher Sammler von Antworten auf philosophische Basisfragen wahrgenommen) hatte die Gabe herzenswarmer Freundschaftspflege. Zum Münchner Zirkel gehörte Landgerichtsrat Franz von Schilcher, Mitbegründer der Sektion München des Deutschen Alpenvereins und ein profunder Kenner der Berchtesgadener Bergwelt. Wir wissen von häufigem Beisammensein mit dem Architekten und

Hochschullehrer August Thiersch, als Professor für Baugeschichte und Bauformenlehre maßgeblich an Planung und Ausbau von Eisenbahnnetzen beteiligt. Zu den Malergefährten mit Familienanschluss gehörte Carl Seiler, und dann gab es da noch Joseph Wenglein, wie Wilhelm Marc sowohl Jurist als auch Kunstschaffender. Carl Freiherr von Cetto war mit Wilhelm Marc seit ihrem gemeinsam absolvierten Studium der Rechtswissenschaften gut bekannt. Wiederholt hatte er den Schlossherrn in Reichertshausen bei Pfaffenhofen an der Ilm besucht. Und nicht zu vergessen der enge Vertraute von Kindheit an: Lujo Brentano, der bekannte Nationalökonom.[17]

Am 23. Dezember 1877 wurde Paul Eduard Marc geboren. Zur Taufe brachten die Eltern ihr erstes Kind in Münchens älteste katholische Pfarrkirche St. Peter.[18] Diesbezüglich hatte Sophie Marc nachgegeben. Aber nur zum Schein, wie sich herausstellen sollte. Religiöse Erziehung war Muttersache, mochten Wilhelms Angehörige verlangen was und so viel sie wollten. Insofern stand für sie von Anfang an fest, im Geiste welchen Glaubens der kleine Paul und eventuelle Geschwister aufwachsen würden. Mit ausdrücklicher Billigung des Vaters übrigens.

Den Sommer 1879 verbrachten die Marcs in Prien am Chiemsee, ein Magnet geradezu für am Naturalismus geschulte Landschaftsmaler. Wilhelms momentanes Hauptinteresse galt vermutlich einer Großbaustelle auf der vorgelagerten Herreninsel mit hervorragenden Möglichkeiten, seine künstlerischen Fähigkeiten einzubringen. Um die Zeit des Herbstanfangs, den erhofften lukrativen Auftrag womöglich schon in der Tasche, kehrte er mit Frau und Kind zurück nach München. Die Aussicht auf ein erkleckliches Künstlerhonorar ging einher mit dem Wissen um eine künftige finanzielle Mehrbelastung. Sophie war wieder schwanger.

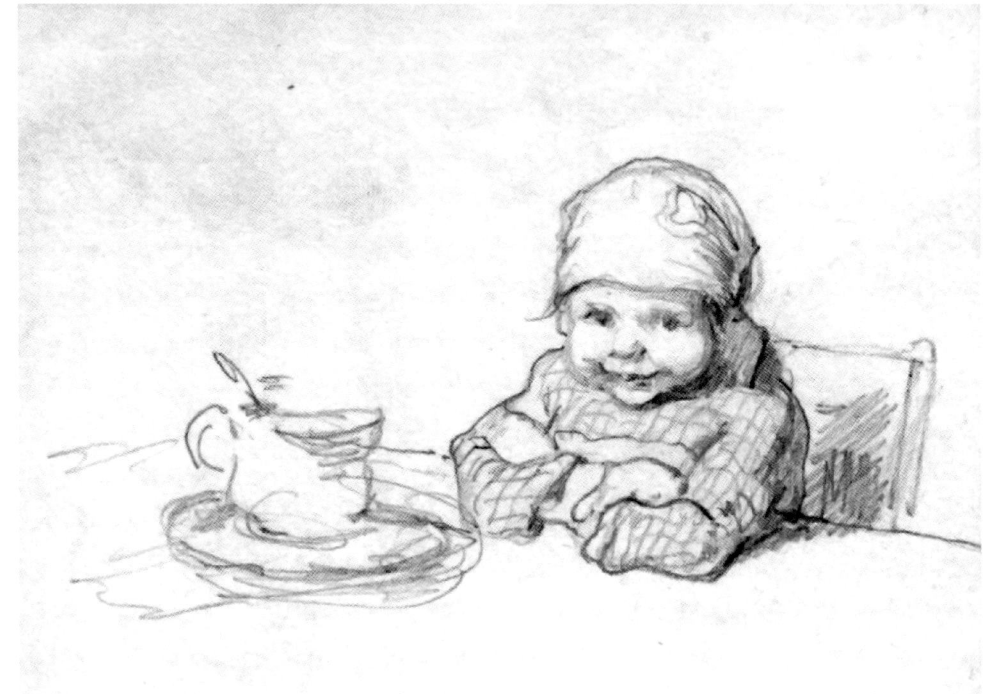
Willi. Tölz 82.

1880 BIS 1904

WEGE INS LEBEN

Es bereitet sich manches vor in mir,
das merke ich aus vielen Anzeichen als ein Autopsychologe vom Fach …

Am 8. Februar 1880 erblickte Franz Moritz Wilhelm Marc in München das Licht der Welt und wurde, wie zuvor sein Bruder, in der Pfarrkirche St. Peter katholisch getauft.[1] Der Rufname des Zweitgeborenen geht laut Familienlegende auf den heiligen Franz von Assisi zurück, Moritz definitiv auf Vorfahren väterlicherseits. Der dritte Vorname Wilhelm geht wohl zurück auf den glücklichen Vater, welcher lange Zeit nicht davon abließ, das Kind ›Willi‹ statt Franz zu nennen.

Die Mutter, robust und von starkem Willen, muss Zimperlichkeit für eine Untugend gehalten haben. Und zwar generell, besonders aber in Bezug auf sich selbst und auf ihre Kinder. Franz war gerade drei Monate alt und Paul knapp zweieinhalb Jahre, als Sophie Marc ihren Mann abermals an den Chiemsee begleitete. Von Mai bis Winteranfang logierten Mutter und Kinder in Prien, Wilhelm Marc jedoch nur an seinen freien Tagen. Ansonsten hatte er sein Quartier auf der Herreninsel. Den Schlafraum in der Bauhütte teilte er mit dem Malerkollegen Joseph Watter.

Seit dem Frühjahr 1878 entstand auf dem unvergleichlich schönen, von Wasser umgebenen Fleckchen Erde ein prunkvoll geplanter Renommierbau. Dass er sein Vorbild in nichts Geringerem als dem Château de Versailles suchte, hing mit der übergroßen Schwärmerei des II. bayerischen Ludwig für den XIV. französischen Ludwig zusammen. Als der verschwenderisch ehrgeizige Bauherr von Schloss Herrenchiemsee 1886 starb, war es noch immer nicht vollendet. Doch damit nicht genug. Wenig später wurde der »Tempel des Ruhms« auf Geheiß der auf Kostenminimierung bedachten Nachlassverwalter bei Hofe in Teilen wieder abgetragen. Unangetastet blieb, unter anderem und sicherlich zur besonderen Freude von Wilhelm Marc, der sogenannte Kriegssaal, an dessen Ausmalung er maßgeblich beteiligt gewesen war.[2] Seine künstlerische Hinterlassenschaft enthält eine Skizze in Öl auf Pappe aus dem Entstehungsjahr des Kuppelbilds. Dargestellt ist Söhnchen Paul in der Gestalt eines Putto. In voller Größe ausgeführt, blickt

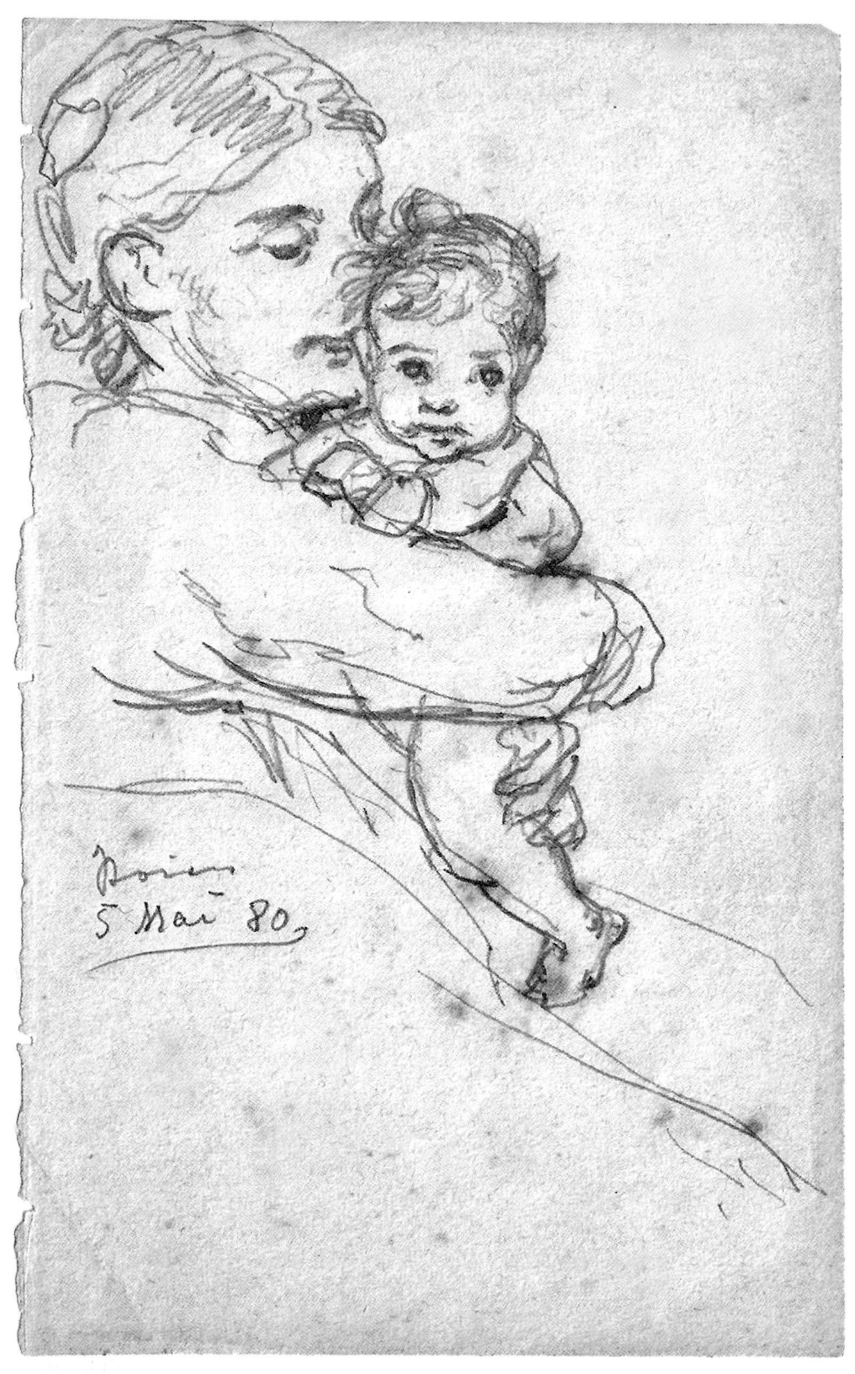

Zeichnung Wilhelm Marc: Sophie Marc mit dem drei Monate alten Franz, »Prien 5. Mai 80«

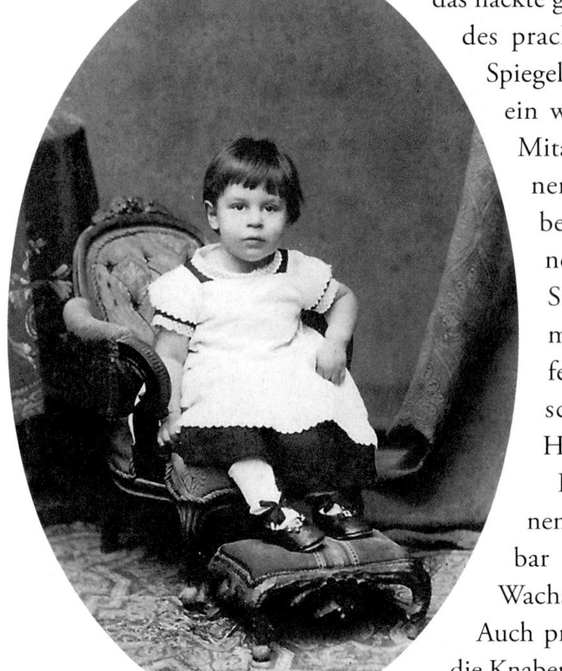

Franz Marc, Oktober 1881

das nackte geflügelte Knäblein von der Decke des prachtvollen Raumes am Ende der Spiegelgalerie auf uns hinab. 1885 folgte ein weiterer königlicher Auftrag: die Mitarbeit Wilhelm Marcs an der Innenausstattung eines nur äußerlich bescheidenen Refugiums für sinnenfrohe Jagdgesellschaften. Drei Stunden Fußmarsch durchs Ammertal von Schloss Linderhof entfernt, entstand inmitten eines geschlossenen Waldgebiets der Hubertus-Pavillon.[3]

In der Kindheit von Franz und seinem Bruder war es dem Vater offenbar ein Anliegen, ihr Werden und Wachsen auf Bildnissen festzuhalten. Auch professionelle Fotografen bekamen die Knaben regelmäßig vor die Linse. Mechthilde von Marc starb im Februar 1882. Ihren Stiefkindern vererbte sie insgesamt rund sechsundvierzigtausend Goldmark. Wilhelm Marc und seine drei noch lebenden Geschwister teilten sich – nach Abzug kleinerer Legate – den erstaunlich hohen Betrag.[4] Statt es zur Befriedigung seines Drangs in die Ferne zu nutzten, wie ehedem, legte er das Geld vorsorglich beiseite. Im Übrigen wurde ihm das Reisen von Jahr zu schwerer. Den Anfang Fünfzigjährigen plagten gesundheitliche Probleme. Zweimal hielt sich Wilhelm Marc, begleitet von Frau und Kindern, einige Sommerwochen im Tölzer Ortsteil Krankenheil auf. Dem Wasser aus Jod-Soda- und Jod-Schwefel-Quellen des westlich der Isar gelegenen Mineralbads wurde eine positive Wirkung bei der Behandlung von Rheumatismus, Gicht und Muskelschwäche nachgesagt. Offenbar zeigten sich bei Wilhelm Marc erste Symptome einer einst vielfach unerkannt bleibenden, erbarmungslos fortschreitenden Erkrankung des zentralen Nervensystems, der Multiplen Sklerose. Hatte er deshalb bereits sein Testament geschrieben? Und

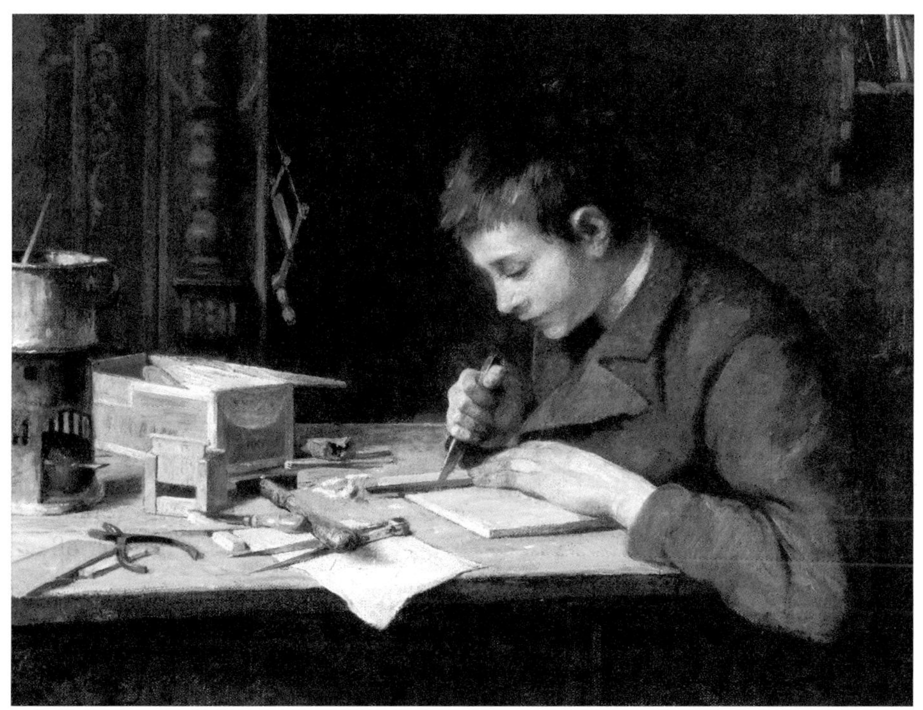

Gemälde Wilhelm Marc: Sohn Franz beim Holzschneiden, um 1895

beim Abfassen des Inhalts unmissverständlich seine Erwartungen hinsichtlich Sophie Marcs Freiheit in ihren Entscheidungen zum Ausdruck gebracht? »Bezüglich der Kinder spreche ich den Wunsch aus«, so eine der letztwilligen Verfügungen des Ehemanns und Vaters zur Abwehr unerwünschten Dreinredens vonseiten der Spretis und Pelkovens, »daß ihnen ein lebendiger christlicher Glaube erhalten werden möge. Da die Sorge hierfür zunächst meiner Frau obliegt, und ihr die Erreichung dieses Zieles vielleicht, je nach den Umständen besser möglich erscheint, wenn sie die Kinder in ihrer eigenen, reformirten Confession erziehen kann, als in der katholischen Kirche, deren Taufe die Kinder erhalten haben, so gebe ich ihr zur Vornahme eines solchen Wechsels hiermit meiner ausdrückliche Zustimmung u. bitte alle meine lieben Verwandte[n], denen mein Andenken werth ist, meine Frau hierin, sowie auch in der freien Wahl ihres ferneren Aufenthaltes keinerlei Schwierigkeit zu bereiten, sondern ihr alle mögliche Hülfe angedeihen zu lassen.«[5]

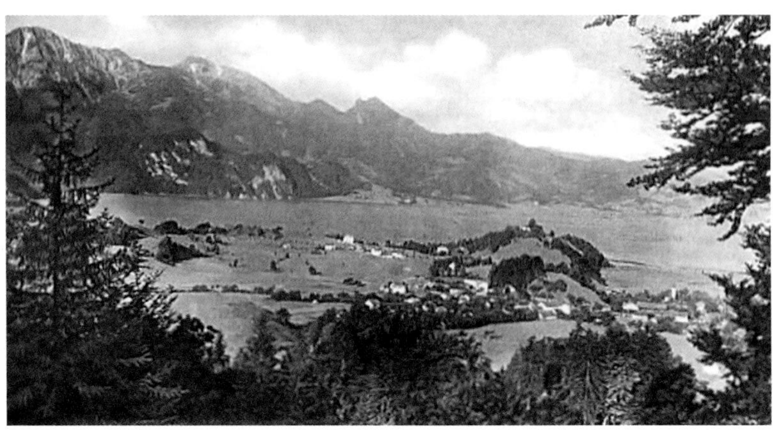

Kochel am See mit Herzogstand und Heimgarten, Ansichtskarte um 1900

Mit der Anmeldung des sechsjährigen Franz, wie zuvor des älteren Paul, in der »I. protestantischen Schule« Münchens (eine evangelisch-reformierte Schule existierte nicht), machten die Eltern auch nach außen hin deutlich, in welche konfessionelle Richtung sie die Schritte der bekanntlich katholisch getauften Buben zu lenken gedachten. Wenngleich die Initiative wohl von Sophie Marc ausging, konnte sie fest mit der Unterstützung ihres Mannes rechnen. Auf Menschen mit Einblick wirkte die Atmosphäre im Hause Marc ungewöhnlich friedvoll. Streitgespräche schienen den Eheleuten fremd. Offenbar wurden bestehende Meinungsverschiedenheiten, mit dem Ziel möglichst einvernehmlicher Regelungen, in Ruhe besprochen.[6]

Bereits 1884 hatte die Familie eine Wohnung im Haus Schwanthalerstraße 48c bezogen.[7] Seither verbrachte sie alljährlich etliche Wochen in Kochel am gleichnamigen See; gen Osten und Süden umfangen von den steil aufsteigenden Flanken von Benediktenwand, Rabenkopf, Glaswand, Jochberg, Herzogstand und Heimgarten. Im späten 19. Jahrhundert hat das Bauerndorf siebenhundertfünfzig Einwohner, es gibt ein kleines Schloss, eine Kirche, einen Gasthof, eine Postexpedition, einen Telegrafen. Kochel verfügt über Stein- und Gipsbrüche sowie die Natronquelle, auch über ein Kurhotel. Ausflügler gehen die fünfzehn Kilometer vom Bahnhof in der Bergarbeitersiedlung Penzberg bis zum Gebirgsrand zu Fuß. Reisende mit reichlich Gepäck werden, auf Bestellung, von Zimmervermietern mit Pferdefuhrwerken abgeholt. »Kochel ist ein beliebter Ferienplatz«, konstatiert ein damals gültiger und vielgelesener Führer durch das bayerische Oberland. Jedoch nur im engeren räumlichen

Sinne. Dem Drumherum kann der Autor des Buchs nur wenig abgewinnen. »Zwischen Starnberger See und Gebirge breitet sich auf viele Stunden hin eine eigenthümlich geartete Gegend aus, welche man Morastia oder Sumpfgau nennen möchte.« Eine Gegend geprägt von großen Gewässern, kleinen Tümpeln, ausgedehnten Mooren, nassen Sauergrasfluren und mageren Weiden. Dann wiederum »hügelig und deßhalb nicht unbedingt zu verachten, abgesehen davon, daß die hohen Berge immer in Sicht sind«.[8]

Franz in Wanderkleidung unterwegs im bayerischen Oberland, 1893

Doch die beschriebene optische Verquickung von Wasserflächen und Wiesengrund, von Weite und Begrenzung macht den Reiz des Alpenvorlandes aus. Später einmal wird Franz eine sehr spezielle Beziehung zu Kochel entwickeln, zu seinem Umland und besonders zur Sennhütte auf der Staffelalm unterhalb des Rabenkopfgipfels. »So ganz in dieser wunderbaren Natur durchläuft mich stets ein sehr verführerisches, ungemeines Wohlbehagen«, notierte der dann Achtzehnjährige. »So unbekümmert ganz und ganz dem Herzen zu leben, zu lieben und zu träumen …« – in den Niederungen des Alltags fast unerreichbare Glücksgefühle in Zeiten emotionaler Not.[9]

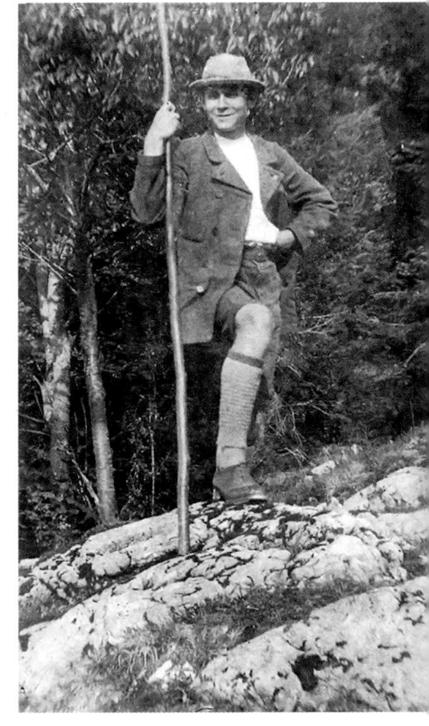

Vorerst ruderten er und der Bruder, begleitet vom Vater, vergnügt über den See zum Haus des Fischers von Brunnenbach.[10] Wir nehmen Wilhelm Marcs Skizzenbuch zur Hand und finden darin eine Ansicht des Einödhofs.[11] Mit der Mutter unternahmen Franz, gern, und Paul, ungern, von Kochel aus lange Wanderungen, hinauf zur Staffelalm oder zum Walchensee beispielsweise und von dort weiter in die Jachenau. Ins Gästebuch der Klosterwirtschaft im dreißig Kilometer weit entfernten Polling trugen sich nur die zehn und zwölf Jahre alten Buben ein.[12]

Mitunter nahmen sie in Kochel am Unterricht für die Dorfkinder teil, immer dann nämlich, wenn die Eltern den Aufenthalt »länger als die Schulferien es erlaubten ausdehnten«.[13] Im

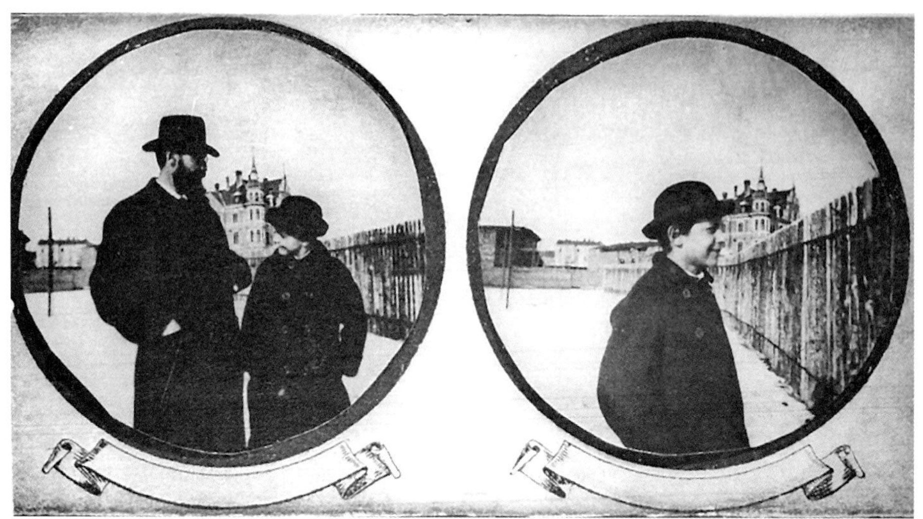

Wilhelm Marc mit Sohn Franz bei einem Spaziergang innerhalb Münchens – im Hintergrund das jüngst erbaute Sendlinger Gasthaus zum Tannengarten, hinter dem Zaun befinden sich Grünflächen und Gewächshäuser der Gärtnerei Mack, um 1890/1891

Sommer 1891 blieb Wilhelm Marc allein in München zurück, derweil Frau und Kinder wiederum nach Kochel fuhren. Zwei Bilder – *Obsternte* und *Am Abend* – bestimmt für die Jahresausstellung im Glaspalast[14], harrten noch ihrer Fertigstellung.[15] Die Krankheit schritt unerbittlich fort. Von Jahr zu Jahr fiel ihm das Malen schwerer. Irgendwann würde auch die Zeit der kleinen innerstädtischen Erkundungstouren vorbei sein.

In Anerkennung seiner künstlerischen Leistungen und eingedenk zunehmend schwindender Kräfte, wurde Wilhelm Marc von der Münchner Akademie der Künste eine Pension aus dem Etat des Bayerischen Staatsministeriums des Inneren in Höhe von jährlich siebenhundertfünfzig Mark bewilligt.

Zu Unrecht wird der Knabe Franz in der Sekundärliteratur als scheu und in sich gekehrt beschrieben. Tatsächlich war er, so seine Mutter, »ein sehr lustiges« Kind mit einem »guten Humor«.[16] Vom Schüler Franz gab es nicht nur Gutes zu berichten. Gemäß Übertrittzeugnis aufs Königliche Luitpold-Gymnasium schied er allerdings als Zweitbester unter einundfünfzig Schülern aus der Volksschule aus.

Dem Viertklässler wurde »sehr großer Fleiß« und »sehr lobenswertes« Benehmen bescheinigt.[17] Mit dem Verhalten des Dreizehnjährigen waren seine Lehrer nur bedingt einverstanden. Im Großen und Ganzen sei es akzeptabel, attestierten sie ihm nach Beendigung der Quarta, »doch sollte er sich während des Unterrichts größerer Ruhe und Aufmerksamkeit befleißigen«.[18] Die Tatsache, dass Franz, als er sechzehn war, ab und an die Schule schwänzte, fand ihren Niederschlag in einer schlechten Betragensnote. Dem Unterprimaner wurde Mangel an Fleiß vorgeworfen. Speziell mit der Mathematik stand Franz eine Zeit lang auf Kriegsfuß. Von engeren Beziehungen zu Schulkameraden ist nichts bekannt, im Gegensatz zu Kindern aus dem Freundeskreis der Eltern.

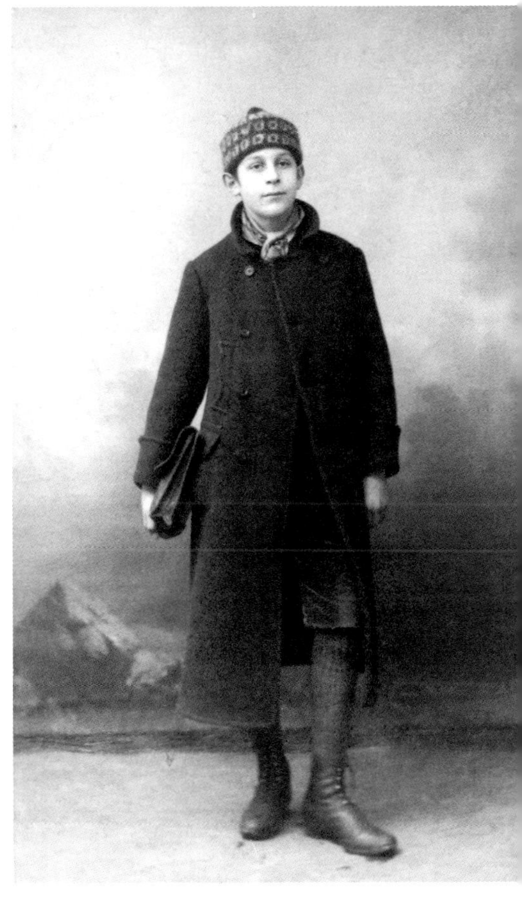

Franz als Gymnasiast, Fotografie Ludwig Schiessl, München, 15. Februar 1892

Fraglos aber war der Bruder Paul seine wichtigste Bezugsperson. Mehrmals zogen die Marcs innerhalb Münchens um. Relativ häufige Wohnungswechsel wurden als normal angesehen. 1887 sind sie in der Landwehrstraße 60 gemeldet und fünf Jahre darauf erneut in der Schwanthalerstraße, dieses Mal hatte man das passende Heim im Haus Nummer 55 gefunden.[19]

Am 8. Februar 1890, zur Feier seines zehnten Geburtstags, bekam Franz vom Vater eine prophetisch anmutende Zeichnung geschenkt. Versehen mit einem Spruch als Mahnung: »Rasch wie dieser Reiter Troß / folgen sich die Jahre, / halte dich stets hoch zu Roß / bis zu deiner Bahre!«[20] Wir sehen Soldaten zu Pferde, die jeweils eine bezifferte Standarte in Händen halten – nur die Zahlen für die Lebensjahre 11, 12, 13, 14 sind klar ablesbar. Der Gesetzmäßigkeit perspektivischen Skizzierens zufolge hat Wilhelm Marc die einzelnen Reiter der Staffel, je näher sie dem Horizont sind, desto kleiner dargestellt. Vierzig aufeinander folgende Berittene sind insgesamt zu erkennen …

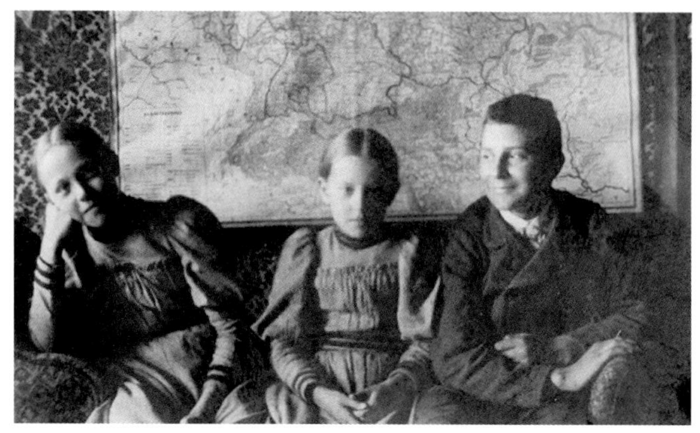

Franz mit den Jugendfreundinnen Elly und Marie Seiler, Töchter des mit den Marcs befreundeten Malers Carl Seiler

Grußadressen in Wort und Bild waren fester Bestandteil der Familientradition. Franz reimte anlässlich des fünfundvierzigsten Geburtstags von Sophie Marc am 21. Januar 1892: »Siehst die Reihe all' der Jahre / Deines Lebens du zurück, / Scheinen glücklich sie und klare, / D'rum ist es ein froher Blick. / Immer hast du Gott vertraut, / Und Er hat dich stets beschützt, / Daß du nur auf Ihn gebaut, / Das hat wahrhaft dir genützt. / So lebe fröhlich lange Zeit, / Wo dich Gott behüten wolle / In Glück und in Zufriedenheit, / Dann wird's Maß der Freude volle.«[21] Ein zartes Bäumchen ziert den linken Rand des Blattes, im Hintergrund erscheint eine Gebirgssilhouette und am Randes eines Sees die kleine Ortschaft. Das geliebte Kochel vermutlich.

Am 8. Februar 1894 erhielt Franz vom Vater ein Paar neue Schuhe überreicht und von seiner Mutter die *Lebens- und Sterbensgeschichte eines frühvollendeten Kindes Gottes.*[22] Ein seltsames Geburtstagsgeschenk für einen gerade Vierzehnjährigen, möchte man meinen. Aber auch eine bedenkenswerte Gabe, lässt die Erbauungslektüre mit realem Hintergrund und tragischem Ausgang doch Rückschlüsse zu auf Sophie Marcs erzieherische Idealvorstellungen.

Hier eine kurze Inhaltsangabe: Ludwig Stählin, von klein auf beispielhaft liebenswürdig und tugendsam, ist ein Ausbund gleichsam an Gewissenhaftigkeit. Niemals macht er den Eltern Kummer. Schon als Schüler grenzenlos lerneifrig getreu dem Gebot »Schaffet, daß ihr selig werdet mit Furcht

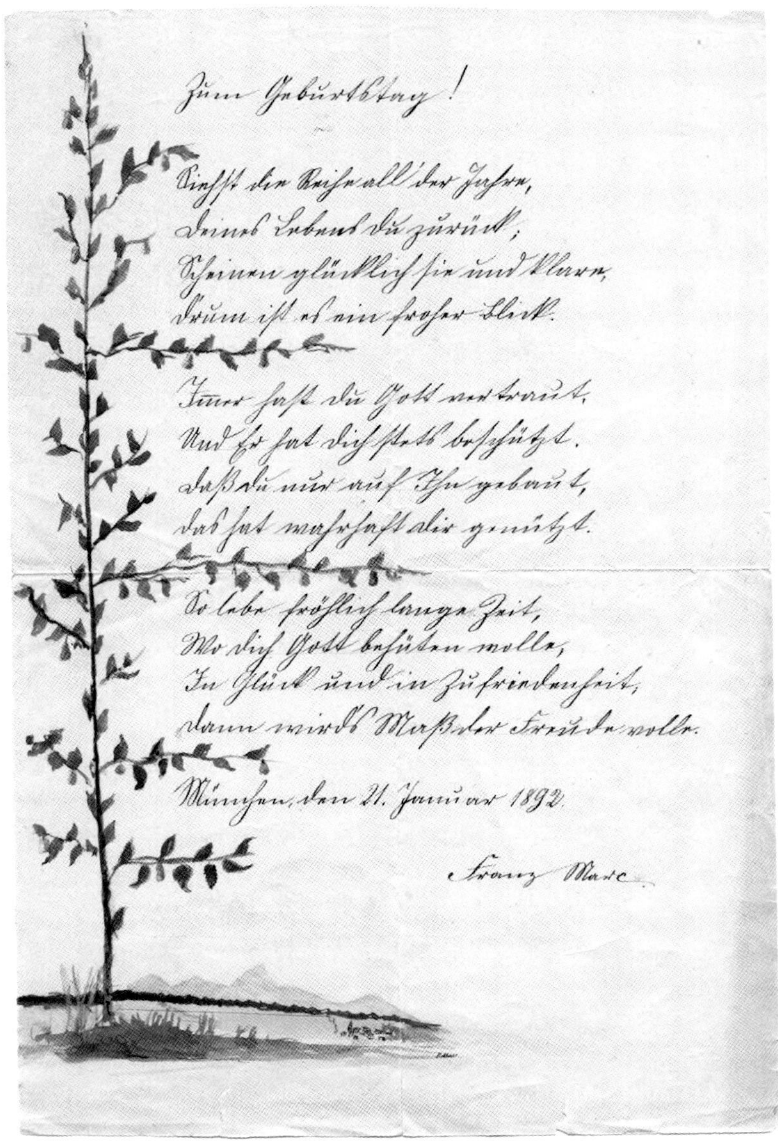

Zum Geburtstag!

Siehst die Reihe all' der Jahren,
Deines Lebens du zurück;
Scheinen glücklich sie und klaren,
Drum ist es ein froher Blick.

Immer hast du Gott vertraut,
Und Er hat dich stets beschützt.
Daß du nur auf Ihn gebaut,
Das hat wahrhaft dir genützt.

So lebe fröhlich lange Zeit,
Wo dich Gott behüten wolle,
In Glück und in Zufriedenheit,
dann wird's Maß der Freude volle.

München, den 21. Januar 1892.

Franz Marc

und Zittern«, überdies maßlos gottesfürchtig und unerhört bibelfest, ein Meister des Gebets, fasst der Spross aus kinderreicher Pfarrersfamilie den Entschluss, Theologie zu studieren. Jede freie Minute, damit es freie Minuten für ihn gar nicht erst gibt, greift er zu den Werken antiker Dichter und Erzähler. Derweil der Heranwachsende »Homer und mit ihm die anderen Griechen oder Römer liebgewann«, bereitet er sich auf den wichtigsten Tag seines jungen Lebens vor: »mein Confirmandenunterricht hat einen tiefen Eindruck auf mich gemacht … O wenn ich nur den ganzen Tag Confirmandenunterricht hätte! Das sind selige Stunden! aber sie sind gar zu kurz …« Geradezu absurd fehlerlos, glaubt Ludwig Stählin dennoch zu spüren und zu wissen, dass niemand des »geistlichen Trostes« mehr bedarf als ein »über seine Sünde erschrockener Mensch« wie er. Jemanden, für den es nichts Wichtigeres geben kann, als »die fleischliche Liebe mit der geistlichen und himmlischen vertauschen«.

Studienexzesse und Selbstkasteiungen, der ohnehin körperlich schwächliche Jüngling überschreitet Grenzen. Die aufopfernde Pflege eines schwer erkrankten Mitschülers ist seine letzte gute Tat. Zwei Tage vor Weihnachten, auf dem beschwerlichen Weg vom Internat zum Elternhaus, überfällt ihn unterwegs eine unerklärliche Bewusstseinstrübung. Am Ende sinkt der orientierungslos Umherirrende vollkommen entkräftet zu Boden. Erst tags darauf wird Ludwig Stählin gefunden. Tot. Vater und Mutter lassen am Feldrain ein steinernes Kreuz aufstellen mit der Inschrift: »Seine Seele gefiel Gott, darum eilte er mit ihm aus dem bösen Leben.«[23]

Franz schrieb seinem Religionslehrer Otto Schlier, das Buch interessiere ihn sehr, er lese momentan viel darin und betrachte das »früh vollendete Kind«, dessen einziges Bestreben es war, »mit seinem Heilande stets eins zu sein, was ihm auch wunderbar gelang«, als Vorbild.[24] »Franz«, spekulierte Sophie Marc, »wird Geistlicher werden.«[25] Und Paul, glaubte sie, ebenfalls! Dem jüngeren Sohn schenkte sie zu seiner Konfirmation im März 1894 in der Münchner Matthäuskirche[26] Aufzeichnungen und Gedichte des Theologen und Lyrikers Karl von Gerok.

Nicht erst mit der Einsegnung der Brüder schuf Sophie Marc, ermutigt durch ihren Mann, vollendete Tatsachen. Ohne die Notwendigkeit einer formalen Konversion waren die katholisch getauften Kinder zu diesem Zeitpunkt bereits Mitglieder einer evangelisch-lutherischen Gemeinde. Da sie noch nicht religionsmündig waren, hatte bereits deren Anmeldung durch die Eltern zum Konfirmandenunterricht den faktischen Übertritt herbeigeführt.[27]

Neben der Lenkung durch die Mutter kann der Einfluss des schon erwähnten Münchner Stadtvikars Otto Schlier[28] auf Franz und Paul gar nicht hoch genug eingeschätzt werden. Bis zur Übernahme eines Pfarramts, geschehen Herbst 1893, im mainfränkischen Schney bei Lichtenfels, waren der Familienvater und seine Frau im Hause Marc häufig zu Gast gewesen.

Nach seinen Kindern wechselte Wilhelm Marc vom katholischen zum evangelischen Glauben. Seine offizielle Begründung wurde ins Kirchenbuch von St. Matthäus eingetragen: »Wilhelm Marc, Kunstmaler dahier, tritt aus Über-

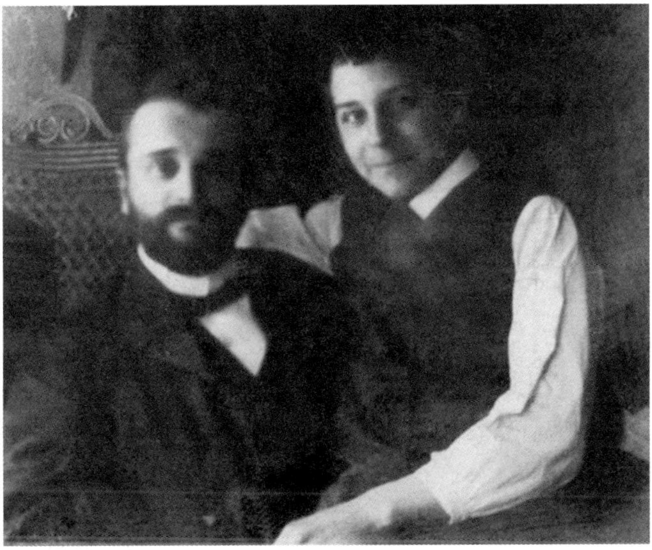

Franz Marc mit Pfarrer Otto Schlier, 1897

zeugung aus der kath[olischen] Kirche über. Der stille fromme Wandel seiner evang[elischen] Frau und die Glaubensfreudigkeit seiner beiden Söhne haben ihn, der nahe Verwandte im Jesuitenorden hat, von der Wahrheit und Kraft des Evangeliums überzeugt. Austr[itt] 18. Febr. 1895. Aufnahm[e]: 10. April 1895.«[29]

1894 und 1895 waren überhaupt ereignisreiche Jahre. Es galt, einen Umzug vor die Tore der Stadt vorzubereiten und hinter sich zu bringen. Für einen Preis von dreitausend Mark hatte Wilhelm Marc in der Villenkolonie Pasing ein Grundstück von sechshundertsechzig Quadratmetern Größe erworben. Mit dem genannten Kauf war die Auswahl des zukünftigen Eigenheims verbunden. Wir stellen uns vor, wie die Marcs im Büro des Architekten August Exter (ein Cousin des Malers Julius Exter) in den bereitliegenden dicken Katalogen blättern. Die Kosten der Objekte, die im Angebot sind, unterscheiden sich erheblich. Sie liegen, bei schlüsselfertiger Übergabe, zwischen achttausend und zwölftausend Mark. Die Entscheidung fällt zugunsten eines Haustyps mittlerer Kategorie mit Erker, verglaster Veranda, Sprossenfenstern und Läden sowie Waschküchenanbau inklusive »Closet«. Ein Badezimmer ist nicht vorgesehen. Im Plan sind vier Zimmer

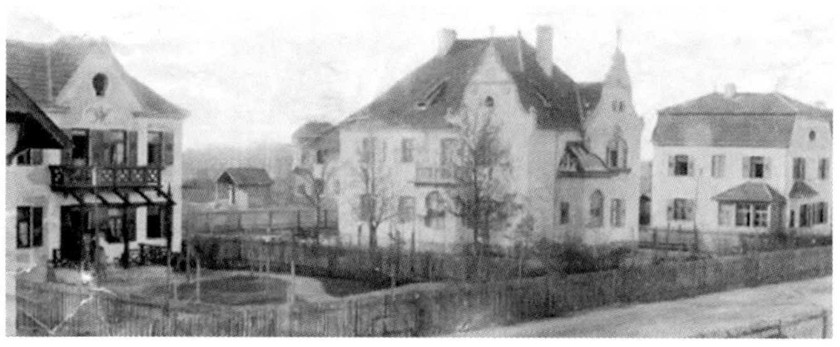

Pasing, Luisenstraße – am rechten Bildrand das Haus der Familie Marc

eingezeichnet, darüber hinaus eine kleine (Dienstboten)Kammer. Im Dachgeschoss ist neben dem Speicher das nach Norden ausgerichtete Atelier vermerkt.[30]

Das erst vor kurzem erschlossene Siedlungsareal liegt westlich des Parks von Schloss Nymphenburg. In Pasing zu wohnen, hat seinen Reiz. Der Ort (erst 1905 zur Stadt erhoben und 1938 nach München eingemeindet) zählt in der warmen Jahreszeit zu den beliebtesten Ausflugszielen. Badeanstalten locken Erholungssuchende ebenso herbei wie idyllische Gartenwirtschaften. Hinzu kommt die gute Erreichbarkeit. Pasings größtes Plus, auch hinsichtlich der Vermarktung neuer Baugebiete, ist seine Anbindung an die Bahnlinie München-Augsburg. Keines der Häuser in der neuen Villenkolonie liegt mehr als achthundert Meter vom Haltepunkt entfernt. Alle Viertelstunde geht ein Zug, Fahrtzeit in die Bayernmetropole: zwölf Minuten. Von Vorteil ist auch der verbilligte Tarif im Vorstadtverkehr.

Am 17. August 1895 nahmen die Marcs Abschied von ihrer Münchner Mietwohnung.[31] Möbel, Hausrat und so weiter wurden in ein Gefährt der Firma Wetsch Warentransporte verladen. Von vier Pferden gezogen, steuerte der geschlossene Wagen die Luisenstraße 30[32] in Pasing an. Vom fünfzehnjährigen Franz wurde die Ankunft des Umzugsguts in einer ansonsten nicht sehr bedeutenden Federzeichnung festgehalten. Zugleich übte er sich einmal mehr in der naiven Kunst des Gelegenheitsdichtens: »Mit Gott hinein in's neue Leben! / Da laßt uns denken und ringen und streben! / Mit der Gegenwart, in der wir leben / Laßt uns der Zukunft Fäden verweben. / Und das Eine lasst uns stets erstreben: Niemals an der Vergangenheit kleben. / Laßt die Hände uns zu Gott erheben: Gib zu dem neuen Hause Deinen Segen!«[33]

Außerdem verfasste er Miniaturessays für den Hausgebrauch. Keines blieb erhalten. Der Briefeschreiber Franz kam mitunter ein bisschen zu gestelzt und zu altklug daher. Er selbst beurteilte seine Mitteilungen »immer viel zu passiv und rezeptiv statt aktiv und produktiv«.[34] Warum nicht von literarischen Könnern lernen? Im März 1897 informierte er Otto Schlier über momentan bevorzugte Lektüren. An erste Stelle stünden Veröffentlichungen des schottischen Historikers Thomas Carlyle – »seine gewaltigen Anschauungen, seine tief ernsten, oft allzu düsteren Gedanken … packen u. fesseln mich jedesmal«.[35] In Gottfried Keller sähe er einen »Meister des Prosastils«.[36] An den Werken Gerhart Hauptmanns gefiele ihm die »Überfülle an Naturpoesie« und die »tiefen Gefühle«: »Es gibt nur sehr, sehr weniges, das ich mit solchem Genuß und auch mit solcher Begeisterung gelesen habe …« Keinesfalls habe er sich Aufführungen des Dramas *Die Weber* sowie des tragikomischen Künstlerstücks *Kollege Crampton* entgehen lassen können.[37]

Der Pfarrer in Schley wiederum machte aus seiner Vorliebe für die Schriften Frederick William Robertsons keinen Hehl. Franz legt er die *Sozialpolitischen Reden* des bedeutenden anglikanischen Predigers ans Herz.[38] In der Tat blieben deren brillant formulierte Inhalte nicht ohne Wirkung auf den jugendlichen Leser. Wohl beklagte Robertson die Kluft zwischen Reich und Arm, eine Kluft eigentlich, wie der Verfasser

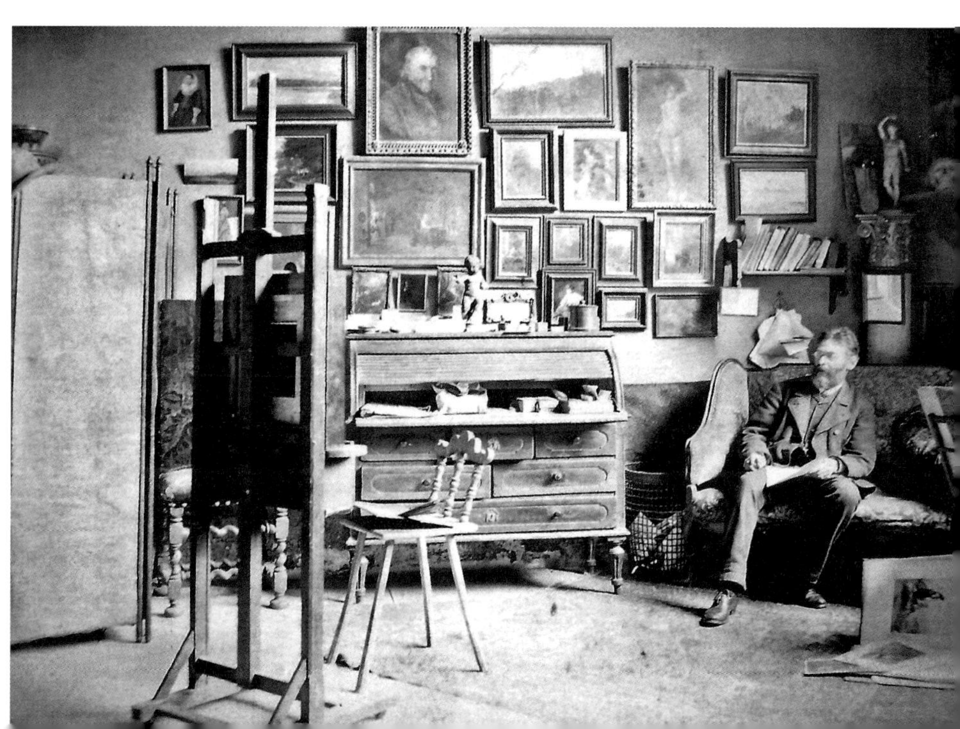

Wilhelm Marc in seinem Atelier, um 1895

zu Recht feststellte, zwischen Gebildet und Ungebildet, weshalb er sich für die Einrichtung von Abendschulen und Leihbibliotheken fürs Volk einsetzte. Niemals aber wäre es ihm eingefallen, an den Grundfesten der ständischen, weil seiner Meinung nach, gottgewollten Gesellschaftsordnung zu rütteln. Restlos zufrieden mit Robertsons Antworten auf die brennendsten Fragen des ausgehenden 19. Jahrhunderts war Franz anscheinend nicht. Außer bei dem englischen Kirchenmann suchte er, auf eigene Faust, Rat bei unbeugsameren deutschen Systemkritikern wie Friedrich Hecker und Max Lorenz. Noch wusste der behütete Sohn aus gutbürgerlichem Hause nicht, wohin ihn seine Recherchen führen würden. »Aber sei es wo es will: ehrlich will ich dahin gelangt sein.«[39] Später einmal, zurückblickend auf diese frühe Orientierungsphase, merkte er an: »Ich war einst glühender Marxist und Sozialist und hoffte so viel von der Internationale.«[40]

Noch aber überwog das Religiöse. Am 18. Juli 1897 schrieb Franz an Otto Schlier: »Mein alter Vorsatz – von Ihnen mir eingepflanzter Vorsatz – Pfarrer zu werden, hat sich in der Reihe der Jahre nach manchen Zweifeln und Ungewißheiten nun doch immer mehr in mir gefestigt, so daß ich nun fest entschlossen bin, diesen schweren Beruf … zu wählen, wobei natürlich die Aussicht, Sie inmitten Ihrer Gemeinde zu besuchen, einen erhöhten Reiz für mich gewonnen hat.«[41] Der Geistliche, bestimmt ein kluger Mann und ein Menschenfischer in der Nachfolge Jesu Christi überdies, hatte also beschlossen, das Eisen zu schmieden, solange es heiß war, oder – anders gesagt –, seinen »lieben Freund Franz«[42] dringend zu sich einzuladen – und Paul gleich mit. Dem Bruder aber war die Lust auf einen geistlichen Beruf schon jetzt vergangen. Unterdessen Student, war er, die Erwartungen Otto Schliers, mehr oder minder Sprachrohr der Mutter, tapfer ignorierend, »bei der Philologie gelandet«.[43]

Somit fuhr Franz im Spätsommer 1897 allein ins beschauliche Schney, wo evangelisches Pfarrhaus, Marienkirche und Schloss das historische Zentrum markieren. Erste Eindrücke hielt er in Briefen an die Eltern fest. Das Klima in seiner Gastfamilie (die kleine Agnes liebte »Onkel Franz« vom ersten Tag an) sei »herzlich, fröhlich, einfach, fromm und naiv«. Mit ihm war ein etwa gleichaltriger Student der Theologie eingetroffen, »sympathisch ist er nicht«. Franz ist viel mit »Frau Pfarrer« zusammen. Herr Pfarrer ist sehr beschäftigt. Und wenn Herr Pfarrer nicht sehr beschäftigt ist, nötigt er ihn zum Hebräischlernen. Lieber geht Franz aber zum Kegeln. Oder er macht Ausflüge nach Coburg. Die Schönheit der Mädchen dort hat ihn für die Stadt eingenommen.[44]

Aus der Sicht Otto Schliers war die mehrwöchige Anwesenheit des Siebzehnjährigen, summa summarum, kein Erfolg. In Erinnerung an manch unerquickliche Debatte schrieb er dem Heimgekehrten hinterher: »... die stete Begegnung mit der sozialdemokratischen Wahnidee ... hat mich etwas gelehrt, was ich früher nicht kannte, und was mir höchste Weisheit und höchste Kraft geworden ist: das nämlich, daß ein jeder der Schöpfer seiner eigenen Welt ist.«[45] Adressat Franz antwortete mit »einem tollen, schlechten, vielleicht auch ungezogenen Brief«, ja, er nahm sogar in Kauf, »daß meine Eltern ungehalten über ihn waren«.[46] In einer Art Wiedergutmachungsschreiben, monatelang hinausgezögert, führte er dem Pfarrer die Ambivalenz seiner Empfindungen vor Augen: »Der Herbstaufenthalt bei Ihnen ist mir viel viel wert, es gibt wenige Momente meines Lebens, an die ich lieber zurückdächte, als an jene Tage. Und ich habe viel beobachtet und viel gelernt, vor allem fromme Ehrfurcht und Liebe und Sympathie auch für ein Leben, das ich nicht ganz zu verstehen vermag, und das meinen Sinn wird nie ganz befriedigen können.« Vielleicht, fuhr er nach einem Moment des Überlegens fort, sei »nie« doch nicht das rechte Wort. Aber noch vertrage er keine gottergebene »Resignation und Bescheidung«.

Von Otto Schlier zu Beginn des Jahres 1898 um eine Persönlichkeitsanalyse gebeten, antwortete ihm Franz am 25. März: »Dies ist für mich heute äußerst schwer zu sagen. In erste Linie: ich bin Künstler.« Kein Künstler im herkömmlichen Sinne. Wohl aber ein »Selbstschöpfer«, in der Hauptsache mit der Formung des eigenen Ichs beschäftigt. Ähnlich vage seine Aussagen zur Zukunftsplanung. Was er von sich denken solle, welcher Pfad der für ihn rechte sein könne, darüber grüble er unermüdlich nach, »und ich bin auf den letzten, den selbstliebenden Grund meiner Betrachtungen noch lange nicht gedrungen«. Oft hatte Franz das Gefühl, er »wanderte rüstig einen, d. i. meinen Weg, ohne ihn zu kennen«.[47] Nur zwei Tage später hatte sich das Blatt gewendet. Inzwischen war er, nach einem Fingerzeig Ausschau haltend, fündig geworden, und zwar ausgerechnet in der evangelischen Zeitschrift *Die Christliche Welt.* Das aufmerksame Studium, um nicht zu sagen das In-sich-Aufsaugen der Kernaussagen eines Artikels, wie für ihn geschrieben, war zum Schlüsselerlebnis geworden. Stolz konnte er im Fortgang des Austauschs mit Otto Schlier verkünden: »... ich bin ein Moderner«. Denn: »Die moderne Zeit ist eine Zeit des Versuchens und Tastens.«[48]

Wir blättern, gleich ihm, in Heft 7 des Jahrgangs 1898 und richten, gleich ihm, unser Augenmerk auf den »Beitrag zur Charakteristik des modernen Menschen« und lesen: »Nichts Lebendiges sehen wir fertig, in sich abgeschlossen, alles ist Bewegung, Ergebnis der Vergangenheit, Streben zu einer weiteren Entwicklung ... So ist der moderne Mensch, der Mensch der Neuzeit darzustellen und zu begreifen.« Die Verfasserin (eine überraschend fortschrittlich denkende Diakonissin, die das Pseudonym »Phoebe« benutzte) schreibt weiter: »Mir deucht, wir modernen Menschen sind Menschen der frei gewordenen, höchstgesteigerten Individualität … Wir verlangen als Recht nicht mehr, was Allen gemeinsam, wir verlangen Jeder unser besonderes, in unsrer geistigen und leiblichen Anlage begründetes Recht. Wir verlangen Freiheit, unser Leben nach eigenem Trieb zu gestalten; nicht Einheit mit der Umgebung, sondern nur Einheit mit uns selbst liegt uns im Sinn … Wir sind kritische Leute; wir haben jeder unser eignes Maß, vor dem selten etwas besteht, was uns fremd ist. Wir sind suchende Leute; nichts Vorhandenes genügt uns …«[49]

Doch so schnell gab Otto Schlier den Kampf um einen Theologen mehr nicht verloren. Er baute dem »Lieben Freund Franz« eine Brücke. »Auf Deinen Brief … will ich Dir keine eingehende Antwort senden. Nur das will ich bemerken: ich glaube, ein wenig Dich zu verstehen in Deinem Suchen; suche, ringe, aber nimm Dir vor, nichts Anderes zu werden als ein Pfarrer, und wenn Dich das [nicht] gelüstet (auch das verstehe ich), dann werde ein freier Evangelist, ein wandernder Prophet. Ist Dein Ringen und Suchen ehrlich, und behältst Du dies Ziel im Auge, dann wirst Du ein gesegneter Prediger …«[50]

Jetzt half nur noch Klartext.

»Pfarrer werd' ich keiner …«, tat Franz Ende Dezember 1898 rundheraus kund. »Ich fühle mich dabei besser, sicherer, freier.« Auf die »Modeberühmtheit eines verpfuschten Pfarrers« verzichte er wohl. Als Wanderevangelist durch die Lande tingeln? Was für eine absurde Idee! Sollte er selbst wirklich einmal glauben, etwas besser zu wissen als andere, dann werde er seine Gedanken schriftlich niederlegen, »sei es als Philosoph oder als Dichter«. Schliers herablassend-amüsiertes Abtun des Protests erahnend, kam Franz ihm geschickt zuvor: »Kindische Träume eines Gymnasiasten, nicht wahr? Lachen Sie nur … Ich habe mich hier über diese Dinge ausgesprochen, weil ich es Ihnen, Ihren wiederholten Ermahnungen gegenüber, zu schulden glaubte.«[51]

Sicher und freier fühlte sich Franz nun in der Tat. Als wäre mit der Abkehr vom spirituellen Mentor eine Last von ihm abgefallen, genoss er des Lebens Leichtigkeit. Hatte er die schulfreien Sommerwochen noch mit einsamen Bergwanderungen rund um Kochel und Spaziergängen in Pasings Umgebung gefüllt, einzig »mit meinem kleinen Hund [Trimm] … als fröhlichem Begleiter«[52], überwog nunmehr der Spaß an Vergnügungen wie Tanzen, Eislaufen und Skifahren in »guter, lieber Gesellschaft«.[53] In einer Vollmondnacht kurz vor Jahresende stieg Franz gemeinsam mit Paul auf den Brünnstein.[54] Der Aufstieg auf hölzernen Brettern und die Abfahrt hernach: »unvergeßlich«.[55] Auch verliebte er sich, ein wenig zumindest, in ein Fräulein von Eulenburg aus

Brandenburg und dann noch in ein »junges Malweib«, »Münchnerin, tenniskundig«. Tennis spielte Franz schon seit Längerem »ziemlich fleißig«.[56] Schulaufgaben hingegen wurden mit »mäßigem Furor« erledigt.[57] Gleichwohl gab er Nachhilfestunden – »fast lehrreicher und nützlicher für mich als für meine Schülerin« (Tochter des Bildhauers Julius Zumbusch, ein Nachbar der Marcs in Pasing).[58] Das Unterrichten zu seinem Brotberuf zu machen, zog Franz neuerdings ernsthaft in Erwägung. Einerseits in dem Bestreben seinem Bruder nachzueifern. Andererseits besteht die Möglichkeit, dass der Lehrer-Gedanke mit einem Freund Otto Schliers in Verbindung stand.

Im Pfarrhaus von Schney hatte Franz, zu seinem Erstaunen, den »modernen Menschen« oder besser Freigeist August Caselmann, »ehemals Theologe, jetzt ›Abtrünniger‹«, kennengelernt.[59] Oftmals waren Franz und der promovierte Studienrat für die Fächer Geschichte, Erdkunde und Deutsch (auch Autor von Lesebüchern für höhere Lehranstalten sowie anderer Publikationen) gemeinsam am Ufer des Mains gewandert. In seinen Lebenserinnerungen erwähnt August Caselmann die überraschende »geistige Reife« seines jungen Begleiters. »Da er nun im Wechselgespräch keineswegs abgeschlossen und einseitig Stellung nahm, sondern Einwendungen und Entgegnungen prüfend erwog, waren die Spaziergänge für mich, den Dreißigjährigen, sehr anregend.«[60]

Man blieb in brieflichem Kontakt. Franz berichtete dem geschätzten Vertrauten von seiner intensiven Beschäftigung neuerdings mit den Werken Richard Wagners. Dessen *Götterdämmerung*, »gehört und gesehen«, bekam das Prädikat »besonders wertvoll« verliehen. Sein ursprünglich großer Glaube an Gerhart Hauptmann, auch das bekam August Caselmann mitgeteilt, war hingegen ins Wanken geraten. Nicht jedoch der an Arthur Schopenhauer. Am meisten jedoch war Franz von seiner jüngsten literarischen Entdeckung fasziniert: Friedrich Nietzsche – »täglich mache ich mich mehr mit ihm bekannt«. »Das war ein wundersam reiner, ethischer, großartiger Mensch. Aber wie wenig groß sonst unsere Zeit ist, das fühle ich auch mit Schrecken.«[61] *Also sprach Zarathustra* erschien Franz als ein Werk voller »poetischer und gedanklicher Pracht«, »fast ohnegleichen in seiner Fülle«. Zarathustra ist eine erfundene Gestalt, seinem Namen nach Vertreter östlicher Weisheitslehren. Die Schrift ist an ihrem Ende eine Tragödie, kein Lehrbuch. Zarathustra findet sie nicht, die »höheren Menschen«. Sie »schlafen noch«, »während ich wach bin«.

Friedrich Nietzsches Schriften *Jenseits von Gut und Böse* und *Zur Genealogie zur Moral* hatten Franz, August Caselmann gestand er es ein, sehr erschüttert. »Ich las immer aufmerksamer, denn mit dem, was dieser Nietzsche hier sagt und zu sagen hatte, haben wir uns heute alle ernstlich auseinanderzusetzen.«[62]

An Bruder Paul schrieb er unter dem Eindruck der frisch gewonnenen Erkenntnisse: »Es bereitet sich manches vor in mir, das merke ich aus vielen Anzeichen als ein Autopsychologe vom Fach.«[63]

Sein eigenes Dasein war dem klassischen Philologen und experimentellen Philosophen Friedrich Nietzsche trotz akademischer Erfolge misslungen. Und dennoch: Obwohl er seit nunmehr zehn Jahren geistig umnachtet war, hatten die Schriften des Künders einer neuen Welt und Verführers einer ganzen Generation an Strahlkraft stetig zugenommen. Dafür, dass Philosophie für die Menschheit nicht kalte Abstraktion bedeute, sondern »Erleiden und Opfertat«, urteilte retrospektiv Thomas Mann, sei Nietzsche, »eine Gestalt von zarter und ehrwürdiger Tragik, umloht vom Wetterleuchten dieser Zeitenwende«, beispielgebend gewesen. Obgleich »zu den Firnen grotesken Irrtums emporgetrieben«, habe Nietzsches Liebe in Wahrheit der Zukunft des Landes gegolten und ebenso »den Kommenden, wie uns«.[64]

Nietzsches Hauptwerk zu lesen, war Pflicht für ihrer Lebenswirklichkeit überdrüssigen Schüler und Studenten, die Einstiegsdroge gewissermaßen. Nietzsche rüttelte an den Grundfesten der Jahrhundertwendegesellschaft. Bei Nietzsche fanden Heranwachsende ihre Nöte und Fantasien gespiegelt. Sich Anheften an Nietzsches Utopien, hieß Repräsentant sein einer geistigen Elite. Nietzsche im Kopf haben, hieß Stärke demonstrieren. Stärke im Kampf gegen Schwachheit, gegen Mittelmäßigkeit, gegen Althergekommenes. Nietzsche im Kopf haben, hieß aber auch: Verneinung von Anpassung und Selbstverleugnung und Bejahung der Abkehr vom Glauben an christliche Heilsversprechen. Nietzsche predigte den Nihilismus: »Riechen wir noch Nichts von der göttlichen Verwesung? – auch Götter verwesen! Gott ist todt! Gott bleibt todt! Und wir haben ihn getödtet!«[65]

Nietzsches »Übermensch« schafft sich seine Werte selbst, er macht aller Pein ein Ende. Das Werkzeug dazu ist der »Wille zur Macht«. Gewaltanwendung inbegriffen: »Ihr sollt mir solche sein, deren Auge immer nach einem Feinde sucht … Euren Feind sollt ihr suchen, euren Krieg sollt ihr führen … Ihr sollt den Frieden lieben als Mittel zu neuen Kriegen. Und den kurzen Frieden mehr, als den langen … Ihr sagt, die gute Sache sei es, die sogar den Krieg heilige? Ich sage euch: der gute Krieg ist es, der jede Sache heiligt.«[66]

Nun war also auch Franz zum Nietzsche-Jünger geworden und würde es, beinahe, sein Leben lang bleiben. Im Alter von dreißig Jahren auf die Fragwürdigkeit anhaltend kritikloser Gefolgschaft angesprochen, ließ er sich nicht beirren und antwortete mit Blick auf antike wie auf absolutistische Wurzeln der Erkenntnistheorien des Philosophen: »Daß Nietzsche einen solchen Haß auf unsere Zeit und vor allem auf Deutschland, auf alle arm und eitel gewordene Kultur wirft, statt im Gegenteil zu lachen und ein schnelles Ende zu wünschen, hängt mit dem Ideenkreis der 70er und 80er Jahre (Jacob Burckhardt, Erwin Rohde, Wagner und vor allem Schopenhauer) zusammen. Sie kommen alle, samt Nietzsche (der ja selber eine altphilologische Professur hatte) von einer tiefen humanistischen Bildung her; ihre Ideen waren unzertrennlich von Griechentum, römischen Rechtsbegriffen, Renaissance und (vor allem bei Nietzsche) dem letzten Höhepunkt alter Kultur: dem französischen 18. Jahrhundert. Das war das Rüstzeug ihres Denkens, der Maßstab, den sie an ihre Gegenwart und Mitwelt legten, daher das maßlose Entsetzen und Grauen vor ihrer eigenen Zeit … Nietzsche litt am tiefsten, kämpfte am verzweifeltsten; mit seinen Zarathustra-Ideen riß er das Unmögliche vom Himmel; er allein wollte eine *ganz* neue Kultur forcieren …«[67] Doch mit welchen Mitteln?

Was Friedrich Nietzsche anging, fand Franz beim Bruder kein Gehör. Pauls Spiritus Rektor trägt den Namen Friedrich Naumann. 1896 hatte der evangelische Theologe mit dem Nationalsozialen Verein[68] eine progressive Partei gegründet. Paul fühlte sich jenen jungen Frauen und Männern unterschiedlicher Herkunft zugehörig, die aus voller Überzeugung in Naumanns Ruf nach einem Bündnis von Protestantismus und Liberalismus, nach Demokratisierung des politischen Systems und nach durchgreifenden gesellschaftlichen Reformen einstimmten. Zu den engeren Vertrauten und Mitstreitern des charismatischen Redners zählte Theodor Heuss, Redakteur der von Naumann herausgegebenen Zeitschrift *Die Hilfe*. Die Marcs unterhielten ein Abonnement, zunächst griffen alle vier regelmäßig zu dem Blatt. Franz verlor irgendwann das Interesse.

Im Juli 1899 bekam er sein »Gymnasial-Absolutorium« ausgehändigt. Der Endspurt im Lernen hatte zu einem vorzeigbaren Notenspiegel geführt. Ein »Gut« erreichte der Abiturient in den Fächern deutsche Sprache, lateinische Sprache, griechische Sprache, Mathematik, Physik. Ein »Sehr gut« prangte hinter den Rubriken Religion, Geschichte, französische Sprache. Für sein exzellentes Französisch in Wort und Schrift gibt es eine naheliegende Erklärung: Die Marc-Söhne waren zweisprachig aufgewachsen. »Anerkennende Erwähnung« fand, dass Franz »am Unterricht in der englischen und in der italienischen Sprache mit Eifer und Erfolg beteiligt war«. Als verbesserungswürdig wurde allein der Schreibstil des Reifeprüflings angesehen: »Sein deutscher Aufsatz erörterte die belangreichsten Gesichtspunkte des Themas mit richtigem Verständnis und zeugte allenthalben von einem reifen und klaren Urteil. Die Wortstellung war im ganzen gewandt, jedoch nicht frei von manchen Mängeln.«[69]

Vor Aufnahme eines Studiums musste Franz zum Militär. Er diente als Einjährig Freiwilliger[70] beim Königlich-Bayerischen I. Feldartillerie-Regiment, stationiert teils im Lager Lechfeld bei Augsburg, teils in der Münchner Max[imilian]-II.-Kaserne.

Seltsamerweise war von Mitte Januar 1899 bis Ende Oktober 1900 in der Landeshauptstadt auf seinen Namen ein Zimmer im Haus Nymphenburgerstraße 82, dritter Stock bei Frau Schröck, angemietet. Soweit nachprüfbar, hat er das externe Logis weder brieflich erwähnt noch je als Absenderadresse verwendet. Nur sein im Stadtarchiv aufbewahrter amtlicher Meldebogen gibt davon Kunde.

Der Soldat in Ausbildung nimmt Reitunterricht, der Umgang mit Pferden macht ihm »besondere Freude«.[71] Streng durchstrukturierte eintönige Tagesabläufe ohne private Sphären, anfangs reizvoll, werden bald als Einengung empfunden: Wecken um vier Uhr morgens, Mannschaften zu den Ställen führen, Verteilung des Essens überwachen, stundenlanges Postenstehen, Rapport, Kanzleidienst ... »Ein Leben lang an die Gesellschaft eines Offizierscorps gebunden zu sein, ... oberflächlich, unfähig, anmaßend, blasiert ..., wäre mir entsetzlich.«[72]

Mit dem Frühjahr 1900 begann für Franz eine Zeit ultimativer Planung seiner beruflichen Zukunft. Im Juni stand unumstößlich fest, er würde ein Maler werden. »Obwohl ich nämlich mein Leben lang immer schon Künstler war, bin ich doch auch infolge Erziehung und Umgebung u. eigener Veranlagung halbwegs Geistlicher u. halbwegs Philologe gewesen. ... Jetzt aber weiß ich gewiß, daß ich das Richtige für meine Natur gefunden habe ...«.[73] Wilhelm Marc äußerte Skepsis, er hielt Franz für wenig begabt.[74] Paul sprach von »Verkehrtheit« und meinte Verrücktheit. »So große Gedanken«, erwiderte Franz, seien überflüssig. Für ihn gebe es kein Zurück. »Meine Vergangenheit ist in meiner Erinnerung zu meiner eigenen Verwunderung wie ausgelöscht. Fast keine Erinnerung, auch kein Bedauern. Das Militärjahr kam genau zur rechten Zeit, als mein früheres Leben notwendig eines Interregnums bedurfte, um sich unvermerkt in etwas ganz Neues umzuwandeln.«[75] Außerdem klagte er Paul der Heimlichtuerei an. Franz fühlte sich hintergangen, befürchtete eine Entfremdung. Ihm das Werben um eine Frau so lange zu verschweigen, sei ein schlimmer, kaum wiedergutzumachender Vertrauensbruch. Der Bruder griff zur Feder und schrieb einen achtzehn Seiten langen Entschuldigungsbrief.[76]

Auf weitaus größere Ablehnung als Franz' Ankündigung eines Kunststudiums stieß daheim sein etwa zeitgleich bekannt gegebener »Expeditionsplan«.[77] Als eifrige Leser der Tagespresse auch kolonialpolitisch auf dem Laufenden,

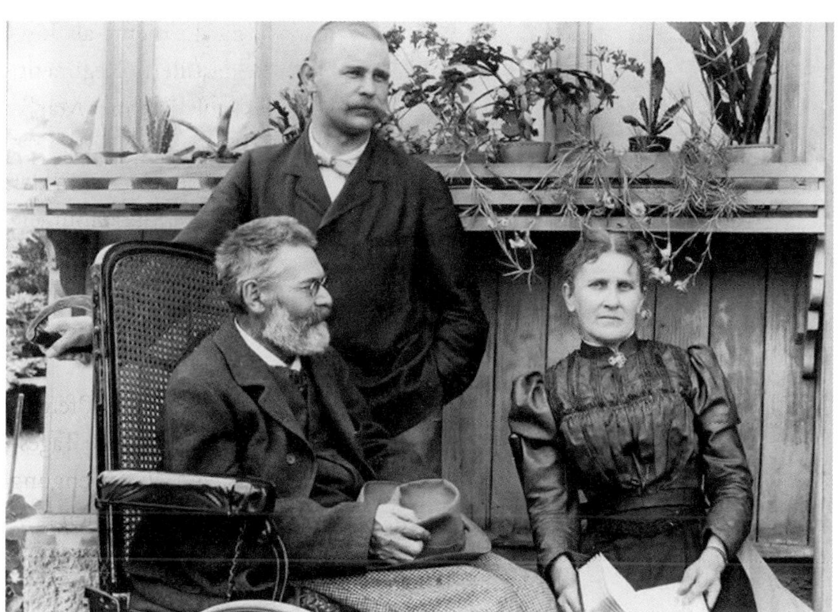

Sophie, Wilhelm und Paul Marc, um 1900, im Garten in der Villa in Pasing, Luisenstraße 30

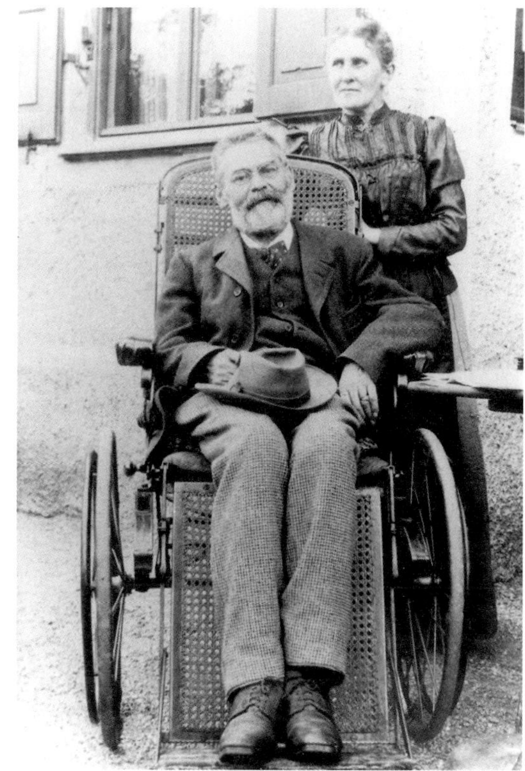

Sophie Marc war ihrem an Multipler Sklerose erkrankten Mann Wilhelm eine große Hilfe, unterstützt, wenn möglich, von den Söhnen.

wussten die Eltern nur zu genau, in welche Gefahr er sich begeben würde, sollte er auf seinem bewaffneten Auslandseinsatz beharren. In der Ausgabe der *Münchner Neuesten Nachrichten* vom 17. Juni 1900 stand unter der Überschrift »Soldaten für China« geschrieben: »Die ersten Freiwilligen sind bereits auf dem Weg nach Wilhelmshaven, um sich dort nach Fernost einzuschiffen, wo die sog. Boxeraufstände zu erheblichen Unruhen führten.« Pauls Kommentar diesmal: »Blödsinn«.[78] Wenn die Verhältnisse in seinem Elternhaus, sprich die Pflegedürftigkeit des Vaters, ihn nicht zum Dableiben nötigten, schrieb Franz an August Caselmann, »so hätte ich mich zu dem im Regimente ergangenen Aufgebot nach China gemeldet«.[79]

Ende September wurde der Gefreite Marc aus dem Militärdienst entlassen, zum »Bedienungsmann und in den wesentlichen Zweigen eines Unteroffiziers und Geschützführer ausgebildet«. Seine Eignung »zum Reserve-Offiziers-Aspiranten« stellte der das Zeugnis ausstellende Vorgesetzte allerdings in Frage.[80] Vor Beginn der Rekrutenzeit hatte er sich, pro forma, an der Ludwig-Maximilians-Universität für das Fach Philologie eingeschrieben. Diese Immatrikulation war nun bekanntlich obsolet.

Paul hatte kürzlich seine Lehramtsprüfung bestanden, jedoch ein Zweitstudium angehängt, Byzantinistik und Indologie. Einer seiner nunmehrigen Hochschullehrer war ihm bereits bekannt gewesen.

WEGE ZUR KUNST

... gelernt, zu sehen und in genauer Erinnerung zu behalten, was ich während der ganzen Frankreichreise gesehen habe ...

München zur Prinzregentenzeit wurde als ein Paradies für Kunstschaffende angesehen, mehr als tausend waren gegen Ende des 19. Jahrhunderts in der bayerischen Haupt- und Residenzstadt gemeldet – nicht zuletzt wegen der vielen mietbaren Ateliers. Die Pflicht zur Berücksichtigung von Maler- und Bildhauerwerkstätten bei der Planung von Neubauten beruhte auf einer behördlichen Vorschrift. Nur in Paris und Rom, hieß es, könnten Künstler so frei atmen, sich so frei bewegen und unbehelligt arbeiten wie in München, wo beinahe jedem Mann, jeder Frau die Namen von »Malerfürsten« wie Defregger, Lenbach, Kaulbach oder Stuck geläufig waren. Kunstdiskussionen bereicherten Salongespräche. Zu Ausstellungseröffnungen im üppig beflaggten Glaspalast fuhr der Prinzregent im Sechsspänner vor. Gewöhnlich bescheiden auftretend, erschien er dem Anlass angemessen in Generalsuniform, eskortiert von Leibjägern mit Federbuschhelmen und einer silberbetressten Schwere-Reiter-Schwadron. Spitzenvertreter von Behörden, Wirtschaft und Gesellschaft standen zu seiner Begrüßung bereit.

Seit Luitpold von Bayern im Jahr 1886 zunächst für seinen entmündigten Neffen Ludwig II. und dann für dessen geistig umnachteten Bruder Otto die Herrschaft übernommen hatte, galt allgemeine Kunstpflege als Staatsaufgabe. Mit seinen zahlreichen Überraschungsbesuchen nicht nur in den Ateliers der Großen ihrer Zunft zwang der königliche Statthalter die Presse, auch jungen aufstrebenden Malern hinreichend Aufmerksamkeit zu schenken. Finanziell engagierte er sich ebenfalls. Nicht umsonst war Prinzregent Luitpold bald nach seinem Amtsantritt von der Münchner Künstlerschaft der Ehrentitel Artium Protector verliehen worden. So weit, so gut – bis zur Ernennung von Robert von Landmann zum Minister des Inneren, dessen rückwärtsgewandtes Kunstverständnis von 1895 bis 1902 die Ankaufspolitik der Staatsgemäldesammlungen bestimmte.

Franz Marc schrieb sich am 3. Mai 1901 in die Königliche Akademie der Bildenden Künste ein.[81] Wir betrachten eine Federzeichnung des Debütanten mit dem Vermerk: »Der junge Künstler vor dem Eintritt in die Akademie«. Unschlüssig steht ein geflügelter Genius, nackt und bloß bis auf den Schlapphut als ein Kennzeichen des Malers schlechthin, am Fuße der Haupttreppe, den Blick aufs erhöhte Portal gerichtet. Umringt von belustigt auf ihn deutenden Kumpanen, scheint den kleinen Kerl der Mut verlassen zu haben. Im wahren Leben mischte sich der Anfänger, ob nun beklommen oder nicht, unter die Eleven der Naturklasse von Professor Gabriel von Hackl. Anfangs, so Franz Marc, sei er ein Einzelgänger geblieben. »Anschluß finde ich dort keinen oder mag ihn nicht finden.«[82] Dabei sollte es jedoch nicht bleiben. Im Verlauf des Studiums kam es zu Freundschaften mit Kollegen. Gut verstand er sich offenbar mit Friedrich Lauer. Von einiger Dauer war auch das Einvernehmen zwischen Franz Marc und Gustav Johannes Buchner. Zu Franz Reinhardt fasste er ebenfalls Vertrauen. Dem Kommilitonen Hermann Ebers blieb Franz Marcs »prachtvolle Erscheinung« in Erinnerung: »Ein ausdrucksvoller Kopf dunklen, südlichen Gepräges mit einem feinsensiblen Mund saß auf einem großen kräftigen Körper. Er hatte damals, als ich ihn kennenlernte, etwas von einer jener griechischen Athletenfiguren.«[83] Von Marcs »außerordentlicher Intelligenz« zeigte sich Ebers beeindruckt, weniger allerdings von seinen Fertigkeiten. »Er dachte viel über die Kunst und ihre Prinzipien nach und legte keinen großen Wert auf manuelle Geschicklichkeit, welche die meisten von uns Schülern anstrebten. So war denn seine Art zu zeichnen mehr suchend und tastend, als frisch zupackend und nach Wirkung gestaltet. Wir fanden seine Arbeiten etwas ängstlich und nicht allzu talentvoll und täuschten uns damit sehr über das, was in ihm steckte.«[84]

In Franz Marcs Nachlass stoßen wir auf zwei Zeugnisse aus jener Zeit, ausgestellt am 19. Juli 1901 beziehungsweise am 19. Juli 1902. In ersterem finden seine Zeichnungen und im zweiten seine Malerei immerhin »lobende Erwähnung«.[85]

Für Franz Marcs Lehrer Gabriel von Hackl, Akademieprofessor seit einem Vierteljahrhundert, gibt es nichts Wichtigeres als proportionale, perspektivische und technische Genauigkeit. Sein Unterricht, wenig geistreich, aber äußerst gewissenhaft, findet von 8 bis 12, von 14 bis 16 und von 17 bis 19 Uhr entweder in einem großen Atelier statt, wo die Kopfmodelle sitzen, oder in einem noch größeren, wo die Aktmodelle posieren. Dunkelgrau getünchte Wände lassen die Räume trotz der hohen Fenster düster wirken. Das Beste an der Hackl-Schule sind die externen Vorlesungen eines Mediziners. Siegfried Mollier, Privatdozent für Anatomie an der Ludwig-Maximilians-Universität, ist ein begnadeter Wissensvermittler. Bis auf den letzten Platz ist der Hörsaal

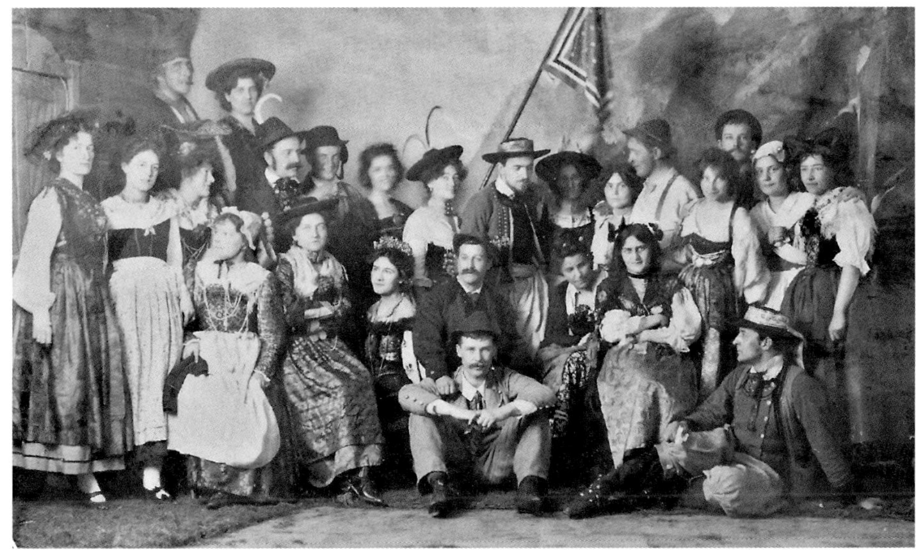

»Bauernkirta« im Münchner Schwabinger Bräu 1901/1902 – am Boden unten rechts Franz Marc, neben der Fahnenstange Friedrich Lauer

gefüllt, wenn der muntere Österreicher ihn betritt, um an einem exakt nachgebildeten Skelett, an einer Leiche oder am lebenden Objekt den Aufbau des menschlichen Körpers zu demonstrieren. Im letzteren Fall steht fast immer neben dem Dozenten das gleiche Modell. Der Mann mit dem Vornamen Lorenz und dem borstigen rötlichen Haar darf getrost als hässlich bezeichnet werden. Sein Vorteil: Er ist so klapperdürr, dass »die anatomischen Begrenzungen und Zusammenhänge seines Leibes« wunderbar zutage treten. Wenn Mollier kommandiert »Renzl! Der Serratus!«, hebt der Alte den Arm, »macht irgendeine Wendung und der Sägemuskel springt an der Brust in aller Klarheit hervor«.[86]

Mit an Sicherheit grenzender Wahrscheinlichkeit folgte auch der Kunstschüler Franz Marc wie gebannt der an Anschaulichkeit kaum zu übertreffenden Darbietung. Anatomisch exakte Studien anfertigen, das war eine der Herausforderungen, die ihn anhaltend zu fesseln vermochten!

Seine Leidenschaft für Ostasiatika war ähnlich früh entwickelt. Vom Chronisten Hermann Ebers wissen wir, wie stark Franz Marc auf jede Neuentdeckung reagierte. »Wir Kunststudenten besuchten regelmäßig eine Kegelbahn … und da brachte er uns jedes Mal etwas Japanisches mit und

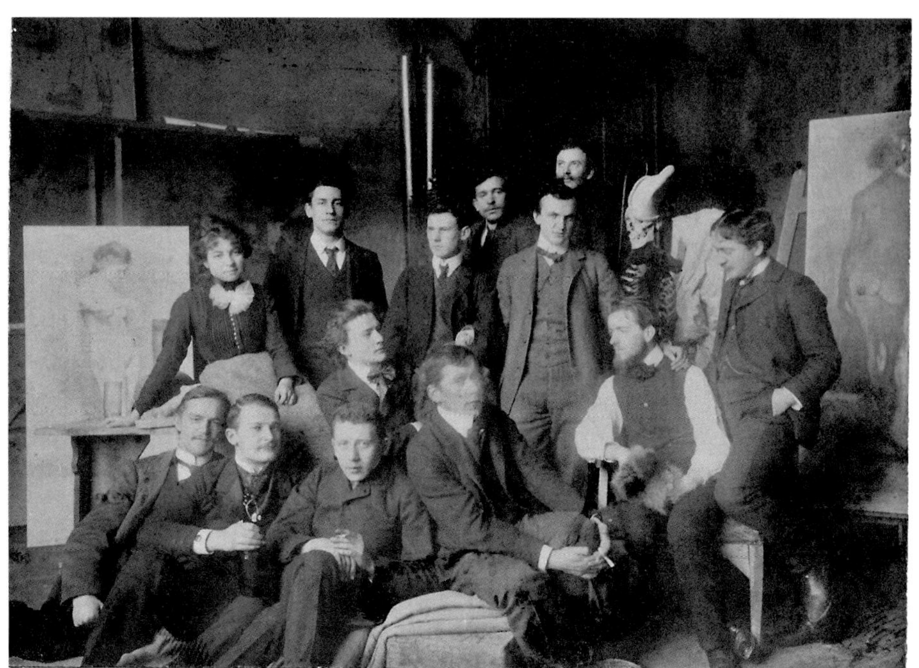

Der Kunstakademiestudent im Kreis von Kommilitonen: Franz Marc neben dem weiblichen Modell stehend, Friedrich Lauer zweiter von rechts auf dem Sessel sitzend, 1901/1902

konnte sich nicht lassen vor Bewunderung über seine Eigenart und Schönheit.«[87] Erkennbar an der gestalterischen Reduktion, am Verzicht auf naturgetreue Wiedergaben, am Fehlen von Illusion und Symmetrie. Auch insofern der europäischen Moderne weit voraus, überzeugten japanische Bildwerke durch die Flächigkeit der Formen und eine linienhafte Konturierung. Weit entfernt von gängiger Historienmalerei, erzählen sie Geschichten aus dem Alltag der Menschen oder entführen ihre Betrachter in die Welt des Theaters wie auch in die erotischer Vergnügungen. Froh, auf diese Weise ums lukrative »Kitschmalen« herumzukommen, verdiente Franz Marc durch Ankauf und Wiederverkauf japanischer Darstellungen höherer Liebeskunst manch bitter notwendige Mark.

Freilich stand er mit seiner Begeisterung nicht allein da. Mit der, nach über zweihundertjähriger Abschottung, vom Westen erzwungenen Öffnung des Inselstaats und seiner Häfen im Jahr 1853 war der Weg für die Ausfuhr landestypischer Produkte frei geworden. So groß war offenbar der Nachholbedarf, dass in Blitzesschnelle eine regelrechte Japanmanie um sich griff. Ausstellungen in London und Paris zeigten ganze Kollektionen beeindruckend andersartiger Farbholzschnitte. Maler wie McNeill Whistler, Manet, Monet, Degas, Gauguin oder van Gogh erlagen deren Zauber. Galeristen und Antiquare profitierten vom rasant wachsenden Markt für Kunstgegenstände aus Fernost.

Druckwerke, Tuschearbeiten, Porzellane, Lackarbeiten, Skulpturen fanden allerorten reißenden Absatz. Von einem häuslichen Salon schwappte die Modewelle über auf den anderen. Theaterstückschreiber, Librettisten, Komponisten versorgten die Bühnen mit nach Japan verlegten Tragikomödien, Melodramen und Burlesken. Am Münchner Gärtnerplatztheater wurde mit großem Erfolg die Operette *Der Mikado*[88] aufgeführt. Die Kostümverleiher in der Stadt machten im Fasching hervorragende Geschäfte mit originaler Kopf-, Ober- und Fußbekleidung für bayerische »Japaner« und »Japanerinnen«. Damen der sogenannten besseren Gesellschaft, vornehmlich solche im Klimakterium, gingen ohne japanischen Fächer nirgendwo mehr hin.

Zurück zu Franz Marc. Und zu, wortwörtlich, naheliegenden künstlerisch inspirierenden Gegenden. Die Maler Karl Orth und Otto Piltz, Freunde seines Vaters, nahmen ihn mit ins Dachauer Moos. »Marc jun. kampiert auch eine Zeit lang bei uns«, schrieb Orth in sein Tagebuch für den »Sommer 1901«. Man schläft auf Heulagern im mehr als bescheidenen Eschenrieder Gasthaus, sitzt beim Essen an einem Tisch mit den Wirtsleuten Eder und deren Sprösslingen, zwölf an der Zahl. Zu trinken gibt es Bier, sonntags leisten sich die Herren Freiluftmaler gar ein ganzes Fässchen.[89] Derweil diese die Weite des Raums, den hohen Himmel und das Spiel der Wolken loben, ihre Malutensilien auf den Rücken geschnallt, gemächlich das Gelände durchstreifen, ihre Blicke wohlgefällig auf uralten knorrigen Bäumen ruhen lassen, auf jugendlich schlanken Birken oder auf ins Grün-Gelb-Braune changierende Bodencouleurs und – ist das perfekte Motiv gefunden – nun ja, Farben auf Leinwände pinseln, schuften in Sichtweite mitunter die Torfarbeiter. Stechen mit langen schmalen Spaten ziegelsteingroße Stücke aus. Schaffen die tropfnassen Soden vom Grund der knietief mit schwärzlichem Wasser gefüllten Gruben nach oben. Das Karren der Torfsoden zum Lagerplatz wiewohl das Aufschichten zum Trocknen und stete Umwenden ist Aufgabe von Frauen und Kindern. Durch die Ritzen in den dünnen Holzwänden ihrer primitiven Behausungen pfeift der Wind. Durchs Dach tropft der Regen.

Franz Marcs Mooshüttengemälde unterscheidet sich in nichts eigentlich von ungezählten anderen Mooshüttengemälden. Genauso verhält es sich mit der kleinen Zeichnung, Bildschmuck einer Postkarte (»Moos IX.01«), die er an

Zeichnung Franz Marc: Illustration einer Postkarte an Helene Dennerlein, Paul Marcs Verlobte, Herbst 1901

Helene Dennerlein schickte, Tochter des Münchner Bildhauers Thomas Dennerlein, Paul Marcs Auserwählte und zukünftige Ehefrau.

Möglicherweise machte Otto Piltz, der schon häufig in Indersdorf logiert und gearbeitet hatte, seinen jungen Künstlerfreund auf den malerischen Marktflecken im Landkreis Dachau aufmerksam. Ob Franz Marc bereits jetzt erstmals nach Indersdorf fuhr, lässt sich nicht mehr sagen. Dass er sich mehrmals dort aufhielt, steht hingegen fest. Drei Jahre später malte er im nahen Dörfchen Glonn das beliebte Ausflugslokal Hohenester mit dazugehöriger Wassermühle.[90]

Im Herbst des Jahres 1901 reiste Franz mit seinem Bruder nach Venedig. Am 25. Oktober trafen sie dort ein, »glücklich, sehr glücklich«.[91] Während Paul in der Bibliothek der Lagunenstadt über byzantinischen Handschriften brütete, lief Franz »Sehenswürdigkeiten ab«, spürte aber auch abseits der Touristenpfade »ideale« Trattorien mit »echt« italienischer Küche auf. Im Dogenpalast sah er Werke von Malern aus der Schule von Barbizon, »faszinierend«. »Ich konnte mich kaum von dem Saal trennen … Vorzügliche Daubignys und Corots!« Der Franzose Charles-François Daubigny war einer der Väter spontaner, unmittelbarer Landschaftsmalerei. Jean-Baptiste Corot, ebenfalls französischer Herkunft, gilt als der

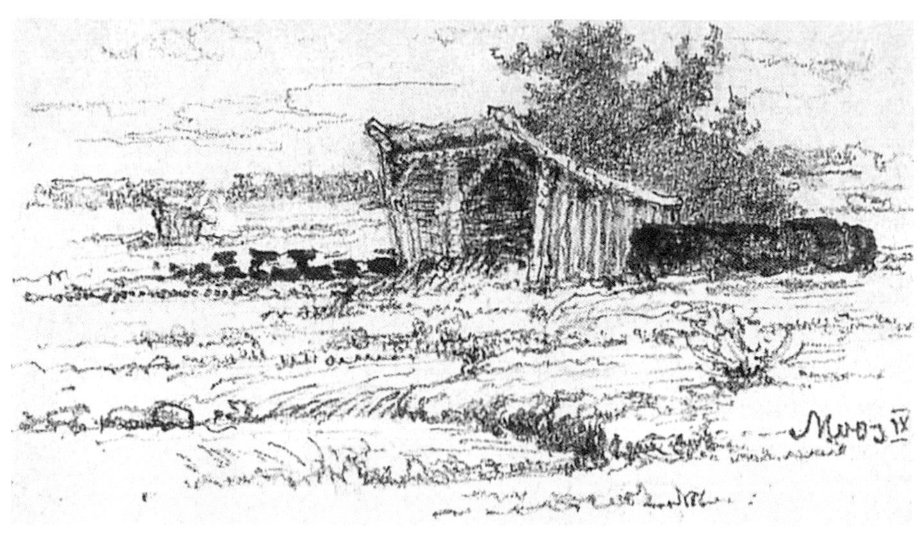

Hauptvertreter der nach einem Dorf im Wald von Fontainebleau benannten, 1830 gegründeten Künstlerkolonie, deren Mitglieder den charakteristischen Stimmungsgehalt, das besondere Licht und den eigenwilligen Zauber unbedeutender Orte einzufangen suchten. Viel zu beschäftigt mit Schauen und Staunen, um ans Zeichnen zu denken, verließ Franz Venedig ohne »grössere Ausbeute im Skizzenbuch«. Paul reiste weiter nach Florenz, Franz zurück nach München, legte allerdings einen Zwischenstopp in Verona ein, »wahrhaft prachtvoll«.[92] Nach seiner Heimkehr Anfang November schrieb er an den Bruder: »Die Sehnsucht nach Italien, die berühmte, habe ich zum erstenmal verstanden u. tief gefühlt.«[93] Seine unmittelbare Konfrontation mit Vorbildern und Vordenkern der Impressionisten vor allem führte zu einem Motivationsschub. Ende November berichtete er Paul von großem Fleiß und gutem Vorankommen. Kein Vergleich zu den »Stümpereien von früher«.[94]

Wenige Wochen Unterrichtsroutine à la Gabriel von Hackl versetzten der Arbeitsfreude jedoch empfindliche Dämpfer. Sein Wechsel im laufenden Wintersemester in die Malklasse von Wilhelm von Diez, Spezialist für Kriegs- und Reiterbilder, brachte ihn nur minimal voran. Porträts von Sophie und Wilhelm Marc aus dem Jahr 1902 stehen noch ganz in der Tradition althergebrachter Bildauffassungen. Eine Verbeugung, vielleicht, in Richtung Vater. Immerhin vermochte er dem etwa zeitgleich entstandenen *Bildnis eines Freundes* wiewohl dem *Hütebub,* dem *Senner in der Almhütte* und dem Gemälde *Blick von der Staffelalm* den Stempel »gemäßigt innovativ« aufzudrücken. Die letztgenannte Darstellung trägt auf ihrer Rückseite die Inschrift: »Meiner einzigen Freundin zugeeignet Herbst 1904 …«

Der Name der Freundin: Annette Simon, geboren am 14. September 1871 in Hamburg. Ihre Mutter Isabella hatte Ferdinand David zum Vater. Der berühmte Musiker hatte in seiner Jugend eine Zeit lang im Berliner Elternhaus des noch berühmteren Musikers Felix Mendelssohn Bartholdy gelebt. Annette Simons Vater Julius von Eckardt, im Baltikum gebürtig, war ein vielseitig begabter Mann. Der enge Vertraute Otto von Bismarcks wirkte als Jurist, Historiker, Publizist, Journalist, Staatssekretär, Minister und Diplomat. 1885, da war Annette vierzehn, übersiedelte Julius von Eckardt mit den Seinen ins nordafrikanische Tunis, wo er das Amt eines Konsuls und später Generalkonsuls ausübte. Auf Tunis folgte 1889 Marseille. Drei Jahre später zog die Familie nach Stockholm. Hier heiratete Annette 1897, im Alter von sechsundzwanzig Jahren, den in München ansässigen Richard Nathan Simon.

Kurz vor der Hochzeit oder kurz danach trat der 1865 geborene Sohn eines jüdischen Hamburger Kaufmanns zum evangelischen Glauben über. Forthin tauchte sein zweiter Vorname nur mehr in amtlichen Dokumenten auf. Der promovierte Geisteswissenschaftler hatte in Leipzig, Freiburg, Berlin und Halle studiert und seine Fachkenntnisse in London, Oxford und Paris vertieft. Als Spezialist für Geschichte und Kulturen des indischen Subkontinents war er 1892 an den Lehrstuhl für arische Philologie und vergleichende indogermanische Sprachwissenschaft der Münchner Ludwig-Maximilians-Universität berufen worden.[95] Seine Habilitationsschrift *Ueber die Handschriften und Recensionen des Amaruçataka* ist eine brillante Analyse der Dichtung des frühen indischen Dichters Amaru, einem auch Amaruka genannten Meister der erotischen Lyrik. An den späteren Arbeiten des Indologen und Sanskritforschers war seine ungewöhnlich gebildete Frau Annette insofern beteiligt, als sie Abschriften der Urtexte anfertigte und beim Übersetzen mithalf. Ihrem Eheleben im engeren Sinne konnte sie eher nichts abgewinnen. Tochter Helene kam im Mai 1898 auf die Welt.[96] Seit September 1899 wohnten die Simons in der Pasinger Villenkolonie.[97] Wichtig zu wissen, ist auch, dass um diese Zeit Paul Marc zu den Studenten Richard Simons gehörte und von dem Indologen in der altindischen Sprache Sanskrit privat unterrichtet wurde.[98] Außerdem geht aus dem Familienschriftwechsel der Marcs hervor, dass sie und die Nachbarn freundschaftlichen Umgang pflegten.

Den Ursprüngen der amourösen Verbindung von Franz Marc und der achteinhalb Jahre älteren Annette Simon nachzuspüren, ist ein nahezu aussichtsloses Unterfangen. An die zweihundert Briefe, von ihm an sie adressiert, hat die Empfängerin eigenen Angaben zufolge vernichtet. Und ein Großteil der von Annette Simon an Franz Marc gerichteten Schreiben hat den Weg in die Archive ebenfalls nicht gefunden. In den dreißiger Jahren von einer Doktorandin im Fach Kunstgeschichte auf die Anfänge Franz Marcs angesprochen, erteilte sie bereitwillig Auskunft und wusste unter anderem Einzelheiten aus 1902 zu berichten.[99] Das lässt aufhorchen, insofern, als ihr Ehemann, vom Frühjahr bis zum Herbst von Vorlesungsverpflichtungen freigestellt, »zu Forschungszwecken« im Ausland weilte.[100] Fest steht auch, dass Annette im Juli 1902 schwanger wurde und die Familie Simon, noch vor Jahresende, aus Pasing fortzog. Neue Adresse: München, Kaulbachstraße 87.[101]

Trotz des Wohnungswechsels blieb die enge Verbindung zwischen Annette und Franz bestehen. Miteinander entwarfen sie Webmuster für den Plessmann'schen Handwebstuhl. Ein gedrucktes Probeblatt trägt die Jahreszahl 1903.[102] Um diese Zeit begannen sie mit der Arbeit an einem intimen Gemeinschaftsprojekt, von dem noch die Rede sein wird.

In vollkommen eigener Regie kopierte Annette Handschriften des europäischen Mittelalters. Sie machte sich einen Namen als geniale Nachschöpferin von Miniaturmalereien für Faksimileausgaben, des *Wessobrunner Gebets* und der *Bamberger Apokalypse* zum Beispiel. Ebenso machte sie als Porträtistin[103] von sich reden und war bekannt in Schwabings Antiquitätenhändlerkreisen, vermittelte Verkäufe und verkaufte selbst. Soweit möglich, beteiligte Annette Simon den jungen Freund an Handelsgeschäften. Dank ihrer Kontakte kam Franz zu kleineren Zeichen- und Malaufträgen.

Wenn die beiden durch München gingen, zogen sie die Blicke der Passanten auf sich. Ihre Außenwirkung wurde von einer Augenzeugin folgendermaßen beschrieben:

»Eines Tages, als ich mit einem Freunde durch die Stadt ging, begegnete uns ein sehr auffallendes, ungleiches Paar: – eine kleine dunkle Dame und ein grosser gut aussehender Mann, sehr besonders gekleidet. Er trug eine hohe schwarze Pelzmütze auf dem Kopf und hatte eine kurze Jacke an aus dunkelbraunem Tuch mit Schnüren an den Knöpfen, der man ansah, dass sie mit Pelz gefüttert war. Er beugte sich beim Sprechen ganz tief zu seiner Begleiterin hinunter. [Annette war schwerhörig.] Niemandem blieb verborgen, dass er sie liebte …, sie hatte einen grossen persönlichen Zauber, war sehr klug und eigenartig.«[104] Manch einer fühlte sich, sah er Frau Simon, an Frauengestalten aus Novellen von Maupassant erinnert.[105]

Am 23. März 1903 kam Annettes Tochter Elisabeth zur Welt. Mit an Sicherheit grenzender Wahrscheinlichkeit war Franz Marc der Vater.[106] 1905 zeichnete er das schlafende Kind, innigste Zuneigung spricht aus diesem intimen – und jedem vorhergehenden und nachfolgenden – Bildnis des Mädchens.

Dazwischen lag seine Frankreichreise.

Eine Flucht aus der Verantwortung? Der Versuch einer Trennung in Absprache mit Annette, die ihre Ehe nicht gefährden wollte? Freiheitsdrang? Nachholbedarf? Zufälliges zeitliches Zusammentreffen von Zuspitzung persönlicher Verwicklungen und Grand Tour mit erheblichem Ablenkungs- und Vergnügungspotenzial? Alles ist denkbar.

Über die Kosten der viermonatigen Luxustournee musste sich Franz Marc keine Gedanken machen. Friedrich Lauer hatte ihn als perfekt Französisch sprechenden Begleiter eingeladen. Der sechs Jahre ältere Freund und Kommilitone war finanziell hervorragend ausgestattet. Vom Vater, dem früh verstorbenen Mannheimer Farbenfabrikanten Casimir Lauer, hatten Friedrich und seine Mutter ein Millionenvermögen geerbt. Clara Lauer lebte entweder in südlichen Gefilden oder sie logierte in Münchens Nobelherberge *Bayerischer Hof*, wo ihr eine ganzjährig gemietete Suite zur Verfügung stand. Ehe der Sohn im Jahr 1900 Kunststudent wurde, hatte er sich vorwiegend mit Philosophie

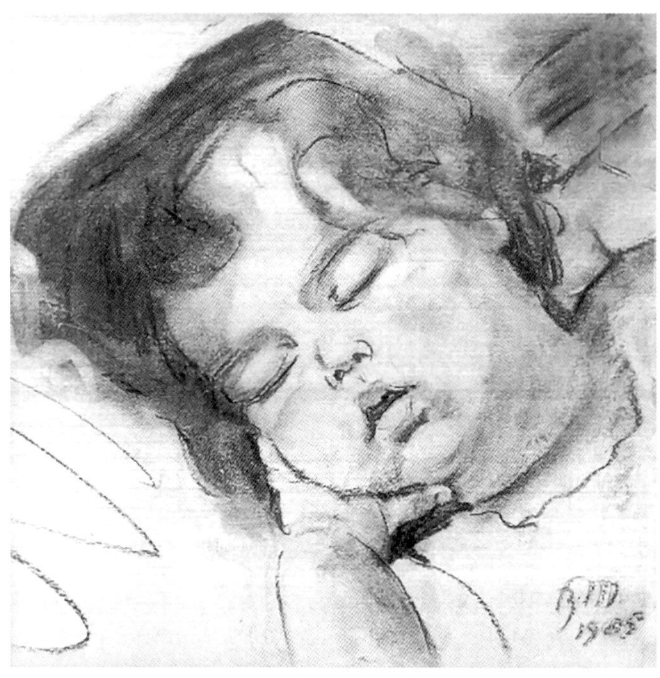

Zeichnung Franz Marc: Elisabeth Simon, 1905

beschäftigt. Er wäre wohl besser dabeigeblieben. Auf die Frage, wie es denn mit seiner Malerei beschaffen sei, soll er entgegnet haben: »Ach ..., es ist eine Qual.«[107]

Nachdem Franz Marc und sein Sponsor in Karlsruhe Station gemacht hatten – um in der Kunsthalle Lucas Cranachs Renaissancemalerei auf sich wirken zu lassen und die Künstlerfreunde Hermann Ebers und Gustav Johannes Buchner zu treffen –, bestiegen sie spätabends den Orient-Express. Ankunft in der französischen Hauptstadt: 19. Mai 1903, frühmorgens.

Paris ad eins – Kunst und Kultur:

Kaum sind die Zimmer im pickfeinen Grand Hôtel am Place de l'Opéra bezogen, geht es zum Musée du Louvre. Ein Ziel, das rund ein dutzendmal, meistens von Franz allein und ab und an zu zweit, angesteuert wird. Beim ersten Erkunden der Kult-Kunststätte liegt das Hauptaugenmerk auf hellenistischen Skulpturen. Danach sind Rembrandt, die italienischen Maler der Renaissance und die Kunst der alten Ägypter und Assyrer an der Reihe. Systematisch sucht Franz – animiert durch die positiven Eindrücke in Venedig – nach Werken von Charles-François Daubigny. Ein klein wenig, schreibt er an den Bruder, sei er enttäuscht. »Die Bilder, die von ihm in der Sammlung Thomy-Thiery im Louvre hängen, sagen durchaus nicht alles über Daubigny. Er hat gegen Ende seines Lebens riesige Bilder voll Erregung und Glut, fast wie von dionysischem Taumel ergriffen, gemalt, wild, ganz Farbe.«[108] Exponate wie solche des französischen »Landschafters« Antoine Chintreuil beschäftigen ihn ähnlich intensiv. »Haben sie die Natur so beseelt, oder hat die Natur sie beseelt?«, fragt er Paul und zugleich sich selbst in einem seiner Berichte aus Paris. Eines erkennt Franz sofort: »... es ist eine unglaubliche Liebe zur Natur, die aus diesen Bildern spricht.«[109]

Alle Tage Louvre hält selbst der begeisterungsfähigste Kunstfreund nicht aus. Abwechslung ins bildungstouristische Programm bringen Kirchenbesichtigungen (Notre Dame: »sinnlich-mystisch«) oder der Genuss musikalischer Spitzenleistungen (Beethoven: »superbe«, Lohengrin: »énorme«).[110] Das vor wenigen Jahren eröffnete Museé Cernuschi ist für Franz ein Muss, beherbergt es doch eine der größten europäischen Sammlungen ostasiatischer Kunst, »wunderbare Zeichnungen und Skulpturen«.[111] Die Vorstellung des Cirque des Japonais in der Rue Pigalle kann er sich genauso wenig entgehen lassen.[112] In der Buchhandlung Flammarion und an anderer, nicht genau bezeichneter Stelle, stechen Franz japanische Holzschnitte ins Auge: »hervorragend«.[113] Einige wird er mit nach Hause bringen. Beim Gang durch die Exposition des Arts Musulmans im Pariser Musée des Arts décoratifs bringt ihn die ornamentale Wirkkraft islamischer Kunst zum Staunen: »wunderbar«.[114]

Mit Werken von, in seinem Reisetagebuch aufgezählt, Manet, Monet, Pissarro, Boudin, Besnard, Zuloaga kommt man gegenwärtig nur in den Galerien der fortschrittlichsten Kunsthändler in Berührung. Auf Impressionisten abonniert sind Alexandre Bernheim-Jeune und Paul Durand-Ruel. Letzterer präsentiert die Bilder in Augenhöhe und auch nicht, wie bislang üblich, dicht an dicht gehängt und somit ganze Wände bedeckend. Der Noch-nicht-Avantgardist aus München notiert: »Ereignis für mich ... Ich denke, das bleibt mir endgültig für meine Kunst.«[115] Anfang Juni schildert Franz seiner Mutter die aufregend neuen Erfahrungen und beruhigt zugleich den möglicherweise alarmierten Vater. »Papa soll nicht erschrecken: wenn er jung wäre, würde es ihm wie mir ergehen; es gibt keine Gefahr bei der Art zu sehen und zu malen; ich sehe darin, im Gegenteil, das einzige Heil für uns junge Künstler.«[116] Am 20. des Monats meldet er den Eltern: »Ich zeichne jetzt viel. Es ist merkwürdig, hier lernt man besser zeichnen als anderswo, weil dieses Leben fast nicht anders als zeichnerisch dargestellt werden kann; alles ist Illusion.«[117] Die Hoch-

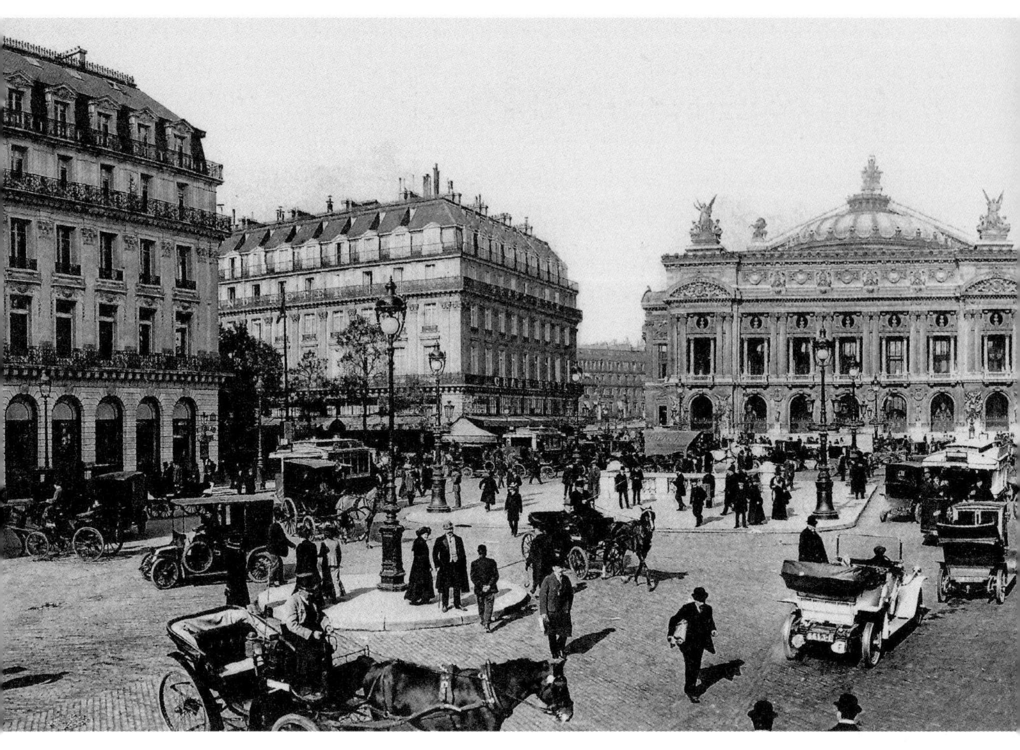

Paris, Ansichtskarte um 1900. In der Mitte der Gebäudegruppe das Grand Hôtel am Place de l'Opéra

stimmung hielt nicht nur an, sie erwies sich sogar als noch steigerungsfähig. »Für moderne Zeichner und Maler, Illustratoren etc.«, schwärmt Franz im Juli dem Bruder vor, »ist Paris überwältigend groß und interessant … Es ist eine Lust zu leben.«[118] Beseligende Momente, Tage, Wochen. In heimischen Gefilden für geraume Zeit unwiederholbar.

Die Ansicht der Oper vorm Fenster seines Zimmers im Grand Hôtel hatte er direkt nach seiner Ankunft bildlich festgehalten. Ende Mai waren die Reisegefährten ins etwas weniger noble Hôtel Du Quai Voltaire, dafür aber gegenüber dem Louvre gelegen, umgezogen. Im Musée de Cluny, »sehr interessant«, kopiert Franz Kostbarkeiten des Mittelalters. Er zückt im Botanischen Garten sein Skizzenbuch und ebenso in den Gärten von Versailles, »die schönsten, die man erträumen kann«. Barock, überhaupt überbordendes Interieur, bereitet ihm Unbehagen. »Was das Innere des Schlosses betrifft, – so bin ich außerstande es zu genießen.«[119] Uns sind lediglich drei kleine, auf die französische Metropole bezo-

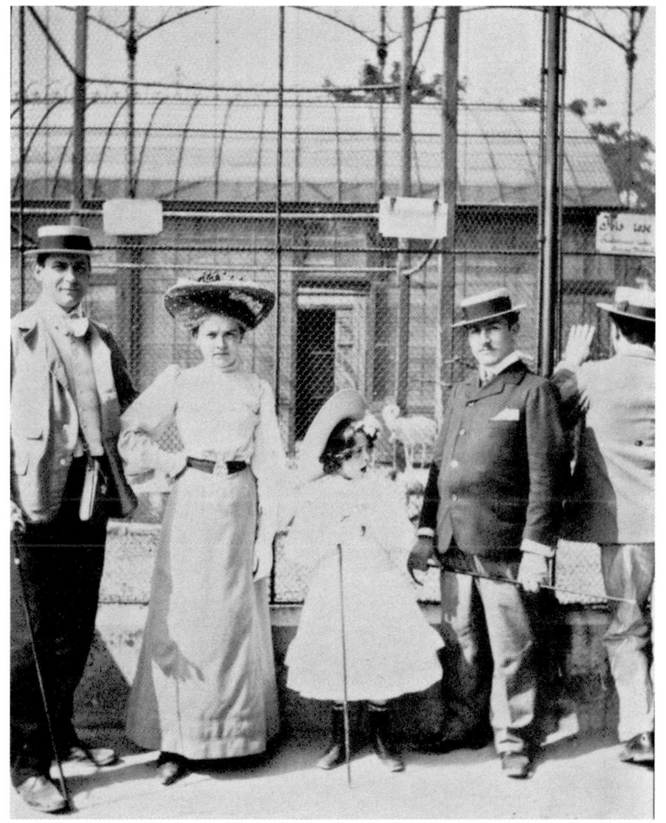

Ein Ausflug Franz Marcs mit Marie Debenne in Begleitung von deren kleiner Schwester und Cousin in Paris vor einem Flamingo-Gehege

gene, Arbeiten Marcs bekannt. Neben dem *Park bei Paris* sind *Café Chantant I/Café Montmartre* und *Café Chantant II* Belege für seine zunehmend sichere Handhabung von Pinsel und Tusche. (»Café Chantant« lässt sich übrigens mit »Tingeltangel« übersetzen.) Womit wir bei den nächstwichtigen Aktivitäten angelangt wären.

Paris ad zwei – Amüsements:

Einen »Zeitvertreib« nennt Franz Marc, dreiundzwanzig, das erlebnishungrige Hineinstürzen in mannigfaltige Belustigungen in dem festen Willen, »sich der Ernsthaftigkeit des Lebens zu entziehen«. Er und Friedrich Lauer, neunundzwanzig, genießen es nach Leibeskräften, »das wahre Frou-Frou«.[120] »Frou-Frou« steht lautmalerisch für das Rascheln und Knistern weiblicher Unterbekleidung. Fast nichts von dem, was Paris zu bieten hat wird ausgelassen. »Kleine Runde

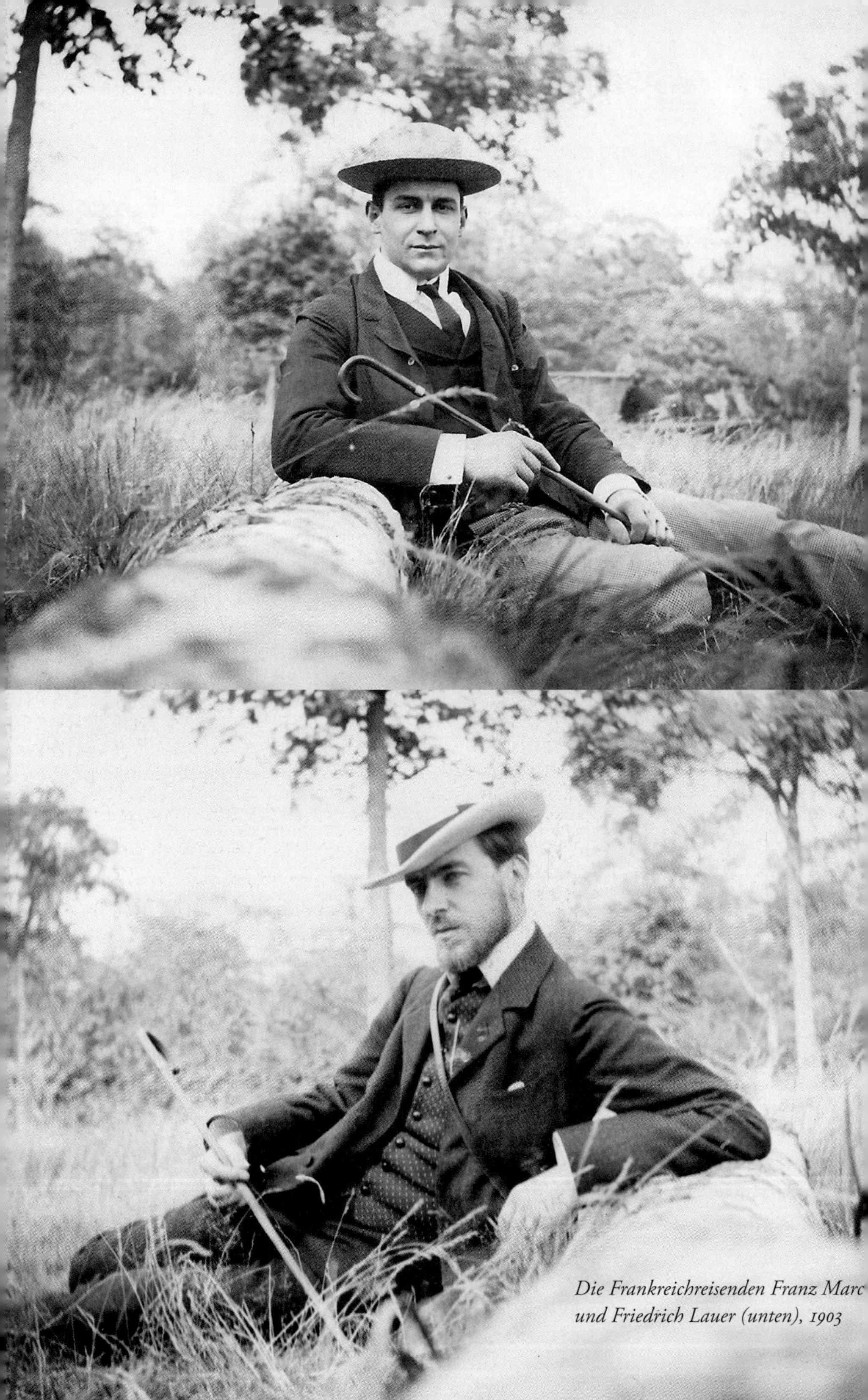

Die Frankreichreisenden Franz Marc und Friedrich Lauer (unten), 1903

durch Künstler-Cabarets«, »sehr witzig«. »Danach begannen wir auf Montmartre zu flanieren … Es gab dort Särge als Tische, an allen Wänden hingen Skelette … Man wird von den Künstlern auf sehr seltsame Weise animiert, vor allem die Damen. Man sagt ihnen mit lauter Stimme schlimme Schweinereien … Um Mitternacht zum Café Américaine … inmitten der Kokotten … Sie setzen sich völlig ungeniert zu den Herren. Man unterhält sich, man trinkt Champagner, man läßt sich ein wenig streicheln von diesen gepuderten Bestien.« Am französischen Nationalfeiertag ist »Five O'Clock« im Ritz angesagt »mit unserer kleinen Familie«, abends »Illuminierungen, Feuerwerk und Tänze auf den Straßen«. »Gegen Mitternacht haben wir uns in unser kleines Restaurant nahe den Markthallen zurückgezogen … tranken Grog und heiße Schokolade bis der Morgen anbrach.«[121]

Unsere kleine Familie!

Unser kleines Restaurant!

Was aufs Briefpapier gebracht recht harmlos tut, ist der Anfang der Geschichte vom veritablen Flirt mit kleinkriminellem Einschlag. An einem der letzten Junitage hatten Franz Marc und Friedrich Lauer die Vacherie du Hameau in der Rue des Pyramides entdeckt. Zutreffender, die Serviererin des Kakao- und Milchausschanks. Marie Debenne ist zierlich, dunkelhaarig, hübsch, lebhaft und »entzückend«. Entzückend somit auf die Art sehr vieler Siebzehnjähriger. Für Franz ist sie das »Chocolädchen«! Sein Reisetagebuch ist voll davon. Chocolädchen wird ins Hippodrom, in den Zirkus, ins Moulin Rouge ausgeführt, zu Spaziergängen durch Vergnügungsparks eingeladen, und mit Chocolädchen in der Kutsche wird die Pariser Umgebung erkundet. Chocolädchen ist Hauptperson eines Frühstücks im Freien. Lauers Interesse an der jungen Dame, sofern diese Bezeichnung auf sie zutrifft, ist von kurzer Dauer. Marc hingegen findet von Tag zu Tag mehr Gefallen an ihr und an ihrer Extravertiertheit. »Wie sie sich so nett gebärdet und plaudert«, »ohne Scheu und offen«. Wenn sich Marie, abends in der Öffentlichkeit beim Essen, vor »besonderer Fröhlichkeit« gar nicht zu lassen weiß, es durchaus ein wenig zu toll treibt, dann macht sie Franz »sehr glücklich«. »Kann den Blick nicht von ihr wenden.« Er geht mit Mademoiselle Debenne ins Warenhaus und macht ihr ein »schönes Portemonnaie« zum Geschenk. Zu mehr reicht es nicht, aber das hat Maries Mutter noch nicht bemerkt. Anfänglich besteht Madame Debenne auf Anstandsbegleitung, wenn die Tochter und Franz und sein Freund und bald nur noch Marie und Franz gemeinsam etwas unternahmen. Als der vermeintlich dicke Fisch, drücken wir es einmal so aus, an der Angel zappelt, verfliegt ihre Angst um Maries guten Ruf augenblicklich.[122]

Dass die beiden Kunstschaffenden aus Deutschland mit Geld nicht knausern mussten, ist der routinierten Beobachterin sofort aufgefallen. Ihr Trugschluss? Sie hält den einen für so wohlhabend wie den anderen. Worin sie sich nicht irrte, war die Tatsache, dass Franz ein gutes Herz hatte und ehrlich in Marie vernarrt war. Kurz und nicht gut: Er bekommt von der dreisten Lügnerin eine melodramatische Schuldengeschichte aufgetischt und rückt, von Mitleid geplagt, mehrere hundert Franc heraus – ein Verlust, an dem sich letztendlich Kumpan Lauer, weniger gutgläubig, aber gleichermaßen gutmütig, ihm zuliebe beteiligt.[123] Das Dankschreiben ihrer Mutter bringt Marie am 25. Juli mit zum Bahnhof wohin das junge Mädchen kommt, um dem spendablen Verehrer nachzuwinken.

Mehr als seine Freigiebigkeit bereut Franz seine Aufrichtigkeit. Sophie Marc, vom Sohn ehrlicherweise über die Vorgänge in Paris informiert, macht ihm, vorausschauend, Vorwürfe. Welche dieser scharf zurückweist. Nun ist es an Paul, die Wogen zu glätten. So schreibt er an seinen Bruder am 8. August 1903:

> »Mein lieber Franz!
> Nun setz Dich aber gleich hin, um Maman zu trösten und zu beruhigen: sie ist ganz verzweifelt de t'avoir froissé [Dich gekränkt zu haben] … Kein Mensch hat Häßliches von Dir gesagt, im Gegenteil, Du könntest sehr zufrieden sein mit dem, was anläßlich dieses verfluchten Briefes von Dir gedacht und gesprochen worden ist … Und ich bin absichtlich nicht mit der Person in Verbindung getreten, weil ich von vorneherein in ihr eine Unverschämte sah, der man auch nicht den kleinen Finger reichen dürfte … Also beruhige Maman. (Mamans Stimmung ist das einzig Schlimme an der ganzen Sache). Laß Dir die eigene Stimmung nicht vergällen, und sei gewiß der stets treuen und guten Meinung der Deinigen.«[124]

Unterdessen waren der Frankreichreisende und sein Gefährte in der Bretagne angelangt. Ihre Route: Blois, Chambord (»ohne das Chocoladerl, traurig«[125]), Amboise, Tour, Angers, Nantes, Carnac, Quimperlé, Quimper, Douarnenez, Pointe de Raz (wo Franz auf einen der Felsen klettert, sich seiner Kleidung entledigt und für Aktfotos posiert), Brest, Mont St. Michel, Paramé, Guingamp, Concarneau, Pont-l'Abbé, St. Malo, Trouville …

Sechs Wochen folgen sie den Empfehlungen einschlägiger Fremdenführer. Unmöglich, jede Station zu benennen. Marc und Lauer besuchen Museen, werden zu einer Hochzeit eingeladen, freunden sich mit Sardinenfischern an, unternehmen Strandwanderungen, lassen keinen pittoresken Leuchtturm, keine malerische Mühle aus. Es sind die Wahrnehmungsmuster, welche den Künstler vom Nichtkünstler trennen. Franz' Einträge in sein Reisetagebuch sind die eines Augenmenschen.

2. und 3. August 1903, Aurey, ein großes Dorf dicht am Atlantik: »Hier tragen alle Tracht. Eine schöne starke Rasse, mit schönen Gesichtern, von ergreifender Liebenswürdigkeit. Nirgends habe ich so schöne Mädchen gesehen ... Schwarzes Vieh, klein und knochig, ohne zu mager zu sein, weidet auf der Heide, mit Schafen und weißen Pferden, von ihren Fohlen gefolgt, alles in völliger Freiheit ... Die Trachten der Frauen erinnerten an die der Japaner, ohne zu übertreiben. Selbst Lauer, der mich stets aufzieht und sich immer lustig macht über meinen Hang zu den Japanern, hat dies bestätigen müssen; selbstverständlich sehr wenig Farbe, viel Schwarz und Grau.«[126]

Überdies zeichnet er momentan ohne Unterlass. »Vielleicht hat jemand bemerkt, daß wir Skizzenbücher in der Tasche haben, d. h. daß wir junge deutsche Künstler sind«, schreibt er aus St. Malo nach Pasing.[127] Gegen Ende des Unterwegsseins in der Bretagne, resümiert Franz, er habe »gelernt, zu sehen und in genauer Erinnerung zu behalten, was ich während der ganzen Frankreichreise gesehen habe, so daß ich voller Vertrauen bin, auf meine Art viel, sehr viel von dem, was ich gesehen habe und noch sehen werde, wiedergeben zu können.«[128] Im Verzeichnis seiner Werke sind für die Folgezeit das *Selbstbildnis in bretonischer Tracht*, die *Kinder im Boot*, die *Tanzenden Fischer* und der *Bretonische Bettler* aufgeführt. Von ihm erwähnte *Bretonische Klatschbasen* haben die Zeiten nicht überdauert und ebenso wenig die in Frankreich angefertigten Skizzen, mehr als hundert vielleicht.

Zu den erinnerungswürdigen Genüssen zählen unbedingt bretonische Tafelfreuden. Die Abfolge eines Mittagsmahls in Carnac liest sich folgendermaßen: »Austern. – Melone. – Makrelen. – kaltes Gericht; geräucherte Zunge und Schinken. – Salat von grünen Bohnen, mit sautiertem Fleisch, Geschnetzeltes ... Kalbsbraten mit Kartoffeln. – Erbsen. – Pflaumen mit Keksen. – Kaffee – Als Getränke: Cidre, Rot- und Weißwein so viel man will.«[129]

Sieben Stunden fährt der Schnellzug von dem Hafen- und Fischereiort Douarnenez in die französische Hauptstadt. Eingedenk der Pannenanfälligkeit des fortschrittlichsten aller Gefährte, wird die ursprünglich geplante Rückfahrt per Automobil verworfen.[130]

Am 5. September, einem Samstag, betreten Marc und Lauer wieder Pariser Boden. Franz eilt sofort in die Rue des Pyradmides. »Eine Schokolade getrunken mit Marie«, »allein mit ihr ausgegangen«.

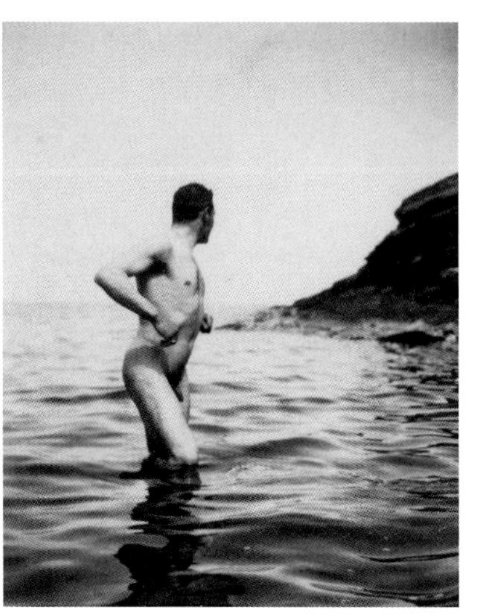
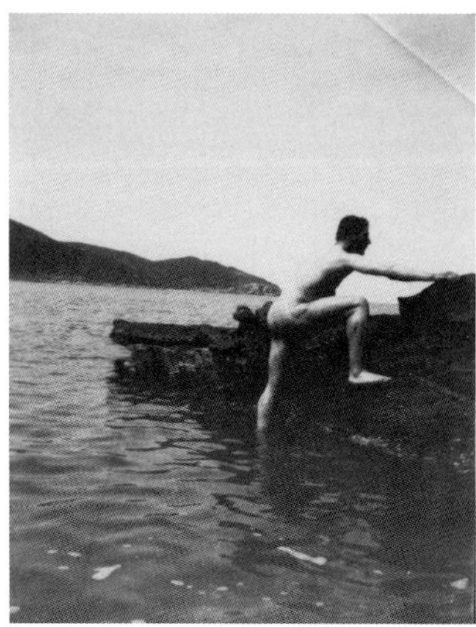
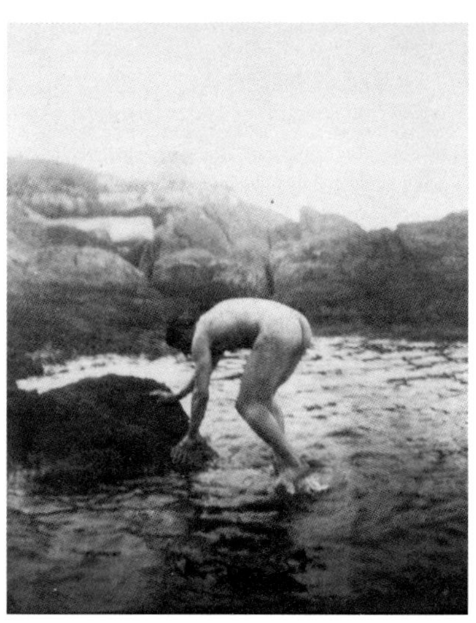
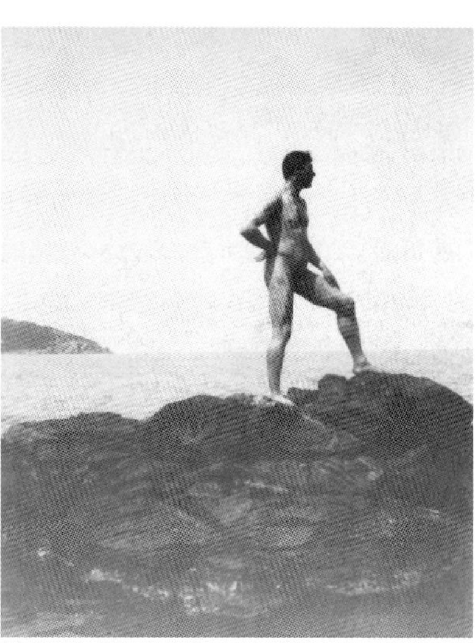

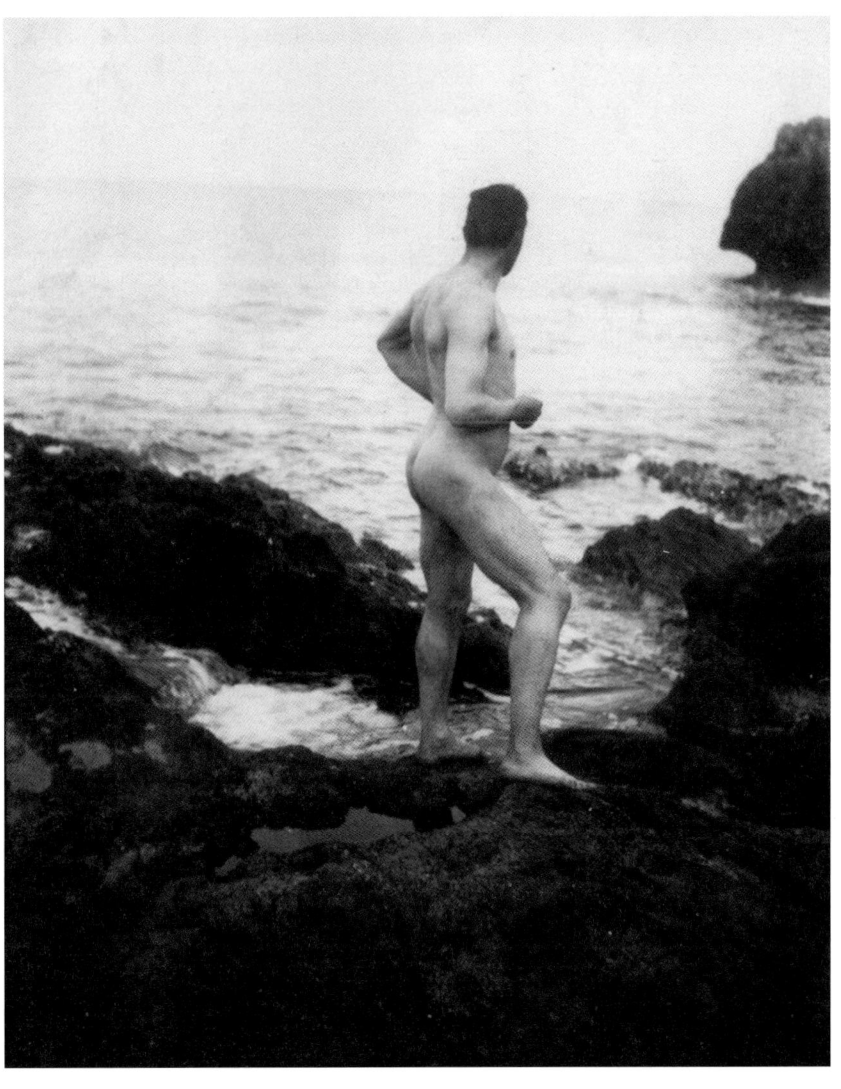

Franz Marc am felsigen Ufer der bretonischen Küste, fotografiert von seinem Reisegefährten Friedrich Lauer

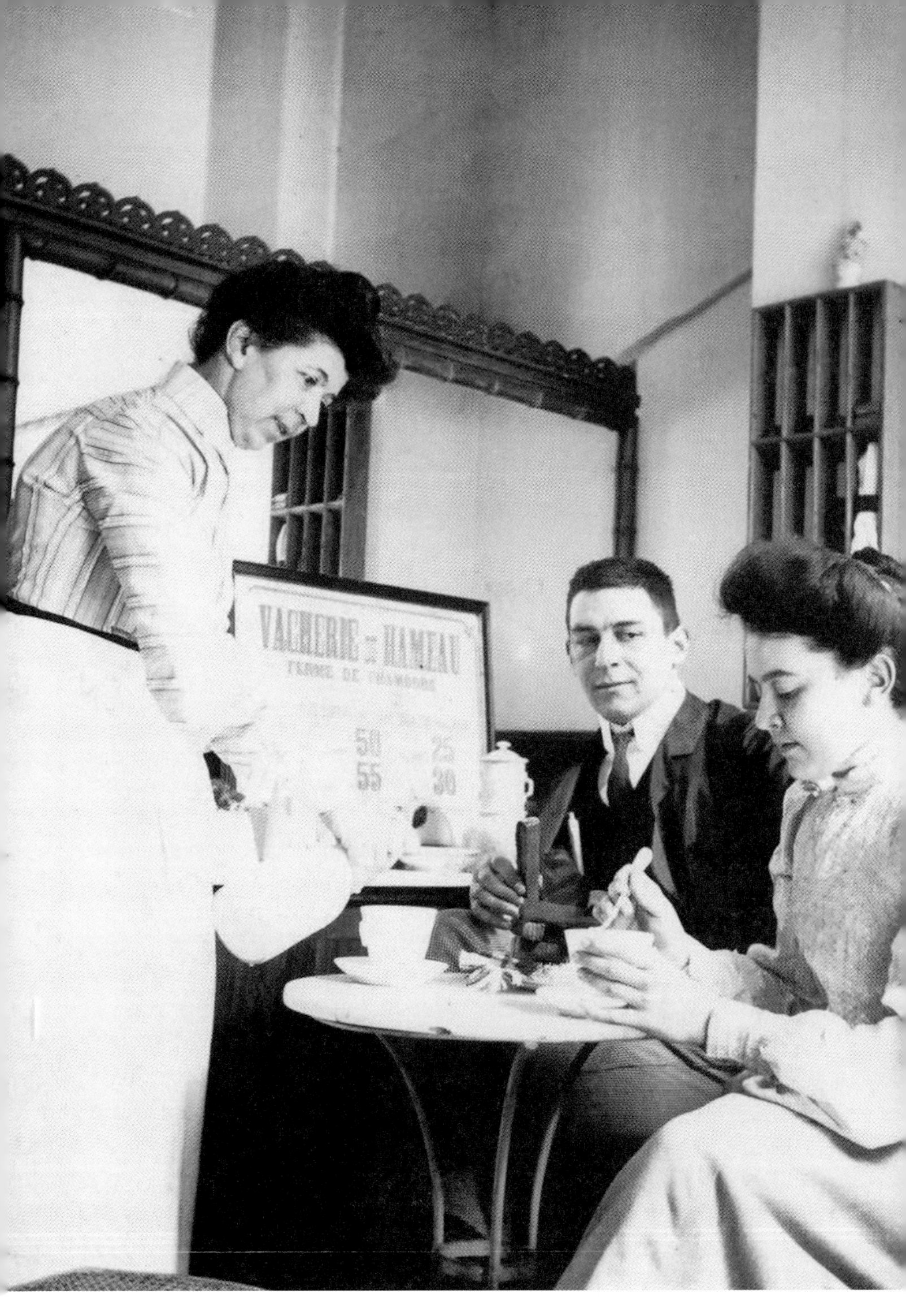

Von Madame Debenne (links) letztlich gerne geduldet: Franz Marcs verliebte Seitenblicke auf die in seinen Augen »entzückende« Tochter Marie

Sonntag: Ausflug mit Chocolädchen;

Montag: mit Madame Debenne und Tochter »Angelegenheiten durchgesprochen«;

Dienstag: nachmittags mit Chocolädchen im Bois de Boulogne, abends Picknick, »sie ist fröhlich (guten Rotwein getrunken)«;

Donnerstag: mit Chocolädchen in Versailles, »unser Lachen, unsere Küsse ohne Ende«;

Freitag: in Gesellschaft von Chocolädchen;

Samstag: »Abschied von Paris«. Abschied von Chocolädchen am Gare Saint-Lazare.

Das Finale ist schnell erzählt.

In Etappen geht es zurück nach München. Der erste Brief, den Marie ihm hinterherschickt, wird Franz im Kölner Dom-Hotel ausgehändigt. Verwahrt hat er auch ihre noch ein Weilchen an seine Pasinger Adresse gerichteten zeittypisch-kitschigen Bildpostkarten sowie die auf hellblauem, roséfarbenem und tief violettem Papier geschriebenen Vergiss-mich-nicht-Briefchen.[131]

»Tout lasse, tout casse, tout passe.« Alles hat ein Ende! Bereits in Frankreich hatte Franz sich in das Unvermeidliche gefügt und das Ende der Liaison beschlossen.[132]

Zweierlei bleibt nachzutragen.

Unsere Reisenden hatten den allerersten Pariser Herbstsalon knapp verpasst. Jüngst gegründet, präsentierte die Société du Salon d'Automne im Petit Palais unter anderen Werke von zwei Spitzenreitern der Avantgarde, Paul Cézanne und Pierre Bonnard.

Während Marc und Lauer die Bretagne erkundeten, traf eine in München lebende Russin in der französischen Metropole ein.[133] Noch ist Marianne von Werefkin für Franz Marc eine Unbekannte, dereinst wird sie ihm Ratgeberin sein. Von prominenten Lehrern ausgebildet, so von ihrem berühmten Landsmann Ilja Repin, hatte sie sich von einer hochgelobten Vertreterin realistischer Malerei zu einer unbeirrt vorwärtsstrebenden Visionärin gewandelt. In Paris stand sie vor Bildern progressiver Künstler aus dem Kreis um Paul Gauguin.[134] Tief bewegt, weil sichtbar in ihrem Credo »Die Kunst der Zukunft ist die der Emotion«[135] bestätigt, schrieb Werefkin 1903 aus Frankreich an ihren Lebensgefährten, den in Deutschland zurückgebliebenen Alexej Jawlensky: »Menschen, die Antworten auf reine Fragen in der Kunst suchen, gibt es nicht viele.« Nur Auserwählte eben, wie sie und er: »Wir sind Mitglieder der Gesellschaft der Einzigartigen«![136]

Noch nicht, aber in ein paar Jahren sollte Franz Marc von sich Gleiches behaupten können. Sein erster Schritt in Richtung Moderne war die Umsetzung eines zwingenden Wunsches in die Tat: »... ich gehe nicht [mehr] auf die Akademie!«[137]

Im Privatleben mit der gleichen Entschlossenheit einen Schlussstrich zu ziehen, war ihm nicht möglich. Annette betreffend blieb alles beim Alten. Oder auch nicht. In dem Glauben an die Unauflöslichkeit ihrer Bindung mischte sich die Furcht vor deren Endlichkeit. Anfang 1904 mietete Annette auf ihre Kosten für Franz ein, seine Worte, »Absteig[e]atelierchen«[138] im Gartenhaus Kaulbachstraße 68, zweihundert Meter von ihrer ehelichen Wohnung entfernt. Fern von München gemeinsam allein sein – im Frühsommer des Jahres lebten sie in Tirol ihren Traum vom vollkommen freien Glück. Das Bergdorf Ladis hat seinen Platz auf einer Sonnenterrasse des Oberinntals. Ein Jahrzehnt lag zwischen den realen Glücksgefühlen und Annettes wehmütigem Gedenken. »Diese Zeit mit Dir zusammen bleibt doch die reinste, märchenhafteste Erinnerung – der Glaube und die Hoffnung meines Lebens.«[139] In Ladis malte Franz die Geliebte mit Sonnenschirm im Grünen.[140] Hier müssen beide beschlossen haben, dem Versteckspiel ein Ende zu machen. Sie würde Ehemann Richards Verdacht ehrlich bestätigen. Er würde sich zuerst der – überraschend verständnisvollen – Mutter offenbaren, im Anschluss daran dem Bruder, das aber dann doch schriftlich geschah, weil Franz im einem vorausgegangenen Gespräch mit Paul plötzlich der Mut verlassen hatte.

Auf massive psychische Belastungen reagierte Franz stets mit Rückzug. Bevorzugtes Ziel seiner kleinen Fluchten war die Hütte des Senners Hans Müller, unterhalb des Rabenkopfgipfels bei Kochel. Von dort schrieb er an Paul:

> »Staffelalm, 4. Aug. 04.
> ... Es freut mich, dass Dir [unser] Ausflug eine angenehme Erinnerung hinterlassen hat, – trotz meiner schweigsamen Stimmung; u. war sie nicht schweigsam, so doch ›ausreichend‹, das wirst Du wohl empfunden haben. Vielleicht hast Du schon damals einiges erraten, da Du die Rücksicht übtest, über das, was mich bewegte, mich nicht auszufragen, – Frau Simon. In jenen Tagen hat sich etwas entschieden, was meinem Leben eine neue Richtung gibt, – ich habe eine Frau, die mich liebt u. die ich wieder liebe, so tief u. leidenschaftlich, dass uns nichts wird trennen können als unser Wille; der aber hält uns zusammen. Maman weiss davon (Papa nicht). Sprich zu ihr ... ich bitte Dich, wenn Du glaubst, ihr in irgendeiner Weise das erleichtern zu

> können, was sie an der Sache schwer nimmt: ›Mitleid‹ mit Herrn Simon, ›Mitleid mit uns‹, das bewegt sie. Sie erwähnt mit keinem Worte, was ich gefürchtet: das Sündhafte einer solchen Liebe, das Verwerfliche in den Augen der Gesellschaft. Annette war heute Vorm[ittag] bei ihr. Das Resultat, d.h. die Wirkung des Besuches auf Maman kenne ich nicht; aber Maman liebt A. wirklich tief, jetzt wie vorher, das schrieb sie bereits mir u. ihr, so hoffe ich einiges Gute von der Aussprache beider Frauen. Es war mein Wille, Maman das Geheimnis unserer Liebe anzuvertrauen. Gegen Dich fühle ich dieselbe Verpflichtung. Dass Du, resp[ektive] Ihr schweigen könnt, das weiss ich. Ich kann Dir keine Vorschriften u. Vorschläge machen über die Art, wie Du von allem zu Maman reden sollst. Weiss ich ja noch garnicht, wie Du selbst darüber denkst!«[141]

»Gruß von der Staffel-Alm und vom Rabenkopf« – Bildpostkarte Franz Marc an einen Münchner Freund

Tatsächlich musste Franz, wie bereits angesprochen, für die Kosten seines zukünftigen Arbeitsraums mit Schlafplatz nicht selbst aufkommen. Annette bezahlte, ihre Aussage, »alles«, »Atelier-Miethe usw.«[142] Offiziell gemeldet war Franz in der Königinstraße 75, 3. Stockwerk, bei Thoma.[143]

Pauls Antwort, ein wunderbares Dokument familiären Zusammenhalts, geprägt von Feingefühl und Toleranz, ließ nicht lange auf sich warten.

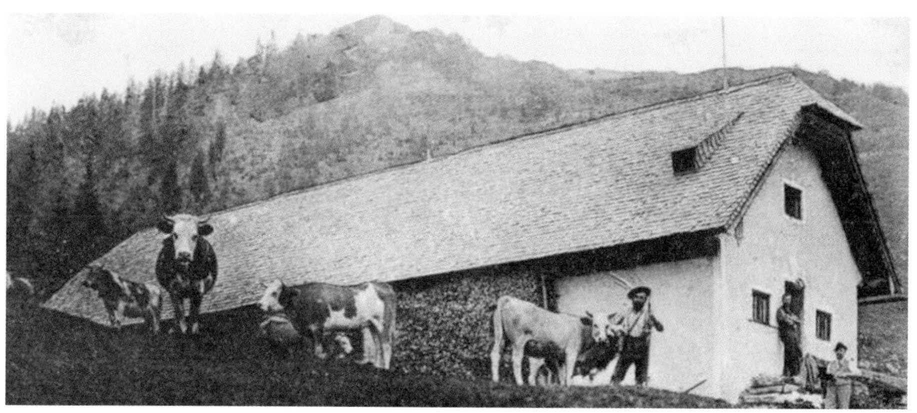

»München, 6. VIII. 04.
Lieber Franz!
Wenn ich mich sofort hinsetze, um Dir auf den so inhaltsschweren Brief zu antworten – noch ehe ich was Gescheites zu sagen imstande bin – so geschieht es, um Dich zu einer wohlthätigen Aussprache – natürlich ohne Dir vorgreifen zu wollen … für Dienstag Abend zu uns einzuladen … nachdem Du mich so herzlich-brüderlich ins Vertrauen ziehst und sogar nach meinem Urteil fragst! Sei versichert, daß ich Dir dies Vertrauen zu danken weiß und daß ich Dir stets nahe zu bleiben und zu helfen versuchen werde. Und eines kann ich Dir gleich sagen: auch ganz abgesehen von den in all diesen Dingen wirksamen Imponderabilien, die niemand abzuwägen sich anmaßen darf, sehe ich zwischen Dir und Fr[au] Simon genügend Wesensverwandtschaft, um manches Unbegreifliche begreiflich zu finden … Ich habe die Hoffnung, daß die neue Situation gut auf Dich einwirken wird, besser mein ich als Tennismilieu und so manche kleine undankbare Freundschaft – ich denke dabei vor allem an Deine Kunst und Arbeit … Also Glück auf – und keine Rederei mehr, sonst fall ich Dir lästig – denn ich weiß ja thatsächlich noch zu wenig … [Maman] sprach davon, daß Fr. Simon gestern bei ihr gewesen und ihr wieder mal einen *sehr guten* Eindruck gemacht hat.«[144]

Franz hatte die Bergeinsamkeit bereits verlassen, als der Brief des Bruders dort eintraf. Die Einladung zum persönlichen Treffen erreichte ihn zu spät, der angegebene Termin war bereits verstrichen. Deshalb griff er abermals zur Feder, hin und her gerissen zwischen Beseligung und Beklemmung. Es hat den Anschein, als wäre in den Tagen kontemplativen In-sich-Gehens die Angst, im Ansturm weiblicher Gefühle und auf ihn projizierter Erwartungen den Halt zu verlieren, gewachsen, statt verschwunden. Hinzu kam, dass Annettes auf die Tonart Moll gestimmte Weltsicht den eigenen Hang zu grüblerischer Gedankenschwere steigerte statt milderte.

»Pasing, 11. Aug. 04.
Lieber Paul,
es war recht lieb von Dir, noch an ein Zusammenkommen Dienstag Ab[en]d zu denken; an mich war keine Nachricht von Dir gelangt … Zunächst habe gerührten Dank für die guten lieben Worte, die Du Maman über A. [Annette] und mich geschrieben. Für das ›Entgegen-

kommen‹, von dem Du sprichst, sind wir Dir den tiefsten Dank schuldig u. werden es Dir durch Treue u. Liebe vergelten. A. und ich lieben uns mit Jakobsenscher[145] Zärtlichkeit und Süsse. Unseren schwermütigen Sinnen erscheint diese Liebe wie ein ganz spätes, herbstfarbenes dunkeläugiges Glück, ein schwerer süsser Wein, der unsre Sinne berauscht … Nie überkam mich in dieser ganzen Liebe je ein einziger Frühlingsgedanke, nichts Lichtes, scherzendes, duftendes. A. krallt sich mit einer Leidenschaft und Innigkeit in die Fittiche dieser Liebe ein, als wäre diese Liebe wirklich der grosse starke Vogel, der sie auf die Höhn der Sehnsucht u. der Stimmung, die ihr seit alten Tagen klingt, u. auf ›die Höhen des Lebens‹ tragen könnte. Ich weiss nicht, ob ich ihr das sein kann, was sie alles hofft u. glaubt; sie spricht mir auch kaum davon; im Gegenteil: sie spricht mit einer demütigen, wehmutsvollen Resignation von sich: sie hat den Glauben an sich verloren, ›gebrochene Schwingen‹. Sie hat zu lang die Last eines verfehlten Lebens auf den Schultern getragen; sie glaubt zwar, dass ich ihr diese Last abnehmen kann, sie aber würde immer noch dieselbe spüren, als läge sie noch auf ihr. Aber ich weiss, dass sie hofft u. glaubt, an mich glaubt u. an das Glück! Ich rede Dir von ihr, nicht von mir, obwohl Du vielleicht mehr nach meinen Empfindungen fragen wirst. Es sind die Empfindungen eines Menschen, der das Leben nur dann liebt, wenn es lebendig u. rührend [i. S. v. rührig] ist; der das Leben um des Lebendigen, um seiner Höhen u. Tiefen willen liebt, die es ausmachen; um keiner Theorie, um keiner Form willen; der die ›nahe Landschaft‹ liebt, nicht die Aussicht; der keine Fata morgana sieht; der aber den Glauben hat, dass Künstlerseelen aus dem Leben u. aus den einzelnen Tagen, die Leben ausmachen, etwas gestalten können, die der Schönheit und dem Glück, das die anderen Menschen nur aus sehnsüchtigen Träumen kennen, sehr ähnlich sieht, – gesetzt, dass es nicht deren Erfüllung ist … Mit H. [Pauls Ehefrau Helene] habe ich viel u. ausführlich über uns u. das Verhältnis zu H[errn] Simon gesprochen. Er weiss alles u. ist gegen mich nur umso liebenswürdiger geworden. (Er lässt sich jetzt einen grossen Bart stehen, warum? Frage eines Psychologen.)«[146]

Es ist nicht nett, aber entschuldbar, sich über einen Ehemann lustig zu machen, der sich beharrlich unwissend stellt, weil er das Gespött der Leute nicht erträgt und der sein Gesicht verbirgt, um es nicht ganz zu verlieren.

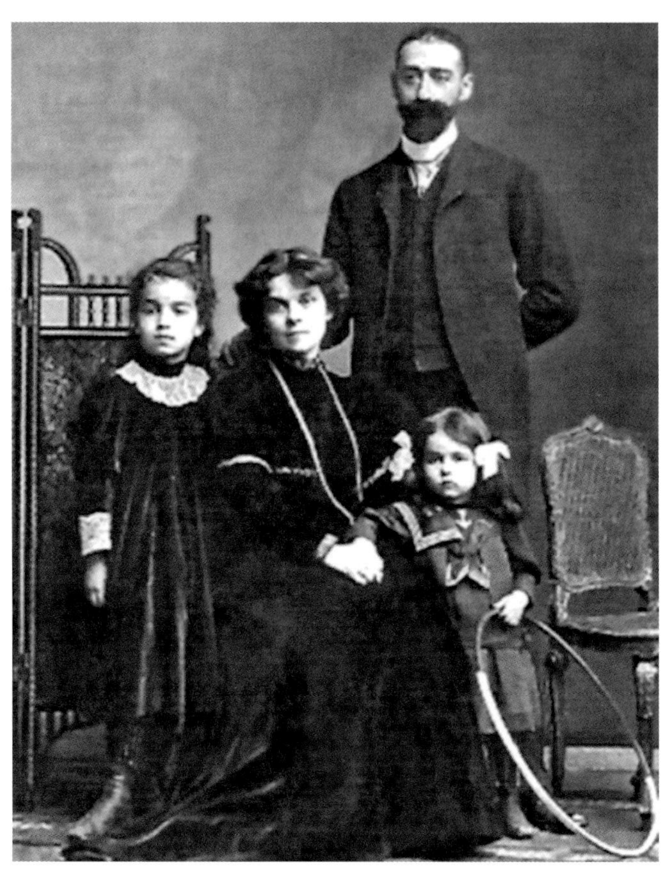

Richard und Annette Simon mit den Kindern Helene und Elisabeth, 1906/1907

Tags zuvor hatte Franz mit seinem Vater über sich und seine Beziehung zu Annette gesprochen. Die Sissi, äußerte Wilhelm Marc lapidar, wäre ihm bedeutend lieber gewesen.[147]

Die Sissi: Lujo Brentanos Tochter Sophie, künstlerisch ambitioniert, hatte Franz eigene Arbeiten vorgelegt mit der Bitte um Beurteilung. Es blieb wohl bei diesem einen, eventuell von den befreundeten Vätern eingefädelten Annäherungsversuch und bei freundlich harmlosem Schriftverkehr.

Im Dezember 1904 zeichnete Franz das *Sitzende Kind*, auf dem Kopf ein Mützchen – sein Mitbringsel aus der Bretagne für Annettes jüngere Tochter Elisabeth. Dieses Bildnis behielt er für sich. Ein anderes bekam Annette zum bevorstehenden Weihnachtsfest von ihm geschenkt.[148] Es stellt den kleinen Franz dar, wie ihn einst *sein* Vater malte.

Ebenfalls in 1904 schuf Franz das später von ihm zerstörte Selbstporträt. Wie bei seinem Porträt von Sophie Marc gibt es auch hier ein Bild im Bild. Auf den Rahmen des, den Hintergrund der Temperaarbeit zierenden Drucks, Kopie einer japanischen Vorlage, setzte er einen Falter. Im fernen Osten gilt der Schmetterling als ein Symbol für ewige Liebe.

Marcs Tuschpinsel-Skizze mit dem Titel *Annette am Schreibtisch* trägt das Datum »14 IX 04«. Die Freundin sitzt vor einem Buch und hält in der Hand einen Federhalter, sie ist beschäftigt, lässt sich denken, mit der Fortführung des im Vorjahr begonnenen Gemeinschaftswerks. Ihr oblag die Auswahl der Lyrik für eine bebilderte Gedichtsammlung. Franz würde achtzehn Illustrationen beisteuern.[149] Die Anthologie mit eindeutig biografischem Bezug ging aber erst 1917 in Druck.

Ihr Titel, *Stella Peregrina*[150] (frei übersetzt: »Wandelstern«), bezieht sich auf ein von Annette ausgewähltes Poem des Dichters Emil von Schoenaich-Carolath:

»So wie man Sterne findet, deren Bahn
Den Erdkreis streift auf Nimmerwiedersehen,
Wohl deshalb nur, daß ihr Vorübergehen
Uns habe Schmerz und Heimweh angethan,
Zog Deiner Liebe tiefe Melodie
An mir vorbei, zu Gott zurückzuschweben,
Und in der ewigen Melancholie
Meiner Gedanken ewig fortzuleben.«[151]

Von der Zeichnung zu einem rumänischen Volkslied kennen wir die Entstehungsgeschichte. Während Annette ihm den traurigen Inhalt erzählte, schuf Franz »im Zuhören den Hoffnungslosen, wie der, den Mantel um die Schultern, in den Nebel hinein davongeht«. Niemand, erklärte er, das fertiggestellte Bild interpretierend, der dem verzweifelten Mann begegnet, dürfe erkennen, »daß ihm das Hemd durchlöchert ist und die Brust durchstoßen an des Herzens Stelle«. Flöge doch am Himmel »riesengroß als Schattendämon eine Fledermaus mit dem Herzen des Hoffnungslosen davon«.[152]

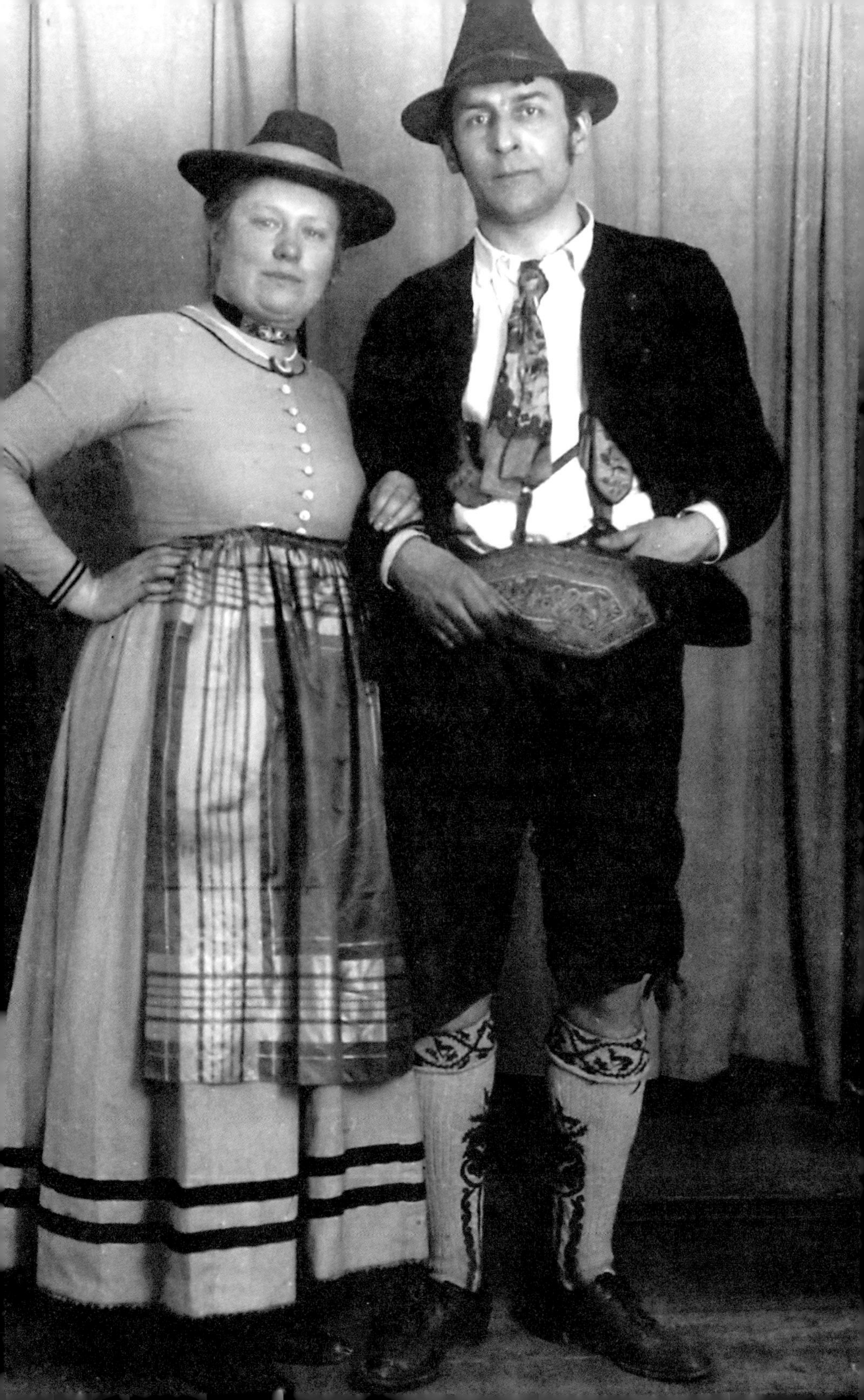

1905 BIS 1909

QUARTETT D'AMOUR

... die Träume und das Leben – dazu wir Menschen aus »Fleisch und Blut« und »Seele«, die wir nicht wissen, welches der Weg ist, den wir gehen sollten ...

Vorausgesetzt, die Dosis stimmt, ist Zerstreuung ein probates Heilmittel in kritischen Lebenslagen.

Franz Marc war ein gutaussehender Mann.

Somit bestand keinerlei Notwendigkeit, der Natur diesbezüglich nachzuhelfen. Dennoch war, dereinst in Frankreich, der erwartete optische Effekt ausschlaggebend für den Erwerb einer original bretonischen Männertracht gewesen. Freude an Verkleidungen in Anlehnung an Trachten hatte er seit jeher. Als Träger eines Faschingskostüms à la Bretagne mit Alleinstellungsmerkmal (Filzhut mit Borte, Jacke und ärmellose Weste, Kniehose, Gamaschen, bestickter Kragen, Kragenband, Ledergürtel mit zwei Schnallen, Tabaksbeutel[1]) hob sich Franz Marc, zusätzlich, von Mitbewerbern um die Gunst amüsierfreudiger Ballbesucherinnen ab.

Seit Jahresanfang luden in München Plakate zum Besuch der »Bauern-Kirta«[2] am 14. Februar 1905 in den Räumen der Schwabinger Brauerei ein. Veranstaltet vom Verein deutscher Kunststudierender. Am Abend und in der Nacht des herrlich »barbarischen« Traditionsfests waren die Säle gefüllt mit einer »Armee von Narren«; bis zu dreitausend Menschen feierten zwischen Girlanden, Wirtshaustischen und Maßkrügen »eine Orgie des Tanzes und des Geschreis«.[3] Der Ansturm war gewaltig, die Enge beträchtlich, die Zwanglosigkeit grenzenlos.

Franz Marc »sass ziemlich tief, fast am Boden«, »eine Frau auf seinen Knien«, als sich ihm eine nicht mehr ganz junge Malschülerin näherte.[4]

Maria Franck, Berlinerin, zur Welt gekommen am 12. Juni 1876 als Tochter des Bankdirektors Philipp Franck und seiner Frau Helene, geborene Sonntag, Ostpreußin aus teils adliger, teils bürgerlicher Familie. Die adligen Vorfahren waren vorwiegend Staatsbeamte, die bürgerlichen Gutsbesitzer. Im Stammbaum väterlicherseits sind ein Mühlenbaumeister, ein Architekt, ein Arzt und ein Sanitätsrat aufgelistet. Sofern sie sich in der Heimatstadt aufhielt, be-

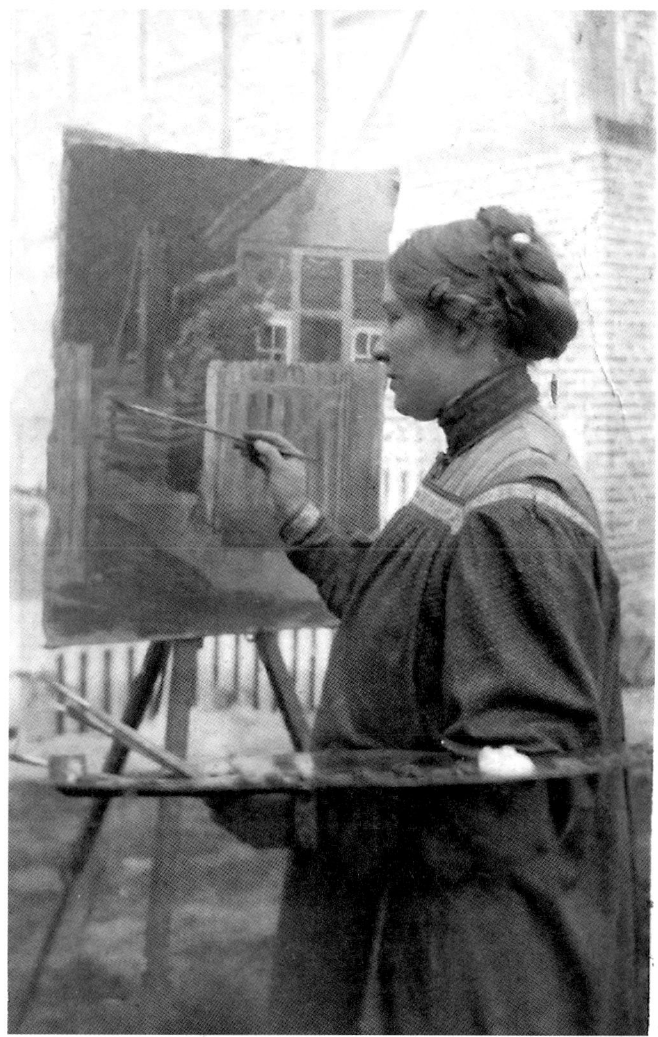

»In Holstein auf [Gut] *Seedorf!« Maria Franck an der Staffelei im Sommer 1900*

wohnte Maria mit ihren Eltern und dem jüngeren Bruder Wilhelm das obere Stockwerk des repräsentativen Hauptsitzes der Preußischen Bodenkredit-Aktienbank mit der Anschrift Hinter der Katholischen Kirche 2 – nahe der St. Hedwigs-Kathedrale, dem Berliner Dom und dem Opernhaus. Als höhere Tochter besuchte sie eine Höhere Mädchenschule, ihr musikalisches Talent wurde nach Kräften gefördert, besonders aber ihre künstlerischen Ambitionen. Arbeiten aus dem Skizzenbuch der Vierzehnjährigen lassen Gewandtheit im Umgang mit Stift und Pinsel erkennen. 1895, mit neunzehn, bestand Maria die Prüfung zur Zeichenlehrerin. Am Schuldienst war ihr nicht gelegen. Stattdessen setzte sie ihr Studium an der Berliner Königlichen Kunstschule fort und nahm, ergänzend, Privatunterricht. Zunächst bei der Blumenmalerin Catharina Klein. Anschließend bei Karl Storch, einem der fortschrittlichsten Lehrer in der Hauptstadt des Deutschen Reichs, Gründungsmitglied der Berliner Secession, demnächst Kunstprofessor in Königsberg.[5]

Sommers wurde das Arbeiten aus dem Atelier in der Lützowstraße[6] in die Natur verlagert. Karl Storch fuhr mit seinen Schülerinnen gewöhnlich nach Ostholstein. Maria Francks Pleinairmalerei, Ölbilder und Aquarelle, konnte sich durchaus sehen lassen. Aber, Deutschlands Süden lockte. Eine Freundin hatte ihr von Münchens Künstlerszene vorgeschwärmt. Das strikte Nein der besorgten Eltern traf zeitlich mit einer nicht näher beschriebenen Herz-Schmerz-Geschichte zusammen. Maria litt sehr unter der ihr zugefügten Enttäuschung. Für zwei einsame Malmonate 1902 im Ostseebad Grömitz zum Zwecke seelischer Regeneration konnte sie daheim Geld locker machen. Finanziell vom Vater erheblich unterstützt und – was das Streben nach Unabhängigkeit anging – vor allem auf den guten Willen der Mutter angewiesen, nutzte Maria den Rest des Jahres fürs Betteln um Erlaubnis zu einer Reise in die Isarmetropole. Plus Zusicherung regelmäßiger Geldzuwendungen.

Im Januar 1903 war es so weit. Sie bezog ein Zimmer in Münchens Ortsteil Schwabing. Anschluss an Gleichgesinnte war schnell hergestellt. Am Sehnsuchtsort ankommen und sich in die Klassen für Kunstgewerbe, Malerei und Zeichnen der Damen-Akademie des Künstlerinnen-Vereins einschreiben, war sozusagen eins gewesen. Den fünfhundert weiblichen Studierenden etwa standen im Atelierhaus in der Barer Straße neun große Räume zur Verfügung. Der Mitgliedsbeitrag betrug jährlich vierhundert Mark, sechsmal mehr übrigens als männliche Kollegen für ihre Ausbildung berappen mussten. Zwar konnten sich seit 1903 an der Münchner Universität auch Frauen immatrikulieren, die Königliche Akademie der Bildenden Künste aber blieb ihnen weiterhin verschlossen.

Maria im Sündenpfuhl Schwabing! Schon bald bereuten die Francks in Berlin ihre Großzügigkeit. Mit Rückrufen, von Mal zu Mal dringlicher, nötigten sie die Tochter zur Heimkehr. Allerdings war Beharrlichkeit eine von deren hervorstechendsten Eigenschaften. Schließlich gaben Mutter und Vater nach. Im Februar 1904 meldete sich Maria in ihrer Münchner Clique zurück. Nur hielt das Gefühl der Hochstimmung nicht lange an. Mit Männern hatte sie

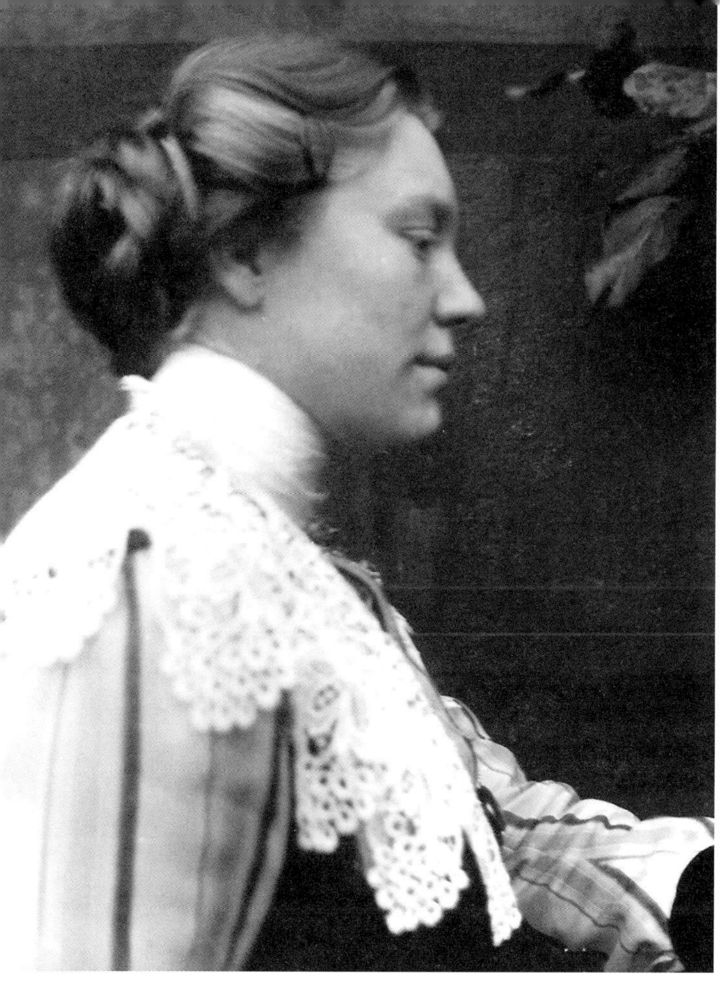

Maria Franck, wie Franz Marc sie 1905 kennenlernte

einfach kein Glück. Abermals stürzte sie ein Fehlschlag in Sachen Liebe in tiefe Verzweiflung.[7] Hämische Kommentare, nicht nur hinter vorgehaltener Hand geflüstert, nährten Fluchtgedanken. Als die Tage länger wurden, verkroch sie sich, vollkommen entnervt, eine Zeit lang in Ampermoching bei Dachau. Ihr Gegenüber in der fehlgeschlagenen Beziehung? Marias im August des Jahres 1904 verfasster Brief an eine Vertraute verrät zunächst nur so viel: Es handelte sich um einen als »Mensch und Künstler bedeutenden Mann«.[8] Ein spätes Mädchen in der Vorstellungswelt ihrer Zeitgenossen wie auch in der eigenen und nicht gerade das, was sowohl sie selbst als auch andere eine Schönheit genannt hätten, traf die erlittene Kränkung Maria besonders hart. Sie futterte sich in der Folgezeit etliche Pfunde Kummerspeck an. Das Attraktivste an der Achtundzwanzigjährigen war ihr wundervoll dichtes, hüftlanges weizenfarbenes Haar, aufgesteckt meist zu einem schweren Knoten.

So stand Maria Franck an besagtem 14. Februar 1905 im Festsaal der Schwabinger Brauerei vor dem vier Jahre jüngeren Franz Marc. Ohne rechte Vorfreude hatte sie sich ins Faschingstreiben begeben, weder gefasst noch erpicht auf eine ihr Leben von Grund auf verändernde Begegnung. »Ich sah ihn kaum an, er erzählte mir aber später, dass er mich lange angeschaut hätte mit dem Gedanken: wer mag dies blonde Mädel sein? Ich habe es nicht bemerkt, weil ich mit meinen Gedanken gar nicht auf dem fröhlichen Fest war.«[9] Ihr erstes flüchtiges Kennenlernen blieb nicht unbeobachtet. Gewiss schenkte Maria Franck dem zugleich anderweitig heftig flirtenden Festbesucher mehr Aufmerksamkeit als sie im Rückblick behauptete. Jedenfalls wurde sie bald darauf von Marie Schnür, ihrer Lehrerin an der Damenakademie, angesprochen und gefragt, ob ihr an einem Wiedersehen mit der Faschingsbekanntschaft gelegen sei. Die Absicht hinter dem Angebot erschloss sich Maria Franck erst später. Es ging, wurde ihr im Verlauf der privaten Geselligkeit bewusst, um einen Mann, den Marie Schnür für sich gewinnen wollte. »Dieser Mann aber war in jene junge Malerin verliebt, die auf dem Bauernball auf dem Knie von Marc gesessen hatte. M. Sch. wollte nun das Interesse, das Marc an ihr gezeigt hatte, benutzen, um sie von dem anderen Freund abzulenken. So lud sie die beiden zum Tee ein und mich dazu, wohl um den eigentlichen Zweck zu verschleiern. Der Nachmittag kam, – aber das Resultat wurde ein unerwartet anderes ... Es kam so, dass Franz Marc die kleine Malerin kaum beachtet, und sich die ganze Zeit mit mir unterhielt.«[10]

Und: auch an der Gastgeberin Gefallen fand!

Und: von Annette Simon nicht lassen konnte!

Derweil die Unverzichtbare sich im Herbst des Jahres in der Schweiz von einer schweren Operation erholte und zugleich Maria Franck im Norden weilte, um in der Künstlerkolonie Worpswede unter der Korrektur von Otto Modersohn ihr künstlerischen Fertigkeiten zu vervollkommnen, machte Franz Marc Marie Schnür Avancen:

> Pasing, 8. Oktober 1905
> »Liebes Fräulein, warum verhalten Sie sich denn gar so stumm und schweigsam. An Ihrer Reihe ist es, zu erzählen; von mir kann ich nichts sagen, als dass ich male, male ...«

Pasing, 20. Oktober 1905
»Liebes Fräulein, heute verlebe ich einen stillen Nachmittag … und benutze die ruhigen Stunden, um Ihnen, liebes Fräulein, mit ein paar Zeilen für Ihren herzlichen hübschen Brief zu danken. Wie gut und offen Sie zu erzählen verstehen! Ich stelle mir dabei noch Ihre Augen vor, dann habe ich meine ganze gute Freundin telle qu'elle est. Sie erlauben, dass ich eine Zigarre rauche, während ich an Sie schreibe, – dann haben Sie auch mich, wie ich bin, – wenigstens wie Sie mich kennen. … Ich male viele und große Sachen … hauptsächlich Porträts, die ich ganze ehrlich und tapfer ›fertig‹ malen will. Bis jetzt ist freilich noch viel Unfertiges.«[11]

Wie wahr.

Irgendwann in diesem Herbst kam Franz Marc mit Adolf Hölzel ins Gespräch. Sein Fazit hernach: menschlich »nett und geistreich«, künstlerisch »nichts für mich«.[12] Wie schade. Die Chance zur Fortsetzung des »langen ›theoretischen‹ Spaziergangs« im Atelier des zweiundfünfzigjährigen Mitbegründers der Dachauer Malschule war vertan. Die Chance der Verkürzung eines quälend langen Lernprozesses ebenfalls. Basis von Adolf Hölzels Nachdenken über Malerei war die Erkenntnis, dass ein Bild nichts anderes ist, als eine begrenzte zweidimensionale Fläche. Aufgabe des Künstlers sei es, die bildimmanenten Mittel Linie, Form und Farbe zu einem möglichst harmonischen Ganzen zusammenzufügen, unabhängig davon, ob etwas Gegenständliches dargestellt wird oder nicht. Auch praktisch war Hölzel seiner Zeit voraus. Aktuell, das heißt, bevor er gegen Jahresende Dachau in Richtung Stuttgart verließ, stand auf seiner Staffelei, im Stadium des Entwurfs, seine berühmt gewordene – abstrakt zu nennende! – *Komposition in Rot I*.

Zurück zu Marie Schnür. Gebildet. Anmutig. Charmant. Erfahren. Elf Lebensjahre hatte sie Franz Marc voraus. Ihre Vita bis dato: Geboren am 19. Februar 1869 südwestlich von Anklam, genauer in Wegezin[13], eigentlich nur die Bezeichnung für ein Gut, bewirtschaftet von Marie Schnürs Eltern.[14] Ihr Vater Ernst Friedrich[15] war aus dem Herzogtum Sachsen-Coburg-Gotha kommend in die Königlich Preußische Provinz Pommern »eingewandert«, nachdem er Sophie Caroline Friederike Pogge, Tochter des Rittergutsbesitzers zu Wolckow und Lückow, geheiratet hatte.[16] Großvater Georg Ottilius Schnür, letzter bedeutender Repräsentant einer seit Menschengedenken Honoratioren hervorbringenden Familie, führte in der Stadt Coburg ein großes Haus. Besonders gern bat der Kreisgerichtsdirektor Gäste in sein – noch heute existierendes –

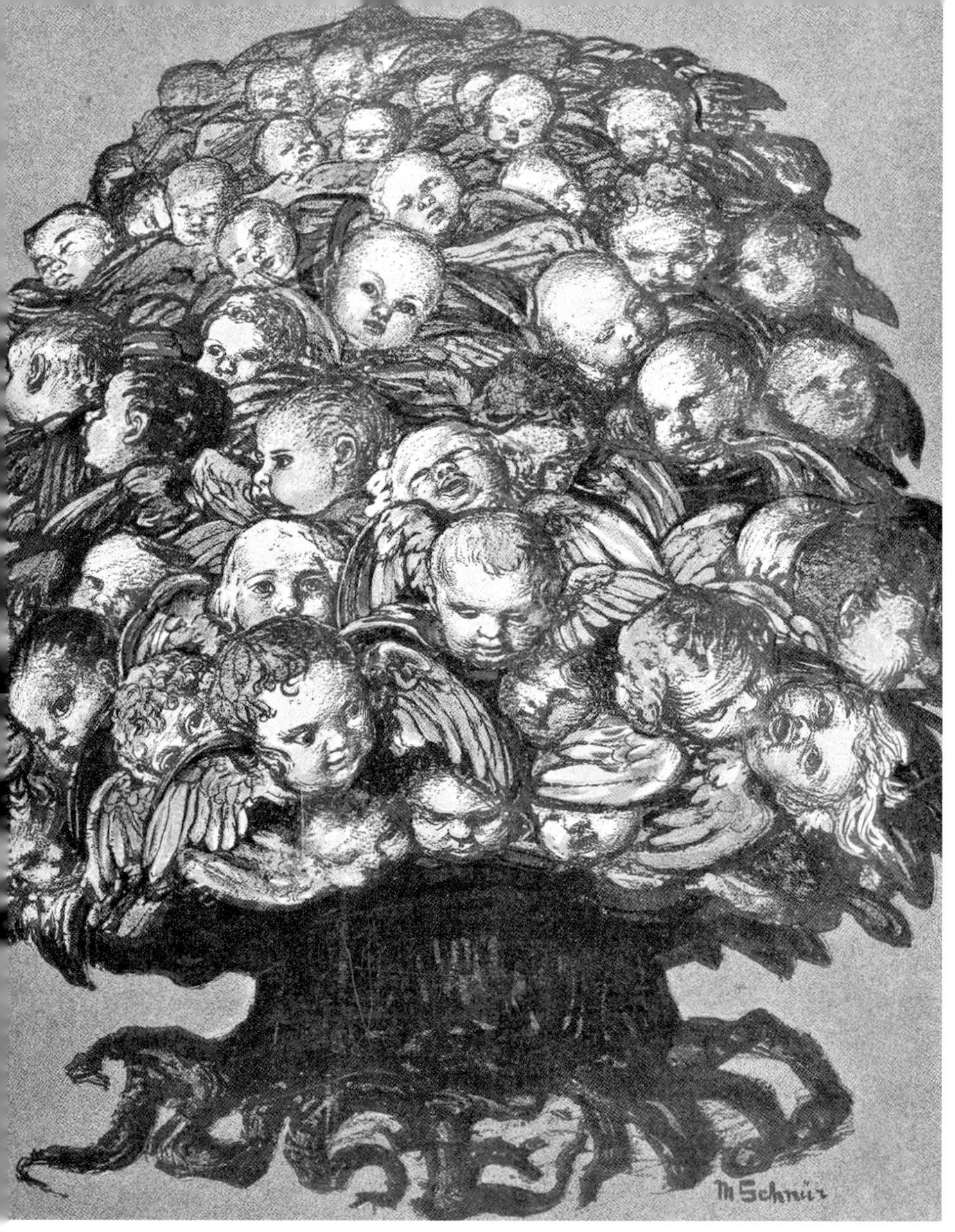

Marie Schnür: Zeichnung für die Zeitschrift Jugend, *Heft 12/1905*

neoromanisches Sommerschlösschen im – noch heute sogenannten – Schnürgarten auf dem Adamiberg.

Marie Schnür hatte in Berlin die Schule des Vereins der Künstlerinnen besucht, vorwiegend unterrichtet vom Grafiker und Bildhauer Conrad Fehr. 1891 war die begabte Zeichnerin nach München gekommen, wo Ludwig Schmid-Reutte und Wilhelm Dürr d. J. zu ihren wichtigsten Lehrern wurden. Unterdessen war sie selbst zur bekannten Kunstschaffenden geworden, die unter anderem Figurenentwürfe für die Schwabinger Schattenspiele fertigte und Illustrationen für die Zeitschrift *Jugend*.[17]

Als Franz Marc sie kennenlernte, leitete Marie Schnür die Klasse für Stillleben und Blumenbilder an der Damen-Akademie des Künstlerinnen-Vereins. Seine im Oktober 1905 an sie gerichteten Briefe gingen jedoch nach Frankreich.[18] Ihre ziemlich überstürzte Abreise einen Monat zuvor hatte die Sechsunddreißigjährige mit dringend notwendiger kreativer Fortentwicklung begründet.

Warum Zweifel daran hegen? In Wirklichkeit hatte sie etwas zu verbergen. Franz Marcs »liebes Fräulein« war schwanger seit Mai. Nicht von ihm. Daran gibt es nichts zu rütteln. Von wem dann? Von dem Münchner Modemaler Angelo Jank, wie vielfach vermutet? Den Lehrer für Kopfzeichnen, Aktzeichnen und Aktmalen an der Damen-Akademie des Künstlerinnen-Vereins hat Paul Marcs Ehefrau Helene als Erzeuger definitiv ausgeschlossen, allerdings konnte sie sich, im Nachhinein, an den tatsächlichen Namen von Marie Schnürs damaligem Liebhaber nicht mehr erinnern. Uns helfen Rechercheergebnisse weiter. Im Staatsarchiv München hat die Vormundschaftsakte von Klaus Stephan Schnür, heimlich in Paris zur Welt gebracht am 19. Februar 1906, die Zeiten überdauert. Vermerkt ist unter anderem der »außereheliche Vater«: August Gallinger,[19] »israelischen Glaubens«, wohnhaft in München, Leopoldstraße 77, Doktor der Philosophie und Student der Medizin kurz vor dem Staatsexamen, ledig, heiratsscheu. Marie Schnür bezeichnete August Gallingers Abneigung gegen feste Bindungen als »Notwehr«.[20] Für Maria Franck war er im Übrigen kein Unbekannter, 1903 bestand zwischen ihnen Briefkontakt.[21] Später erwähnte sie ihn mehrmals im schriftlichen Austausch mit anderen. Wenn der auch für seine Pedanterie bekannte Mittdreißiger mit Aussicht auf eine Universitätskarriere[22] Anschluss an Künstlerinnenkreise suchte, dann vorwiegend in der Hoffnung auf Abbau sexueller Defizite.

Franz Marc kam hinsichtlich der Überwindung *seines* Gefühlsstaus der Zufall zu Hilfe.

Fasching 1906. Die Situation im Überblick:

Annette Simon zwar wieder in München, nach schwerer Krankheit aber noch schonungsbedürftige Rekonvaleszentin.

Marie Schnür seit Monaten weit entfernt.

Maria Franck greifbar nah.

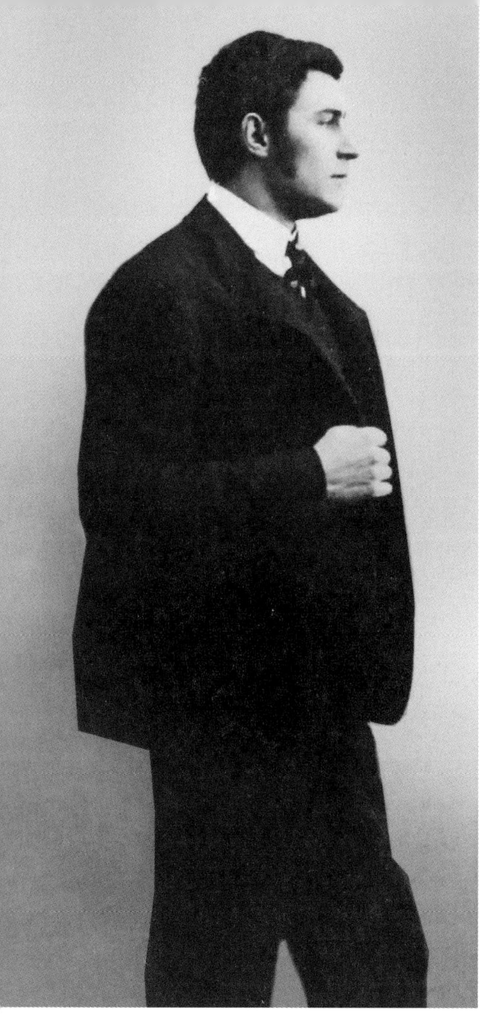

Franz Marc, 1906

Soeben aus Berlin eingetroffen, wiederum erst nach heftigem Kampf aus der Obhut der Eltern entlassen, stürzte die Letztgenannte sich, dieses Mal erwartungsvoll, ins Getümmel des Bauernballs. Und wirklich, sie traf auf Franz Marc. Jede Einzelheit der Wiederbegegnung und ihrer unmittelbaren Folgen blieb ihr zeitlebens im Gedächtnis. »Er sah wunderschön aus in seinem bretonischen Kostüm. Wir blieben die ganze Nacht bis zum hellen Morgen zusammen auf dem Fest, tanzten nur miteinander, sprachen alles Mögliche, aßen und tranken und waren lieb und vertraut.« Sie frühstückten in der Konditorei Graupner in der Leopoldstraße und vereinbarten gegenseitige Visiten. Maria, leidvoll erfahren, verordnete sich Skepsis: »Nachdem ich allein war, bekam ich starke Zweifel … Er war ein so aussergewöhnlicher Mensch … Es ging so viel Wärme von ihm aus, dazu ein unbeschreibliches Etwas – für das ich keine Worte finden kann, das mich ganz in seinen Bann zog.«

Das Wort, nach dem Maria vergebens suchte, war Charisma!

Niemals hätte sie geglaubt, »dass gerade so jemand zu einem Mädchen kommen würde, wie ich es war«! Sie empfand sich als reizlos und unbedeutend. Ihr Dilemma, klar lag es auf der Hand: einerseits ihr Glück nicht fassen können, andererseits um alles in der Welt nach ihm greifen wollen, um es festzuhalten. Koste es, was es wolle!

Franz besuchte sie in ihrem Atelier – und sie ihn in seinem. Aufregendes bekam Maria dort nicht zu sehen. Positiv fiel der Besucherin nur »eine Gruppe von Schafen« auf, »liegend und stehend aus getöntem Wachs modelliert, die mir einen großen Eindruck machte. Zwei der Tiere, angeschmiegt an den Erdboden, hatten einen so wunderbar ruhigen Ausdruck; nur liebevolle Versenkung in die Tierseele konnte diese Hingegebenheit an die Erde wiedergeben. Es war eine kleine angefangene Arbeit – für eine Krippe gedacht[23] -, die im Format zu groß geraten war und nun unvollendet auf seinem Arbeitstisch stand. Ich war, wie gesagt, sehr neugierig zu ihm in sein Atelier gegangen und hatte überlegt, was ein Mensch, der so warm und liebevoll sprach, so viel kannte und wusste, was der wohl arbeiten würde? Instinktiv habe ich damals gewusst, wer so aussieht wie er, wer solche ausdruckvollen Hände hat und diese kleinen Plastiken gemacht hat, der muss ein außergewöhnlicher Künstler sein oder werden.«[24]

Den *Künstler* Marc, auch wenn das Malen in dem Gebirgsort seine Begründung war, zog es in jenem Februar wohl weniger nach Kochel. Wäre der *Mann* Marc seiner Sache nicht gar so sicher gewesen, hätte die Zweisamkeit im Gasthof zur Post auf Anhieb ein Erfolg werden können. Die Memoirenschreiberin Maria lässt uns teilhaben am Geschehen. Auf Eröffnung des Vorspiels bereits im Eisenbahnabteil war sie nicht vorbereitet. Aus Angst, »den Mann zu verlieren, wenn ich nachgab, und auch, – wenn ich es nicht tun würde«, wehrte sie seine »Zärtlichkeiten« zunächst ab. Nächster Annäherungsversuch in der Unterkunft. Die Mitleidsmasche, sie führte prompt zum Erfolg. Franz setzte sich zu Maria ans Bett »und fing an, von seiner Liebe zu Frau S. [Simon] zu sprechen«, an der er zu zerbrechen drohe. Erzählte aber auch von einem Verzichtsangebot Annettes. Noch während Franz redete und die »tief erschütterte« Zuhörerin mit dem Weinen gar nicht mehr aufhören konnte, erwachte in ihr »ein so grenzenloses Verlangen«, dass sie beschloss, »allem Leiden zum Trotz … ihm anzugehören, wie er es wollte«. Einmal schenkte er Maria eine Fotografie, die sie oft und oft betrachtete, nicht nur in jener ersten Zeit. »Sie hat mich beglückt, aber auch in gleicher Weise befremdet. Es war ein Ausdruck in seinem Gesicht, der mich erschreckte und den ich mir nicht zu deuten wusste. Es schien eine tiefe Melancholie darin zu liegen, ja mehr noch, er schien mir lebensfern, so als ob Franz wie in einem anderen Leben stünde – weit, weit fort und unerreichbar.«

Als Mitte März am Alpenrand der meterhohe Schnee zu schmelzen begann und die Sonne schon etwas wärmte, fuhr Franz mit Maria abermals nach Kochel. Vor ihnen lagen »Tage gesteigerter Intensität«.[25] Sowohl körperlich als auch schöpferisch. Vorsichtig zwar, aber dennoch wirksam, setzte Marc neue Akzente. Hellere Farben und ein breiterer Pinselstrich erscheinen wie Zitate von Stilmitteln der Maler aus dem Kreis der Scholle-Künstler. Persönlich hielt er sich fern von der 1899 vorwiegend von Münchner Secessionisten gegründe-

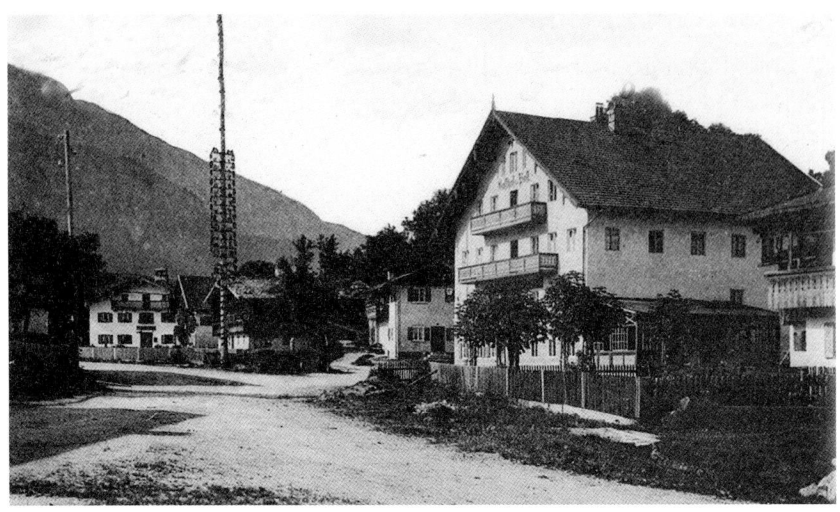

Erstes gemeinsames Logis im März 1905: der Gasthof zur Post in Kochel

ten Künstlervereinigung. Erkennbar suchte er aber auch keinen Anschluss an andere Zirkel.

Zweierlei hatte Franz Maria verschwiegen: sein Faible für die Kollegin Schnür und seinen Aufenthalt mit Annette in Kochel, exakt zwischen *ihrer* beider Wonnetage und -nächte an gleicher Stelle.[26] Erst recht ahnte Maria nichts vom verräterischen Inhalt jenes Bittbriefes, den Annette hernach schrieb. »Es vergeht keine Stunde ..., wo ich nicht Dir mein Franz mit heißen Tränen abbäte, was ich Dir – was ich mir – angethan. – In Gedanken liege ich oft und oft auf den Knien vor Dir, den Kopf auf Deinem Schoß ... Nie war eine Frau *vor* mir und nie wird sie *nach* mir kommen, die Dich so aus tiefster Seele geliebt hätte, wie ich Dich liebe ... Und ich ringe die Hände in meiner Not u. weiß mir nicht zu helfen. – Halt Dein Mädchen [Maria] fest, das dich lieb hat u. Dir so willenlos angehört. Hab es lieb u. halte es in Ehren. – Aber Franz, reiße darum mich nicht aus Deinem Herz ... Mein süßer Junge, mein Geliebter vergib mir.«[27]

Selbstverständlich wurde Annette Absolution erteilt. Allen Trennungsversuchen und Trennungsversprechen zuwiderhandelnd, konnte Franz ebenso wenig von Annette lassen wie Annette von ihm – währenddessen Maria nach wie vor von Verzicht ausging. Folglich suchte und fand sie ein Zimmer (Herrenbesuche verboten!) in der Nähe des Wohn-Schlaf-Ateliers von Franz. Von seiner Erstgeliebten gemietet und bezahlt, war es bislang exklusiv für Schäferstündchen mit dieser reserviert gewesen. Nun aber war Logistik gefragt, Beischlaf nach Stundenplan beziehungsweise nach schriftlicher Ansage.

Und nicht zu vergessen: die bald Vierte im Bunde. Schnür nämlich, zurück in Schwabing, hatte im zweiten Stock des Hauses Schellingstraße 33 eine Wohnung – mit Künstlerwerkstatt im Erdgeschoss – bezogen. Was die Attraktivität der Heimkehrerin aus Paris anbetraf, machte sich Maria bald keine Illusionen mehr. Dass Franz »oft zu Schnür hinauf« ging, blieb ihr nicht verborgen. Lediglich angezogen, wie er ihr weiszumachen nicht müde wurde, vom Wissensvorsprung der zudem hervorragend vernetzten Künstlerin in punkto Malerei.[28]

Schnürs Sohn Klaus Stephan war, nebenbei bemerkt, bevor seine Mutter ihr Münchner Leben wieder aufgenommen hatte, in die thüringische Stadt Eisenach gebracht worden.[29] Zum Vormund des Kindes wurde ein ortsansässiger Posthalter a. D. mit Namen Boik bestellt. Aktenkundig ist auch, dass Dr. August Gallinger seiner Verpflichtung zur Unterhaltszahlung, von geringen Verzögerungen abgesehen, regelmäßig nachkam. Er hatte mit der Pflegemutter des Sohnes, einer mit ihm befreundeten Frau Freiligrath, vorsorglich Stundung vereinbart, »falls er nicht in der Lage sein sollte pünktlich zu zahlen«.[30]

Die in vielerlei Hinsicht unvermeidbare Überforderung des männlichen Protagonisten im Quartett d'amour hatte ihren Preis. Paul Marc, wohl als Einziger die sinnverwirrenden Turbulenzen überblickend, in die sich sein Bruder hineinmanövriert hatte, erkannte die Gefahr totaler psychischer und physischer Erschöpfung. Er verordnete Franz eine Auszeit, nahm ihn mit auf die ohnehin geplante Rechercheresie zum Mönchsstaat auf der Halbinsel Athos. Auf den Byzantinisten warteten Studienarbeiten in den Bibliotheken und Handschriftensammlungen der Klöster Vatopedou, Koutloumousiou, Dionysiou und Megistis Lavra. Am 1. April 1906 besteigen sie im italienischen Bari die Fähre nach Saloniki. Tags darauf flanieren die Brüder auf den Straßen der multikulturellen griechischen Hafenstadt. »Man wird wahrhaft sofort politisch interessiert«, schreibt Franz am 2. April an Maria, »wenn man in diesem Völkergemisch lebt.« Griechische, türkische, italienische, bulgarische, serbische, armenische, arabische Sprachfetzen dringen an sein Ohr. »Die Berührung mit dem Orient ist doch ein ... Ereignis für jeden Abendländer.«[31]

In Erwartung karger Klosterkost tätigen sie einen Großeinkauf. »Wir haben uns in Saloniki mit einem riesigen Schinken und holländischem Käse für den Athos ausgerüstet.«[32] Vor ihnen liegt noch eine Schiffsfahrt, bevor sie, auf Maultieren über Berge reitend, ihr erstes Ziel erreichen. Die »liebe Schnür« wird am 6. April auf dem Laufenden gehalten. »Der Athos steht trotz des noch kürzlich gefallenen Schnees schon in Frühlingsblüte.« Überwältigend die

Wohlgerüche, »denn hier ist der Ort, von wo die geheimnisvollen Gewürze der Weihnachts-Bäckereien ihren Ursprung haben«. Anders als vermutet, gibt es bei den Mönchen Nahrungs- und Genussmittel in Hülle und Fülle. Speziell Wein und Schnaps, so Franz, sind von in Deutschland unerreichter Qualität.[33] Mit Vertretern der türkischen Behörden[34] trinken er und Paul Bier bis zum Umfallen.

Überzeugt vom Anhalten des bereits spürbaren Erholungseffekts, mischt Franz aus der Ferne die Karten für die Zeit nach seiner Rückkunft. Auf den Sommer mit ihr, wird Schnür beteuert, freue er sich besonders. »Seien Sie Freund zu mir, so tief Sie's können! Ich will es sicher sein; ich habe Menschen wie Sie lieb.« Auf den denkbaren Einwand der Umworbenen hatte er schon jetzt eine Antwort parat: »… wenn es wahr ist, dass ich mir zu viel an Freundschaft- und Liebegeben zutraue, – welches Gefühl sagt Ihnen, dass *Sie* unter dies zu viel gehören?«[35] Synchron sozusagen zu Papier gebracht, bekam Maria zu lesen: »Ich bin unsinnig in Dich verliebt, – dieser Mangel an Frauen hier hat etwas Empörendes.«[36] Für Annette bestimmte Sehnsuchtsbekundungen schickte Franz an die eigene Adresse. Sowohl Frau Simon als auch Fräulein Franck verfügten über Schlüssel zu seinem Atelier, weshalb sie dort jüngst unverhofft aufeinandergeprallt waren. Überhaupt lief in München fast nichts nach Plan.

Schon der Abschied war Franz von Maria schwer gemacht worden. Jetzt bedrängte sie ihn mit Klagebriefen. Bange Ahnungen und quälende Verlustgedanken wurden ihr als übertriebene Furchtsamkeit ausgelegt.[37] Je näher allerdings der Termin seiner Heimreise kam, in desto düsterem Licht erschien auch Franz die nahe Zukunft.

Auf dem russischen Dampfer, der die Gebrüder Marc von der Halbinsel Athos zurück nach Saloniki brachte, reisten sie in Gesellschaft von »übelriechenden Mönchen, zehn Zirkuspferden und drei Elefanten«. Angesichts der Hengste und Dickhäuter zückte Franz sein Skizzenbuch. Wir finden darin *Möwen über dem Meer* (an japanische Vorbilder erinnernd), den *Berg Athos*, *Paul auf einem Maultier reitend*, zwei Eselsgruppen und Katzenstudien, dazu Details von klösterlichen Fresken und architektonischen Schmuckelementen. In künstlerischer Hinsicht war die Ausbeute der Reise denkbar dürftig. Teils war Franz aufgrund seines Einsatzes als Pauls wissenschaftliche Hilfekraft »nicht zum Arbeiten« gekommen, teils hatte er »aber auch keine Lust« gehabt.[38]

Heimwärts wählten sie den Landweg über den Balkan – durch das »Unruhegebiet Mazedonien« – nach Ungarn. In Budapest (»wundervolle Stadt,

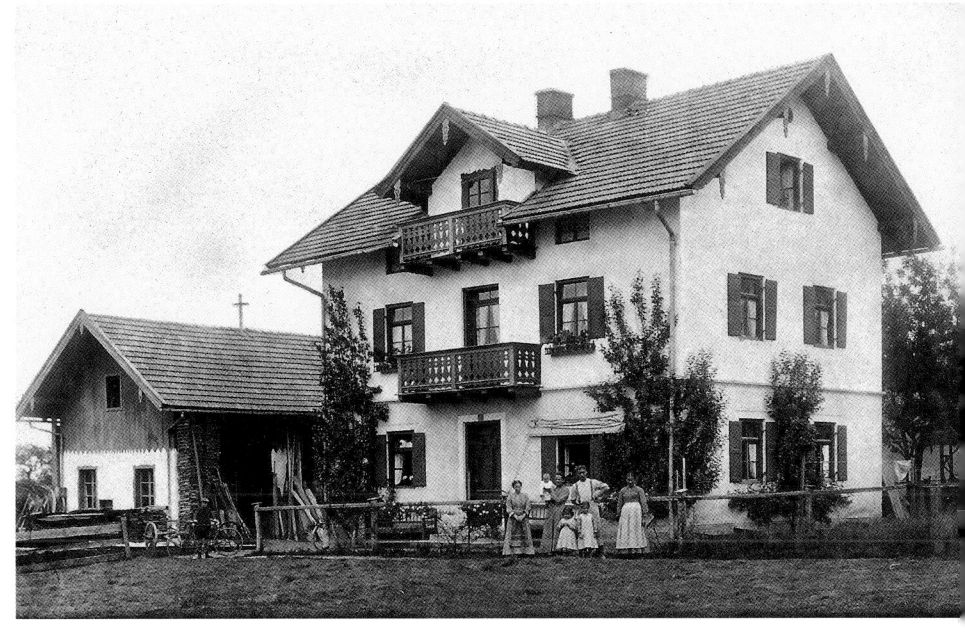

Im Haus der Familie Heinritzi in Kochel mieteten Franz und Marias für den Sommer und Herbst 1906 eine Wohnung

deren Patisserien unsere Mägen wieder auf den alten Kulturstand gebracht haben«) gab Franz die Postkarte auf mit der Ankündigung: »Wir kommen Freitag, 4. V. morgens 6.30 München an.«[39]

Lange hielt er es in der Stadt nicht aus. Noch vor Beginn des Monats Juni ging Franz mit Maria im »Schicksalsort« Kochel auf die Suche nach einer Unterkunft bis zum Herbst. Eine kleine Dreizimmerwohnung nahe dem Bahnhof, beim Wagnermeister Anton Heinritzi »und seiner lieben Frau«, wurde dem Anspruch preiswert und sauber gerecht.[40]

Ganz erfüllt von seinen Plänen, stand Franz in aller Herrgottsfrühe auf, stieg hinauf auf bergiger Wiese, folgte den Weidetieren, studierte Körperbau und Bewegungsabläufe. An den Abenden arbeitete er das Geschaute und Gezeichnete aus.[41] Schräg gegenüber dem Sommerquartier befand sich die Gastwirtschaft Stöger[42] mit eigener Metzgerei und Schlachthaus, in Kochel Marcs Anatomiesaal vor der Haustür. Kam er beim Hufschmied vorbei, beobachtete er fasziniert dessen Handwerk.[43] Keine Möglichkeit der Fortentwicklung blieb ungenutzt. Seine Pferdeskizzen I, II und III entstanden, kleine Formate. Waren Streifzüge draußen nicht möglich, kopierte er Tierfotografien. Tätig sein musste Franz, fast ohne Unterlass, aber auch ohne Hast, ruhig und gleichmäßig eben. Nur so gelang es ihm nämlich, die bösen Geister von sich fernzuhalten.[44] »Ich kann« gestand Marc der in München auf ein Zeichen von ihm wartenden Schnür, »so oft eine sinnbetörende Angst empfinden, auf dieser Welt zu sein; ich glaube, es ist etwas wie der Panschrecken, der über einen kommt, man muss sich Götter schaffen, zu denen man beten kann«.[45]

Oder eine weitere gute Fee herbeirufen, weil ihm die mitgebrachte Seelentrösterin unerwarteterweise den Dienst verweigert …

Maria muckte auf. Sie hatte ihre Leidensfähigkeit überschätzt. Sie konnte nicht teilen. Sie wollte Franz für sich allein haben – konfrontierte ihn (»in manchen Augenblicken … nicht frei von Hass«[46]) mit unangenehm bohrenden Fragen, vor deren Beantwortung er sich aus Angst vor der Wahrheit und noch mehr aus Angst vor dem Eingeständnis der eigenen Unentschlossenheit konsequent drückte. Wann endlich streicht er Schnür von seiner Favoritinnenliste? Wie lange noch (denn auch daran hatte Maria inzwischen keine Zweifel mehr) soll Annette weiterhin unangefochten auf Platz eins stehen? Und wo würde sie selbst sich eines Tages wiederfinden? Weil er Marias berechtigtes Insistieren schon bald nicht einmal stundenweise hatte ausweichen können, da das Wetter umschlug und anhaltend entsetzlich schlecht blieb (»es giesst geradezu schweinisch im ganzen Land«[47]), wurde die Stimmung »bis zur Unerträglichkeit bedrückend«.[48]

Franz Marc an Paul Marc, Kochel, 11. Juni 1906:

»Das Leben hat gegenwärtig für mich keinen anderen Sinn als den: es durch meine Malerei zu übertönen (eigentlich müsste man sagen: ›zu übermalen‹ und alle die leidenschaftlichen Lebensinstinkte zu ersticken; ich bin nervös und schwermütig; je weniger einsiedlerisch mein Leben scheint, desto einsamer ist es. Ich glaube, ich habe noch ein unruh[e]volles Dasein vor mir, – ich wünschte oft, ich wäre schon älter. Es klingt wie ein Klageruf und ist es auch …«[49]

Der Bruder schickte ein »aufmunterndes« Buch. »Du lieber, guter Mensch«, dankte Franz, »hast mir eine rechte Freude mit der Sendung des F. [Félicien] Rops gemacht … Den Rops habe ich gleich ganz gierig genossen, die Abbildungen sowie die ganz köstlichen Briefe.«[50] Wir blättern in dem Werk – Pornografie zur Kunst erhoben.

Franz Marc an Marie Schnür, Kochel, 17. Juni 1906: »Kommen Sie, kommen Sie.«[51] Die Herbeigerufene zögerte nicht lange, rückte im Nu aus München an, im Kopf einen hinterlistigen Plan, bei dessen Gelingen es zwei Opfer geben würde: sowohl Franz als auch Maria.

Wie aber, schnellstmöglich, Marcs Quälgeist und Schnürs Gegenspielerin aus Kochel fortbringen? Vergraulen? Unter dem Datum 29. Juni 1906 notierte Franz: »Ich habe dieser Tage [Honoré de] Balzac's Femme de trente ans u. La femme abandonnée gelesen. Welches Genie …«[52]

Und wie unsensibel er selbst!

Heimlich hatte Franz die im Brief genannten beiden Bücher bestimmt nicht gelesen. Sie möglicherweise sogar mit Kalkül ausgewählt. Denkbar wäre auch, dass Schnür die Geschichten des französischen Erzählers ungeschminkter Realitäten in böser Absicht mit nach Kochel brachte. Kurz zuvor, am 12. des Monats, hatte Maria ihren dreißigsten Geburtstag gefeiert, ach was, gefeiert: einfach nur hinter sich gebracht. Die schwärmerisch veranlagte »Frau von dreißig Jahren« in Balzacs Roman muss, notabene, erfahren, dass der von ihr erzwungene Lebensbund unglücklich endet. Auf *Die verlassene Frau* als Lektüre konnte Maria sich auch ohne literarische Vorkenntnisse einen Reim machen. Anders als zu erwarten gewesen wäre, ließ sie sich nicht vertreiben. Beharrlichkeit war, wie schon angemerkt, eine von ihren hervorstechendsten Eigenschaften, insbesondere in Bezug auf den über alle Maßen geliebten Mann. Und so lautete ihre Botschaft für Franz: »… will zuversichtlich hoffen, daß wir uns beide wiederfinden.« Viel später einmal schrieb sie auf den Umschlag mit der besagten Nachricht:

»Sommer 1906
Kochel
schwere traurige Zeit
voller Zweifel und Konflikte.«[53]

Betrachter der in den nämlichen Wochen entstandenen und erhalten gebliebenen Ölskizze *Zwei Frauen am Berg* (nebeneinander im Grase lagernd), könnten die Dargestellten für beste Freundinnen halten. Tatsächlich verbirgt sich hinter der Szene eine menschliche Tragödie. Im Nachhinein gaben Franz und Maria der Kocheler Kohlleite den Beinamen »Thränenhügel«. Tag für Tag, sofern es nicht regnete, erklommen sie zu dritt den weglosen Wiesenhang, schleppte Franz die riesige Leinwand hinauf mit allen Malutensilien. Entweder wurden Speisen und Getränke mitgenommen oder eine der Frauen, meistenteils Maria, stieg herunter ins Dorf und holte aus dem Gasthof »Lendenbraten, Schnäpse und Chokoladen«.[54] Gern wird sie Franz mit der Rivalin nicht allein gelassen haben, war doch in Windeseile aus einem starken Verdacht Gewiss-

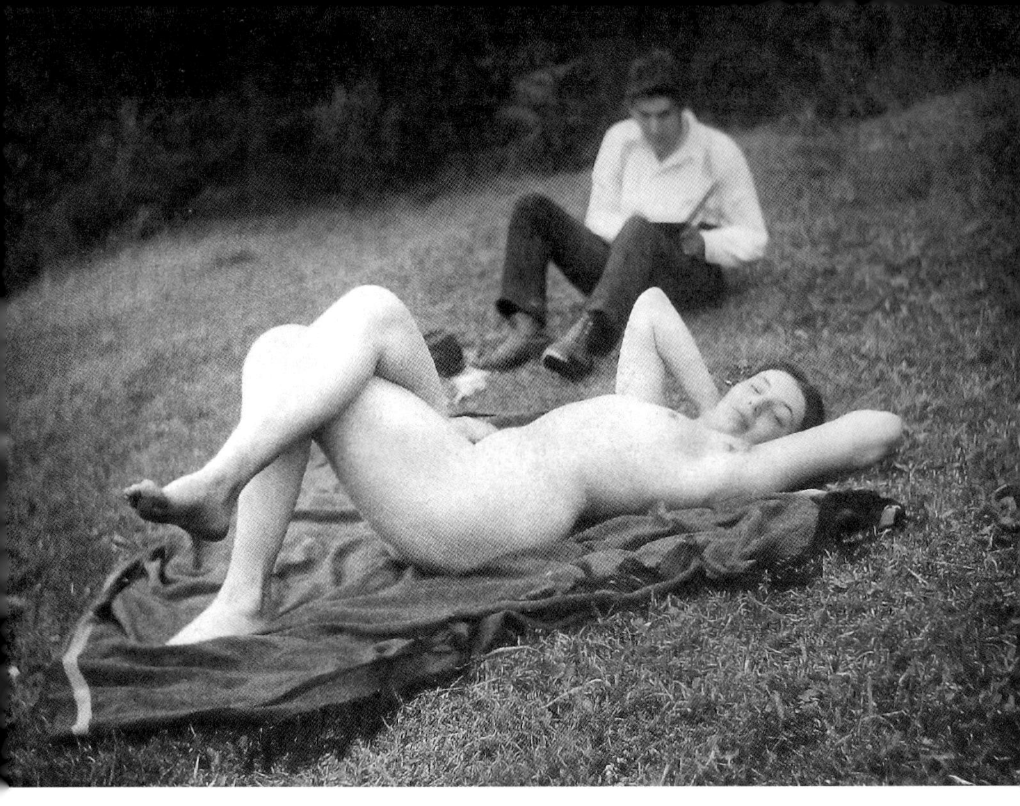

Wiesenhang am »Thränenhügel«: Franz Marc zeichnet Marie Schnür, hinter der Kamera Maria Franck? Kochel im Sommer 1906

heit geworden. Unübersehbar und unüberhörbar Schnürs Antworten auf Marcs Buhlen einzig um ihre Gunst, reagierte sie doch mit herausfordernden Blicken, »forcierter Lustigkeit« und »übertriebenem Übermut«.[55] Kein Wunder. Er hatte ihr, bald nach ihrer Ankunft in Kochel, die Ehe versprochen.

Maria bekam als Begründung für die, trotz ihrer Vorahnungen, unerwartet grausame Kränkung eine ebenso rührselige wie unglaubwürdige Geschichte aufgetischt. Wohl um Franz den Vorwurf der Feigheit, Täuschung und Ehrverletzung zu ersparen – und sich selbst noch mehr böswilliges Gerede als ohnehin auf sie zukommen sollte –, rückte sie erst gegen Ende ihres Lebens, und auch dann nur ein einziges Mal, in einem Manuskript mit Sperrvermerk, mit der vollständigen Wahrheit heraus: »Ich war wirklich nahe am völligen Zusammenbruch, bis er eines Tages zu mir sagte, Schnür solle mit mir sprechen. Ich musste zu ihr in's Zimmer gehen, und sie sagte mir dann, ich dürfte ihr Verhältnis zu Franz nicht falsch auffassen, – sie wäre in grosser Sorge und Verzweiflung zu ihm gekommen, hätte sich ihm anvertraut und ihn um Beistand gebeten. Sie habe in Paris ein Kind bekommen, einen kleinen Buben, und sei nun in Konflikt mit dem Vater geraten. Ihre Sehnsucht sei so gross, aber sie sähe keine Möglichkeit, das Kind zu sich zu nehmen, es würde bei Freunden des Vaters erzogen, und sie könnte es natürlich nur selten sehen.«[56]

Doch deswegen heiraten? Maria mag eingedenk ihres entschiedenen Festhaltens an Franz beinahe grenzenlos nachsichtig gewesen sein, aber klug war sie auch. Sinnlos, ihr auf Dauer ein X für ein U vormachen zu wollen. Auf wirtschaftliche Sicherheit konnte Schnür nicht aus sein. Im Gegensatz zu ihr war Marc ein armer Schlucker. Ferner zogen ungezählte unverheiratete Frauen unangefochten ihre Sprösslinge auf. Man musste nur an das prominente Beispiel der Schwabingerin Franziska zu Reventlow denken. Ferner stellte sich heraus, dass Schnür keineswegs daran dachte, ihren Sohn zu sich zu nehmen, und auch, dass in München die Existenz von Klaus Stephan längst kein Geheimnis mehr war.[57]

Was Franz betraf, war der Bonus an Seelengesundheit, Ertrag seiner Frühjahrsreise mit Bruder Paul nach Griechenland, nicht nur aufgebraucht, sondern einem Malus gewichen. Was dem erneut verzweifelt um sein inneres Gleichgewicht Kämpfenden an der elf Jahre älteren Schnür am meisten imponierte und wovon er sich den größten persönlichen Profit versprach, war »die Sicherheit und Selbstständigkeit mit der sie im Leben zu stehen schien«.[58]

Aufgrund ihres apodiktischen Festhaltens an Franz und ihres damit verbundenen Entschlusses, trotz seiner ihr kundgetanen Heiratsabsichten in Kochel zu bleiben, machte Maria, vorübergehend, Boden gleichsam gut. Besseres Wetter tat ein Übriges. Prekäre Situationen im Gasthof vermeidend, nahm Marc im Verlauf des Juli abwechselnd Schnür und sie mit zur Staffelalm.[59] »Wir stiegen nachts auf bei Mondschein … Wir gingen ins Heu zum Schlafen.«[60] Gar so kräftezehrend wie dieser Balanceakt gestaltete sich die Befriedigung der Bedürfnisse Annettes nicht. Mit Rücksicht auf ihre noch schwache Konstitution – die Rekonvaleszentin reiste jeweils für ein paar Stunden aus München an –, unternahm Franz mit ihr Spaziergänge zu einem versteckten Winkel am Ortsrand.[61]

Als Bruder Paul zu Besuch kam, machte er am Seeufer Nacktaufnahmen. Adonis Franz schaut skeptisch. Schnür, rank und schlank wie vor der Schwangerschaft, blickt herausfordernd in die Kamera. Maria, der Rubenstyp, gibt zu erkennen, wie unangenehm ihr die Situation ist.

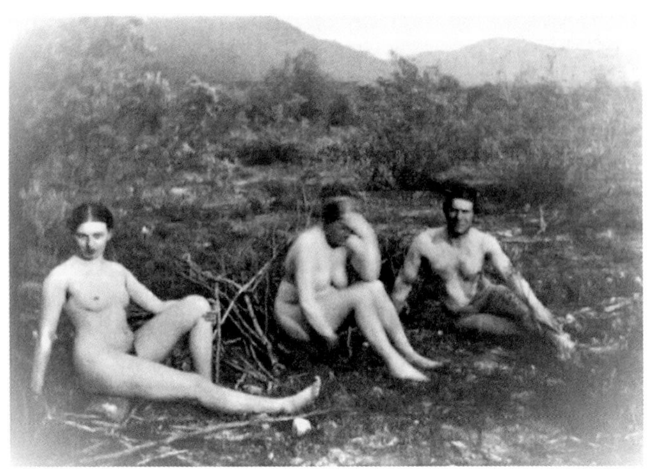

Marie Schnür, Maria Franck und Franz Marc am Ufer des Kochelsees

Tatsächlich hatte sich das Blatt abermals gewendet. Vom anhaltenden Kleinkrieg der zwei Frauen an seiner Seite zusätzlich zermürbt, machte Marc jetzt ausschließlich Maria für seine Zwangslage verantwortlich. Heftiger als erwartet, setzte sie sich zur Wehr: »Nebenbei gesagt – ich meinte auch, Schnür gegenüber nicht unrecht zu handeln, wenn ich nahm, was mein war vor ihrer Zeit, was ich mein geblieben glaubte ... So habe ich es aufgefasst, was Du mir sagtest, als Du mir von Deiner Verheiratung gesprochen hast.«[62]

Der Druck auf Marc nahm zu.

Flucht in die Arbeit am Hauptwerk des Sommers brachte keine Entlastung. Im Gegenteil. Sein vergebliches Mühen um die Umsetzung der Skizze der *Zwei Frauen am Berg* in eine Darstellung in Lebensgröße führte ihm das Ausmaß des Dramas erst recht vor Augen. »Die Farbe wurde immer dicker, die Pinsel, die er verwendete, immer grösser.«[63] Schließlich ging er mit einem Messer auf das Bild los, durchschnitt die Leinwand, als könne er der Misere ein Ende setzen, indem er Marie Schnür und Maria Franck symbolisch auseinanderdividierte und ihnen anschließend das jeweils eigene Konterfei aushändigte. Nichts war damit erreicht. In Wirklichkeit ging das Gerangel der beiden Kontrahentinnen um ihn munter weiter.

Verzweifelt und ratlos rief Franz im Monat August einen Freund herbei.

Jean Bloé Niestlé aus Neuchâtel im gleichnamigen Schweizer Kanton war 1903, neunzehnjährig, nach Bayern gekommen. Gegen den Willen seines Vater, der ihm nur eine winzige Apanage zubilligte.

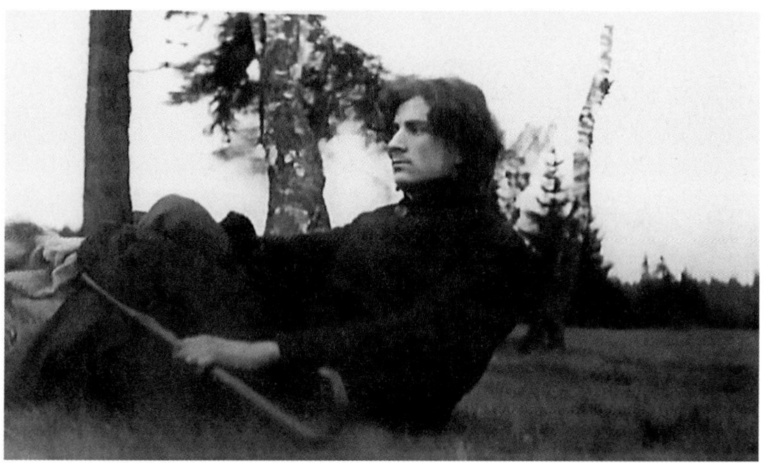

Jean Bloé Niestlé um 1903, seinem ersten Jahr in München

Wann und wo Niestlé erstmals mit Franz Marc zusammentraf, ist nicht überliefert. Von klein auf hatte der Sohn des Inhabers eines Verlags- und Druckereihauses mit Schwerpunkt naturwissenschaftliche Publikationen und einer begabten Zeichnerin jede freie Minute draußen verbracht. Wald und Feld und Flur durchstreifen, die Natur erforschen mit allem, was da kreucht und fleucht, für ihn gab es nichts Großartigeres. In München schrieb sich Jean Bloé Niestlé in die Zeichenklasse der Kunstschule von Moritz Heymann ein. Darüber hinaus nahm er Unterricht am Institut für Architektur und dekorative Kunst in Planegg, geführt von Hans Eduard von Berlepsch-Valendas. In der ländlichen Siedlung vor den Toren der Stadt bewohnte der Zivilisationsflüchtling ein bescheidenes Zimmer in der Pension der Schwestern Adler.

Seit Beginn seiner Ausbildung begeisterte Niestlé seine Lehrer mit Serien meisterlicher Porträts und akribisch sorgfältig ausgeführten Darstellungen von Vögeln, Katzen, Insekten … Ferner machte er durch eine Reihe von Aquarellen auf sich aufmerksam, eines davon bekam Marc. Annette hatte auf den ersten Blick die Könnerschaft des Schweizers erkannt, und ihrer Angabe nach kaufte sie ihm als erste Person ein Bild ab.[64] Im Oktober 1905 hatte Marc, tief beeindruckt, an Schnür geschrieben: »Wir [Annette und er] besuchten einen Kollegen, M. [Monsieur] Niestlé; es ist ein ganz weltscheuer, blutjunger … Tierzeichner von einer so genialen Melancholie, dass es einen krank macht, wenn man seine Sachen sieht. Er erinnert technisch ganz an die Japaner, noch ergreifender, noch innerlicher, und was das wunderbare ist: *noch genauer!* Von einer zeichnerischen Vertiefung, die an's Unglaubliche streift. Jetzt hat er neben

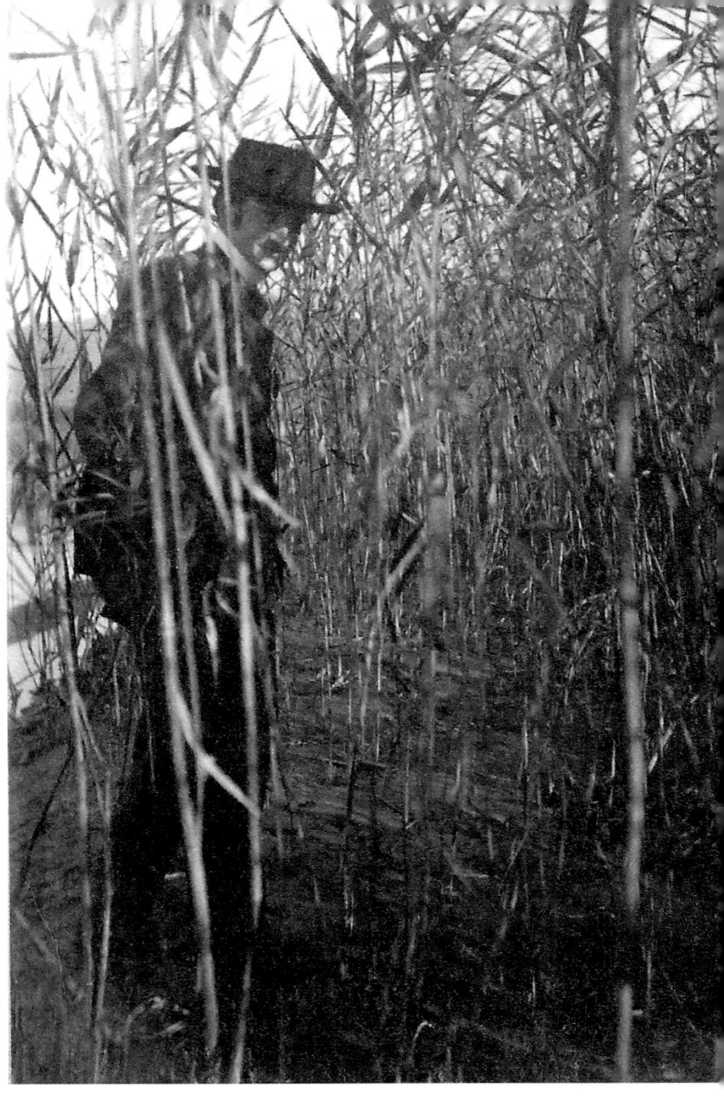

Jean Bloé Niestlé auf einem seiner Streifzüge mit Franz Marc durchs Loisach-Kochelsee-Moos

ungezählten Tierstudien einen grossen Entwurf: einen zweimeterlangen Rahmen (Papier), auf dem er hundert Stare (vorbeifliegender Schwarm) malt. Man glaubt, das Zwitschern und Flügelrauschen zu hören. Und keiner gleich dem anderen! Jedes Tier hat seinen eigenen Ausdruck … Nachdem ich von dem genialen Niestlé erzählt habe … schäme ich mich fast, von mir selbst zu erzählen.«[65]

Ob Niestlés sensible Kunst wirklich schwermütig macht, sei dahingestellt. Dank seines menschlichen Einfühlungsvermögens überwand Marc das Stimmungstief.

Was für ein Labsal, des besonnenen Jean Bloés Anwesenheit in Kochel, die Männer-Gespräche während der Männer-Wanderungen durchs Loisach-Kochelsee-Moos zur Einöde Brunnenbach. Franz zeigte dem Gefährten den ihm seit Kindheitstagen bekannten »eigenartigen Ort«, umgeben nur von Wasser, Schilf und sumpfigen Wiesen. Köstlich, die vom »Seeaufseher« und Fischmeister Xaver Bierbichler frisch gefangenen, von der alten Mutter Bierbichler zubereiteten und am Gartentisch servierten Fische. »Riesenportionen«. »Franz liebte es sehr, die Fische zu zerlegen und auszuteilen, – er machte das immer mit einer gewissen Würde und Feierlichkeit.« Wobei ihm stets die Vorfreude auf das gute Mahl ins Gesicht geschrieben stand.[66]

Geliebter Rückzugs- und Schaffensort – die Einöde Brunnenbach

Nach Abschluss des schwierigen Kapitels »Kochel Sommer 1906« bestand Franz auf einem neuen, stadtfernen Logis für Maria. Widerspruch zwecklos. In Planegg, Pasinger Straße 24, wurde er fündig. Mag sein, der ortsansässige Niestlé hatte Vorarbeit geleistet. Bekannt ist, dass die Vermieterin, ein Fräulein namens Sedelbeck, Herrenbesuche duldete. Nur wurde dann doch nichts aus der Maria in Aussicht gestellten ungestörten Zweisamkeit. Ende Oktober hatte sie das Warten

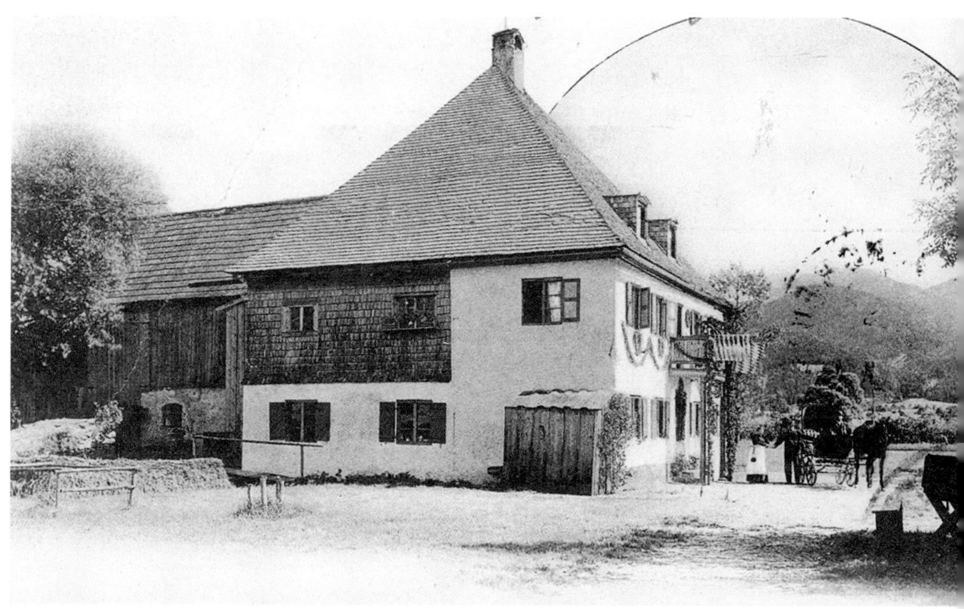

satt, »denke auch manchmal an stille und traute Stunden«, redete sie Franz ins Gewissen, »die Du bei mir in Planegg verleben willst«.[67]

Allenfalls durfte sie, ausnahmsweise, zu ihm nach München kommen. Aber nur, aus den bekannten Gründen, ausdrücklich eingeladen inklusive exakter Terminvorgabe. Im November gab Franz auf der Rückseite einer Postkarte (Bildmotiv *Der Stier* von Paul Potter) grünes Licht: »Sonntag bin ich ab 5 ¼ h im Atelier … schliess Dir nur auf bis ich komme.«[68] Maria fühlte sich isoliert, abgehängt, betrogen. Ihre Vorwürfe zogen Vorwürfe seinerseits nach sich: »törichte Eifersucht«, »kleinliches Gejammer«, »müßige Selbst- und Nächstenquälerei«.[69]

Doch damit nicht genug. »Um eins bitte ich Dich«, setzte Franz noch eins drauf, »wenn Du mich wie in diesem Briefe … kalt siehst, – so gib Schnürchen nicht in irgendeinem Sinne schuld. Im Gegenteil, wenn es jemand vermag, mich friedlich und ruhig zu stimmen, so ist es sie; allein schon der Gedanke an ihre ruhige Gestalt und dann an den Schönheitsreichtum, der hinter dieser stillen Stirne liegt, thut mir wohl.«[70] Briefe gegen Jahresende an »Schnürchen« adressiert, untermauern deren aktuell hohen Stellenwert. Ihr schrieb er am 26. Dezember: »Der Gedanke an Dich und Deine Liebe ist wie ein kleines warmes Spükchen, das mir beständig um die Nase fliegt … und zuweilen mir leise, leise zuspricht.«[71]

Zuspruch benötigte Franz nun in besonderer Weise. Die Weihnachtstage verbrachte er in gedrückter Atmosphäre im Elternhaus. Das Befinden des an Multipler Sklerose leidenden Wilhelm Marc hatte sich rapide verschlechtert – »dieses müde Warten auf den Tod«, so der Sohn, »hat etwas Grausiges«.[72] Den Ausdruck stillen Duldens im Gesicht des Patienten hielt Franz in seinem bewegenden Bild *Der Vater auf dem Krankenbett* fest.

Zu Beginn des Jahres 1907 verschwand aus seinen Briefen an Maria der aggressive Unterton. Sie brachte seinen Sinneswandel mit ihrem Umdenken in Verbindung. »Ich sollte in dieser Zeit [während des Besuches bei ihren Eltern] in Berlin ein seltsames Erlebnis haben, es war wie ein grosses Gnadengeschenk, das über mich kam und meinem Leben eine entscheidende Wendung gab. Es war viel gewesen, was ich erlebt und erlitten hatte, – ich sah keinen Ausweg für mein Leben, das völlig sinnlos vor mir lag. Ich wusste nur das Eine, dass ich Franz liebte … In meiner Niedergeschlagenheit ging ich, das Weihnachtsoratorium anzuhören, dessen Musik mich im Innersten packte und schüttelte. Ich war vollkommen aufgelöst und in einem übersteigerten, überempfänglichen Zustand.« Beim Erklingen von einem der Choräle, fährt Maria in ihrer Aufzeichnung fort, sei ihr plötzlich klar geworden, »dass uns gar nichts gehört, sondern, dass wir jederzeit bereit sein müssen, alles zurückzugeben, was wir empfangen haben«. In dem Gefühl überwältigenden Glücks fasste sie den Entschluss, »alles Begehren meiner Liebe aufzugeben, es wenigsten zu versuchen, nichts von ihm, den ich liebte zu verlangen«.[73]

Derweil Maria ihrem Ego Selbstzucht verordnete, brachte Franz die ursprünglich so sehr geschätzte Ichstärke seiner Ehefrau in spe ins Grübeln. Schnür, ihm in vielerlei Hinsicht überlegen, nicht zuletzt in beruflicher, neigte zu Bevormundung. Als Ende Januar der Zug aus Berlin in München eintraf, erwartete er die Heimkehrerin auf dem Bahnsteig. Bis zu Marias Weiterfahrt nach Planegg gingen sie durch die abendlichen Straßen. Franz sprach, jedes Wort bewahrte Maria in ihrem Herzen, »von seinem Leben mit Schnür und gestand mir, dass er nicht mehr könnte, -- es wäre ein unerträglicher Zustand geworden, ein völliges Missverstehen zwischen ihnen und er wäre am Ende, und ich müsste ihm helfen; er wollte mich wieder malen und ich sollte für ihn da sein«.[74]

Brieflich hatte er schon zu Beginn des Monats die Zwiegespräche mit Maria wieder aufgenommen. »Ich … habe alle mögliche Arbeit unter der Hand, unentwegt suchend u. ›die Kunst befragend‹, ohne Kunst im Leibe u. im Kopf … Mich kann nur reine malerische Schönheit retten, ein schönes Gesicht, ein schönes Tier, eine geistvolle Linie, ein Fleck, ein paar Farben. Ich arbeite eben an einem großen Pastell; Du kennst das Motiv; die Hengste [Zirkuspferde] auf dem Schiff, im Meer. Athos! Dann hab ich den Bauern mit dem aufsteigenden Hengst gezeichnet; ich machte den Entwurf damals in den letzten Tagen in Kochel. Dann die Malerei: zwei Raben in besonnter Winterluft, fliegend …«[75] Nebenbei war Maria von Franz aufgefordert worden, ihren Eltern so viel Geld als möglich abzuschwatzen. Seine finanziellen Sorgen hatten die kritische Marke überschritten.

Gänzlich ungeteilte Zuwendung konnte Maria freilich nicht erwarten. Denn: »Ausserdem war die Annette auch noch da«![76]

An dem Hochzeitstermin war ebenfalls nicht zu rütteln. Die Absage der Trauung durch Franz verhinderte Schnür mit ihrer Versicherung unter Zeugen, sie garantiere ihm die Freiheit, das Eheleben jederzeit zu beenden.[77]

Franz Marc, siebenundzwanzig, und Marie Schnür, achtunddreißig, heirateten am 27. März 1907 im Standesamt Obermenzing.[78] (Hier wurden auch Ehen von Bürgern der benachbarten Gemeinde Pasing geschlossen, wo Franz Marc in jener Zeit mit erstem Wohnsitz gemeldet war.) Maria Franck, einunddreißig, verbrachte den Tag in München. Allein in Planegg hatte sie nicht bleiben wollen, »also ging ich wohl oder übel in die Schule, in die Stillebenklasse«. Dort wurde indes von nichts anderem als der Trauung von Kunstlehrerin Schnür mit dem Maler Marc gesprochen. Es entspann sich eine Diskussion über das Für und Wider der Verbindung, die »aber doch in der Überzeugung endete, dass man die gegenseitige Neigung … nur zu gut verstünde«. Gern übernahm Maria den Gang zum Markt, um Blumen als Vorlagen zum Malen und Zeichnen zu kaufen. Im Vorbeigehen entdeckte sie im Schaufenster einer Töpferei einen bemalten Teller. Sie kaufte die Keramik und hielt sie ihr Leben lang in Ehren.[79] Ein Hase ist darauf zu sehen und um diesen herum steht geschrieben: »Die Liebe schlägt oft tiefe Wunden, doch bringt sie auch vergnügte Stunden.«[80]

Nach der bescheidenen Feier (»still und angenehm«[81]) im elterlichen Wohnzimmer brachte Franz die ihm Angetraute zum nahen Pasinger Bahnhof. Kurz darauf stieg »Schnür« (ihren neuen Nachnamen in sein Vokabular aufzunehmen, fiel Marc nicht ein) in den Zug nach Garmisch. Am 6. April, achtundvierzig Stunden nach ihrem Ehemann, kehrte sie nach München zurück.[82] Ab da war ihre Wohnung in der Schellingstraße auch seine! Wie das? Genaueres wird an anderer Stelle nachgeliefert.

Franz hatte sich noch am Abend des Hochzeitstags nach Frankreich abgesetzt, »die ganze Fahrt in einer Art von Kinderstimmung, als wäre es meine erste Reise«.[83] In der »Stadt meiner Sehnsucht« angekommen, teilte er Maria mit: »Die Karte von Botticelli [Bildmotiv: *Geburt der Venus* von Sandro Botticelli] schrieb ich in der Droschke, als ich nach dem [Münchner] Bahnhof fuhr – in größter Eile … Nun leb wohl, behalt mich lieb und laß Dich treu und vielmals küssen u. streicheln von Deinem F. M.«[84]

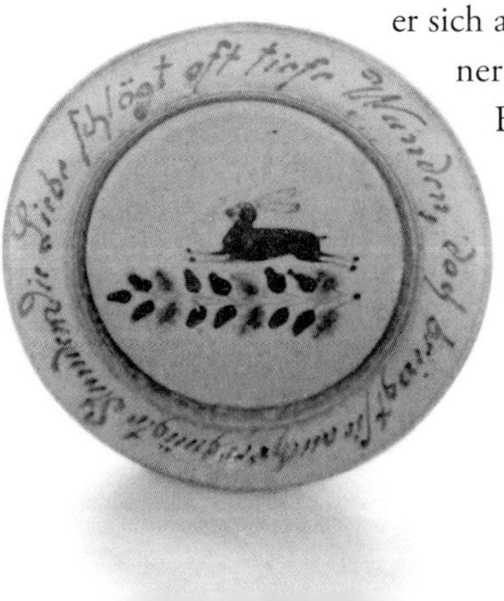

Neun volle Tage und Nächte genießt er die Segnungen aufregender Pariser Welten. Vier Jahre waren seit dem Luxustrip als, von allen Kosten befreiter, Reisebegleiter Friedrich Lauers vergangen. Wie er nunmehr die verlängerte »Flitterwoche« finanzierte, bleibt sein Geheimnis. Er schläft, soweit er zum Schlafen kommt, im Hôtel de la Haute-Loire, dem weithin bekannten Künstlerlogis mitten im Szeneviertel auf dem Montparnasse. Am glücklichsten fühlt er sich auf »den Strassen, auf den Brücken oder hinter einer Tasse Café oder [einem] Glas Absinth auf den Boulevards«. Oft schlendert er entlang des Ufers von »la belle Seine«. »In einem Zustand ganz unausdrücklichen Behagens und Genusses streife ich durch diese wunderbare Stadt, wie ein Reh durch einen zauberhaften Wald, nach dem es sich immer gesehnt.«[85] Ostersonntag und Ostermontag besucht er verschiedene Museen, vergleicht Bilder von Sisley, Monet, Renoir mit den eigenen künstlerischen Vorstellungen. Und er nimmt sich vor, das »spezifisch Französische« energisch auszublenden, für den Fall, dass er »diese Sachen als Vorbilder denken« sollte.[86] Eingehend die Werke van Goghs und Gauguins betrachtend, meint er den Grund zu erkennen, warum diese »großen neuen Meister« zusammengehören: Sie lieben sich »wie Mann u. Frau«. Grundsätzlich kann Franz der »rührenden Malergestalt« van Gogh mehr abgewinnen als dem »berechnenden« Gauguin. Auch wird ihm klar, wie Schuppen fiel es ihm von den Augen, warum die Bilder der Impressionisten und die Bilder des Symbolismus in der Manier eines Pierre Puvis de Chavanne »zu gleicher Zeit nebeneinander entstanden«. Beide Richtungen »beginnen sich zu verschmelzen«. Sein Plan: »… ich möchte, dass sie bei mir einmal zur Probe heiraten!«[87] Sucht man nach einem Exempel für die Umsetzung der in Paris geborenen Idee, bleibt unser Blick an Marcs Gemälde *Badende Frauen* hängen, geschaffen erst im Jahre 1910.

Ob er 1907, anders als 1903, mit Skizzen in großer Vielfalt im Gepäck Frankreich verließ, liegt im Dunkeln. Entweder blieben sie nicht erhalten oder es hat sie nie gegeben. Fraglich ist auch, ob er in Paris irgendwann seine Schritte in Richtung Vacherie du Hameau mit Kakao- und Milchausschank in der Rue des Pyramides lenkte, mithin Marie Debenne, das reizvolle »Chocolädchen«, wiedersah.

Ortswechsel. München.

Briefe von Annette an Franz nach seiner Rückkehr.

> Samstag, 6. April 1907.
> »Als Du mir heute Deine Verheiratung mitteiltest, habe ich nichts zu sagen gewußt. Ich war ja lange darauf vorbereitet gewesen: Nun aber sitze ich daheim – allein, allein und versuche zu denken, zu überdenken …« Ihre »letzte« Bitte an ihn: »Ich will Montag um 5 Uhr zu Dir kommen – auf eine kurze Stunde nur und von Dir Abschied nehmen. Ich bitte Dich darum, schlag es mir nicht aus, Du wirst mich dann nie wieder sehen … Ich will Dich noch *einmal* küssen, ein letztes Mal u. noch einmal sollst Du mir ein gutes Wort sagen.«[88]

> Freitag, 12. April 1907.
> »Verzeih vor allem, dass ich heute ungerufen zu Dir kam …
> und [ich] flehe nur um ein tröstendes Streicheln zur Linderung der Qual.«[89]

Spätestens im Monat Mai des Jahres wurde Marcs Wohnatelier in der Kaulbachstraße von Mieterin Annette gekündigt. Aber nicht, weil sie eine Trennung von Franz herbeiführen wollte, dieses würde niemals geschehen. Sie hatte kürzlich im Parterre des Hauses Friedrichstraße 4 eine Schule für textiles Handwerk eingerichtet, mit weiteren Räumlichkeiten in der ersten Etage. Ab Oktober war Franz dort, seinem Ausweich- oder Übergangsquartier, gemeldet.[90] Wann er Schnür definitiv verließ, lässt sich nicht mehr sagen. Letztlich »übernahm« Marc, nämlich nach deren Auszug, sowohl Schnürs Wohnung als auch ihr Atelier.[91] Doch bis dahin sollte noch einige Zeit vergehen.

Maria gab ihre Unterkunft in Planegg noch im Frühjahr auf und bezog wieder ein Zimmer in München, in der Giselastraße 18.

Bislang hatte Franz seinen Familienangehörigen noch keinen reinen Wein eingeschenkt hinsichtlich der niederdrückenden »Schnür-Tragikomödie«.[92] Demzufolge fehlte Paul der Sensor für des Bruders Larmoyanz im Allgemeinen. »Du hast kein Recht auf ›Weltschmerz‹«, murrte der Ältere und meistenteils Pragmatischere. »Um es offen heraus zu sagen: es ist eigentlich der Geldpunkt!«[93] Franz entdeckte ohne Mühe den Vorwurf zwischen den Zeilen. Den leidigen Geldpunkt benennend, hatte Paul zugleich den (Miss)Erfolgspunkt angesprochen. Weit und breit war keine Aussicht auf nennenswerte Einnahmen aus beruflicher Tätigkeit vorhanden. Genau genommen prallten sogar drei Bedrängnisse hart aufeinander, nachzulesen in der an Paul gerichteten Erwiderung. »Aufrichtige u. wahrhafte Künstler müssen Pessimisten sein, arme Teufel, Wegelagerer … Ich bin nicht ›weltschmerzlerisch‹ aber *wütend*, einfach *wütend*! gegen alles, was unter dem Etikett ›Glück‹ oder ›Leben‹ geht. Das steigert sich bis zu einer Gereiztheit u. einem Starrsinn, den ich früher nicht an mir gekannt habe … Was möchte man alles schaffen, sehen, – was für ein kümmerlicher Bruchteil ist einem beschieden.«[94]

Bevor das Frühjahr des Jahres 1907 in den Sommer überging, stand fest, dass auch Maria sich im Leben nicht mehr zurechtfand. Das Limit der selbst verordneten Duldsamkeit und Toleranz war überschritten. Seit jeher reagierte sie auf psychische Belastungen mit physischen Leiden. Ihre Mal-Hand war dick angeschwollen. Der Arzt überwies sie zur Behandlung ins Nymphenburger Krankenhaus. Dorthin schickte ihr Franz seinen bittersüßen Trostbrief vom 10. Mai. »Ach, dass die Menschenleben nicht sind wie unsre Träume; das Leben ist eine Parodie, eine teuflische Paraphrase, hinter der die Wahrheit, unser Traum steht … Kunst ist ja nichts als der Ausdruck unseres Traums. Je mehr wir uns ihr hingeben, desto mehr nähern wir uns der inneren Wirklichkeit der Dinge und unserem Traumleben, dem wahren Leben, das die Fratzen verachtet und nicht sieht. Verachte auch Du sie.«[95] Gelassenheit ist leichter gefordert als beherzigt. In ihrer Antwort, mühsam mit links geschrieben, umkreiste Maria in ähnlich poetischer Manier das eigentliche Übel: Wankelmut. »Ja mein Franz, die Träume und das Leben – dazu wir Menschen aus ›Fleisch und Blut‹ und ›Seele‹, die wir nicht wissen, welches der Weg ist, den wir gehen sollten – der unserer Seele zum Heil verhilft, ohne dem Körper zu schaden und umgekehrt.«[96]

Nur selten konnte Franz zur Klinik kommen.[97] In Pasing ging das Leben seines Vaters zu Ende. Der Tod des Sechsundsechzigjährigen trat am 26. Mai 1907 ein. Die *Münchner Neuesten Nachrichten* druckten, neben dem Bericht vom Begräbnis, einen ehrenvollen Nachruf auf Wilhelm Marc. Der Münchner Kunstverein stellte, in einer Retrospektive, mehr als einhundert Gemälde und Studien aus zwanzig Schaffensjahren des Verstorbenen aus.

Franz vermisste ihn, »diesen merkwürdigen, philosophischen Menschen!«[98] Er hatte sein »Vorbild« und die Familie ihren »Mittelpunkt« verloren.[99] An die Mutter schrieb er im Herbst: »Ich sehe sie noch immer, seine schönen u. ruhigen Züge im Tode … Welche ewige Befreiung ist der Tod! Es gibt nichts Besseres in unserem Leben. Wir erwarten ihn alle …«[100]

Man darf Schnür nicht für eine in jeder Hinsicht unerträgliche Ehefrau halten. Ihr dankte Marc die dringend benötigte Einnahmequelle. Um die vierzig zahlende »Malweiber« wollten von ihm lernen. Stolz informierte er Paul von der positiven Resonanz auf sein Angebot von Lektionen im Fach Anatomie, »da bringe ich die lebensgroße Zeichnung eines Stieres, den ein Panther anfällt in die Schule u. zeichne vor den Schülerinnen die Skelette in die Tiere«.[101] Schnür hatte eifrig für den Privatkurs geworben. Doch leider war es ausgerechnet Marc, der sehr schnell das Interesse am Unterrichten verlor. Geliebt, urteilte Maria, habe Franz die Vorträge und Demonstrationen vor Publikum von Anfang an nicht. Und seltsamerweise habe er sich vehement gegen die Aufbewahrung des mit großem Aufwand von ihm angefertigten Anschauungsmaterials gesträubt. Heimlich brachte eine seiner Schülerinnen ihre Kamera mit. Die ihm hernach vorgelegten Aufnahmen wurden von Marc sofort zerrissen, zusätzlich warf er alle Schnipsel übers Geländer in die Tiefe des Treppenhauses. Erhalten blieben nur die Negativplatten. Maria bewahrte sie auf. Ein Fotograf, Jahrzehnte später von ihr mit der Herstellung von Abzügen beauftragt, liefert diese auch pflichtgemäß ab, die Glasträger aber rückte er nicht heraus.[102]

Bezüglich seiner Planung für die Sommermonate 1907 machte Schnür ihrem Angetrauten einen dicken Strich durch Rechnung. Man könnte auch sagen,

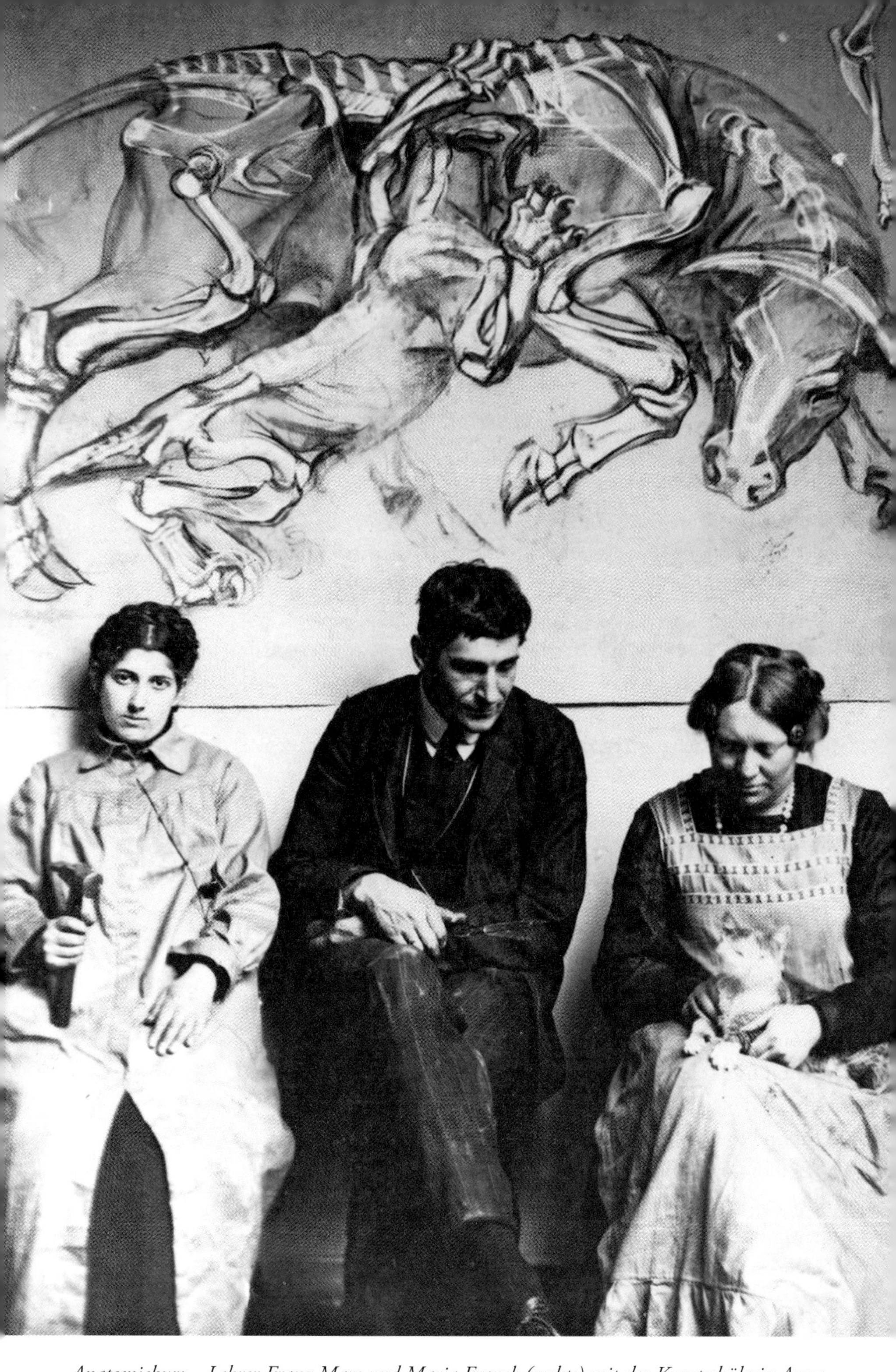

Anatomiekurs – Lehrer Franz Marc und Maria Franck (rechts) mit der Kunstschülerin Anna Klein vor dem »Panther, der einen Stier anspringt«, einer anatomischen Tierzeichnung von Marc

sie ließ keinen Versuch zur Rettung ihrer Beziehung aus. Fürs Erste überraschte sie Franz, der bereits alle Vorkehrungen für seinen Malaufenthalt in Indersdorf getroffen hatte, mit der Mitteilung ihrer gleichzeitigen Anwesenheit in dem reizenden Ort an der Glonn, ihre Damen-Akademie-Klasse im Schlepptau. Während die Schülerinnen in Privatzimmern übernachteten, würde Schnür tun, was jeder vernünftige Mensch, und ihre ahnungslosen Elevinnen am allermeisten, von einer Ehefrau erwartete, nämlich ihrem Mann im Gasthof der Klosterbrauerei am Marienplatz Gesellschaft leisten. Das Ärgerliche an der zeitlichen Überschneidung bestand darin, dass Annette umdisponieren musste. Statt wie ursprünglich vorgesehen, Wand an Wand mit Franz zu logieren, musste sie nun nach Großinzemoos ausweichen, fünf Kilometer von Indersdorf entfernt. Maria befand sich ohnehin weit außerhalb der Gefahrenzone. Ihre Reise nach Ostpreußen, zu einem Familientreffen, hatte seit langem festgestanden. Gar viele, in Umschlägen versteckte, Bildpostkarten erotischer Observanz schickte Marc – »Dein Fz. Rittersporn!«[103] – ihr hinterher. Gleichwohl musste er in Abwesenheit der Geliebten mit den für ihn größten körperlichen Reizen nicht darben. Gewiss machte Maria sich da nichts vor. Sich nichts vormachen ist allerdings etwas anderes, als sein trautes Treiben, fernab von ihr, haarklein von Franz geschildert zu bekommen.

Indersdorf, 17. Juli 1907: »Gestern im tiefen Wald, bei silbernem Mondschein, schluchzte ich auf einmal so bitterlich in Annettes Schoß … Diesen fabelhaften Geist bann ich niemals mehr aus meinem Leben und wenn ich ihren süßen kleine Schoß einmal küssen will, bist Du mir nicht gram, nicht wahr?« Vom aufgedrängten Beisammensein mit Schnür bekam Maria, aus ihrer Sicht, Erfreulicheres berichtet: »… der Zustand mit ihr ist einfach fürchterlich; er gemahnt mich immer an einen Dostojewskyschen Roman. … Ich kann halt auf einmal mit ihr nichts mehr anfangen, rein gar nichts. Sie langweilt mich und macht mich dadurch nervös …« Dass Annettes »Kindchen«, die nun vierjährige »Lisa« (Elisabeth), mit der Mutter nach Großinzemoos gekommen war, wurde Maria ebenfalls mitgeteilt. [104] Ob sie jemals einen Verdacht hinsichtlich Marcs Vaterschaft hegte? Eher nicht, und wenn ja, dann hat sich Maria, soweit aus zeitlicher Ferne einschätzbar, für lebenslange Dezenz Dritten gegenüber entschieden.

Es gibt keine schlüssige Erklärung für Marcs Septemberreise gemeinsam mit Ehefrau Schnür zu einem Treffen mit ihren Angehörigen im Ostseebad Swinemünde. Mag sein, sie hatte ihn – den prinzipiell Gutherzigen, dem das Nachgeben wider Willen eindeutig leichter fiel, als konsequentes konfliktbelastetes Nein-Sagen – wiederum vor vollendete Tatsachen gestellt. Was zählte, war das Resultat.

Ihm sei das »entrevue« wirklich peinlich, schrieb er am Ende der zweiten Ferienwoche an Maria.[105] »Was da alles an Empfindungen für eine Frau abbröckelt, wenn man ihre vier Schwestern [›langweilig … ungebildet‹] dazu kennen lernt, ist ungeheuerlich. Diese verfluchten illusionsraubenden Ähnlichkeiten.«[106] Seine Schwiegermutter hüllte sich zumeist in Schweigen, vielleicht dem Beispiel des Schwiegersohns folgend, der in Swinemünde »bis zur Ungezogenheit einsilbig« war.[107]

Und sich eine berechtigte Frage stellte. »Wird mir das Schicksal wohl jemals die Dummheit vergeben, die ich mit dieser Heirat angerichtet habe?«[108] Einesteils in Bezug auf sich selbst und andererseits in Bezug auf Maria: »Liebste, … Daß ich Dich lieb hab u. zu Dir halten will, fest u. stets, das weiß ich sicher. Aber was hab ich aus Deinem Leben gemacht u. aus meinem!«[109]

Er bat seinen Bruder, mit Schnür ein ernsthaftes Gespräch zu führen. Zunächst lehnte sie die von Franz verlangte Scheidung kategorisch ab. Pauls zweiter Versuch mündete in eine Zusage – allerdings unter der folgenreichen Bedingung, dass man sie, Schnür, nicht daran hindere, auf Ehebruch zu klagen und Maria vor Gericht als Ehebrecherin zu benennen.[110]

Schluss damit. Vorerst zumindest.

Wenden wir uns den Kunstdingen zu.

Schon im Frühling, in Paris, zu der Auffassung gelangt, kein unkritischer Nachahmer französischer Impressionisten werden zu wollen, hatte Marc unterdessen auch Abstand genommen vom Imitieren heimischer Maler aus dem Kreis der Scholle – »polizeiwidrig schlecht«, »der Graus«, »einfach schwach«.[111] Verleidet waren ihm auch jegliche dem Jugendstil verpflichtete Adaptionen. »Von Schnürs Malerei komme ich freilich mit jedem Schritt weiter weg … Meine Malerei bewegt sich jetzt merkwürdig in einer Linie und einem Ziele zu, das gleich fern von allen Zielen ist, die man ringsherum in München sieht.«[112]

In der Realität jagte eine Ausprobierphase die andere, und es häuften sich die Fehlversuche.

Begonnen und zerstört hat Marc, im Verlauf des Sommers 1907, das »Rabenbild« (»schreiende flatternde Krähen auf einem besonnten Acker«), den »toten Turmfalken, auf einem roten Bauerntücherl liegend«[113], den »besonnten Busch« und zwei »helle Studien gegen die blaue Luft«.[114] Ein paar der in Indersdorf entstandenen Skizzen stellten ihn zufrieden. Einmal war er extra früh aufgestanden, um das Schlachten eines gewaltig großen Stiers »mitzuerleben« – »die Zeichnung ist, glaub ich, sehr ›ich‹«.[115] Ein kurzer glücklicher

Moment im weithin mühevollen Selbstfindungsprozess. Aus Swinemünde brachte er eine kleine Gemäldekollektion mit heim, Belege anhaltender Unsicherheit, schwankend zwischen verschiedenen künstlerischen Zeiterscheinungen.

Die Fahrt von der Ostsee zurück nach München – allein, ohne Schnür! – unterbrach er in Marias Heimatstadt. Neugierig auf ihr elterliches Zuhause stand Franz vor dem prachtvollen Bankgebäude, um festzustellen, dass ihm dessen Baustil arg missfiel. Wären die Francks (die er allenfalls von Fotos kannte) dem Herrn vor ihrer Haustür (ihnen vollkommen unbekannt) zufällig begegnet, sie hätten ihm höchstens einen flüchtigen Blick gegönnt.

Von architektonischen Historismus-Sünden abgesehen, fühlte er sich stark von der prosperierenden preußischen Metropole als solcher angezogen, besonders aber von ihrer kulturellen Vielfalt. Am 20. September schrieb Franz an seine Mutter: »Berlin gefällt mir sehr.« Beim Besuch in der Nationalgalerie studierte er Werke von Aristide Maillol, Hans von Marées, Wilhelm Trübner, Max Klinger und Max Liebermann besonders gründlich. »Dann die ägyptischen Säle des [Kaiser-Friedrich] Museums! Ich bin in die höchste Verwunderung versetzt.«[116]

Gleich nach seiner Ankunft war er bei Geheimrat Wilhelm Knappe eingeladen, verheiratet mit Annettes Schwester Charlotte, ehedem deutscher Konsul in Kanton und Shanghai. »Großes Haus im *Grunewald* (famos dort) dick voll mit unschätzbaren chinesischen u. japanischen Kunstwerken. Ich schwelgte!« Noch wichtiger als Schwelgen in Ostasiatika war ihm etwas anderes. »Ich habe mich hier«, bekam Maria mitgeteilt, »in eine Pension … eingemietet, ganz gemütlich u. sauber. Hotels waren mir zu teuer. Ich bin mit Willen in der Nähe des zoologischen Gartens, da ich mich ihm mehrere Tage vollständig widmen will. Für mich ist er voll des Wunderbaren.« Ständig zog es ihn, Skizzenbuch und Stifte griffbereit, zu Löwen, Elefanten, Seerobben, Flamingos, Adlern, Eulen … Die längste Zeit, so scheint es, stand er zeichnend vorm Bärengehege. »Welches seltsames u. starkes Leben in diesen Tieren! Das verdreht mir den Kopf. Gedanken und Wünsche fassen Fuss.«[117] Seit einigen Wochen, Maria hatte er es eingestanden, meinte Marc eine innere Stimme zu vernehmen, die ihn zum Vordringen die Tiefe der Natur aufforderte und ihm, in einem fort, Worte wie »Symbolik« oder »Pathos« oder das »Geheimnisvolle« zuflüsterte.[118]

Das Sujet für die Zukunft war gefunden. Das Ende des Schlingerkurses auf dem Weg zur schöpferischen Einzigartigkeit jedoch vorerst noch nicht in Sicht.

Marcs Postkartenserie mit Tierdarstellungen hat den Probedruck nicht überlebt. Sein Projekt eines Tiermalbuchs für Kinder stieß bei Verlegern auf noch geringeres Interesse.

Kunst kann auch Therapie sein.

Als Vorlagen für das monumentale Gemälde *Drei Frauenakte nachts auf Bergeshöh* dienten ihm verschiedene Zeichnungen aus seinen Skizzenbüchern. Der Kopf der ersten Figur liegt am linken unteren Bildrand, ihr Körper ragt diagonal in das Bild hinein. Ein zweiter Akt steht aufrecht in der Mitte des Bildes, ein dritter hockt rechts. »Die Farben ziemlich dunkles Blau und Graurosa.« Mit »ungeheurem Schwung« begonnen, habe Franz, erinnerte Maria, auch dieses Werk »nicht zur Vollendung« gebracht. Bereits 1906, in Kochel, angeregt durch einen japanischen Holzschnitt, sei ihm die Idee zu einem anderen Bild gekommen, den *Drei Frauen im Boot*.[119] Eine erste Studie bekam Annette von Franz geschenkt, zusammen mit der Endstrophe eines Gedichtes: »Und drunten geh'n wie Boote meine Tage / In denen stumm das tote Leben sitzt / Ich steh' am Ufer, winke ihm und rufe / Mein Leben achtet meiner Rufe nicht / Mein eigenes Leben gleitet still vorbei.«[120] Die Verse stammen aus der Feder von Walter Calé, einem Lyriker, der sich 1904 im Alter von vierundzwanzig Jahren das Leben genommen hatte.

Als Schnür nur noch auf dem Papier zu ihm gehörte, experimentierte Franz mit abgewandelten Fassungen. Auf *Zwei Frauen und ein Schiffer*, folgte jene »mit zwei Frauen und einem Hund« und schließlich die »zwei Frauen mit einem toten Falken, der auf dem vorderen Rand des Bootes lag«.[121] Von letzterer Variante können wir uns, jedoch nur dank der Aufzeichnungen Marias, eine genauere Vorstellung machen: »… ein ultramarin blaues Boot in einem Wasser chromoxydgrün, an den Ufern des Wassers Reste von grauweissem Schnee, die Stimmung des Ganzen winterliche Dämmerung, sehr melancholisch.« Zwischen Form und Farbe, konstatierte die Chronistin mit Bedauern, sei trotz aller Anstrengung eine Kluft geblieben, »es kam keine Einheit zustande«. Auch dieses Bild, so Maria bedauernd, habe Franz zerstört.[122]

Der Bannfluch der kreativen Isolation. Er blieb wirksam. Weit über 1907 hinaus.

DURCHHALTEPAROLEN UND SCHAFFENSDRANG

... einmal muss bei mir das Verdienen doch angehen.

Nachdem Marie Schnür aus Wohnung und Atelier, ursprünglich nur von ihr und vorübergehend gemeinsam genutzt, ausgezogen war, verlegte Franz Marc seinen Lebensmittelpunkt, wie bereits gesagt, voll und ganz in die Schellingstraße 33, Gartenhaus. Maria Franck, zu regulärem Einzug bei ihm und stetem Mittun eingeladen, beharrte vorerst auf Beibehaltung der eigenen, örtlich getrennten Unterkunft. Sie fürchtete um ihre Freiheit als Kunstschaffende. Diesbezüglich neigte der Gefährte zu Bevormundung. Anteilnahme an seinem Wollen und Werden betrachtete sie als eine Herzensangelegenheit. Schöpferische Gefolgschaft ohne Wenn und Aber ging ihr jedoch gegen den Strich. Ein Lehrer-Schülerin-Verhältnis, wie es ihm vorschwebte, widerstrebte der akademisch hinreichend ausgebildeten Malerin, ließ sich indes, erfahrungsgemäß, nicht ganz vermeiden. Mittags spazierte Franz jetzt zu ihr in die Giselastraße. Besser als eintönige Wirtshauskost waren die von Maria auf dem Petroleumkocher zubereiteten Mahlzeiten allemal. Außerdem half Selbstkochen dabei, Geld zu sparen.

Wann er, achtundzwanzig, wohl »ganz ohne Kompromiss« von seiner Profession würde existieren können, überlegte Marc häufig.[123] Erfüllung schwebte ihm vor, nicht Halbheit. Weshalb nur kam er nicht vom Fleck? Oftmals dachte er darüber nach, »ob sich nie ein Kreis von Gleichgesinnten finden wird, die höhere, weitere Ziele haben«.[124] Sein Freund Jean Bloé Niestlé hätte eher das Malen ganz aufgegeben, als von seiner sublimen Wirklichkeitstreue zu lassen. Ab und an tauchte der Landschaftsmaler Fritz Osswald im Atelier des ehemaligen Kommilitonen Franz Marc auf, vor allem, um ihm Mut zuzusprechen. Andere Künstlerkollegen, die dessen Bilder begutachteten, schüttelten verständnislos die Köpfe und stellten, laut Maria, »dumme Fragen«.[125]

Während seiner kurzen Akademiezeit war Franz Marc auch mit Franz Reinhardt zusammengekommen. Schon damals hatte er den nahezu Gleichaltrigen »um seine malerische Phantasie beneidet«.[126] Zu Beginn des Jahres 1908 sahen die Männer einander wieder. Man traf sich forthin regelmäßig. Immer, wenn sie sich begegneten, stimmte Reinhard sein Klagelied an. Selbst arm wie eine Kirchenmaus, sei er gezwungen, seine von ihrem Ehemann verlassene und deshalb bei ihm wohnende Schwester – so jedenfalls stellte er die Mitbewohnerin vor – samt ihrer Buben und Mädchen, etliche an der Zahl, zu kleiden und zu ernähren. Hinter dem Gejammer lauerte die Aufforderung: »Lass deine Beziehungen spielen!« Unter anderem brachte Marc den ihm sehr gewogenen Buchhändler Emil Hirsch dazu, bei Reinhardt ein Bildnis seiner Tochter zu bestellen. Frau Hirsch fand heraus: Die angebliche Anverwandte, und das musste Reinhardt schließlich auch Marc eingestehen, war seine Geliebte und er aller ihrer Kinder Vater. Maria erinnerte, dass Franz, von der Charakterlosigkeit des Freundes erschüttert, beschloss, ein Drama darüber zu schreiben. »Er hat auch tatsächlich längere Zeit daran gearbeitet, dann aber doch die Sache fallen lassen.«[127]

Die zweite Enttäuschung ließ nicht lange auf sich warten. Im Frühjahr bekam Reinhardt, von anderer Seite, den Auftrag, die Wände eines Bierausschanks im Ausstellungspark auf der Münchner Theresienhöhe[128] auszumalen. Marc, um Unterstützung gebeten, machte den Entwurf. »Als er eines Tages in Reinhardts Atelier kam«, so Maria, war sein »schwungvoller Rehbock übermalt« und an dessen Stelle »sprang ein anderer quer über die Bildfläche, in der Art, wie die Münchner Reiseandenken bemalt wurden … Franz kam ganz elend nach Hause, deprimiert über die Charakterlosigkeit dieses so begabten Freundes, doch wollte er es ihm nicht nachtragen … aber das Verhältnis war getrübt.«[129]

Gefälligkeitsmalerei – um nichts in der Welt wäre ein Überzeugungskünstler wie Marc so weit in die Niederungen der Anpassungsbereitschaft hinabgestiegen.

Bereits im Winter hatten er, Maria, Bruder Paul und Schwägerin Helene eine der – in den *Münchner Neuesten Nachrichten* annoncierten Pferdeschlittenfahrten vom Bahnhof in Tölz durchs Isartal nach Lenggries unternommen.[130] Franz nutzte den Kurzausflug in den Gebirgsort zu einem Besuch bei Johannes Müller, vor seiner Einheirat Senner auf der Staffelalm. Nun bewirtschaftete Müller mit seiner Frau Veronika, geborene Bacher, einen Bauernhof und vermietete nebenbei Zimmer an Touristen und Alpinisten. Neben dem alljährlich wiederkehrenden Drang nach dem Malen unter freiem Himmel in ländlicher Idylle, schien es angebracht, der Schwabinger Klatsch-und-Tratsch-Gesellschaft eine Weile den Rücken zu kehren. Schnür, die verschmähte Gattin, machte mächtig Stimmung gegen den Noch-Ehemann und vor allem gegen die Gewinnerin im Kampf um Franz.

Und so zogen Franz und Maria im Mai 1908 mit großem Gepäck zum Münchner Bahnhof. Reiserucksäcke, Staffeleien, Keilrahmen, Leinwände, Malkästen und so weiter fanden kaum Platz im Zugabteil. In Tölz luden sie die sperrige Fracht um in den motorisierten Kraftpostwagen. Vor ihnen lagen

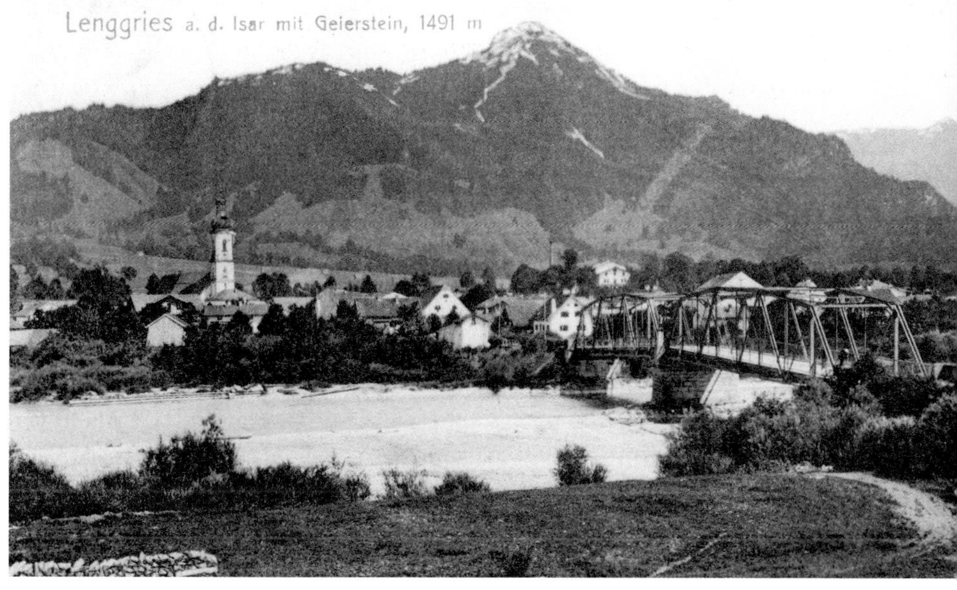

Lenggries, historische Ortsansicht über die Isar hinweg, Ansichtskarte

noch zehn Kilometer Rumpelstrecke. »Wunderbare Tage hier«, schrieb Franz Anfang Juni aus »Schön-Lenggries« an Paul. Es sei ihm sogar gelungen, Maria auf den Gipfel des Brauneck zu treiben. »Sie ›flog‹ empor wie ein Champagnerpfropfen … Die Aussicht ist grandios dort oben.«[131]

Drei Räume hatten die Müllers für ihre Gäste hergerichtet. Wohnstube, dazu zwei Kammern zum Schlafen, Letztere verbunden durch eine Tür. Jeden Morgen rückte Franz, anstandshalber, Malmaterialen davor, jeden Abend nahm er sie »ganz ganz leise Stück für Stück wieder fort«.[132]

Der sonnige Fleck in einem Mischwald am Hang, so wunderbar geeignet zum Experimentieren mit Pinsel und Farben. Wochenlang. »Kremserweiß I und Cadmium hellst«, »kiloweise« wurden diese Farben verbraucht.[133] Wie dem Naturphänomen Leuchtkraft Ausdruck verleihen? Wir ziehen Marcs *Grüne Studie* sowie sein *Lärchenbäumchen* zu Rate und stellen fest: Am Ende hatten sich vor die unscharfen Bilder in seinem Kopf die real existierenden Gemälde Vincent van Goghs geschoben. Es gab aber auch Fortschritte in Richtung eigene Handschrift. Für den gleichsam in transzendentales Licht getauchten *Akt auf Bergeshöh* steht ihm Maria Modell, als Rückenfigur nach vorn gebeugt. Franz liebt – an ihr – diese Pose. Liebt – an ihr – die ausladenden Proportionen. Und hatte er sie nicht, in einem Brief aus Indersdorf, gefragt: »Freut es Dich, wenn ich Dir erzähle, dass ich stets an Dich denke ... wenn ich ein kräftiges volles Pferd zeichne?«[134]

Am Hauptwerk arbeits- und freudenreicher Monate in den pittoresken Gegenden des Isartals malte er »auf einem der schönen stillen abgeschiedenen Weideplätze«. Die Palette am Arm, folgte er, wie er es immer tat, den Tieren, kehrte »von Zeit zu Zeit zu seiner Staffelei zurück und malte weiter«. Erst in der Dämmerung kehrte er heim, bugsierte das riesige Bild – »vier lebensgrosse Pferde«, »an den Knien abgeschnitten« – die Treppe hinauf. Es »nahm fast die ganze Stube ein«. Die Gefährtin stand bewundernd davor: die »Wucht seines Pinselstrichs und das Schwingen der Linien ... die Kühnheit der Farben«![135]

Ungetrübtes Erinnerungsvermögen Marias vorausgesetzt, begann Franz »schon damals ganz ungewohnte Äusserungen über Farben zu machen«. An »einem Bilde mit roten Blumen« habe er ihr erklärt, »dass es gar nicht notwendig sei, eine Komplementärfarbe neben die andere zu setzten, wie wir das immer versuchten, um ihre Wirkung zu steigern, sondern dass die komplementäre Farbe irgendwo im Bilde stehen könnte, wohlausgewogen natürlich, um von diesem Platz aus, durch Form und Flächengrösse den gewünschten Effekt zu erzielen«.[136] Im Werkverzeichnis finden sich keine Anhaltspunkte für die Verwirklichung der beschriebenen Vorstellungen in so früher Zeit.

Nicht erst im Februar 1910, wie bislang angenommen, nein, lange vorher wurden (gemeinsam mit Werken Franz Reinhardts) Arbeiten von Franz Marc ausgestellt. Maria belehrt uns, mittels ihrer Lebenserinnerungen, eines Besseren. Am 6. Juni 1908 fuhr der Gefährte von Lenggries nach München, holte aus seinem Atelier »vor allem Graphiken«, um sie in die Leopoldstraße zu Georg Carl Steinicke zu tragen. Dieser betrieb im Erdgeschoss des Hauses Nummer 23 ein Ladengeschäft – »Belletristik, Kunstsortiment und Leihinstitut«.[137] In dem angrenzenden, mit Glasscheiben überdachten Lichthof, zuvor genutzt als »Lagerraum für Gurken, Konserven und Spirituosen«, notierte der ambitionierte Buchhändler und Kulturförderer mit Blick auf jene Zeit, habe er ein »Graphisches Kabinett« eingerichtet.[138] Von Maria wiederum wissen wir auch, dass das Publikum positiv auf die von Steinicke präsentierten Exponate reagierte. Marcs »Sachen fanden in der Ausstellung viel Beachtung und Anklang, wie Annette in einem Briefe sehr nett berichtete«.[139] Seinen Lithografien habe Franz besonders große Aufmerksamkeit geschenkt. »Gewöhnlich wich er dem Drucker nicht von der Seite. War er mit dem Ergebnis unzufrieden, bestand er auf Wiederholung des Vorgangs. Vielfach nahm er am Stein

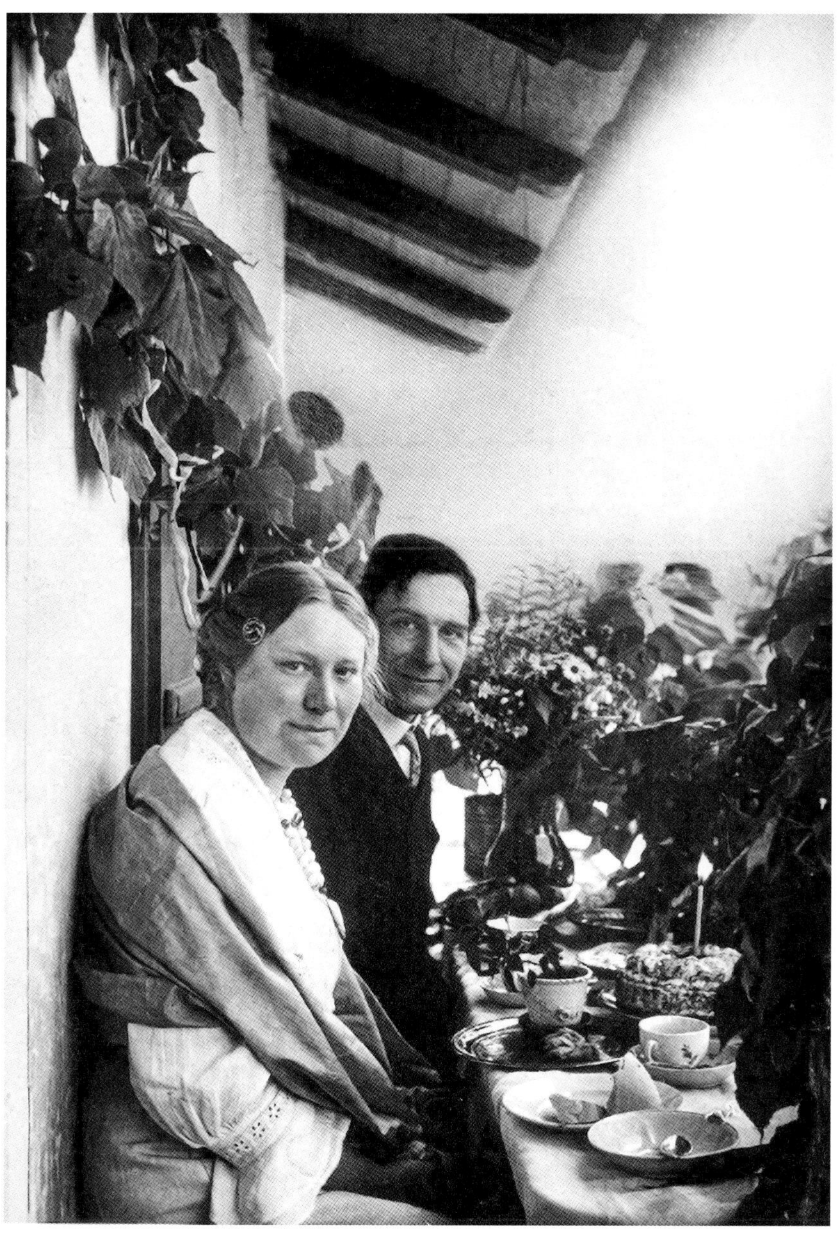

Lenggries, 12. Juni 1908.
Maria Francks 32. Geburtstag

Veränderungen vor … Auf diese Weise kamen eigenartige Wirkungen heraus.« An der friesartigen Komposition *Rehe im Walde* arbeitete er 1908, wie Maria des Weiteren ausführt, »mit besonderer Freude«.[140] Auch seine wohl bekannteste Lithografie, *Pferde in der Sonne*, stammt aus jener Schaffensperiode.

Mehrfach fuhren Paul und seine Frau Helene hinaus nach Lenggries, »dann wurde gefaulenzt« oder »in der Isar Akt gebadet«.

»Besonders schön« gestaltete Franz Marias zweiunddreißigsten Geburtstag am 12. Juni, er schmückte den Frühstückstisch mit Blattgirlanden.[141] Sein Geschenk, silberne Haarspangen, hatte er in München nach eigenem Entwurf fertigen lassen. An einem der ersten Tage des folgenden Monats kehrten er und Maria vorübergehend in die Stadt zurück. Der Scheidungstermin stand bevor. Franz blieb die Anwesenheit vor Gericht erspart. Nach einem Besuch bei seiner Mutter in Pasing verletzte er sich das Fußgelenk. Tatsächlich oder, eher wohl, vorgeblich. Auf jeden Fall legte ihm der konsultierte Arzt einen dicken Gipsverband an. Maria und Pauls Ehefrau – auch der Bruder war verhindert – wollten sich die »Komödie« nicht entgehen lassen. Im Amtsgebäude angelangt, wurde den Damen beschieden: Die Verhandlung findet unter Ausschluss der Öffentlichkeit statt. Helene durfte nicht in den Saal. Maria musste aussagen. »Aber auch das verging«, notierte sie retrospektiv, »ich nahm mein Kreuzlein auf mich und Franz wurde frei – das war die Hauptsache!«[142] Vom tüchtigen Feiern der »Befreiung«, zu viert, hätten sie sich aber von niemandem abbringen lassen.[143]

Über eine bittere, ja, tragische Konsequenz der Scheidung konnte man sich später – dann aber umso heftiger – Gedanken machen. Maria Schnür hatte ihre Drohung wahrgemacht und Maria Franck, aktenkundig, den Stempel Ehebrecherin aufgedrückt. In § 1312 des Bürgerlichen Gesetzbuches des Deutschen Reiches, Viertes Buch Familienrecht, Absatz »Eingehung der Ehe-Hindernisse«, war festgelegt, dass »eine Ehe nicht geschlossen werden kann zwischen einem wegen Ehebruchs geschiedenen Ehegatten und demjenigen, mit welchem der geschiedene Ehegatte den Ehebruch begangen hat, wenn dieser Ehebruch in dem Scheidungsurtheil als Grund der Scheidung festgestellt ist«. Kurz gesagt: Franz Marc und Maria Franck durften einander nicht heiraten. Es sei denn, es läge ein staatlicher Dispens vor, eine Ausnahmeregelung in Form eines Gnadenakts per Gerichtsbeschluss. Das dazu vorgeschriebene Verfahren war umständlich und langwierig und kostspielig und meistenteils aussichtslos!

Zurück in Lenggries war Franz durchaus in der Lage, weite Touren zu unternehmen. Eines Mittags, während des Essens, kam ihm spontan die Idee eines

Fußmarsches bis nach Brunnenbach, wo Jean Bloe Niestlé gemeinsam mit seiner Lebensgefährtin, der nordfranzösischen Kunsthandwerkerin Marguerite Legros, den Sommer verbrachte. Maria, über die wahre Entfernung (etwa fünfundzwanzig Kilometer, normalerweise) im Unklaren gelassen, ließ sich auf das Abenteuer ein. Mitten in der Nacht erreichten die erschöpften Wanderer das Fischerhaus am Rande des Kochelsees. Mehr als einmal waren sie unterwegs in die Irre gegangen, hatten im Bergwald vollständig die Orientierung verloren und endlich weit unten die Lichter von Benediktbeuern entdeckt. Angekommen waren sie damit aber immer noch nicht. Mit Steinchen, ans Zimmerfenster geworfen, wurde Niestlé aufgeweckt. Große Wiedersehensfreude. Wunderbar heitere Stunden folgten und beglückend kreative außerdem.[144] Jean Bloé[145] bekam zur Erinnerung von Franz die *Kleine Schilfhocke bei Brunnenbach* geschenkt. Eine Strahdrische, genau genommen, denn so wird das birnenförmige Gebilde aus rund um einen Holzpfahl aufgeschichtetem Riedgrasschnitt – schon für sich gesehen ein Kunstwerk – von den Einheimischen genannt. Als Viehfutter ungeeignet, fand dieser Wintervorrat als Einstreu in Ställe Verwendung. Neu

Fischmeister und Seeaufseher Xaver Bierbichler mit Marguerite Legros in Brunnenbach

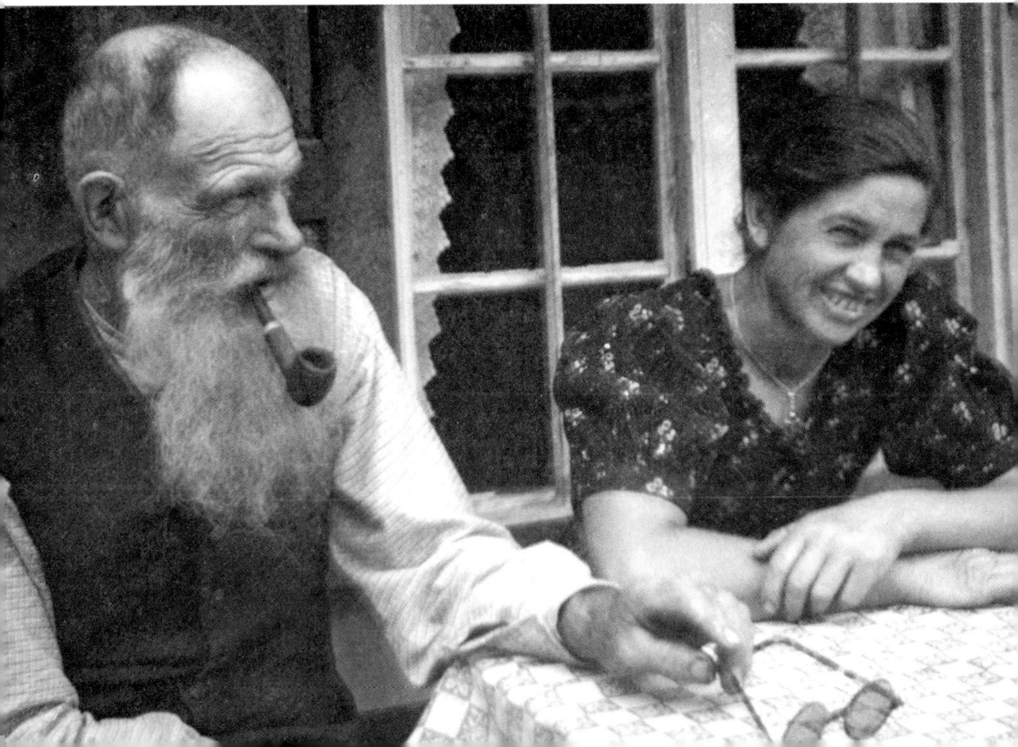

an dem Temperabild ist seine monochrome Farbgestaltung. Das von Marc für die Darstellung des bäuerlichen Objekts gewählte Violett geht in das Violett von Horizont und Himmel über.

In Begleitung von Niestlé und Legros ging es zurück nach Lenggries. Die Paare nahmen den Weg über die Staffelalm. In der Hütte blieben sie über Nacht. Drinnen malte Franz »für die Sennerin Babette, die er sehr mochte, auf den Küchenherd eine Gruppe von Rehen. Das hinzugefügte Herz mit Blumen musste er wieder übermalen, da die Sennerin den Herrn Pfarrer fürchtete.«[146]

Während Maria bis November an Lenggries festhielt, zog es Franz im Spätsommer zurück in die Stadt. Auch, weil er unbedingt wissen wollte, ob seine jüngste Pleinairmalerei der kritischen Überprüfung im gleichmäßigen Licht seines Ateliers standhalten würde.

Franz an Maria, München, 22. August 1908:

»Meine Bilder sind gut angekommen … Das grosse Pferdebild ist farblich eigenartig; die andern Sachen wohl auch«, wirken »unfertig und zum Teil sehr sonderbar (was vielleicht keine Schande ist).«[147] Ihn aber auch nicht glücklich machte.

Vorrangig beschäftigte Marc derzeit das Thema Geldbeschaffung. Seit Monaten lasteten die Mietkosten allein auf ihm. Für nicht eines seiner Werke hatte sich bisher ein Käufer gefunden. Auf Annettes Großzügigkeit konnte er kaum noch rechnen. Die Trennung von Ehemann Richard vorbereitend, musste sie jede ihr zur Verfügung stehende Mark in ihre Textilwerkstatt mit angeschlossener Schule stecken.[148] Immerhin hatte sie bei Franz dreizehn Webmuster in Schwarz und Rot auf fünf lithografischen Tafeln in Auftrag gegeben, Ornamente, Tiere, zwei Krieger und ein tanzendes Paar.[149] Verschärft wurde Marcs Situation durch die kürzlich getroffene Entscheidung der Francks in Berlin, ihrer Tochter die monatliche Unterhaltszahlung zu kürzen. Parallel dazu war Maria von ihrer Mutter aufgefordert worden, sich nach einer bezahlten, nichtkünstlerischen, Beschäftigung umzusehen. Während sie keinen Gedanken daran verschwendete, fand Franz die Idee gar nicht so schlecht. Nicht jedoch in Bezug auf sich selbst. Der Gang ins Pfandhaus blieb ihm aber erspart.

Marc duldete in seiner unmittelbaren Umgebung nur ästhetisch Makelloses, bis hin zu den Gebrauchsgegenständen. Im Herbst 1908 wanderten viele seiner mit viel Liebe zusammengetragenen Schätze zurück zu Kunst- und Buchhändlern. Antiquar Emil Hirsch, der stets half, wo er konnte, wusste genau, was von ihm erwartet wurde, wenn der einkommensschwache Maler mit einem Stapel erlesener Lektüren unterm Arm sein Geschäft betrat. Auch die von dem Buchhändler bei Marc in Auftrag gegebenen Entwürfe für Exlibris fielen in die Rubrik Menschenliebe. Das vereinbarte Entgelt reichte für nicht viel mehr als die Fahrkarte von München nach Lenggries. Endlich, schrieb Franz am 22. Oktober an Maria, könne er wieder zu ihr kommen.[150]

Ferner setzte er Hoffnung in den von seiner Schwägerin entdeckten Wirtschaftszweig. Zwecks Herstellung von Bildpostkarten arbeitete Helene mit einer kleinen Buntdruckfabrik zusammen.[151] Marc, Reinhardt und Niestlé reichten verschiedene Vorlagen ein.[152] Über Hintergründe und Fortentwicklung geben die verfügbaren Archivalien leider keine Auskunft.

Anders als 1907, als Schnür noch heftig für Marcs Anatomiekurs geworben hatte, schrieb sich für das Wintersemester »kein *einziger* Krüppel« ein.[153] Sollte er den »wunderbaren Totentanz«, das neue riesengroße Anschauungsobjekt, tatsächlich umsonst gezeichnet haben? In seiner Not bat Franz arrivierte Künstler um Unterstützung. Julius Exter meinte, nicht einmal Studenten der Tiermedizin zur Anmeldung überreden zu können. Demgegenüber stellte ihm der Maler, Bildhauer und Königliche Professor eine Beschäftigung an seiner Schule in Übersee am Chiemsee in Aussicht. Es blieb bei der Absichtserklärung. Heinrich von Zügel, prominenter Porträtist einheimischer Haus- und Nutztierrassen, versprach Empfehlung, brachte aber zugleich seine Zweifel zum Ausdruck. Heinrich Knirr und noch andere kunstakademische Würdenträger machten aus ihrer Unlust kein Geheimnis. Marc erbost: »Lumpenbagage«![154]

Ob Schnür vielleicht doch über ihren Schatten springen und ihm wie im Vorjahr eine erkleckliche Anzahl Schülerinnen schicken würde? Diese Frage stellte sich nicht mehr. Ein lediges Kind hatten ihr die Vorsitzenden des Künstlerinnen-Vereins verziehen, die Scheidung aber kostete Schnür ihre Stellung – »die kleinlichen alten Frauen kehrten die Moral heraus«.[155] Schließlich machten einige wenige junge Damen von Marcs Angebot Anatomiekurs Gebrauch. Und ein junger vermögender Herr: Eugen Esslinger, relativ ambitioniert, mäßig talentiert und verlässlich großherzig.[156]

Finanziell vollkommen abgebrannt, hatte Franz auch seine Mutter um Reklame für seine Anatomielektionen gebeten und: um vorübergehende Wiederaufnahme ins elterliche Haus. Von einer Pensionärin durchfüttern lassen? Paul hielt mit seiner Empörung nicht hinterm Berg. Indirekt warf er am 28. September 1908 dem Bruder Schmarotzertum vor. Überdies, behauptete Paul, vermeide es die Mutter momentan, den Namen von Franz Freunden oder Bekannten gegenüber auch nur auszusprechen.[157] Die Erwiderung ist eine Mischung aus Bitterkeit und Zorn: »Das ist doch wirklich etwas verrückt. Oder bin ich in Mamans Augen so sehr das räudige Schaf in der Familie, dass man niemals mehr von m. Arbeitsabsichten zu reden wagt? … Was Deinen Pessimismus betrifft, so teile ich ihn nicht. Erstens kostet das Unternehmen [Anatomiekurs] keinen Pfennig (außer die Miete im eigenen Atelier), so dass ich jederzeit wieder abbrechen kann, wenn ich kein Interesse finde.« Soweit Punkt eins. Doch leider kam seine andere, Paul nun wie zum Trotz unterbreitete Geschäftsidee – geboren aus der Freude über den ersten Ausstellungserfolg – über das Stadium Wunschtraum nicht hinaus. Ja! Franz hatte ein weiteres Projekt, ausbaufähiger und anspruchsvoller, aber, ewig schade, auch kapitalintensiver, in petto: »2. … wird, wenn es gelingt, m. Plan einer Lithografieschule nur nützlich sein, weil ich dann leichter einen gewissen Schülerkreis an der Hand hab. Mit der Lithografieschule jetzt sofort anzufangen, getraue ich mich einfach aus Geldmangel nicht. Es ist eine Reihe von Anschaffungen nötig u. eigentlich auch gleich ein [größerer] Raum … Ich muss mir mindestens den Herbst über die Sache besehen u. sondieren u. kann dann natürlich im Januar anfangen.«[158] In seinem Kopf hatte die private lithografische Unterrichtsanstalt schon konkrete Formen angenommen.

Ein Vierteljahr später war ein neues Zauberwort gefunden: Skulpturen! Anfang 1909, Maria weilte in Berlin, sprach er sich und ihr Mut zu: »… einmal *muß* bei mir das Verdienen doch angehen.« Notfalls werde er seine Plastiken bis nach Russland schicken, »will doch sehen, ob sich nichts machen lässt«. Marcs erste Modellierversuche waren misslungen. Die handgeformten Rehe blieben unvollendet. Die Schafgruppe hatte er Annette geschenkt, die das Präsent Paul zuschob, der es ihr aber wieder zurückgab. Schließlich hatte Maria die Wachsplastik in Obhut genommen.[159] Schon bei ihrem allerersten Besuch bei Franz war sie ihr positiv aufgefallen. Nun aber, über Weihnachten und bald danach, hatte Marc kleine Meisterwerke geschaffen. Die *Zwei Pferde*, »fein«, versicherte er Maria, »das kann ich Dir schwören«[160], und der *Panther*, ein Abbild miniaturisierter Kraft, waren es wert, zum Bronzegießer getragen zu werden. Bei dem Panther handelt es sich in Wirklichkeit um einen Tiger. Dieser wiederum erinnert an kleine, Netsuke genannte, geschnitzte japanische Figürchen.

Vor ihrer Rückkehr musste Maria noch einen dringenden Auftrag erledigen. »Thu es für mich bitte!« In der Nationalgalerie Plastiken von Aristide Maillol – klassisch modern, klar und streng aufgebaut – »*recht* genau« abzeichnen.[161] Etliche Monate früher, im Anschluss an Swinemünde, hatte Franz in Berlin wie festgenagelt vor den Werken des französischen Bildhauers gestanden. Lernen mit den Augen. Aktuell zogen ihn – ausgestellt in den Räumen der Münchner Secession am Königsplatz – die magisch-idealistischen Bilder des Malers Hans von Marées in ihren Bann, »zauberhaft schön«. Sofort nach Marias Wiederkehr wollte er mit ihr noch einmal dorthin gehen.[162]

Den nächsten Malsommer vorbereiten, hieß, frühzeitig nach einer ländlichen Unterkunft Ausschau halten, noch viel billiger als diejenige in Lenggries. Sobald das Stadtklima Münchens Vorfrühling suggeriert, dabei ist es erst Februar, beginnt die Suche. Anfänglich in südöstlicher Richtung. Erster Versuch: die ehemalige Benediktinerabtei Wessobrunn. (»Wenn wir im selben Stockwerk wohnen, genügt es ja auch für unsere leisen Sohlen!!«[163]) Erwartungsvoll fahren Franz und Maria bis Weilheim. Ab da wird es ungemütlich. Zehn, elf Landstraßenkilometer auf Schusters Rappen durch Schneematsch. Große Enttäuschung bei ihrer Ankunft. Franz besteht auf Weiterwandern, querfeldein bis Dießen am Ammersee. Drei Stunden, gute Bedingungen vorausgesetzt – jedoch eine schier unendlich lange Zeit, wenn man bei jedem Schritt bis zum Knie im Nassschnee versinkt und einem ein eisiger Ostwind den Atem nimmt. Die Frau: »bis zu Tränen erschöpft«. Der Mann: (»bärenstark«) hatte »nicht viel Mitleid«. Miserable Stimmung bei der Ankunft und schlechte Nachrichten außerdem. Alles ausgebucht.[164] Irgendjemand in München bringt Sindelsdorf ins Gespräch. Vom Kocheler »Thränenhügel«[165] hatte Marc den Ort am entgegengesetzten Ende der Moorniederung gesehen, und er war ihm, von Weitem betrachtet, »langweilig« erschienen. Von Nahem war der Eindruck vielleicht ein anderer.

Nächster Versuch. Aussteigebahnhof: Penzberg. Die Wetterbedingungen sind exzellent, leichter Frost, fast kein Schnee mehr. Eine Stunde Fußweg, dann liegt das Ziel vor ihnen. Umfangen von einem Dreiviertelkreis bewaldeter Höhenzüge, ist die uralte Siedlung in sanft hügeliges Grünland eingebettet. Nach Süden hin gibt das Gelände den Blick frei aufs Hochgebirge. Sindelsdorf 1909, das waren rund vierhundertzwanzig Einwohner, Telegraf, Fernsprecher, Post, Standesamt, Steuerstelle, katholische Pfarrkirche, Pfarrhaus, zwei Gasthöfe, zwei Krämerläden, Färberei, Weberei, Mühle, Bauern, Bäcker, Metzger, Schmied, Schneider, Wagner, Schäffler …

Beim Zimmerer und Schreiner Josef Niggl steht im Obergeschoss eine Wohnung leer, drei Stuben, Abort.[166] Dazu der »Malspeicher«, geräumig und ausreichend hell, mit Giebelfenstern und kleinem Balkon.[167] Wer den Balkon betritt, blickt vor der Dorfkulisse auf Pferdekoppeln und Weiden. Der Neubau am Dorfrand hat angenehme Proportionen, und er macht einen hübschen Eindruck. Schnell wird man handelseinig. Vermieter Niggl und seine Frau

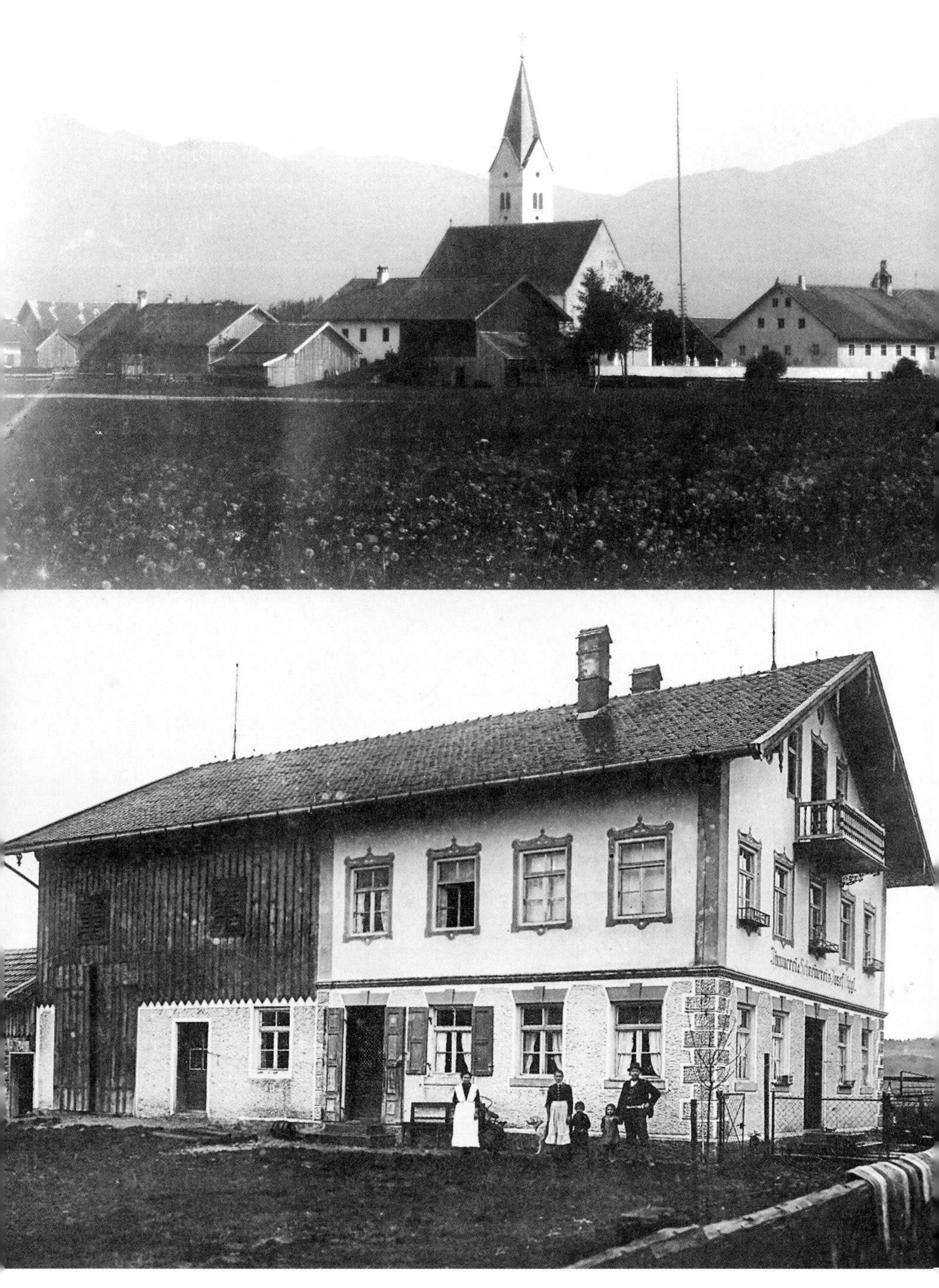

Afra sind froh über jede Zusatzeinnahme, und sei sie – mit fünf Mark für den Monat – noch so gering. Die Mieter sind froh um jede eingesparte Münze.[168] Neben Jean Bloé Niestlé war Eugen Esslinger nach Sindelsdorf mitgekommen. Letztgenannter würde von Mai bis Ende Oktober im Gasthof zur Post logieren und den Wirt Benedikt Eberl, nebenbei bemerkt, mit seinen Frühstückssonderwünschen zur Verzweiflung bringen: »Schinken mit Ei und Brötchen!«[169] Solange Marc von dem Privatschüler mit gut gefülltem Portemonnaie in schöner Regelmäßigkeit das vereinbarte Honorar erhielt, musste er zumindest nicht hungern. In Sorge darum schickte ihm seine Mutter Essenspakete.

links oben: Vom Balkon seines Ateliers im Dachgeschoss schaute Franz Marc auf das Kleinkaufhaus von Michael Greiter, die Pfarrkirche St. Georg und deren Friedhof, den Maibaum und den Gasthof zur Post (rechts außen)

Ab April 1909 wohnte Sophie Marc in der Münchner Pension Medicus nahe dem Englischen Garten. Mit Wilhelm Marcs Tod war der jetzt Einundsechzigjährigen das Haus in Pasing zu groß geworden. Ihre zwei Hunde, ein Winzling und ein Riese, wurden auf die Söhne verteilt. Pinscher Trimm kam zu Paul, Russi zu Franz. So viele Male hat er den weißen Hirtenhund[170] gemalt, dass wir uns ein genaues Bild von dem charakterstarken Vierbeiner machen können.

links unten: Im Haus von Schreinermeister Josef Niggl und seiner Familie in Sindelsdorf bewohnten Franz Marc und Maria Franck die erste Etage

Am Tag des Umzugs der Mutter fuhr Franz frühmorgens zum Elternhaus, um ihn in die Schellingstraße mitzunehmen. Still und teilnahmslos lag das Tier im Atelier, bis es durch die geöffnete Tür entwischte, über Hof und Tor die Straße er-

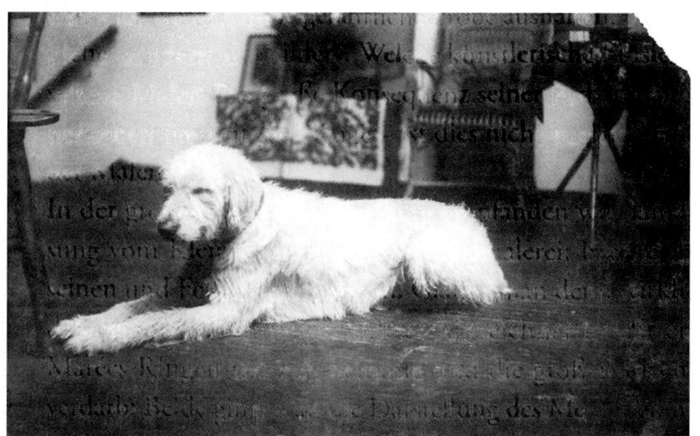

Der vielgemalte Russi – nur widerstrebend hatte er anfangs Franz Marcs Atelier in der Münchner Schellingstraße als sein neues Zuhause akzeptiert

reichte und sich in schnellem Tempo entfernte, unerreichbar für den ihm nacheilenden Franz. Am übernächsten Tag kam die Nachricht. Russi war in Pasing gesehen worden, zuerst in der Nähe seines alten Zuhauses, danach auf dem Friedhof. Oftmals hatte der Hund die Mutter dorthin begleitet und, nachdem sie an gewohnt heimischer Stätte nicht mehr zu finden gewesen war, am Grab des Vaters vergebens auf ihr Erscheinen gewartet. Richtig verziehen hat Russi Sophie Marc ihre Treulosigkeit nie. Noch Jahre später hat er sie nur sehr verhalten begrüßt.[171] Umso enger schloss sich das Tier nun an Franz an. Und umgekehrt. Es »glich in seiner Größe, Kraft und Ruhe seinem Meister«.[172]

Fast genauso häufig wie Hund Russi musste das dreifarbige Kätzchen Ruth als Modell herhalten. Gleiches traf auf das Reh Hanni zu. Seit dem Auszug Anfang Mai 1909 aus der großen Stadt München und dem Einmarsch ins »Sindelsdörfchen« war es Nummer drei in Franz Marcs Menagerie.

Ende des Monats, Maria machte gerade Besorgungen in München, stieg die Zahl der Sprösslinge im Sindelsdorfer Wohnhaus von vier auf sechs. Franz verkündete ihr das freudige Ereignis. Zwillinge waren zur Welt gekommen. »Ein Bübchen und ein Mädchen! [Martin und Katharina] Ach, die sollten uns gehören!«[173] Die Kinderlosigkeit des Paars blieb eine schmerzende, nie verheilende Wunde.[174] Liebenswerte Einzelporträts der kleinen Niggls und reizende Geschwisterszenen, von Franz wie von Maria 1909 geschaffen, sind, so gesehen, auch Wunschbilder.[175]

Sindelsdorf wurde zum Synonym für unumstößliche Gesetzmäßigkeiten in Marcs Tagesablauf.

Nach dem Frühstück entweder im Freien oder im Dachboden-Atelier malen bis die Kirchenglocke zwölf schlägt und Russi zu jaulen beginnt. Nach einfacher Mahlzeit Fortsetzung der Vormittagstätigkeit. Nach dem Tee Erledigung der Korrespondenzen. Anschließend ein Spaziergang, oftmals zu dem Wäldchen an einem Weg, »der in geringer Höhe um einen kleinen Weiher herumführt«. Es ist ein »ganz stiller Platz, abgeschieden von aller Welt«. Einmal beobachtet er, wie Russi ernsthaft die Gegend zu betrachten scheint. Franz wendet sich Maria zu und sagt: »Wie mag das Landschaftsbild in dem Hundekopf wohl aussehen?«[176] Weitere Fragen drängten sich ihm auf: »Gibt es für Künstler eine geheimnisvollere Idee als die, wie sich wohl die Natur in dem Auge eines Tieres spiegelt? Wie sieht ein Pferd die Welt oder ein Adler, ein Reh oder ein Hund? … Wer sagt mir, daß das Reh die Welt kubistisch fühlt; es fühlt sie als ›Reh‹, die Landschaft muß also ›Reh‹ sein. Das ist das Prädikat.«[177] Manchmal bringt er nur Briefe zum Gasthof zur Post, wo sie am nächsten

Morgen abgeholt werden. Nach dem Abendessen lesend, sinnend oder zeichnend im Rohrstuhl sitzen. Zehn Uhr ist gewöhnlich Bettzeit.

Für Abwechslung vom Alltag war dennoch gesorgt. Sophie Marc verbrachte einige Wochen bei Sohn und Nichtschwiegertochter. Maria fand das nett von ihr. Da die feine alte Dame das »gschlamperte« Verhältnis, sprich das Zusammenleben ohne Trauschein, so offenkundig duldete, verstummten tuschelnde Dörfler.[178] Im sieben Kilometer entfernten Brunnenbach hatte sich zu Beginn der wärmeren Jahreszeit Jean Bloé Niestlé mit Marguerite Legros erneut häuslich eingerichtet. Seither waren wechselseitige Treffen der Freundespaare an der Tagesordnung.

Von Kindesbeinen an liebte Franz Marc das Wandern. Nunmehr rund um Sindelsdorf oder auch weit darüber hinaus. Alles Essbare, unterwegs von Sträuchern und Bäumen gepflückt oder vom Boden aufgelesen, kam in seinen Rucksack. Ganze Berge von Beeren und Obst brachte er auf diese Weise heim. In der Regel bestanden sein Frühstück und sein Abendessen aus einem großen Glas Milch, Brot mit frischer Butter und selbst gemachter Marmelade bestrichen beziehungsweise einer großen Portion Kompott.[179] Im Skizzenbuch sind Ausflugsziele festgehalten: das »Klösterl«[180] am Walchensee und die kleine Wallfahrtskirche im Weiler Frauenrain beispielsweise. Eine Exkursion durfte Marc in Gesellschaft von Sindelsdorfer Honoratioren unternehmen. »Heut war ein grosser Tag«, notierte er abends, »der Posthalter lud Esslinger, mich, Lehrer, Pfarrer etc. zu einer Fahrt nach Staltach [bei Iffeldorf an den Osterseen] ein, um das Maffeigut [der land- und forstwirtschaftliche Betrieb des Münchner Industriellen und Bankiers Hugo von Maffei mit Torfwerk, Brauerei und Bahnanschluss] zu besichtigen – einzigartige Fuchsienzucht im Park, die traumhaft schön ist«.[181] Mit Bruder und Schwägerin unternahm er eine Vier-Tage-Tour im Wettersteingebirge; sie stiegen zu den Gipfeln von Zugspitze und Hochwanner auf. Paul hatte Franz das Geld für Anfahrt, Hüttenübernachtungen und Bergverpflegung pumpen müssen.[182]

In künstlerischer Hinsicht stand der gegenwärtige Landaufenthalt unter keinem guten Stern. Des Hin- und Hertragens seiner Kolossalgemälde von der Wiese ins Wohnhaus müde, hatte er Schreiner Niggl um den Bau eines verschließbaren Holzunterstands gebeten. Das *Große Pferdebild*, aus Lenggries nach München transportiert und aus München nach Sindelsdorf: Je häufiger er es überpinselte, desto weniger gefiel es ihm. Schlussendlich zerschnitt Marc die dick mit Farbe bestrichene Leinwand in sechs Einzelteile. Die Fragmente fanden als Abdichtung des Speicherdaches Verwendung.[183] Zwei weitere Fassungen des Motivs fielen der vollständigen Vernichtung anheim. »Mit Tränen in den Augen« zerstückelte er auch seine *Große Landschaft I.*[184]

Im Spätsommer fuhr Maria nach Berlin, zur Hochzeit von Bruder Wilhelm. Anscheinend verschwand sie nicht ungern. Solange auch Frau Simon für sich und ihre Kinder – Helene, elf, und Elisabeth, sechs – vorübergehend in Sindelsdorf eine Zweitwohnung gemietet hatte, war ihr das Leben dort verleidet. Angeblich galt Annettes Hauptinteresse dem ortsansässigen Weber und Färber Josef Schäffler und dessen Handwerk.[185] Einerlei, wer oder was die Nebenfrau ins Alpenvorland gelockt hatte, Maria in jeder Beziehung ersetzen konnte sie nicht. Recht »melancholisch« schrieb Franz der fernen Tag- und Nachtgefährtin hinterher: »Komme doch bald wieder! … Ich geh jetzt so oft in Dein Zimmerchen, das noch ganz Deine Luft hält, einen weichen süßen Liebesgeruch …«[186] Mit seinem nächsten Brief schickte er der schmerzlich Vermissten ein »Männertreublümlein« und ein »Rittersspornlein«, »das getreue Abbild Deines Geliebten«. Marias Körperproportionen vielleicht vor Augen, schloss er dieses Schreiben mit dem Hinweis: »Dein Entfettungstee ist in jeder Simplicissimusnummer angezeigt. Ich will mich recht freuen, wenn es hilft.«[187]

Erneut schickte er sie zu Aristide Maillols Frauenfiguren in der Berliner Nationalgalerie, dieses Mal mit der anspruchsvollen Bitte um Wiedergabe der »Behandlung von Hüften und Schultern« unter Berücksichtigung ihrer Tiefenwirkung.[188] Eine der von Maria für Franz auf Papier übertragenen Skulpturen war der *Torso de la Méditerranée*. Ein Vergleich mit Marcs Gegenstück, im Oktober in Arbeit (»formal, glaub ich, sehr überraschend«[189]), legt die Vermutung nahe, dass es sich bei seinem *Frauentorso* um die Adaption eben jener Maillol-Plastik handelt. Auffallend ist auch die Ähnlichkeit einiger seiner ebenfalls 1909 entstandenen Zeichnungen, so die *Tänzerin*, der *Laufende weibliche Akt* und der *Stehende Frauenakt von vorn*, mit vergleichbaren Zeichnungen des von ihm bewunderten Franzosen. Was zweidimensionale beispielgebende Vorlagen anbetraf, hatte Marc sozusagen die freie Auswahl. Sein Fundus an Kunstpostkarten, eines seiner Sammelgebiete, war beinahe unerschöpflich.

Sammelgebiete – dieses Stichwort führt uns zu jener aufsehenerregenden Schau mit dem Titel »Japan und Ostasien in der Kunst«, die sich Marc keinesfalls entgehen lassen konnte. An einem der letzten Septembertage durchstreifte er, nachweislich, die Ausstellungshallen auf der Münchner Theresienhöhe.[190] Nach einem Kommentar aus seiner Feder sucht man in Archiven vergebens. Vorstellbar ist, dass er bei seinem Rundgang einzelne Farbholzschnitte besonders eingehend studierte und im Gedächtnis bewahrte. Wir denken an im Katalog aufgeführte Arbeiten der Künstler Utagawa Hiroshige und Utagawa

Sadahide mit Bezeichnungen wie *Regen, Regenschauer, Nachtregen in Kerasaki, Gewitterregen*.[191] Marcs *Regen* japanischer Observanz – das Bild mit diagonalen Streifen, dicht an dicht, überzogen – entstand 1912.[192]

Schauplatzwechsel.

»Komm ja nicht zu spät [aus Berlin] zurück«, hatte Franz unter dem Datum 18. September 1909 Maria zur Eile angetrieben, »damit wir den [Circus] Hagenbeck noch auf der [Theresien] Wiese sehen können«.[193] Tags zuvor war Seine Königliche Hoheit Prinzregent Luitpold, geführt von Carl Hagenbeck, zur Inspektion von Zuschauerzelt und Tierställen erschienen. »Es wurden die Löwenwagen, die Tigerwagen, die acht Eisbärwagen und die Elefanten besichtigt. Hierauf begab sich der Regent in die Fürstenloge zu einer Sondervorstellung.«[194]

Volksvorstellungen waren ein erschwingliches Vergnügen. Gottlob, denn sieben Mark Strafe für die nicht entrichtete Hundesteuer hatten Marc an den Rand des Ruins gebracht. Auch mit der Bezahlung unverzichtbarer, da von Maria gescheuter Arbeiten war das Künstlerpaar beinahe ständig im Rückstand. In späteren Jahren auf dessen Zahlungsmoral angesprochen, winkte die Sindelsdorferin Anastasia Schröferl (sie verstand sich besonders gut aufs Stärken und Bügeln und tat Maria den Gefallen, ihr die ungeliebte Arbeit abzunehmen) grimmig ab: »Hörts mia auf mit dera Frau Marc. Zu Weihnachten hab i ihra an Unterrock gestärkt und zu Ostern war der imma no net bezahlt. A Buidl wollten's mia gebn. Ich hobs ogschaugt und dann gsagt: Des nehmas wieda mit.«[195] Schulden bei den Niggls, zehn Monate lang angehäuft, konnten im Oktober 1909 nur beglichen werden, weil Privatschüler Esslinger den säumigen Mietern mit fünfzig Mark aus der Klemme half.

Dann aber nahte Rettung von noch anderer Seite.

Fritz Osswald forderte Franz Marc zur Zusammenstellung einer »Kollektion« auf. Der Malerkollege mit Gespür für innovative Potenziale hatte Franz Josef Brakl auf den darbenden Freund aufmerksam gemacht. Dem Fürsprecher zuliebe, jedoch gegen seine Überzeugung, nahm der Kunsthändler dem »armen Teufel aus Schwabing« zunächst nur ein paar seiner Bilder ab. »Sie waren«, so Maria im Rückblick, »zu sehr aus der Art geschlagen – es wurde in München nichts Ähnliches gemalt …«[196]

Der hilfsbereite Galerist war selbst als notleidender Künstler gestartet. Franz Josef Brakl, 1854 in Ungarn geboren und bitterarm aufgewachsen, hatte sein Schauspiel- und Gesangstudium in Wien unter großen Entbehrungen absolvieren müssen. Unvermutet avancierte er zum Publikumsliebling. Mit dreiundzwanzig wurde Brakl ans Münchner Gärtnerplatztheater berufen und 1899 dessen hoch bezahlter Leiter. Vertragsdauer zwanzig Jahre. Doch schon wenige Monate später machte er den Direktorstuhl, gegen eine immens hohe Abfindungssumme (man sprach von siebenhunderttausend Mark), für einen Nachfolger frei. Von da an frönte der Sänger mit Leib und Seele seiner noch größeren Leidenschaft: Kunst sammeln und Kunst verkaufen. 1905 ging sein Lebenstraum in Erfüllung. Gemeinsam mit Heinrich Thannhauser, stadtbekannter Händler mit Stoffen und Damenkonfektion, außerdem Betreiber eines Lampengeschäfts, Jahrgang 1859, eröffnete er die Galerie Brakl und Thannhauser. Doch jetzt, im Herbst des Jahres 1909, war die Trennung der Kompagnons beschlossene Sache.

Als die Schatten länger wurden und die Tage kürzer und die grünen Blätter ins Gelbe, Rote, Orangefarbene changierten, hatte Franz unweit Sindelsdorf sein Malerparadies gefunden. »Heute war ich wieder auf der Pferdeweide (hinter dem Wald von Oberriedern), bezaubernd schön die hellen leuchtenden Pferde auf einem Teppich von Herbstzeitlosen und der Herbsthimmel dazu.«[197] Am liebsten wäre er ganz auf dem Land geblieben. »Köstliche Tage draußen.« Früher Frost im Freien macht schöne Naturbilder, zaubert Raureif auf Beeren, Fruchtstände von Stauden, zarte Birkenzweige. Bei tiefen Temperaturen in den Zimmern hört der Spaß sofort auf. Die Nigglschen Feuerherde, »völlig unzulänglich«, verbrauchten »unsinnig« viel Kohle. Eine Stunde ohne Nachschub und sie gaben keine Wärme mehr ab. Das nächtliche Schlafen in Sindelsdorf war ein »Wintersport«.[198] Eingedenk vager Aussicht auf Einnahmen wurde Paul Ende Oktober angewiesen, an der Lösung des Heizproblems mitzuwirken. Franz wollte Gasöfen installieren lassen. Der Bruder riet ab: zu aufwendig und zu teuer.

Also doch zurück in die Stadt. Den quälenden grippalen Infekt zog Franz sich erst dort zu, weshalb ihm um ein Haar die erste Ausstellung der Neuen Künstler-Vereinigung München entgangen wäre. Im Dezember 1908 war im Salon der Malerin Marianne von Werefkin der Gedanke des formalen Zusammenschlusses entstanden. Neben der Baronin und ihrem Lebensgefährten Alexej Jawlensky waren Adolf Erbslöh und der Kunsthistoriker Oscar Wittenstein anwesend. Auf der Basis des Statuts der von Werefkin vor Jahren ins Leben gerufenen Bruderschaft von Sankt Lukas[199] nahm das Ideengebäude rasch konkrete Gestalt an. In der vorweihnachtlichen Runde waren Gabriele Münter und Wassily Kandinsky nicht zugegen. Am 22. Januar 1909 unterschrieben allerdings nur sie die Gründungsurkunde. Ziel der Vereinigung war es, »Kunstausstellungen in Deutschland, wie im Ausland zu veranstalten«. Die Zahl der Mitglieder sollte nach oben offen sein und deren Wahl Stimmenmehrheit erfordern. Als Erster Vorsitzender war Kandinsky, als Zweiter Vorsitzender Jawlensky vorgesehen. In einem frühen, von Münter handschriftlich erstellten – und später erweiterten – Mitgliederverzeichnis sind einundzwanzig Namen aufgelistet.[200]

Doch woher in München Ausstellungsräume für ultraprogressive Bilder nehmen? Hugo von Tschudi, weitblickender Direktor der Bayerischen Gemäldesammlungen, rang Franz Josef Brakl eine Zusage ab. Eine halbherzige Zusage, um genau zu sein, zuckte der Kunsthändler doch im letzten Augenblick zurück. Sein abtrünniger Teilhaber sprang in die Bresche. Und so fand die erste Ausstellung der Neuen Künstler-Vereinigung München in der jüngst gegründeten Modernen Galerie Thannhauser statt.[201]

Die Erkenntnis, mit welch umwälzend neuartigen Werken Mitglieder und Gäste der Gruppierung nun an die Öffentlichkeit traten, traf Marc wie ein Blitz aus heiterem Himmel. Wohlbemerkt nicht im September 1910, anlässlich der zweiten Ausstellung der Neuen Künstlervereinigung München, sondern bereits jetzt, im Dezember 1909!

Chronistin Maria liefert den Beweis für die biografische Neuigkeit:

»Als ich eines Tages zu Franz in das Münchner Atelier kam und er infolge einer starken Erkältung nicht ausgehen konnte, empfing er mich mit der Frage, ob mir in der Stadt so seltsame Plakate und Ankündigungen einer Ausstellung aufgefallen seien. Er hatte sie gesehen, konnte sich aber nicht darum kümmern, weil er sich nicht wohlfühlte. Diese Plakate waren mir nicht aufgefallen, und so schickte er mich direkt zu Thannhauser … Als ich den großen Ausstellungsraum betrat, traute ich meinen Augen nicht. Das, was ich dort sah, war etwas ganz Unerhörtes – was mir nie begegnet war. Zufällig traf ich den Schüler von Franz – [Eugen] Esslinger – der genauso – fast erschrocken – auf die Bilder reagierte. Wir wussten in der Tat nicht, was wir dazu sagen sollten, fühlten uns aber trotzdem zu den Bildern hingezogen. Konnten uns einesteils der starken Wirkung nicht entziehen und waren doch andererseits ziemlich ratlos davorgestanden. Sprachlos vor Erstaunen schauten wir an, was wir dort sahen. Seltsame Bilder von erstaunlicher Farbigkeit und Leuchtkraft, auch viel Starkes darin, alles so fremdartig, aber trotzdem zwingend und anziehend. Thannhauser sprach uns an und trat kräftig für die Bilder ein und sprach uns von dem grossen Ernst, mit dem die Künstler zu ihren eigenartigen Bildern stehen. Je länger ich sie ansah, umso mehr machten sie Eindruck auf mich, stilistisch war ich ganz benommen, kaufte einen Katalog und lief zu Franz in's Atelier.

Er begeisterte sich sofort an den Abbildungen des Katalogs und meinte, dass etwas ganz Ausserordentliches dahinter stecken würde, und er konnte die Zeit nicht abwarten, hinzugehen. Als er endlich dazu kam, fand er nicht nur seine Erwartungen bestätigt, sondern weit übertroffen. Er sah zum ersten Mal Bilder von Kandinsky, Jawlensky, Münter, Werefkin, Bechtejeff, Erbslöh, Kanoldt u. a., es war unfasslich und in höchstem Maße aufregend und er wäre am liebsten sofort zu den Leuten hingestürmt. Ich habe ihm zunächst sehr abgeraten, weil ich seine gutgläubige Begeisterung kannte und ihm Enttäuschungen ersparen wollte. Ich riet ihm, noch zu warten, ob die Bilder standhalten würden. Sie schienen mir etwas so Unerhörtes zu sein, dass man … ebenso gut den Beginn eines Aufstiegs wie das Gegenteil vermuten konnte. Also wartete auch Franz ab … Das grosse begeisterte Interesse blieb wach in ihm – und mehr als das … Es war doch ein gewaltiges Erlebnis für uns und Franz begriff für sich und seine Malerei Möglichkeiten, an die vorher kein Gedanke war. Aber infolge seiner grossen Gewissenhaftigkeit und der Treue und Ehrlichkeit zu seinem innersten Wesen hat er nicht angefangen, plötzlich ganz anders zu malen, sondern anfangs ganz vorsichtig versucht, seine Bilder farbiger zu gestalten – wie z. B. die *Katzen auf rotem Tuch* … Es waren starke Erlebnisse … die seiner künstlerischen Entwicklung eine neue Richtung gaben.«[202]

Marias Warnung vor überhasteter Kontaktaufnahme schien in der Tat begründet. Rezensenten übertrafen einander an Häme. Wer, um nur ein Beispiel zu nennen, die *Münchner Post* vom 10. Dezember 1909 aufschlug, bekam zu lesen: »Eine Anzahl, wie zu hoffen steht, sehr junger Leute bietet im schönen Oberlichtsaale der Modernen Galerie (Arco-Palais) ein verfrühtes Faschingsvergnügen, einen Künstlerulk, dem leider weiter nichts fehlt, als der Humor. Die Ausstellung der ›Neuen Künstler-Vereinigung‹, von der ich rede, steht nämlich unter dem finsteren Zeichen einer quälend unfreiwilligen Komik …«[203]

Marcs an die Gefährtin adressierter Jahresendgruß: »Dir wünsch ich nun ein recht schönes Neujahr, ich werde morgen auf das Wohl Deiner Seele, Deines Leibes, Deines Haares, Deiner Hände und alles was dein und mein ist, trinken.« Drei Wochen etwa würde er noch auf sie verzichten müssen. Wie immer, wenn Maria ihre Eltern besuchte und er sich allein gelassen fühlte, drohten die melancholischen Gemütszustände überhand zu nehmen: »… ich bin etwas deprimiert … Das ist eine rechte Jereminade; ich warte immer von Tag zu Tag auf ein Aufschwellen meiner Stimmung und Arbeitskraft. Vielleicht geht's 1910 besser.«[204]

Nicht vielleicht, bestimmt.

AUSSTELLUNG
FRANZ MARC

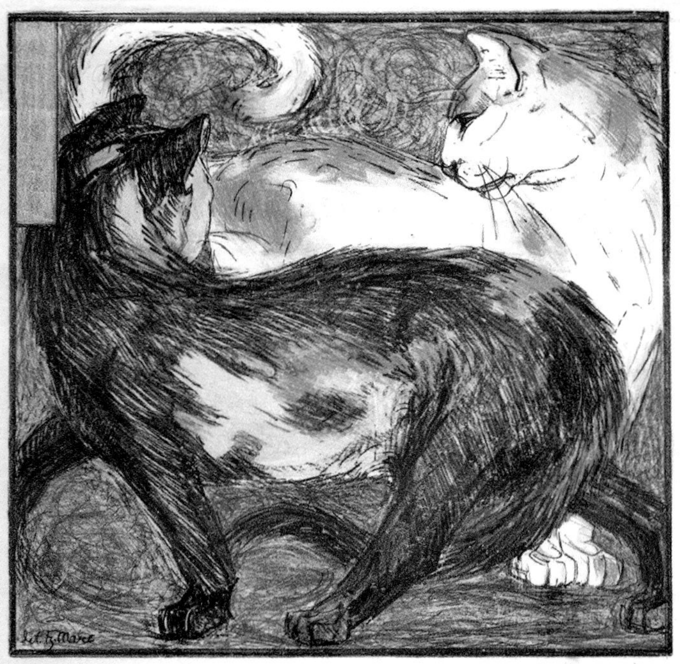

BRAKLS
MODERNE
KUNSTHANDLUNG
MUENCHEN GOETHESTR. 64.-

1910 BIS 1914

WENDEMARKEN

Ich halte es für einen wirklichen Glücksfall, endlich einmal Kollegen von so innerlicher, künstlerischer Gesinnung getroffen zu haben, – rarissime!

An und für sich fing das Jahr gut an, vom rasch überstandenen Brummschädel am 1. Januar einmal abgesehen. »Ich bin wieder besserer Arbeitsstimmung … der schwere Sylvestersuff hat mich wieder vollkommen auf die Beine gebracht.«[1] Gemeinsam mit Franz Marc hatten Malerfreund Gustav Johannes Buchner, Malschüler Eugen Esslinger, Schwägerin Helene und der Bruder in feuchtfröhlicher Runde im Münchner Ratskeller zusammengesessen. Nur Paul hatte wenig Grund zu ausgelassenem Feiern. Mit einem Mal blickte er in eine noch ungewissere berufliche Zukunft als der Bruder. Vollkommen unerwartet war vor kurzem sein Mentor gestorben. Zuvor hatte ihm Universitätsprofessor Karl Krumbacher eine jener hart umkämpften Planstellen mit Aussicht auf Habilitation und Dozentur verschafft. Kaum lag Deutschlands führender Byzantinist unter der Erde, machten Konkurrenten Ansprüche auf Pauls Posten geltend. Erfolgreich, wie bald feststand. Um das von ihm betreute, miserabel bezahlte, dafür aber entsetzlich zeitaufwendige Wissenschaftsprojekt – die Erstellung eines Corpus der griechischen Urkunden des Mittelalters und der neueren Zeit – riss sich hingegen niemand. Auch blieb die nicht minder anspruchsvolle und finanziell genauso unattraktive Herausgabe der Byzantinischen Zeitschrift weiterhin vorwiegend Paul überlassen. Mal nannte er sich nun »Hilfsarbeiter bei der K. Bayr. Akademie der Wissenschaften«, und mal »Privatgelehrter«.[2]

Fünfzig Kilometer Luftlinie von Franz Marcs Münchner Künstlerwerkstatt entfernt, feierte am 3. Januar 1910 ein Maler namens August Macke seinen dreiundzwanzigsten Geburtstag. Seit drei Monaten verheiratet, hatten er und seine noch jüngere Frau eine Einladung nach Tegernsee angenommen. Der vorehelich Schwangeren (»Dokument« einer »zu großen und zu frühen Liebe«[3]) wäre philiströses Gerede daheim im provinziellen Rheinstädtchen Bonn einerlei gewesen. Dem erwartungsfrohen werdenden Vater erst recht. Auf das vorübergehende Unsichtbar-Machen hatten sie sich wohl Sophie Gerhardt zuliebe eingelassen, denn gemeinhin war Elisabeths Mutter die Hochherzigkeit in Person. Alternativ zu

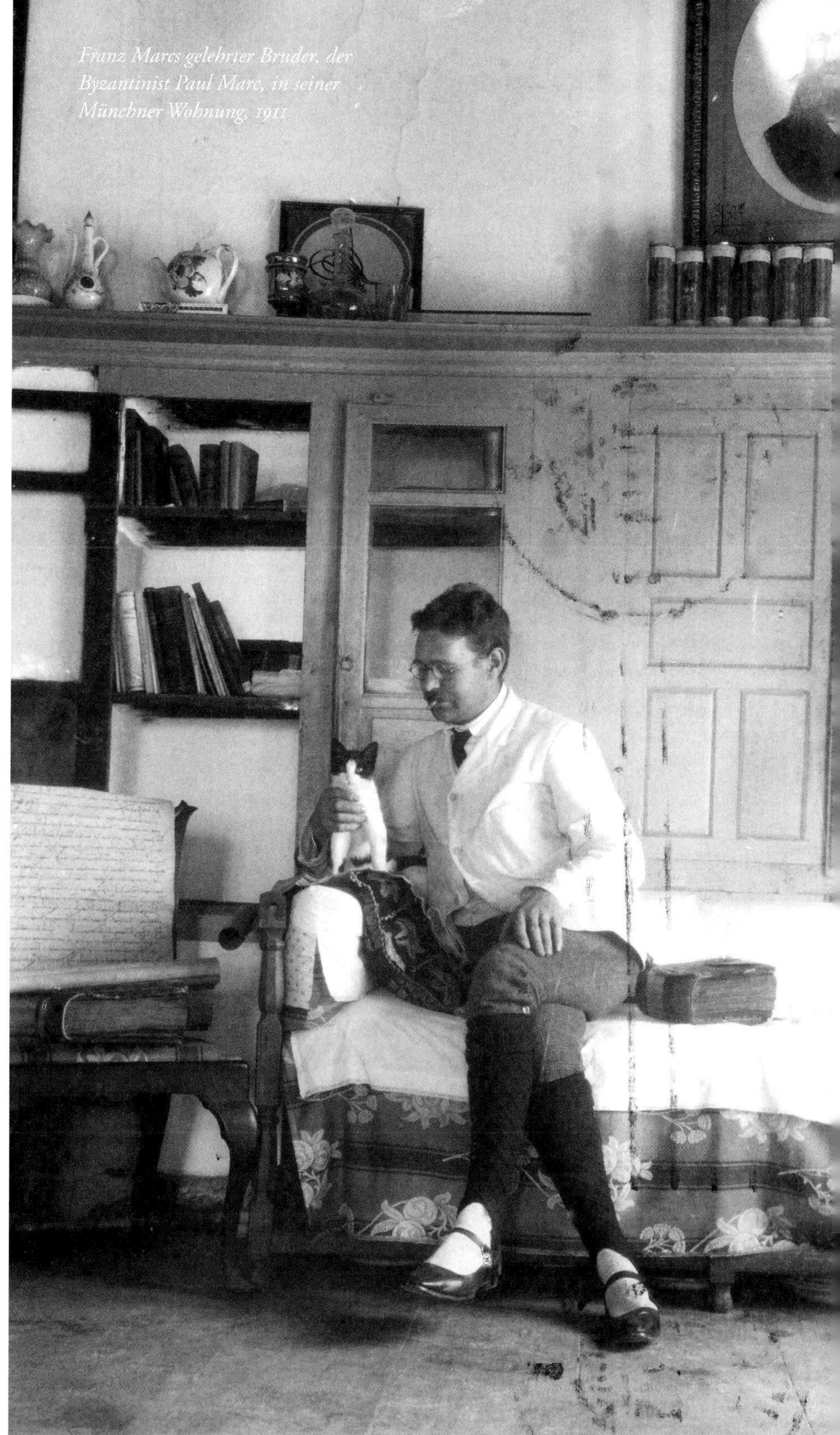

Franz Marcs gelehrter Bruder, der Byzantinist Paul Marc, in seiner Münchner Wohnung, 1911

dem berg- und seeidyllischen oberbayerischen Dorf hatte die französische Metropole als Wohnort auf Zeit zur Diskussion gestanden. Dann aber ließen es die Hochzeitsreisenden bei drei Wochen Kunstgenuss in Paris bewenden[4] – zu dessen Höhepunkten ein Streifzug durch die Ausstellungsräume des Herbstsalons im Grand Palais zählte mit Gemälden der umstrittensten und der anerkanntesten Größen der modernen Malerei.

Über seine wirtschaftliche Absicherung musste sich dieses Paar keine ernsthaften Gedanken machen. Anders als der verstorbene Vater Macke (ein glücklos agierender Tiefbauingenieur und Bauunternehmer) hatte das Familienoberhaupt der Gerhardts (Hersteller »chemischer Utensilien« und medizintechnischer Apparate) Witwe und Kinder bestens versorgt hinterlassen.

Ihre sich zweimal täglich kreuzenden Schulwege standen am Anfang von Augusts und Elisabeths gemeinsamer Geschichte. Glücksknabe traf Glücksfee. Er, sechzehn, passte sie, fünfzehn, allmorgendlich und allmittaglich ab. Charakterlich ergänzten die beiden einander perfekt. Elisabeth, lebensfroh und gelassen. August, lebensfroh und impulsiv. Sein gewinnendes Wesen öffnete dem zielstrebigen Verehrer die Tür zum Elternhaus des »prachtvollen Mädels«.[5]

Mit siebzehn, vorm Abitur, ging August Macke von der Schule ab und begann ein Kunststudium in Düsseldorf. Der Heranwachsende las Kant, Schopenhauer und den »großen Nietzsche« um, seine Worte, denken zu lernen.[6] Nach ausführlicher Beschäftigung mit Oscar Wildes Ausführungen zu Kunst und Kritik stellte sich der Achtzehnjährige die Frage aller Expressionismus-Fragen: »Ist beim Sehen eines Gegenstandes die Freude an der Form und Farbe das einzig Wahre … oder tritt beim Sehen ein seelisches Moment hinzu?«[7] Auf jede eigenhändig verdiente Mark angewiesen, arbeitete er als Kulissenmaler für das Düsseldorfer Schauspielhaus[8], zunächst nebenher und bald beinahe ausschließlich. 1905 fuhr August mit Elisabeths älterem Bruder Walter Gerhardt nach Italien. Ein Jahr später nahmen ihn Freunde mit in die Niederlande, nach Belgien und nach England, alte und nicht ganz so alte Meister unter anderem bestaunen. Aus London schrieb er dem »allerliebsten Lisbethlein«: »… weide mich an Botticelli, Michelangelo etc. – Rembrandt, Watts und den Präraffaeliten.«[9]

Im Frühling 1907 reiste Macke wiederum, nunmehr als Begleiter der ganzen Familie Gerhardt, nach Italien. Da hatte er die Kunstakademie bereits verlassen. Hauptberuflicher Bühnenbildner musste er aber nicht werden. Die Aussicht auf fixe monatliche Zuwendungen in Höhe von etwa 400 Mark machte Hoffnung auf ein Dasein als Freischaffender. Bei den zu erwartenden Einnahmen handelte es sich um Zinseinkünfte Elisabeths, deren Vater schon bald nach der gemeinsam unternommenen Reise verstorben war. Und dann gab es da ja noch Elisabeths reichen Onkel von Mutterseite. »Eine interessant Mischung Mensch«, befand August richtigerweise.[10] Bernhard Koehler, international erfolgreich agierender Fabrikant, Inhaber der von ihm gegründeten Mechanischen Werkstätten zur Herstellung von Metallwaren, Stempeln und Gravuren für den Industrie-, Büro- und Schmuckwarenbedarf in Berlin, hatte sich über seine Geschäftstätigkeit hinaus einen Namen als Kunstsammler und Kunstmäzen gemacht. Elisabeths »geliebtem Malersjüngling«[11] finanzierte er im Sommer 1907 Anschauungsunterricht in Paris. Den Winter verbrachte August Macke, von allen Kosten freigestellt, im Haus seines großzügigen Gönners. Nur deshalb war es ihm möglich, in Berlin unter der Korrektur von niemand Geringerem als Lovis Corinth zu arbeiten. Fasziniert vom Fluidum der pulsierenden preußischen Metropole, zeichnete er alles, was das Leben und Treiben auf den Großstadtstraßen hergab. Besonders freute August Macke das Sachgeschenk Bernhard Koehlers, eine Ausgabe aller Skizzenbücher des japanischen Holzschneiders Katsushika Hokusai.

1908 war geprägt von drei herausragenden Ereignissen. Der Verlobung am Heiligen Abend sowie den zwei vorausgegan-

Der Mäzen und Kunstsammler Bernhard Koehler mit seiner Nichte Elisabeth Gerhardt und deren zukünftigen Ehemann August Macke, 1908

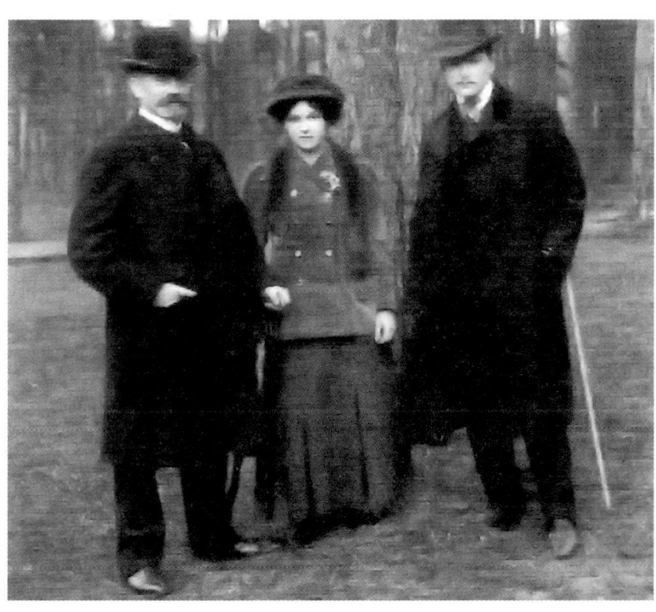

genen Reisen. Zuerst mit Elisabeth, ihrer Mutter Sophie und ihrem Bruder Walter erneut nach Italien und dann mit Elisabeth und deren Onkel erneut nach Paris. Hier erweiterte Bernhard Koehler durch Zukäufe seine private Kunstkollektion. Überzeugt von August Mackes Urteilsvermögen folgte er dabei vielfach dessen Empfehlungen. Eine der Neuerwerbungen, den knienden Frauenakt des Bildhauers Aristide Maillol, überließ er, dankbar für die gute Beratung, dem jungen Freund. Doch auch die nicht minder zufriedenen Händler zeigten sich erkenntlich, sie belohnten den Vermittler exzellenter Geschäfte mit insgesamt drei Aquarellen von Paul Signac und Henri Edmond Cross sowie einer Lithografie von Paul Cézanne.

Unmittelbar nach Abschluss von August Mackes einjähriger Militärdienstzeit, im Oktober 1909, gaben er und Elisabeth Gerhardt einander in Bonn das Jawort.

Jetzt, zu Beginn des Jahres 1910, hatten die geselligen Eheleute bei sich in der Ortschaft Tegernsee Besuch von Verwandten. Gemeinsam mit seinem Cousin Helmuth Macke (Nicht-mehr-Studierender an der Handwerker- und Kunstgewerbeschule in Krefeld, neunzehn) und Elisabeths Cousin Bernhard Koehler jun. (designierter Firmenerbe, achtundzwanzig) fuhr August Macke nach München, »um sich einmal umzuschauen, was es bei den Kunsthändlern zu sehen gäbe«.[12] Und: um eine überraschende Entdeckung zu machen.

Am Abend des Tages, dem 6. Januar 1910, griff Franz Marc, noch recht bewegt, zu Schreibpapier und Stift. Unbedingt und unverzüglich musste Maria von einer großartigen Begegnung erfahren. »Es klopft. – Vor der Türe stehen drei ziemlich elegante Herren. Fragen nach mir. Sie haben bei [Franz Josef] Brakl zwei Lithographien (›unter dem Tisch‹) stehen sehen … von denen sie so begeistert sind, daß sie mich kennenlernen wollen. Brakl, bei dem sie sich als ev. Käufer benahmen, hat ihnen absolut nichts anderes von mir gezeigt und sie durchaus auf [Adolf] Münzer[13], [Leo] Putz etc. zu hetzen versucht. Sie waren sehr erstaunt zu hören, daß B[rakl] schon eine ganze Reihe Sachen von mir hat. Er scheint mit meinen Sachen um jeden Preis zurückhalten zu wollen. Nun aber das Wertvollere. Die drei Herren sind Maler [tatsächlich malten nur zwei], u. Cézanne ist ihr Gott. Und der Vater des einen hat eine berühmte Sammlung von van Gogh, Cézanne, Maillol etc. Die drei machten auch einen mehr als vermögenden Eindruck. Haben sich alles angesehen. Über ihre Urteilsfähigkeit kenne ich mich noch nicht so ganz aus. Jedenfalls können ihnen Bilder nicht hell und farbig genug sein. Am meisten haben sie sich fast an meinen Plastiken gefreut. Sie leben momentan am Tegernsee, wohin sie mich dringend eingeladen. Der *eine* (nicht der Sohn des Sammlers) besitzt selbst eine Maillol-Plastik, Cézanne-Lithographien etc. Ich fahr jedenfalls einmal, mit Dir, – ich sprach von Dir und Deinem Interesse für die Sachen – hinaus. Sie kennen natürlich Paris und die Sammlungen dort genau; der eine, Herr Macke, ist aus Bonn. Vielleicht finde ich hier einen Kreis von intelligenten Malern … Die Verbindung mit dem Berliner Herrn … ist auch vielleicht aussichtsreich. Jedenfalls weht in diesem kleinen Kreis eine andere Luft. Aber keine Spur von Bohème, – das Gegenteil, Tip-top … Ich machte eine Andeutung, daß es mir momentan wertvoller wäre, wenn man bei Brakl kaufte, als privatim bei mir. – Also weißt Du wieder einmal was ›Neues‹.«[14]

Mit der Anschrift des Schöpfers der eindrucksvollen Farbdrucke war Galerist Brakl nicht herausgerückt. Die drei neugierig gewordenen Kundschafter hatten das Adressbuch bemühen müssen. Auf ihr Läuten öffnete Marc im Malerkittel, die Palette in der Hand.[15] Eine Werkstattführung? Mit Vergnügen! *Fohlen auf der Weide*, *Zwei graue Katzen* und die Pferdeplastik[16] nahm Koehler jun. gleich mit, um sie seinem Vater nach Berlin zu schicken. Macke zu Brakl: »Das können Sie ruhig tun, der hat Geld wie Heu.«[17] Die Skulptur durfte Koehler sen. behalten. Weil Brakl auf Geschäfte an ihm vorbei, wie von Marc vorausgesehen, empfindlich reagierte, kehrten die beiden Bilder zu dem Galeristen zurück. Als provisionspflichtige Bestandteile der Ausstellung im Februar durften sie erst hernach den Besitzer wechseln.[18]

Doch bis dahin war noch etwas Zeit. Zeit für die briefliche Pflege des zarten Pflänzchens Künstlerfreundschaft und Zeit für die Gegenvisite mit Übernachtung.

Am 22. Januar 1910 fuhren Franz und die vom Elternbesuch heimgekehrte Maria ins winterlich verschneite Tegernseer Tal. August und Helmuth Macke bildeten die Vorhut des Empfangskomitees. Elisabeth harrte der Ankömmlinge im Hausflur. Zunächst nahm sie den »schönen« Mann wahr, »breitschultrig, mit dunklem Haar mit Koteletten am Ohr entlang, ausdrucksvollen starken Zügen, in der Hand einen Biedermeierstock mit silbernem Knauf, neben ihm ging wie ein junger Eisbär sein Hund«. Elisabeths zweiter Blick galt »Fräulein Fran[c]k«, »breit und üppig, warm eingehüllt, über die Ohren Shawl und Mütze gezogen, mit hohen braunen Schnürstiefeln«.[19] Ein gewisses, ihrem und auch Augusts Gefühl nach irritierendes Verhalten, blieb der Beobachterin ebenfalls in Erinnerung. »Als wir Franz und Maria kennenlernten, waren sie immerhin schon etwas älter als wir … [und wir] empfanden es manchmal als peinlich, wenn man das Erotische herausfühlte, besonders bei Maria, die, obwohl sie ein stark geistig orientierter Mensch war, doch auch stark ›Weibchen‹ war.« Eigentlich, räumte Elisabeth ein, träfe die Bezeichnung Weibchen auf

Maria nicht so recht zu, hatte sie doch »etwas Kreatürliches, Gewaltiges an sich«.[20]

Und sonst?

August Mackes Bilder betrachten und bewundern. Voneinander erzählen. Meinungen austauschen. Diskutieren und disputieren. »Sie konnten sich gut verständigen und überboten sich an Begeisterung und Vitalität.«[21] Helmuth Macke blieben Franz Marcs Schilderungen seiner und Jean Bloé Niestlés Streifzüge durch die Natur in Erinnerung, »und in welcher Weise die beiden im Wald im Sumpf und Moor den Gewohnheiten der Tiere wie die Jäger auflauerten, um ihr Sein ganz kennenzulernen«. Nie vergaß er auch seines Vetters plötzliche Entschlossenheit, ebenfalls auf die Augenpirsch zu gehen, wenngleich unter Umgehung stundenlangen Ausharrens in winterlicher Kälte. »Praktische Versuche nach dieser Richtung brachte nur ein mit Fett überzogener Baumzweig, der ans Fenster genagelt wurde und die Vögel anlockte, sodaß August sie bequem zeichnen konnte.«[22]

Franz Marcs Resümee nach Ende des Eineinhalb-Tage-Kunst-Kolloquiums am Tegernsee kommt in seinem Dankesbrief (Begleitschreiben zum Päckchen mit einer Rotweinflasche, dem »göttlichen Rabelais für die Abendtafelrunde«[23]) zum Ausdruck: »Ich halte es für einen wirklichen Glücksfall, endlich einmal Kollegen von so innerlicher, künstlerischer Gesinnung getroffen zu haben, – rarissime!«[24] Wahrlich der Auftakt zu einer Freundschaft von Seltenheitswert.

Im Februar nutzte August Macke in München die Gelegenheit zum Kennenlernen der »Kollektion Franz Marc«, ausgestellt in Brakls Moderner Kunsthandlung, Goethestraße 64. Vierundvierzig Werke aus den Jahren 1907 bis 1909, einunddreißig Gemälde, neun Temperablätter, drei Lithografien und ein Lithografie-Entwurf.[25] Marcs Plastiken hatte der Galerist brüsk zurückgewiesen: unverkäuflich.

Bei der Hängung der Exponate war Bernhard Koehler sen. behilflich gewesen. Elisabeth Mackes Onkel war eigens aus Berlin angereist. Maria im Rückblick: »Da hat der Brakl andere Saiten aufgezogen, weil der bekannte Sammler aus Berlin half und sehr begeistert und interessiert war.«[26] Die *Katzen auf rotem Tuch* kaufte Koehler vom Fleck weg. Und ebenso den *Liegenden Hund*. Eine nicht ausgestellte Miniatur musste er ihrem Schöpfer regelrecht abschwatzen. Während seines Antrittsbesuchs erblickte Koehler in Marcs Atelier den 1905 auf ein Holzbrett gemalten *Toten Spatz*. An einem kalten Wintertag hatte der Vogel auf dem Fenstersims gehockt, zu schwach zum Weiterfliegen. Marc nahm ihn in Obhut, konnte ihn aber nicht retten. Nie hatte er sich von dem Bildchen trennen wollen. »Und wenn ich Ihnen 100 Mark dafür zahle«, insistierte Koehler, den abschlägigen Bescheid nicht beachtend, »geben Sie es mir dann auch nicht?« Schweren Herzens rückte Marc sein Kleinod heraus. Anschließend fuhren beide Herren mit der Tram in die Innenstadt. Ob er ihm den Hunderter wechseln könne, fragte Marc den erstaunten Schaffner. In den Taschen nach Kleingeld suchen machte keinen Sinn. Der letzte Groschen war längst im Umlauf.[27]

Bevor August Macke nach Tegernsee zurückfuhr, machte ihn Franz Marc mit Thaddäus Ritter von Prohorecky[28] bekannt. Der Russe betrieb gemeinsam mit Freundin Emma Kratzer in der Türkenstraße einen Tabakladen. Zigaretten, Zigarren, Grob- und Feinschnitt für groß- und kleinköpfige Pfeifen lagen gleich hinter der Eingangstür bereit. Ausgewählte männliche Kunden wurden ins Séparée gebeten und bekamen vom »Hüter der fernöstlichen Schätze« die »feinsten erotischen Blätter« vorgelegt. August Macke kaufte für sich und seine im Grunde kein bisschen prüde Frau »eine sehr schöne Serie«.[29]

Beifall anderer Art fand Franz Marcs Bilderfolge in Brakls Neuer Galerie. Kein Geringer als Fritz von Ostini, leitender Redakteur des Feuilletons der *Münchner Neuesten Nachrichten*, hatte sich in der Einzelausstellung gründlich umgesehen. Und: »erstaunlich« Positives vorgefunden – »namentlich in den Landschaften ist eine sonnige Frühlingsheiterkeit, die einem das Herz aufschließt«. Manche jubelten förmlich »vor Naturfreude«. Auch sei der »stark begabte« Marc in der Lage, jede Pflanze als ein »Individuum zu verstehen«, das gleichermaßen »originell als liebenswürdig ist«. Seit langem, so das Urteil des Rezensenten in Summe, »hat das Debut eines Malers keine so vielverheißende Talentprobe bedeutet, wie dieses«![30]

Werbung belebt bekanntlich das Geschäft. Die Anzahl der Verkäufe, mehr als ein Dutzend, grenzte, bezogen auf die Null-Nachfrage in der Vergangenheit, ans Wunderbare. Überdies hatte der auf Einnahmen nicht weniger als der Maler erpichte, prozentual beteiligte Galerist kräftig Reklame gemacht. Immer, wenn Franz und Maria derzeit durch München gingen, hielten sie Ausschau nach Ausstellungsplakaten mit den *Zwei Katzen*, umrundeten gespannt alle Litfaßsäulen und freuten sich königlich, wenn sie wieder eines gefunden hatten.

»Heut las ich«, notierte am 3. März 1910 Otto Piltz, »daß F. Marc bei Brakl eine Collection ausgestellt hat«. Der buchstäblich alte Malerfreund und Initiator von gemeinsamen Ausflügen, zehn Jahre lag das nun zurück, ins Dachauer Moos beschloss: »… nächstens gehe ich hin.«[31] Mit seiner Datumsangabe liefert Otto Piltz der Nachwelt eine wichtige Information. Wir wissen zwar noch immer nicht, an welchem Tag Marcs Werkschau begann, zumindest aber endlich, dass sie über den Monat Februar hinaus ihre Pforten für Besucher offenhielt. Auch Hinweise vonseiten Marcs auf ein Weiterwandern der Bilderauswahl in noch zwei deutsche Städte fanden bis in die Gegenwart keine Beachtung. Im September des Jahres berichtete Franz seinem Bruder Paul: »Os[s]wald schreibt mir, daß Biermann von meiner Ausstellung in Leipzig schreiben will. Hoffentlich geht sie infolgedessen nicht ganz so sang- und klanglos vorüber wie in Frankfurt.«[32]

Dr. Georg Biermann und sein Kompagnon Dr. Werner Klinkhardt waren sowohl Herausgeber der *Monatshefte für Kunstwissenschaft* als auch des *Cicerone*, eine Halbmonatsschrift »für die Interessen des Kunstforschers & Sammlers«. Die von Fritz Osswald angekündigte und von Franz Marc herbeigewünschte Rezension blieb leider ungeschrieben. Unabhängig davon könnte ihn der Freund, entsprechend seiner erfolgreich geleisteten Überzeugungsarbeit beim Münchner Galeristen Franz Josef Brakl, auch bei Leipziger Bereitstellern von Ausstellungsräumen ins Gespräch gebracht haben. Im vergangenen Januar hatte Osswald im Kunstverein der Stadt eigene Bilder präsentieren dürfen.[33] Nachforschungen hinsichtlich der von Marc erwähnten Präsentation seiner Werke in Frankfurt am Main blieben ergebnislos. Hier könnte sich Georg Swarzenski für ihn eingesetzt haben. Nachweislich bestand zwischen ihm und dem Leiter des Städelschen Kunstinstituts bestes Einvernehmen.[34]

Lange, viel zu lange hatte Franz Marc auf Bestätigungen von außen warten müssen. Oft, viel zu oft, war er von Zweifeln gequält mit sich selbst ins Gericht gegangen. Die Anschaffung eines Merkbuches im ersten Moment allgemeinerer Wertschätzung stand, so scheint es, in unmittelbarem Zusammenhang mit dem Aufkeimen wohltuender Gefühle wie Stolz, Genugtuung, Erleichterung. Bis zu seinem letzten eigenhändigen Eintrag im Herbst 1913 füllte er neunundsiebzig Seiten der Kladde im Hochformat mit Hinweisen auf Einzelausstellungen und Ausstellungsbeteiligungen sowie auf Erwerber seiner Bilder.[35]

1910 gingen, soweit bekannt, zwanzig in andere Hände über. Bernhard Koehler erwarb, in Ergänzung der bereits genannten Sachen, *Akt mit Katze*, *Landschaft mit Pferden* und *Badende Frauen*. Eine *Aktkomposition* ging an Eugen Esslinger. Die *Rehe im Schnee I* hingen nun in der Wohnung von Dr. med. Max Grundler, Hausarzt von Sophie und Wilhelm Marc. Cousin Wilhelm Bohnstedt ließ sich die *Gartenbank im Schnee* nach Russland schicken. Und: Ein Münchner Verleger ergänzte seine private Sammlung um den Farbdruck mit zwei Pferden. Weitaus bedeutsamer als dessen Spontankauf war für Franz

Marc die Möglichkeit der Erweiterung der Geschäftsverbindung auf publizistische Aktivitäten.

1879 im mecklenburgischen Penzlin geboren, war Reinhard Piper in einem intellektuell ambitionierten Elternhaus aufgewachsen. Der Vater – Bürgermeister, Burgenforscher, Redakteur – hatte seine Liebe zu Literaturen auf den Sohn übertragen. Nach Buchhändlerlehre und Buchhändlergehilfentätigkeiten in München, Berlin, Paris und Dresden entwickelte er einen ehrgeizigen Plan. Im Mai 1904 wagte der Mittzwanziger den Start in die Selbstständigkeit. Da finanziell miserabel ausgestattet, war er auf Teilhaber angewiesen. 1910 bestand der Verlag R. Piper & Co. aus fünf Mitarbeitern. Programmauswahl, Lektorat, Herstellung und Werbung besorgte der Mehrheitsgesellschafter. Maßgeblich für Vertragsabschlüsse mit Autoren war deren Sachverstand und geistiges Profil.

Franz Marc wurde um einen Textbeitrag zu dem in Vorbereitung befindlichen Buch *Das Tier in der Kunst* gebeten.

31. April 1910:

> »Lieber Herr Piper,
> Sie denken vielleicht, daß es furchtbar einfach für mich sein muß, zu sagen, worin das ›Charakteristische von m. künstlerischen Tätigkeit‹ liegt. Ich könnte Ihnen mit dem im ›Rembrandt als Erzieher‹ angeführten Satz Cromwells antworten: ›Der kommt am weitesten, der nicht weiß, wohin er geht‹. Aber damit ist Ihnen schwerlich gedient. Also will ich's versuchen, und wo die Begriffe fehlen werden, müssen ›Worte‹ sich rettend einstellen.
> Meine Ziele liegen nicht in der Linie besonderer Tiermalerei. Ich suche einen guten, reichen und lichten Stil, in dem wenigstens ein Teil dessen, was wir moderne Maler zu sagen haben werden, restlos aufgehn kann. Und das wäre vielleicht ein Empfinden für den organischen *Rhythmus* aller Dinge, ein pantheistisches Sichhineinfühlen in das Zittern und Rinnen des Blutes in der Natur, in den Bäumen, in den Tieren, in der Luft … In Frankreich schult man sich seit mehr als einem halben Jahrhundert auf dieses Thema. Von Delacroix u. Millet über Degas, Cézanne zu van Gogh u. den Pointillisten führt ein gerader Weg; und die jüngsten Franzosen sind in einem wundervollen Wettlauf nach diesem Ziel begriffen. Nur gehen sie, sonderbarerweise, dem natürlichsten Vorwurf für diese Kunst, sorgfältig aus dem Wege: dem *Tierbild.* Ich sehe kein glücklicheres Mittel zur ›*Animalisierung*

der Kunst‹ als das Tierbild. Darum greife ich danach ... Meine Plastik ist ein tastender Versuch nach derselben Richtung. Das Kreisen des Blutes in den beiden Pferdekörpern, ausgedrückt durch die mannigfachen Parallelismen und Schwingungen in den Linien. Der Beschauer sollte gar nicht nach dem ›Pferdetyp‹ fragen können, sondern das innerliche, zitternde Tierleben herausfühlen. Ich habe absichtlich getrachtet, den Pferden jedes besondere Rassezeichen zu nehmen. Daher z. B. das Gewaltsame der Gliedmaßen, das gewissermaßen unpferdehaft ist.
Vielleicht gelingt es Ihnen, aus diesem Geschreibsel etwas herauszuschälen, was meine vagen Ideen präziser faßt. Im Grunde plagen mich die Ideen viel weniger, als es nach einem solchen Schreiben den Anschein haben mag ...«[36]

Kaum hatte der Schriftsteller Franz Marc sein Erstlingswerk abgeliefert, saß er im Zug nach Berlin. »Verschiedene Aufforderungen und Verführungen«, sprich Besuchs- und Besichtigungsberichte, hatten ihn keinen Tag länger als notwendig zögern lassen.[37] Maria hatte München vor ihm verlassen. München stimmt nicht so ganz. Des anhaltenden Geredes wegen und aus fortwährender Angst vor ihr unangenehmen Fragen war sie im Spätherbst 1909, im Anschluss an Sindelsdorf, statt zurück nach Schwabing in den Vorort Gräfelfing gezogen.[38] Alle anwaltlichen Bemühungen um Erteilung der Ausnahmegenehmigung zur Eheschließung hatten bislang zu nichts geführt, und das sollte, um es gleich zu sagen, bis 1913 so bleiben.

Zuvorderst steuerte Franz Marc in Berlin Bernhard Koehlers großes Wohnhaus an, begierig festzustellen, wie seine Rehe, Hunde, Pferde ... im Sammlungsumfeld wirken. Nicht gut und nicht schlecht. Ihre Anordnung an den Wänden missfiel ihm. »Eine Neugestaltung ist dringend nötig, wenn sie als Ganzes einem eine Freude machen soll.«[39] Sich kritischen Blickes den übrigen Exponaten zuwendend, viele davon Empfehlungen August Mackes, unterschied Franz Marc – still für sich – in Hervorragendes und Minderwertigeres. Über die Frühjahrsschau der Berliner Secession dachte er ähnlich. Am stärksten beeindruckten ihn Ferdinand Hodlers Gemälde *Holzhauer* und *Mäher*. Ein echter Neuschöpfer, dieser Schweizer, so sein Urteil.[40] Nichts abgeschaut, alles erdacht. Der Eklat nur zwei Tage vor Ausstellungseröffnung bleibt in Franz Marcs umfänglichen Report an die Adresse von August Macke ebenso unerwähnt wie das aufsehenerregende Nachspiel.[41] Kann es sein, dass die beleidigend kurzfristige Zurückweisung von siebenundzwanzig, meistenteils fortschrittsorientierten Künstlern durch die Jury der Berliner Secession komplett an ihm vorbeigegangen war? Und ebenso die spektakulären Austritte sowie, angeführt von Georg Tappert und Max Pechstein, das unverzüglich eingeleitete Verfahren zur Gründung einer Oppositionsvereinigung als Auffangbecken für die Dissidenten. Gegen Ende von Franz Marcs Berlinaufenthalt gab es sie bereits, die *Neue* Secession, eifrig beschäftigt mit der Vorbereitung ihrer »großen Ausstellung der modernen jungen Kunst«.[42]

Am 3. Mai 1910 gaben Franz und Maria ihre Domizile in München respektive in Gräfelfing endgültig auf. Das Atelier Schellingstraße 33 wurde von dem Fotografen Heinrich Hoffmann übernommen.[43] Noch Jahre später hing Marcs Briefkasten an der Tür, in hohen Jugendstilbuchstaben stand da sein Name.[44]

Um ein viertes Zimmer erweitert, bot die Sindelsdorfer Wohnung ab sofort Platz für Übernachtungsgäste. Ein Mädchen für alles wurde eingestellt. Ob Zenzi ihren sicherlich karg gemessenen Lohn stets pünktlich ausbezahlt bekam, ist fraglich. Trotz wachsender Einnahmen hörte das Beklagen pekuniärer Engpässe nicht auf. Wie gewonnen, so zerronnen? Franz galt als bescheiden in seiner Lebensführung. An hübschen kleinen Dingen konnte er die größte Freude haben. So an den in Schalen aufbewahrten geschliffenen Halbedelsteinen. »Ab und zu holte er sie hervor, hielt sie gegen das Licht, um sich an ihrem Leuchten zu erfreuen und ließ sie mit einer fast zärtlichen Geste durch seine Finger gleiten.«[45] Besondere Ansprüche stellte auch Maria nicht, und über ihr haushälterisches Geschick wissen wir zu wenig. Die Kosten für wachsenden Bedarf des Paars an Malmaterialen sollte man allerdings nicht unterschätzen.

Durch den Austausch der ursprünglichen, provisorischen Ausstattung gegen Interieur aus eigenen Beständen bekam ihre dörfliche Heimstatt »ein ganz anderes Gesicht«.[46] Schönes altes Mobiliar, helle Gardinen, Bücher in Leder oder Leinen eingebunden und geschmackvoll arrangiertes Beiwerk gaben den Räumen »eine sehr persönliche Note«.[47] Diwan, kleiner Tisch und Teppich bildeten das gemütliche Eck-Ensemble im Atelier auf dem Speicher.

Für die Zeit nach dem Pfingstfest per Telegramm herbeigerufen, fuhren die Eheleute Macke mit dem Postautobus von Tegernsee bis Tölz, von dort mit dem Zug nach Penzberg, wo sie von Marc und dem Pferdewagen erwartet wurden. Ein Jahr zuvor hatte er einen Kurzaufenthalt in der Bergwerkssiedlung zum Skizzieren eines für ihn sehr untypischen Motiv aus der Arbeitswelt genutzt: Ein Trupp Männer geht müde vornübergebeugt über die Brücke zwischen Schacht und Kohlenwäsche. Kumpel nach Schichtende.[48]

Gäste und Gastgeber verbrachten »schöne, harmonische Tage«.[49] Von einem Wermutstropfen eventuell abgesehen. Wir stellen uns vor, wie die stolzen Eltern wieder und wieder von ihrem, am 13. April zur Welt gekommenen und in der Obhut einer zuverlässigen Aufsichtsperson in Tegernsee zurückgelassenen Söhnchen Walter erzählen – diesem »ganz prachtvollen Bengel«.[50]

Wir wissen von Marias gerade erst entstandenem Ölbild der einjährigen *Kathi im Wagen*. Seit ihr von der Geburt des Macke-Kindes berichtet worden war, hatte sie eine Zeichnung nach der anderen von dem niedlichen Zwillingsmädchen der Niggls gemacht.

Am 19. Mai 1910 trafen Franz und Maria in München mit August und Elisabeth zusammen. Das Tagesprogramm der vier: »Glyptothek, Secession, Thannhauser. Zwischen 12 und ½ 2 Paulanerbräu«. Dann »Mohammedanische Ausstellung«[51] auf der Theresienhöhe, nach Umfang und Qualität die größte und bedeutendste bis heute je gezeigte Schau von Meisterwerken islamischer Kunst. (Wir erinnern Franz Marcs Kommentar 1903 nach dem Besuch der Exposition des Arts Musulmans im Pariser Museum für dekorative Kunst: »wunderbar«.[52]) Wenig später am Tegernsee sahen sich die beiden Paare erneut. Wiederum entstand, fast wie von selbst, jene Atmosphäre tief empfundenen freundschaftlichen Wohlbehagens, ungeachtet des durchgehend schlechten Wetters. Am Ende duzten sich die Herren, die Damen blieben beim Sie. Fräulein Franck schickte Frau Macke zum Dank für die herzliche Aufnahme einen japanischen Sonnenschirm, zur Besänftigung, wie sie dazu schrieb, der Regengötter.

Vorbei die Zeiten wohl weitgehend selbst gewählter und dennoch als schmerzlich empfundener Isolation, zumal Jean Bloé Niestlé und seine Lebensgefährtin Marguerite Legros beschlossen hatten, forthin ganzjährig auf dem Land zu leben. Die beiden Neu-Sindelsdorfer wohnten im ersten Stock der Bäckerei Lautenbacher. In der größeren ihrer Stuben, angefüllt mit »allerlei Kuriositäten«, die Niestlé von seinen Streifzügen durch die Natur mitbrachte, stand ein Baum, eingepflanzt in einen Kübel, »unten mit Moos bekleidet, in dem es von kleinem Getier kribbelte und krabbelte«. Zahme Vögel flogen im Zimmer umher, »belebten es mit ihrem Geschrei«.[53] Auch sein Atelier befand sich im Dachgeschoss.

Den Juni 1910 betreffend muss von einer rätselhaften Angelegenheit, einem Phantom gewissermaßen, berichtet werden. Am 6. des Monats, einem Montag, schrieb Helene Franck aus Berlin nach Sindelsdorf: »Ihr telegrafiert uns doch, wenn der Akt auf dem Standesamt vollzogen ist.«[54] Die von Marias Mutter mitgeschickte, obligatorische Myrte für den Brautstrauß kam gerade

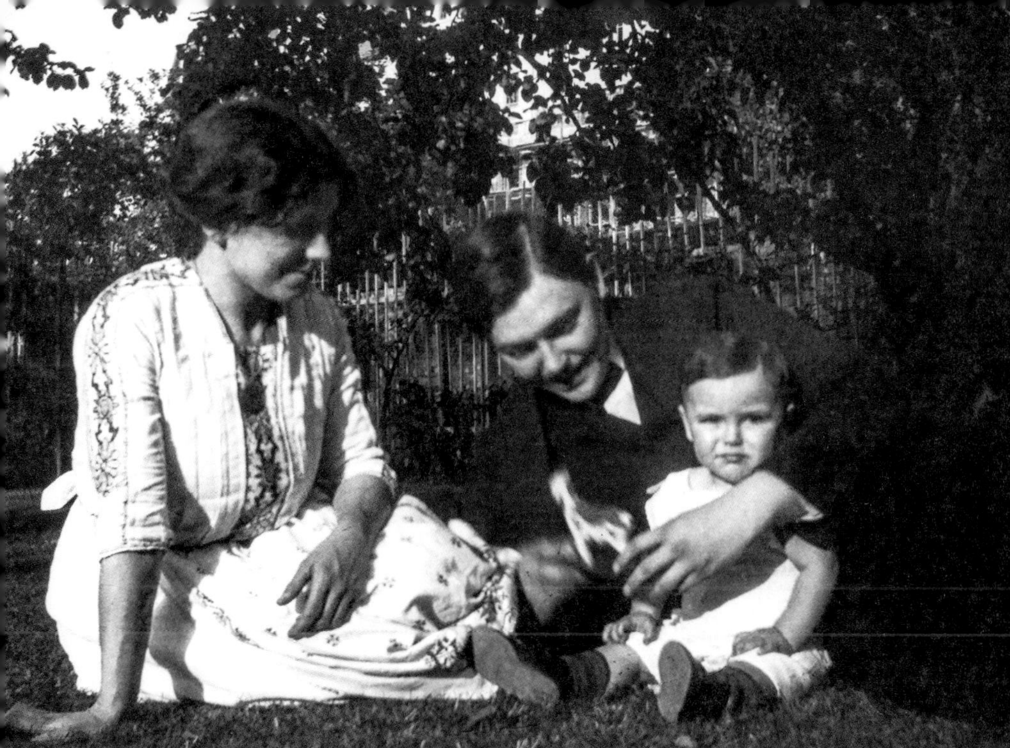

Elisabeth und August Macke mit dem Sohn Walter, Tegernsee 1910

noch rechtzeitig an, sollte doch jene Trauung, die es bewiesenermaßen gar nicht gab, angeblich am darauffolgenden Freitag, zwischen zehn und zwölf Uhr, vollzogen werden.

Es besteht die Möglichkeit, dass Franz und Maria einer Falschmeldung ihres Rechtsbeistands in punkto Dispens aufgesessen waren und tatsächlich einen Hochzeitstermin festgelegt hatten. Oder wir haben es mit einer Verzweiflungsbehauptung zu tun. Einer Flunkerei zur Beruhigung der Eltern in Berlin. Eltern, die von Marcs Ehe mit Schnür definitiv nichts wussten und folglich auch nichts von seiner Scheidung. Von der Festlegung Marias auf die Rolle der Ehebrecherin vor Gericht gar nicht erst zu reden.[55] Eltern, von denen sich denken lässt, dass sie, mit ihrer Geduld am Ende, im April in Berlin der vierunddreißigjährigen Tochter die Pistole auf die Brust gesetzt hatten. Ohne Zusage eines konkreten Hochzeitstermins keine Rückkehr nach Bayern!

Zu Beginn des 20. Jahrhunderts war die Ledigenfrage längst ein Teil der Frauenfrage. Unverheiratete Töchter, gleich welchen Alters, unterstanden der »Elterlichen Gewalt des Vaters«. (Im Fall des Todes des Vaters trat die Mutter an seine Stelle.) Doch damit nicht genug. Hatte sich ein Gatte gefunden, wurden die väterlichen Rechte lediglich um die Hälfte gekürzt. Wir machen uns kundig und lesen nach im Paragrafen 1633 des Bürgerliche Gesetzbuches des Deutschen Reiches: »Ist eine Tochter verheiratet, so beschränkt sich die Sorge für ihre Person auf die Vertretung in den die Person betreffenden Angelegenheiten … nicht auf die Verwaltung und Nutznießung des Vermögens.«[56] Maria Franck nahm, soweit feststellbar, von dem Kampf mutiger Vertreterinnen der Frauenbewegung um die Gleichstellung der Geschlechter keine Notiz.

Mit seinem Brief vom 9. Juli 1910 ging Bernhard Koehler auf einen kühnen Vorstoß vonseiten Franz Marcs ein. Dieser hatte ihm ein Tauschgeschäft vorgeschlagen. Jetzt antwortete der potenzielle und außerdem potente Mäzen: »Ihren Wunsch und Vorschlag, gegen ein bestimmtes Einkommen von monatlich 200 Mark in Ruhe zu arbeiten, ohne sich um den Verkauf der gefertigten Arbeiten bekümmern zu brauchen, finde ich begreiflich, und ich bin gern bereit, ihn zu erfüllen …«[57] Zunächst auf zwei Jahre befristet. Marc prüfte das Angebot, zögerte. Fragte nach Details der Modalitäten. Wie viele seiner Werke er jeweils nach Berlin schicken müsse? Bei wem die Preisbestimmung liege? Koehler unterstellte Marc, schwach verklausuliert, die Denkungsart eines Krämers. Vermutlich habe er sein Angebot falsch verstanden. »Ich hatte angenommen, daß Sie mich nach eigenem Ermessen durch Bilder, welche Sie für mich bestimmen, schadlos halten wollen … Lassen wir also meine Korrespondenz in dieser Angelegenheit als ungeschehen ansehen.«[58] Marc erkannte seinen taktischen Fehler. Der Kompensationshandel kam zustande.[59]

Gemessen an den Löhnen der von dem Fabrikanten Bernhard Koehler beschäftigten Arbeiter erlangt die Franz Marc eingeräumte Chance, »für ein Gehalt von 2.000 bis 2.500 Mark jährlich sorgenfrei nur seiner Kunst zu leben«, noch größere Bedeutung als ohnehin.[60] Dreher, Schlosser, Werkzeugmacher oder Graveure in Bernhard Koehlers Berliner Produktionsbetrieb verdienten maximal halb so viel. In der Hauptstadt des Niedriglohn-Königreichs Bayern mussten täglich kündbare Fachkräfte im metallverarbeitenden Gewerbe für nur fünfhundert bis sechshundert Mark ein ganzes Jahr lang schuften. Noch stärker als das Nord-Süd-Gefälle wirkte sich das Stadt-Land-Gefälle aus. Selbst unter Berücksichtigung des Vorteils von Selbstversorgern fehlte es bei vielen alteingesessenen Sindelsdorfern am Nötigsten – winterfeste Kleidung für alle Kinder im Hause etwa. Schuhe, selten passende, gehörten ebenfalls zu den Luxusgütern. Vom frühen Frühjahr bis zum späten Herbst gingen Buben und Mädchen barfuß, auch zur Schule.

Am 9. August 1910 schrieb Marc an Macke: »Kommst Du zur Gauguin-Ausstellung [in die Stadt] hinein? Ich bin Samstag mit Frl. Franck in München, 11 Uhr 26 am … Bahnhof, zwischen 12 und 1 bei Thannhauser. Komm doch auch!«[61] Jüngst hatte der umtriebige Galerist Kollektionen von Matisse, Manet und van Gogh präsentiert. Angesichts der Werke dieser genialen Beispielgeber war Marc mit einem Schlag die Last, die auf ihm ruhte, bewusst geworden. »Wie kurz ist ein Jahr, und wie wenige Jahre hat man zu leben!«, sinnierte er nun in dem Brief an den Freund. »Der Gedanke macht mich oft fiebrig.« Ob er die gleiche »furchtbare Verantwortung« spüre, wollte Franz von August wissen. Die Verantwortung, »wirklich ›gut‹ malen zu müssen?«[62]

Mit einer Bangigkeit ganz anderer Art sah er dem Erscheinen von Herrn und Frau Franck im Hochsommer entgegen. In der festen Überzeugung eines Besuches bei Herrn und Frau Marc, hatten Marias Eltern ihre Reise nach Bayern beschlossen. Die Aufdeckung des Heiratsschwindels stand unmittelbar bevor. Aus seinen Wir-haben-es-überstanden-Meldungen, Ende August an Macke adressiert, spricht Erleichterung: »Das Familienkonzil in Sindelsdorf ist glücklich vorüber … Vor der gewinnenden Einfachheit unserer Sitten verstummten die Eltern. Ein paar väterliche Ermahnungen hat es glaub ich gesetzt. Mutter Franck kochte zwei wundervolle Mittagessen, die äusserst versöhnend auf die Stimmung wirkten.« Die Kurzvisite des Bruders Paul, des hochgebildeten Akademikers, und Jean Bloé Niestlés »edle Gradheit« halfen den guten Eindruck verstärken. Summa summarum konnte Franz einen »harmlosen Verlauf« konstatieren.[63] Nur hielt die Besänftigung nicht lange vor. Vom Tatbestand der Ehescheidung mit ihren fatalen Folgen wussten nämlich die Francks noch immer nichts. Gottlob hielt das Leben einen Ausgleich für den Dispenskummer bereit. Die Rede ist von den fabelhaften Folgen einer Annäherung an eine kreative Zugewinngemeinschaft von, rückblickend betrachtet, epochaler Bedeutung.

Vom 1. bis zum 14. September 1910 stellte Galerist Heinrich Thannhauser der Neuen Künstler-Vereinigung München den Oberlichtsaal im Arco-Palais für eine zweite Ausstellung mit internationalem Charakter zur Verfügung. Nur favorisierten heimisches Publikum und heimische Presse heimische Maler. Am meisten gruselte es ihnen vor den Bildern französischer und russischer Avantgardisten.[64] Georg Jacob Wolf von der Zeitschrift *Die Kunst für Alle* wetterte am unverhohlensten gegen die »romanischen und slawischen Elemente«. Zugereiste Unruhestifter! Aber auch den Deutschen fehlte seiner Meinung nach der Stallgeruch. »Es ist kein einziger Münchner unter ihnen, keiner, der münchnerisch schafft und münchnerisch empfindet.« Eigentlich konnte dem überreizten Rezensenten die Herkunft der Malerinnen und Maler ganz egal sein, er verdammte sie ohnehin in Bausch und Bogen. »Man greift sich wie von Sinnen an den Kopf, wenn man vor diesen merkwürdigen Gebilden steht … Sie meinens' wahrhaftig ernst und reden sich in überhitzter Phantasie sogar ein, ihre Kunst sei ehrlich … [So] phantasieren sie mit Pinsel und Stift wie Fieberkranke, wie Morphium- oder Haschischtrunkene.«[65] Die Besprechung des Journalisten Maximilian Karl Rohe, abgedruckt in den *Münchner Neuesten Nachrichten*, folgt einem vergleichbaren Muster. »Diese absurde Ausstellung zu erklären gibt es nur zwei Möglichkeiten: entweder man nimmt an, daß die Mehrzahl der Mitglieder und Gäste der Vereinigung unheilbar irrsinnig ist, oder aber, daß man es mit schamlosen Bluffern zu hat … Einmal ist die Ausstellung, als Ganzes genommen, konzentrierter Unsinn, dann aber findet man außerdem noch eine Synthese aus sämtlichen Unzulänglichkeiten und nichts weniger als entwicklungsfähige Manierismen der Kunst aller Völker und Zonen vor, von den kannibalistischen Naturvölkern bis herauf zu den Neupariser Décadents.«[66] Besucher der Ausstellung gingen in ihrer Empörung noch weiter. Sie traten so nahe als möglich vor Bilder und spuckten darauf. Jeden Abend musste Galerist Thannhauser die am meisten verachteten trocken wischen lassen.

Franz Marc war am Eröffnungstag in die Stadt geeilt, hatte ihn kaum erwarten können. Nach Sindelsdorf zurückgekehrt, ordnete er seine Gedanken, systematisierte seine Eindrücke, ließ die Bilder der Ausstellung noch einmal Revue passieren, stellte im Kopf Vergleiche an, überdachte seine Position, tippte das Ergebnis der Überlegungen in die Schreibmaschine, las seine mehrseitige Erklärung »Zur Ausstellung der ›Neuen Künstler-Vereinigung‹ bei Thannhauser« Korrektur, änderte und ergänzte sie per Hand. Das Ergebnis hat den Charakter einer Deklaration:

> Gegenüber der allgemeinen Ablehnung, die die »neue Künstler-Vereinigung« in München erfährt, ist es vielleicht angebracht, auch eine andere Stimme und Meinung laut werden zu lassen. –
> An etwas stößt sich hier das Publikum augenscheinlich: es sucht Staffeleikunst und wird nervös und zweiflerisch, wenn es kaum ein reines Staffeleibild von gewohntem Stil in dieser Ausstellung findet. Bei allen Bildern ist noch ein Plus im Spiel, das ihm die reine Freude nimmt, aber jedesmal den Hauptwert des Werkes ausmacht. Die völlig vergeistigte und entmaterialisierte Innerlichkeit der Empfindung, der im »Bilde« beizukommen unsre Väter, die Künstler des 19. Jahrhunderts

nie auch nur versuchten. Dies kühne Unterfangen, die »Materie«, an der sich der Impressionismus festgebissen hat, zu vergeistigen, ist eine notwendige Reaktion, die in Pont-Aven unter Gauguin begann und bereits unzählige Versuche aufweist. Was bei diesem neuen, das die »neue Künstler-Vereinigung« macht, uns so aussichtsreich erscheint, ist, daß ihre Bilder neben ihrem auf's Höchste vergeistigten Sinn höchst wertvolle Exempel für Raumaufteilung, Rhythmus und Farbentheorie enthalten. –

Ein Nebengedanke drängt sich hier auf: wird nicht vielleicht das kommende Kunstgewerbe einen glücklichen Anschluß an diese Werke, die voll Rhythmus und ornamentaler Farbe sind, finden können? Einen Anschluß, den es seit dem Biedermeier entbehrt und den wir alle sehnlichst verlangen. Dieser doppelte Sinn, der geistige und der ornamentale, sollte uns doch zur Besinnung bringen, diese echten Künstler mit dem Ernst anzusehen, den sie verdienen. –

Es ist schade, daß man Kandinskys große Komposition und manches andere nicht neben die muhammedanischen Teppiche im Ausstellungspark hängen kann. Ein Vergleich wäre unvermeidlich und wie lehrreich für uns Alle! Worin besteht unsere staunende Bewunderung vor dieser orientalischen Kunst? Zeigt sie uns nicht spottend die einseitige Begrenztheit unserer europäischen Begriffe von Malerei? Ihre tausendfach tiefere Farben- und Kompositionskunst macht unsere konventionellen Theorien zu Schanden. Wir haben in Deutschland kaum ein dekoratives Werk, geschweige einen Teppich, den wir daneben hängen dürfen. Versuchen wir es mit Kandinskys Kompositionen – sie werden diese gefährliche Probe aushalten, und nicht als Teppiche, sondern als »Bilder«. Welche künstlerische Einsicht birgt dieser seltene Maler! Die große Konsequenz seiner Farben hält seiner zeichnerischen Freiheit die Waage – ist dies nicht zugleich eine Definition der Malerei? –

In der großen Marées-Ausstellung empfanden wir dankbar die Erlösung vom Kleinkram unserer Staffeleimalerei; Bechtejeff wandelt in seinen und Feuerbachs Bahnen. Glaubt man denn wirklich im Ernst, daß Bechtejeff ein ungeschickter Aktzeichner ist? Er erkannte, was Marées Ringen tragisch hemmte und die großen Ideen Feuerbachs verdarb: Beide gingen an die Darstellung des Menschen mit den gänzlich ausgeschöpften Mitteln der italienischen Renaissance und wagten nicht die letzte Konsequenz, ihn als Linienornament in ihre ornamen-

talen Kompositionen einzuführen; hier liegt einer der Wege für die moderne Wandkunst. Mit welch bewußter Sicherheit wählt ihn Bechtejeff. Seine Amazonenschlacht vorigen Jahres ist wie eine heitere Erfüllung von Feuerbachs und Trübners Versuchen an demselben Thema.
Mancher tote Meister würde vor Erbslöhs mächtigem Frauenakt erschauern und einen fernen Stil ahnen, den er vergeblich gesucht. Die Erfüllung steht noch weit vor uns; aber diese Künstler reißen den Boden mutig auf für eine gute Saat. –
Warum lacht man vor Girieuds köstlichen Jahreszeiten? Ich glaube, man belächelt sich dabei selber traurig. Ist die Phantasie heute so verbiedermeiert und verstopft, daß sie hier versagt? Man sammelt wütend alte Japandrucke und persische Liebesbücher – warum schreckt man vor Girieuds aristophanischer Laune zurück? –
Man ist vor allem enttäuscht, auch unter den Stilleben nicht die gewohnten Staffeleibilder zu finden. Sie wollen es auch kaum sein. Ihre konsequent durchgeführte Aufteilung der Fläche, die geheimnisvollen Linien des einen, der Farbenklang des andern sucht geistige Stimmungen auszulösen, die mit der Materie des Dargestellten wenig zu thun haben aber einer neuen, sehr vergeistigten Ästhetik den Boden bereiten. Auch hieraus könnte das Kunstgewerbe, wenn es einst will, – und es wird wollen, die wertvollsten Anregungen holen. Vielleicht versteht man in diesem Gedankengang besser, warum Le Fauconnier an den Anfang seiner Kunst Zahlen und Maße setzt.
Hodler und Klimt, den großen Neuerern unserer Kunst, stehen diese Künstler verhältnismäßig fern. Es erhöht in unseren Augen ihr Verdienst, daß sie abseits von diesen Meistern einen eigenen Weg suchen. Daß sie dabei ihrerseits nicht traditionslos sind, schmälert dieses Verdienst nicht. Marées, Cézanne, Gauguin, die russische Gotik und der Orient, der heute eine der Säulen europäischer Kunsttradition geworden ist, sind ihre Manen, – ein schwer zu verwaltendes Erbe. Wir sollten mittun und helfen und nicht durch blödes Gelächter entmutigen. –
Die Art, wie das Münchner Publikum die Aussteller abtut, hat fast etwas Erheiterndes. Man benimmt sich, wie wenn es vereinzelte Auswüchse kranker Gehirne seien, während es schlichte und herbe Anfänge auf einem noch unbebauten Lande sind. Weiß man nicht, daß an allen Enden Europas heute der gleiche, neuschaffende Geist tätig

> ist, trotzig und bewußt? Man denke sich die kleine Ausstellung ergänzt durch ein paar deutsche wie Barlach, Metzner, Thornprikker [Thorn Prikker], Brühlmann, Weiss, Hofer, der selbst Mitglied ist, und Ausländer wie Matisse, Minne, Manguin, Puy u. a. – Wer Augen hat, muß hier den machtvollen Zug der neuen Kunst sehen.[67]

Am 9. September 1910 schickte Franz Marc die Reinschrift des Typoskripts an Heinrich Thannhauser mit der Bitte um Weitergabe. Der Mittelsmann reichte die Solidaritätserklärung mit einiger Verspätung an Sekretär Adolf Erbslöh weiter. Wassily Kandinsky, Erster Vorsitzender der Neuen Künstler-Vereinigung und eigentlicher Adressat, war unterdessen nach Russland abgereist, verbittert, weil in München vermeintlich von allen und jedem missverstanden.[68] Zweieinhalb Monate blieb er im Heimatland, von den Kollegen aus der Moskauer Szene mit offenen Armen aufgenommen. Zuletzt fuhr er nach Odessa, um die Scheidung von seiner Ehefrau Anna vorzubereiten.

Am 23. Oktober 1910 schrieb Adolf Erbslöh an »B. Mark«:

> »Sehr geehrter Herr!
> Wir haben uns sehr gefreut, daß es doch einige wenige Menschen giebt, die Verständnis für unsere Bestrebungen haben ... Wir möchten dem Publikum gerne überlassen, sich selbst ein Urteil über die beiden Kritiken zu bilden.«[69]

Zwischen dem Eintreffen des Schreibens beim Empfänger und dessen Antwort lagen nur wenige Stunden.

> »Sehr geehrter Herr Erbslöh!
> Es freut mich aufrichtig, wenn ich denken kann, dass mein bescheidenes Memorandum Ihrer guten Sache in etwas wird nützen können. Ich bin natürlich völlig einverstanden mit der Form der Publikation, die Sie vorschlagen. Mein *richtig* geschriebener Name u. Adresse sind *Franz Marc*, Maler, Sindelsdorf, Oberbayern.«[70]

Die Gegenüberstellung seiner Würdigung der zweiten Ausstellung der Neuen Künstler-Vereinigung und ihrer Diffamierung durch den Kritiker Rohe kam noch vor Jahresende als Sonderdruck heraus.

Ihre Wiedereingliederung in die Bonner Gesellschaft (»Die bösen Mäuler lieben nur die Geheimnisse«[71]) begann für die Eheleute Macke mit Kind im

November 1910. Kurz bevor die Freunde Oberbayern verließen, fuhren Franz und Maria noch einmal zu ihnen. Die Männer, immer für einen Spaß zu haben, übten sich in gegenseitigem Schnellporträtieren. Franz zog eindeutig den Kürzeren. Sein Bildnis von August war, laut Elisabeth, »so furchtbar, dass man es keinem zeigen« konnte. Scherzhaft wurde es *Der Verbrecher* genannt.[72]

In einer ruhigen Minute kam die Fortführung der künstlerischen Förderung von Helmuth Macke zur Sprache. Nach vorübergehendem Studienaufenthalt in Berlin zurückgekehrt, brauchte er neben einer neuen Bleibe einen neuen Mentor. Derweil August Mackes Cousin in freudiger Erwartung vom Tegernsee nach Sindelsdorf wechselte, tauschte Maria gezwungenermaßen Sindelsdorf gegen Berlin ein. Bis zu ihrer Wiederfreilassung erst drei Monate später fühlte sich die Vierunddreißigjährige wie eine Gefangene der Eltern.

Helmuth Macke verlebte eine glückliche Zeit als Wohnungsgenosse des Strohwitwers, »ein ganz ausgezeichneter Mensch«, dieser Franz Marc, obgleich für seinen Geschmack zu »schöngeistig und literarisch«.[73] Vor allem aber zu arbeitsam. Stunde um Stunde, selbst bei tiefsten Temperaturen, stand er auf dem Dachboden vor der Staffelei, eingehüllt in einen alten Mantel, den mit Persianerfell besetzten Kragen hochgeschlagen, selbst geflochtene, isolierende Strohschuhe an den Füßen. »Unter seiner vor Kälte feuchten Nase hing als Wärmespender die Zigarette.«[74]

Genau genommen hatte der junge, noch unsicher agierende Eleve hinsichtlich der Verlegung seines Lebensmittelpunkts einen prima Zeitpunkt erwischt. Ende November oder Anfang Dezember 1910 wurde Helmuth Macke von seinem Betreuer in die Neue Künstler-Vereinigung München eingeführt. Angefangen mit Adolf und Adeline Erbslöh, Ohmstraße 17. Seit Franz Marc die herrschaftliche Wohnung des gastfreundlichen Ehepaars zum ersten Mal betreten hatte, stand fest: Hier leben keine armen Leute. Ein zweiter Blick ins Atelier genügt zur Bestätigung seiner hohen Meinung bezüglich Erbslöhs Malerei: Auch dessen »neue Sachen sind *glänzend*«.[75] Man speist opulent, tauscht Meinungen und Gedanken aus, blättert gemeinsam in künstlerisch wertvollen Büchern.

Adolf Erbslöh, geboren 1881 in den USA, aufgewachsen im rheinischen Barmen, war 1905 nach München gekommen, um an der Akademie der Schönen Künste sein in Karlsruhe begonnenes Studium fortzusetzen. Bis 1887 hatte sein Vater als Mitinhaber die New Yorker Niederlassung der Export- und Import-Firma Dieckerhoff geleitet. Bildungsreisen des Sohnes ins europäische Ausland stellten weder finanziell noch sonst ein Problem dar. Schwierigkeiten bereitete Adolf Erbslöh das von seinem Lehrer Ludwig von Herterich gepredigte Einerlei. Der Weisungen des Porträt- und Historienmalers alter Münchner Schule überdrüssig, war er eines Tages im Jahre 1906 – seinen besten Freund Alexander Kanoldt im Schlepptau – bei Marianne von Werefkin und Alexej Jawlensky erschienen. Gern memorierte die sendungsbewusste Russin, wie sie den beiden »grünen Jungs«, in Wort und Tat, »die Augen öffneten für eine Kunst, die sie nicht ahnten«.[76] 1907 heiratete Adolf Erbslöh die Tochter eines Gutsbesitzers und Burgherrn im westfälischen Warburg, der sein Vermögen in Chile gemacht hatte.

Zurück zu Franz Marcs und Helmuth Mackes Münchner Besuchstour. Gleicher Tag, spätere Stunde. Nächste Adresse: Giselastraße 23. Dritte Etage. Zwei gegenüberliegende Zimmerfluchten inklusive Ateliers. Getrennte Eingänge. Hier das Namensschild Marianne von Werefkins, dort jenes von Alexej Jawlensky. Hinter jeder der Türen ein langer Korridor, »von unten bis oben mit Bildern von Jawlensky und Werefkin behangen«.[77] Tee aus dem Samowar im Salon. »Ein seltsames Milieu«, dieses anachronistische Durcheinander von bunt bemaltem, mit Schnitzmustern versehenem Mobiliar, kunsthandwerklichen Dekorationsgegenständen, Teppichen, Stickereien, Büchern, Ahnenbildern.[78] Einzigartig waren auch die in Russisch-Rosa gehaltenen Wände des Gesellschaftszimmers. Zum Haushalt gehört noch eine junge Frau. Und ein achtjähriger Knabe.

Die Geschichte der drei beziehungsweise vier begann 1892 in St. Petersburg. Damals machte der berühmte russische Maler Ilja Repin seine dreiunddreißigjährige Privatschülerin Mariamna Wladimirowna Werefkina mit dem fünf Jahre jüngeren Alexej Georgijewitsch Jawlensky bekannt. Im Gegensatz zu ihr, Absolventin der Moskauer Lehranstalt für Malerei, Bildhauerei und Architektur und seit geraumer Zeit Schöpferin hochgelobter Gemälde, lag die Zukunft des »subalternen Offiziers«[79] und ehrgeizigen Abendschülers an der St. Petersburger Kunstakademie im Dunkeln. Entgegen der Tochter hocharistokratischer und hochvermögender Eltern war der Abkömmling einer Familie niederen Adels nahezu mittellos. Wohl aber in seiner Ausgehuniform fesch anzusehen. Werefkin auch nur hübsch nennen zu wollen, ginge an der Wahrheit vorbei. Es war ihr bekannt, dass Jawlensky im Ruf eines Herzensbrechers, sprich »Frauenläufers« (ihre Worte), stand. Sinnverwirrende Charmeattacken und sinnbetörende Huldigungen verfingen auch bei ihr, der vermeintlich unerschütterlich unabhängigen Erfolgsmalerin und Salonière. Sie erlag, Konventionen missachtend, Jawlenskys Avancen. Von ihr gefördert, kam er schöpferisch rasch voran. Nur das Frau-Mann-Verhältnis stand unter keinem guten Stern. Werefkin realisierte: Jawlensky hatte ihr etwas vorgemacht. Menschlich war sie ihm gleichgültig. Sie erkannte in ihm den Nutznießer ihres künstlerischen Vorsprungs, ihres sozialen Status, ihrer Beziehungen, ihrer Großzügigkeit. Emotional auf ihn fixiert, konnte Werefkin dennoch nicht von Jawlensky lassen.

1896 starb Wladimir Nikolajewitsch Werefkin, hochdekorierter General und Kriegsheld, zuletzt Kommandant der Peter-und-Paul-Festung. Seine Tochter Mariamna bekam vom Zaren eine immens hohe Rente zugesprochen, zahlbar bis zu einer eventuellen Heirat. Zinsen aus ererbtem Vermögen kamen hinzu. Sie kaufte Jawlensky vom Militärdienst frei, übersiedelte mit ihm nach München – begleitet auch von Helene Nesnakomoff. Bereits in Russland hatte Jawlensky begehrliche Blicke auf ihr blutjunges Dienstmädchen geworfen.

Zehn Jahre lang nahm die in ihrer Wahlheimat Marianne von Werefkin oder kurz Baronin genannte Malerin keinen Pinsel mehr in die Hand. Sie erklärte die Blockade mit dem zunehmend abweisenden Verhalten Alexej Jawlenskys: »Darin liegt die Ironie des Schicksals, dass gerade dieser Mensch den Künstler in mir vernichtet hat.«[80] Manuelle Unfähigkeit war das eine. Mental eins sein mit der westeuropäischen Avantgarde das andere. Denn im Kopf war Werefkin weitaus eher im Expressionismus angekommen als der Lebensgefährte. Jawlensky schaffte den Anschluss erst im Frühling 1908. Endlich künstlerisch auf Augenhöhe, leisteten sie beide, im Sommer des Jahres, Überzeugungsarbeit bei Wassily Kandinsky und Gabriele Münter. Da zeichnete und malte Werefkin bereits wieder, obwohl sich die häusliche Situation noch weiter zum Negativen hin entwickelt hatte. Seit 1902 war Helene Nesnakomoff Mutter. Außenstehenden gegenüber gab Jawlensky seinen Sohn Andreas als seinen Neffen aus. Fast jeder wusste es besser. Dass Werefkin für die Doppelmiete, für die Lebenshaltungskosten, für Kleidung und was noch alles aufkam, verstand sich nur insofern von selbst, als ihre Einkünfte doppelt so hoch waren wie das Salär des Münchner Oberbürgermeisters und Jawlensky so gut wie nichts verdiente. Das Dienstmädchen samt dem Kind einfach nach Russland zurück zu expedieren, hätte keine Lösung des Problems bedeutet. Ohne seine »Familie« war der Mann ihres Lebens nicht zu haben.

Franz Marc und Helmuth Macke lernten ihn im Spätwinter 1910 als einen sympathischen Menschen kennen, zugewandt, hilfsbereit, sicher im Urteil, ein wenig phlegmatisch und nicht sehr sprachgewandt. Marianne von Werefkin bestimmt die Unterhaltungen. Ihr Deutsch ist nahezu fehlerfrei. Im Spektrum des Wissensschatzes der Fünfzigjährigen belegen Kunst und Philosophie die Ränge eins und zwei. Das Viellesen und Vieldenken überlässt Jawlensky ebenfalls seiner Sponsorin.

Wir hören die Baronin die Umsetzung von innerem Erleben in Bilder fordern (Kunst ist Emotion!) und ihre Hauptthesen verkünden: »Je starkfarbiger ein Eindruck ist, je weniger ist reale Form möglich. Die Farbe löst die bestehende Form auf. Man muss eine ihr eigene Form finden … Die Farbe entscheidet über die Form.«[81] – »Wer einen sichtbaren Eindruck in einen Gesang von Farben verwandeln kann, ist Meister der Vorstellungskraft. Wer einen sichtbaren Eindruck mit dem einfachen Mittel des Farbengesanges zur Realisation seiner Gedanken machen kann, ist der Meister seiner selbst.«[82] – »Ich verstehe so gut die Idee van Goghs, das Weiße und das Schwarze als zwei Farben zu behandeln.« Nicht also wie Helligkeit und Dunkel.[83]

Wir sehen Marianne von Werefkin, an Helmuth Macke gewandt, mahnend gleichsam den Finger heben: »… die Deutschen begehen fast alle den Fehler, das Licht für Farbe zu nehmen, während Farbe etwas ganz anderes ist (u. mit Licht, d. h. Beleuchtung, überhaupt nichts zu thun hat).«[84] Diese Bemerkung aus dem Mund der Baronin, schrieb Franz am 8. Dezember 1910 an Maria, sei »sehr tiefsinnig« und träfe, glaube er, »in der ganzen Frage den Nagel auf den Kopf«. Alles habe bei ihm »auf einer organischen Basis« gestanden, »nur die Farbe nicht«.[85] Einmal erkannt, durfte das Defizit kein Defizit bleiben. »Ich hab … zu meinem Nutzen«, wurde August Macke mitgeteilt, »einige Farbenlehren durchgeackert … Ich bekam die Werke durch Vermittlung des politechnischen Verein[s] leihweise.«[86] Darunter Alwin Wouwermans' Farbenlehre sowie ein Buch mit dem Titel *Die Physiologie der Farben für die Zwecke der Kunstgewerbe*, geschrieben von Ernst Brücke. Franz Marcs Kollege Gustav Johannes Buchner borgte ihm die von Wilhelm von Bezold verfasste *Farbenlehre im Hinblick auf Kunst und Kunstgewerbe*. Adolf Erbslöh steuerte aus seiner Bibliothek Michel Eugène Chevreuls Ausführungen zum Thema *Farbenharmonie* bei.

All das studierte Franz Marc mit großem Fleiß und übertrug die Lesefrüchte, ergänzt um eigene Notizen und Skizzen, in ein schwarzes Wachstuchheft. »Beliebigkeit der Farben« und »Beleuchtung fummeln« war einmal.[87] Gewiss verlangte ihm sein Streben nach Optimierung, nach Selbstständigkeit und Originalität einiges ab. Er »kaue unablässig« an einem neuen System der Komplementärfarben, wurde Maria informiert.[88] »Daß Blau sich auf Orange stützt, ist nicht schwer sich einzuprägen, aber welche *Masse* Blau sich in jedem einzelnen Falle neben Orange stellen darf, – da liegt der Has' im Pfeffer.«[89] Mit der Fortführung seines einsamen Sindelsdorfer Studiums wuchs die Menge der Eingebungen stetig. »Du kennst meine Neigung, mir die Dinge immer im Kopf vorzustellen«, so Franz Marc im Dialog mit August Macke, »und aus dieser Vorstellung heraus zu arbeiten.« – »Ich werde Dir nun meine Theorie von Blau, Gelb und Rot auseinandersetzen«: »Blau ist das männliche Prinzip, herb und geistig. Gelb ist das weibliche Prinzip, sanft, heiter und sinnlich. Rot die Materie, brutal und schwer und stets die Farbe, die von den anderen beiden bekämpft und überwunden werden muss! … Und dann noch etwas: … Blau und Gelb sind wiederum nicht gleichweit von Rot entfernt. Ich werde trotz aller Spektralanalysen den Malerglauben nicht los, dass Gelb (das Weib!) der Erde Rot näher steht, als Blau, das männliche Prinzip.«[90]

Erkennbar stolz auf die Ergebnisse seiner kunsttheoretischen Kraftanstrengung, schrieb er an Maria: »Allmählich schält sich was heraus. Ich bin furchtbar neugierig, was die Vereinigung dazu sagen wird, vor allem Jawlensky und dann Du. Du kennst ja die Anfänge … und die mannigfachen Ansätze in diesem Herbst.«[91] – »Ein Sprung zurück wäre mir ganz unmöglich, wohl aber habe ich das bestimmte Gefühl, daß ich … auf viel malerische Ideen komme.«[92]

In der Tat.

Bereits sein *Aktbild auf Zinnober*, »die erste wirkliche Probe«, hielt den neuen Anforderungen stand und auch das »große Kuhbild« (*Kühe unter Bäumen*) sowie der »liegende Akt in den Blumen und vor allem das große Pferdebild« (*Streitende Pferde*). Letztgenanntes »sehr farbig, mit chromatischer Skala (gelben, roten und violetten Körpern und blauen und grünen Schweifen) auf weißem Grund«.[93] Helmuth Macke erkannte den Wandel im Werden der Gemälde auf Franz Marcs Staffelei. Kam aber zugleich im eigenen Ringen um Fortschritt nicht voran. »In Kunstdingen begreift man erst, wenn man dafür reif ist«, wurde der Zwanzigjährige vom seinem erfahreneren Gegenüber getröstet.

In jener Zeit, wir befinden uns im Dezember 1910, widerfuhr Franz Marc, er berichtete davon nach Berlin, »etwas Merkwürdiges«, für ihn »fast Mystisches«. Es passierte, während er Maria »in blauem Schal u. grüner Bluse mit Rudi« (*Mädchen mit Katze I*) malte. »Denk Dir, dass das Bild für mein Auge vollkommen jener Komposition von Picasso entspricht (dem Vorsatzpapier, das wir bei Erbslöh sahen). Nur ist mein's ein Bild und das andre nur eine ›Idee‹.«[94] An welche Illustration welchen Frontispizes sich Marc definitiv erinnerte, wird vermutlich ein Geheimnis bleiben. Mag sein, dass er Picassos Bildnis der Schriftstellerin und Kunstsammlerin Gertrude Stein aus dem Jahr 1906 vor Augen hatte.

Tage, Wochen oder gar Monate ohne Marias reale Gegenwart waren bekanntlich für Franz nur schwer auszuhalten. »Du mußt um deiner u. m. Arbeit willen her«, beschwor er sie kurz vor Jahresende. »Zu Berlin bist du ein völlig unnützes Möbel! Und hier im Sindelsdörfchen bist alles, der gute Geist u. die Liebe!«[95] Vergebens Ruf und Bitte. Selbst wenn ihre Eltern eingewilligt hätten, wäre Maria die Rückkehr nicht gelungen. Krank an Leib und Seele, lag sie selbst über die Festtage zu Bett.

Sein Weihnachten im Münchner Familienkreis bot keinen Anlass zu Klagen. Neben ihm und der Mutter war Annette bei Paul und Helene eingeladen.

GRUPPENDYNAMIK

Kandinsky übertrifft alle … an persönlichem Reiz; ich war völlig gefangen von diesem feinen innerlich vornehmen Menschen …

Am ersten Tag des Jahres 1911 schrieb Franz an Maria: »Gestern Abend war ich mit Helmuth bei Jawlensky und hab mich den ganzen Abend mit Kandinsky und Münter unterhalten – fabelhafte Menschen.«[96]

Beginnen wir mit der Vita des fabelhaften Mannes, den die fabelhafte Frau an seiner Seite, auch das war Marc sofort aufgefallen, »›glühend‹ liebt«.[97]

1866 als Spross aus privilegierter Oberschichtfamilie in Moskau auf die Welt gekommen, wuchs Wassily Kandinsky zweisprachig auf. Eine seiner Großmütter stammte aus Deutschland. Der Junge besuchte ein Gymnasium, kopierte gern Bilder aus dem Gedächtnis und erlernte das Spielen von Klavier und Violoncello. Sein Vater, Direktor einer Teehandelsfirma, zog irgendwann Odessa als Wohnsitz vor. Die Zukunft des Heranwachsenden war insofern gesichert, als er von einem Onkel ein Gebäude mit vierundzwanzig Wohnungen in seiner Geburtsstadt erbte. Frei von existenziellen Sorgen studierte Kandinsky Rechtswissenschaften im Hauptfach und unternahm Exkursionen in die Provinz Wologda, um dort Untersuchungen zum Strafrecht im Kontext ethnografischer und anthropologischer Besonderheiten vorzunehmen. Er erwarb den Doktortitel, war eine Weile in Moskau als Hochschullehrer tätig, schlug einen Ruf an die Universität Dorpat aus. Im Herbst 1896 ließ Kandinsky Heimat und Jurisprudenz hinter sich. Ehefrau Anna, eine Cousine, folgte ihm nur widerstrebend.[98] Ort des Neustarts: München. Ausgangspunkt der beruflichen Umorientierung: Anton Ažbes private »Impressionisten-Schule«.[99] Viele von Kandinskys Kommilitonen mieden den kultivierten Intellektuellen, ließen ihn seinen Dilettantismus spüren, nannten ihn spöttisch einen Koloristen. Sein Glaube an die magische Wirkung reiner Farben stammte aus seiner Kindheit. Bunte Bilder hatten dem Knaben geholfen, gegen das Schwarz niederdrückender Melancholie anzukämpfen, als die Trennung der Eltern und der Weggang der verehrten Mutter ihm schwer auf der Seele lasteten. Aus dem Kreis um Ažbe nahmen sich die Landsleute Igor Grabar und Alexej Jawlensky des Außenseiters an. In Marianne von Werefkins Salon wurde er ein viel und gern gesehener Gast.[100]

Am 28. November 1897 wurde in München Wassily und Anna Kandinskys Sohn geboren. Das Kind erhielt den gleichen Namen wie sein Vater und lebte nur einen Tag.[101]

Aufnahme in die »Malschule [Franz] Stuck«[102] an der Akademie der Bildenden Künste fand Kandinsky erst im zweiten Anlauf. Das war im Jahr 1900. Zwischen erstem Versuch und Eintritt in die Klasse des Meisters lagen Monate qualvollen Mühens ganz für sich allein – »so gern ich Studien male, kommen zu meinem Bedauern zu Hause nur irgendwelche Fetzen zustande«.[103] Parallel zur Ausbildung bei Stuck bereitete er die Gründung einer Künstlervereinigung vor, Phalanx mit Namen. Leitmotiv der schon bald wieder aufgelösten Formation: gemeinsames Vorgehen in der Absicht (markt)strategischer Vorteilsnahme. Zum Aufstieg fest entschlossen, übersprang Kandinsky kühn einige Stufen auf der Karriereleiter, wurde Organisator von Ausstellungen und Leiter der Phalanx-Schule. In letztgenannter Eigenschaft traf der »lernende Lehrer«[104] Wassily Kandinsky, fünfunddreißig, auf die versierte Elevin Gabriele Münter, fünfundzwanzig. Er fand Gefallen an der grazilen jungen Frau, die im Vertrauen auf ihre naturgegebene künstlerische Handschrift schlafwandlerisch sicher mit wenigen Strichen die charakteristischen Merkmale einer Person wiederzugeben vermochte. Oder, noch relativ unerfahren im Umgang mit Pinsel und Palette, angstfrei und entschlossen Leinwände bearbeitete.

Die Gabriele Münter des Jahres 1902 war frisch wie ein Seifenreklame-Mädchen, uneitel wie ein Erziehungsobjekt älterer Geschwister, dem frühzeitig die Flausen ausgetrieben worden sind, geradlinig wie jemand, der Aufrichtigkeit für eine der wichtigsten Tugenden hält. Auf Täuschungen und Kränkungen reagierte sie, reflexartig, mit Rückzug in ihr Schneckenhaus.

Als viertes, spät geborenes Kind von nach Deutschland heimgekehrten Amerika-Pionieren kam Gabriele Münter 1877 in Berlin auf die Welt. Mit ihrer früh entwickelten Zeichenkunst konnte sie in der Familie keine Furore machen. 1897 wurde ihr dennoch Privatunterricht beim Porträt- und Genremaler, Illustrator, Radierer und Lithografen Ernst Bosch in Düsseldorf gestattet. Im gleichen Jahr verlor sie nach dem Vater auch die Mutter. Regelmäßig fließende Zinseinnahmen aus der elterlichen Hinterlassenschaft halfen, ihren Freiheitsdrang in ein Reiseabenteuer umzumünzen, beginnend mit der Schiffspassage Rotterdam – New York. »Going visiting« Tanten, Onkel, Vettern und Basen (allesamt Südstaatenbewohner) war der eine Teil des Neue-Welt-Programms. Sich zwei wundervolle Jahre lang nach Herzenslust vergnügen der andere.

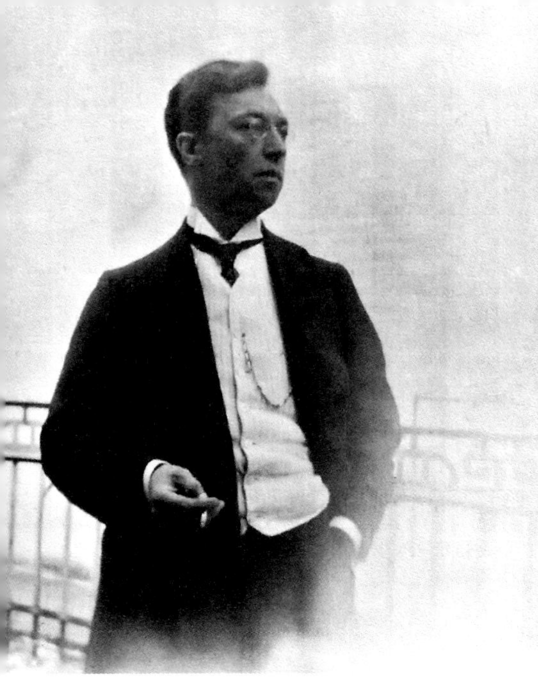

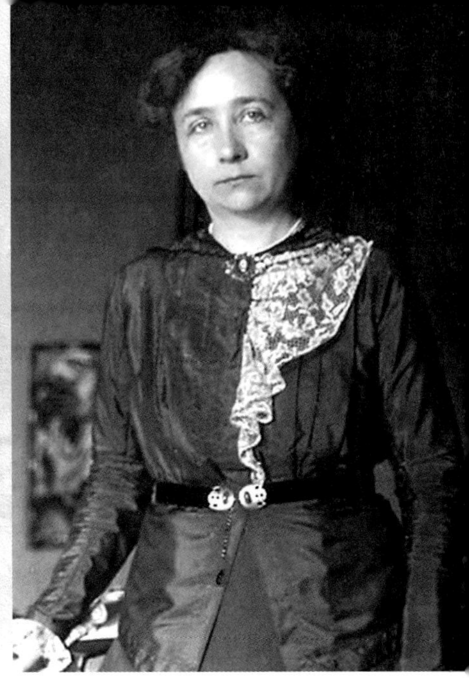

Wassily Kandinsky und Gabriele Münter

Spaß konnte man aber auch in München haben. 1901 wurde Gabriele Münter Schwabingerin und Studierende an der Damen-Akademie des Künstlerinnen-Vereins. 1902 sehen wir sie in der Phalanx-Schule. Im Sommer des Jahres, in Kochel, Übungsgelände für Freiluftmalerei und freie Liebe, erkor Kandinsky die begabteste und anhänglichste seiner Schülerinnen zu seiner Zweitfrau. Verlobt, machte er Münter glauben, sei doch so gut wie verheiratet. Mit Rücksicht auf Gattin Anna verlegte er das Zusammenleben mit Geliebter Gabriele (Ella) in von München möglichst weit entfernte Gegenden. In Deutschland wie im Ausland.

Stilistisch traten Kandinsky und Münter auf der Stelle, bis Werefkin und Jawlensky ihnen die Grundregeln expressionistischer Malerei vorbuchstabierten. Symposien 1908 und 1909 in traumhaft schöner oberbayerischer Staffelsee-Landschaft veranlassten Münter zum Kauf eines Häuschens mit Garten in Murnau, Haus Nummer 33a.[105] Während der kalten Jahreszeit bot das großstädtische Domizil, München, Ainmillerstraße 36, Gartenhaus, mehr Bequemlichkeiten. Nachdem Anna Kandinsky die Wohnung verlassen hatte, war Gabriele Münter offiziell eingezogen. Berufsbezeichnung laut amtlichem Meldebogen: »Haushälterin«.[106] Anfang 1911 wartete ihr Verlobter auf Nachricht aus Odessa, wo sein Antrag auf Auflösung seiner Ehe vorlag. Im November des Jahres würde Kandinsky ein geschiedener Mann sein. Und Münter eine unverheiratete Frau bleiben müssen. Diese Enttäuschung und noch andere ließen sie dünnhäutig werden.

Auf seinen Wegen um die Jahreswende durch München fielen Franz Marc Plakate auf. Die Anschläge warben für das »Konzert Arnold Schönberg«, »Montag, den 2. Januar 1911, abends 7 ½ Uhr«. Es spielte das Rosé-Quartett: Zweites Streichquartett op. 10; Drei Klavierstücke op. 11; Fünf Lieder; Erstes Streichquartett op. 7.[107] Wo auch immer die rigoros atonalen Kompositionen des Wieners dem Publikum zu Gehör gebracht wurden, ohne massive Störungen gingen die Aufführungen nirgends zu Ende. So wie niemand ungestraft von herkömmlichen malerischen Formvorgaben abweichen konnte, wurde die Abkehr von herkömmlichen musikalischen Formvorgaben konsequent geahndet.

Jüngst hatten Marc und Macke mögliche Querverbindungen zwischen den Nachbarkünsten schriftlich diskutiert. Im Dezember war Franz nicht jede von August dargelegte Variante einer Überschneidung plausibel erschienen. »Sicher sind Melodie und Linie aus dem gleichen uralten Schoss künstlerischen Empfindens gewachsen, aber es sind doch zwei Schösslinge, Geschwister, die sich technisch weit voneinander getrennt haben.«[108] Seinen Mangel an Klarsicht entschuldigte er mit Verständnislücken: »Dass ich nicht so ganz musikalisch mitdenke, liegt aber auch sicher daran, dass ich nicht an der Hand einer Partitur die Technik und Komposition eines Musikstückes nachprüfen kann, überhaupt musiktechnisch so traurig ungebildet bin, dass ich gar nicht wage, da mitzureden.«[109]

In erster Linie trieben Marc, neben Wissbegier, hoch gesteckte Erwartungen in den Festsaal des Hotels Vier Jahreszeiten, aber auch ein Quäntchen Sensationslust – »ich roch den Braten und bewog die Vereinigung mitzukommen; sie hatten übrigens auch schon einen Duft davon in der Nase«. Das Publikum »benahm sich pöbelhaft wie Schulfratzen«, nieste, räusperte sich demonstrativ, kicherte laut, rückte mit den Stühlen.[110] Dessen ungeachtet gelang es Marc, der Aufführung konzentriert zu folgen. Unter dem akustischen Eindruck von Schönbergs Musik sah er, zwanghaft geradezu, wie eine Vision, ein abstraktes Gemälde Kandinskys vor sich. Sein Ohr, wird er einmal an Maria schreiben, reagiere »auf Musik und Sprache absolut bildhaft und intuitiv … mein Ohr ist ein Nebenapparat des Auges«.[111] Es handelt sich um ein mittlerweile erforschtes, als Synästhesie bezeichnetes Wahrnehmungsphänomen aufgrund der Kopplung zweier Sinne. Kandinsky betreffend wurde diese Art geistiger Erscheinung häufig, in Bezug auf Marc jedoch kaum erwähnt. Gleiches gilt für Erbslöh. »Haben bei dir die Wochentage auch Farben?«, fragte dieser seine Nennnichte Isabella Nadolny, als diese noch ein Kind war. »Bei mir ist der Mittwoch gelb!«[112]

Nach dem Konzert strebten Marc, Münter, Werefkin, Jawlensky, Kandinsky und Helmuth Macke dem Ratskeller zu. Einhellige Meinung im Nach(t)gespräch bei »einigen Fläschlein Wein«[113]: Schönberg scheint, wie sie selbst, von der unaufhaltsamen Auflösung bislang gültiger Gesetze überzeugt. Expressionismus auf anderer Ebene. Man beschloss, Kontakt mit dem Komponisten aufzunehmen.

Mit Maria erörterte Franz die Übertragbarkeit dissonanter Klangfolgen auf bildhafte Darstellungen so lange, bis ihm ihre haushohe Überlegenheit bezüglich musikalischer Bildung in Theorie und Praxis den Spaß an dem Thema verdarb. Macke legte es aus anderem Grunde ad acta. Ihn störte das Getue neuerdings um die Anschauungen Kandinskys und Konsorten. Hauptsächlich sah er Marcs Autonomie in Gefahr. Maler, hielt er dem Freunde vor, müssten selbstständig denken und eigenverantwortlich handeln. Im Kern somit bei sich selbst bleiben. »Wie versenkten sich doch früher die Menschen in sich, daher ihre große Kunst … Das ist vielleicht nicht zeitgemäß und modern, aber für die Kunst nützlich. Gib Deiner Zeit Tiere, vor denen man noch lange steht. Die Hufschläge Deiner Pferde mögen hallen bis in die fernsten Jahrhunderte. Deshalb nagele sie nur gut.«[114] Maria warnte ebenfalls vor vorschnellen Adaptionen. »Du brauchst keine Angst um meine [neue] Malerei zu haben«, bekam sie von Franz zur Antwort, »sie gefällt Dir ganz gewiß.« Sein Kopf sei »voll von Ideen«, die Kandinskys Kunst »sehr nahe streifen und doch *meine* sein werden …«[115] Überdies entwickele er sich »in Evolutionen, Schritt für Schritt oder vielmehr: 3 Schritte vor und zwei zurück; ich kann nicht anders; sonst verlöre ich den Boden«.[116]

Einen Tag nach dem aufrüttelnden Musikerlebnis in München war Franz wieder aufs Land gefahren. In Sindelsdorf fand er einen Brief vor, dessen Inhalt ihm nicht gefiel. Herr Franck lud Herrn Marc dringend nach Berlin ein und schickte zugleich das Reisegeld. Die Tochter würde tagtäglich schwächer, klage über mehr und mehr Schmerzen. Der herbeigerufene Arzt hatte eine Blinddarmreizung diagnostiziert. Vater, Mutter und Maria wussten es insgeheim besser: Es waren die Nerven. Franz zauderte, mochte nicht fahren, fürchtete Unannehmlichkeiten, Vorwürfe und ultimative Forderungen. »Bist Du der

Zurückhaltung Deiner Eltern wirklich sicher«, fragte er die sehnsüchtige Gefährtin. »Sonst könnte dieser Besuch für uns beide *sehr* peinlich werden …« Eigentlich habe er sich auf die Ruhe nach den Feiertagen gefreut. Beim Durchlesen der Absage meldet sich sein Gewissen. Postskriptum: »Der Brief ist wohl nicht sehr gelungen … Die Reise ist von vielen Seiten *sehr* nützlich für mich u. uns beide macht sie glücklich! Ich komme schon! Jedenfalls komme ich *gern*!«[117]

Unter anderem nutzte Marc seinen Aufenthalt in Berlin zu einem Gang durch das Völkerkundemuseum sowie zu einem Treffen mit Bernhard Koehler. Annette Simon suchte einen Abnehmer für einen alten Orientteppich. Zweihundertfünfzig Mark, zehn Prozent des von Marc mit dem Sammler ausgehandelten Preises, flossen dem Vermittler zu. Anfangskapital für die Hochzeitsreise. Im Juni. Spätestens. Ganz, ganz sicher. Fest versprochen.

Während in Berlin Erleichterung herrschte, über die Aussteuer beratschlagt wurde und Maria ihren Eltern die Unerlässlichkeit der Anschaffung eines Klaviers für Sindelsdorf begreiflich machte, wartete Franz daheim vergebens auf eine Antwort von Marie Schnür. Seine Exfrau, um Hilfe gebeten, hatte nun wirklich kein Interesse an einem positiven Ausgang des Dispensverfahrens. Ein neuer Anwalt sollte es richten. Heinrich Fromm nahm das Mandat an, sah aber hinsichtlich der gewünscht schnellen gerichtlichen Entscheidung schwarz. Wortbrüchig werden? Alles, nur das nicht. Den meisten Kulturstaaten, England zum Beispiel, brachte Franz in Erfahrung, war das Ehehindernis Ehebruch fremd. Notfalls, wurde Maria getröstet, heirateten sie in London.[118]

Eine vielversprechende Idee. Aber auch eine gute? Das blieb abzuwarten.

Zuerst einmal sah Franz Marc frohgemut dem Eintreffen von Bernhard Koehler in Sindelsdorf entgegen. Der Mäzen war »platt« angesichts der »Riesenschritte in der Entwicklung« seines Protegés.[119] Gemeinsam fuhren sie nach München. Essen im Restaurant Schottenhamel, Kinobesuch, kritische Durchsicht einer anderen Kollektion. In Blitzeseile hatten die Neue Künstler-Vereinigungs-Freunde Bilder, die sie für ihre besten hielten, in Erbslöhs Atelier geschafft. Eines gefiel Koehler auf den ersten Blick. Kanoldt, der Glückliche, bedankte sich überschwänglich beim Initiator des Ganzen – »der Ebbe meines Portemonnaies und der Flut meiner Rechnungen wegen«. Denn er wusste wohl, dass Koehler von Marc zu dem Sichtungsmarathon regelrecht hatte gedrängt werden müssen. »Solche Freunde sind selten.«[120] Ins Antiquitätendepot von Frau Simon dürfte Koehler von Anfang an gern mitgegangen sein, am Ende war auch er »ganz verliebt« in sie.[121]

Wenig später fuhr Annette hinaus zu Franz. Sie blieb über Nacht. In ihrem Beisein zeichnete er das Webmuster für einen Gobelin, weibliche Aktfiguren. Über diesen und noch einen weiteren Aufenthalt Annettes in Sindelsdorf wurde Maria anhand weniger Worte informiert. Ausführlicher bekam sie die Impressionen außerhalb der gemeinsamen Wohnung geschildert. »Liebste, Du kannst Dir kaum vorstellen, wie wunderbar schön es in diesen Tagen hier ist.« Schleierloses Sonnenlicht, trockene Kälte. Merkwürdig fand Franz nur, dass ihn die morgendliche oder mittägliche Natur im Winterkleid zu bildlicher Wiedergabe überhaupt nicht reizte. »Gegen Abend wird es chromatischer, statt blau [und] weiß treten rosa und komplementär grünliche Töne auf, auch violett …« Mit zwei Sachen sei er gerade intensiv beschäftigt. »Ich komme mit beiden ganz gut weiter, sehr farbig.«[122] Wir betrachten daraufhin *Rehe im Schnee II* und *Liegender Hund im Schnee* und sehen Marcs Angaben und Eindrücke bestätigt. Sein *Großes Pferdebild Lenggries III* zu vollenden, gelang ihm nicht. Er zerstörte das Gemälde. (Und danach keines mehr! Zumindest keines von Bedeutung.[123]) Eine Phase neuerlich tief greifenden Wandels war achtlos über dieses »Schmerzenskind«[124] hinweggegangen. Was vor der zweiten Ausstellung der Neuen Künstler-Vereinigung im vergangenen September noch Ausdruck eines ersten Paradigmenwechsels gewesen, aber seitdem nicht fertiggestellt worden war, hatte seine Existenzberechtigung verloren. Unverzüglich sorgte Marc für Ersatz. Ersatz, der wie manch anderes jüngst Geschaffene nicht nur *seinen* künstlerischen Ansprüchen genügen würde. Sollte die Prüfungskommission aus München nur anrücken.

Franz an Maria, 2. Februar 1911:

»Eben kam ein Telegramm von Erbslöh, dass sie morgen 1.06 [Uhr] kommen, Jawlensky, Werefkin, Erbslöh und Kanoldt! Wir [Helmuth Macke und er] sind blödsinnig neugierig, was sie sagen. Ich habe noch ein großes Bild mit 3 Pferden in der Landschaft [*Weidende Pferde IV / Die roten Pferde*], ganz farbig von einer Ecke zur anderen, angefangen, die Pferde im Dreieck aufgestellt. Die Farben sind schwer zu beschreiben. Im Terrain reiner Zinnober, neben reinem Kadmium u. Kobaltblau, tiefem Grün und Karminrot, die Pferde gelbbraun bis violett. Sehr starkes, modelliertes Terrain; ganze Partien (z. B ein Busch) in reinstem Blau! Kannst Du dir das Denken? Die Formen alle ungeheuer stark und klar, damit sie die Farben aushalten.«[125]

Anderntags stand er pünktlich am Penzberger Bahnhof. Kanoldt stieg leider doch nicht aus dem Zug. Er ließ sich entschuldigen. Mit Werefkin, Jawlensky und Erbslöh im Schlitten ging es im Trab zum Sindelsdorfer Gasthof. Wenn Benedikt Eberl, wie dieses Mal, rechtzeitig einen Wink hinsichtlich Vorzugsbehandlung erhalten hatte, stellte die Bedienung garantiert schmackhafte Speisen auf den Wirtshaustisch. Bei aller Liebenswürdigkeit war den Besuchern eine gewisse Beklommenheit anzumerken, schienen sie doch den Gang zu Wohnung und Atelier hinauszuzögern. Im Stillen amüsiert, überlegt Marc, ob Kanoldt, der sich ihm wegen Koehler verpflichtet fühlte, nicht aus Angst vor Konfrontation mit miserabler Malerei in München geblieben war.[126]

Endlich stapfte die Gruppe durch tiefen Schnee. Eindeutig am meisten litt unterwegs die Baronin, sie trug Stöckelschuhe.[127] Vorm Eintreffen der Gäste war Helmuth Macke in die Rolle der Hausfrau geschlüpft, hatte leidlich die Zimmer gesäubert und aufgeräumt, vom Dorfbäcker den Kuchen abgeholt, den Tisch gedeckt mit roter Decke und blauem Geschirr. Nachdem das Gutachtertrio, aus Neugier unverzüglich, die steile Treppe zum Speicher erklommen hatte, brach in Sekundenschnelle der Jubel los. Aus möglicherweise banger Erwartung wurde Ekstase. Franz fasste das Geschehen auf dem eiskalten Dachboden in seinem Bericht für Maria so zusammen: »... wie schnell sie warm wurden, kannst Du Dir gar nicht vorstellen. Sie waren einfach weg; Erbslöh tanzte vor Vergnügen, Jawlensky drückte mir in einem fort die Hände u. schnarrte sein sääärrh gut, Werefkin desgleichen. [Zusätzlich bearbeitete sie vor Begeisterung mit ihren Fäusten Franz Marcs Bizeps.] Sie boten mir sofort die Mitgliedschaft an und waren glücklich als ich zusagte, aber die Freude und Ehre sei ganz ihrerseits ...« Den Dreien habe einfach alles gefallen, »der Kaffee, Deine Zigarren ... meine Bücher und Sachen. Es war den ganzen Nachmittag höchst animiert und herzlich.«[128] Das bereitgestellte Kistchen mit Tabakware war, nebenbei bemerkt, ein Geschenk von Vater Franck zum 8. Februar. Mutter Franck hatte Kakao und Lebkuchen zum Geburtstagspaket beigesteuert, Maria selbst gestrickte Strümpfe, die hinten und vorne nicht passten, weshalb die Liebesgabe des Änderns halber nach Berlin zurückgesandt wurde. Im Übrigen zeigte Franz den Abgesandten der Vereinigung auch Gemälde und Lithografien von ihr. Jawlensky betrachtete gewissenhaft Marias Schöpfungen, war in seiner Meinung unentschieden, manches fand er verbesserungswürdig, vieles ausgezeichnet. Um diese Zeit muss Franz beschlossen haben, seiner Gefährtin ein eigenes Atelier einzurichten. Wie es heißt, lag es im Erdgeschoss. Voraussetzung war, dass die Großfamilie Niggl noch mehr zusammenrückte.[129] Für anfänglich drei Zimmer hatte der Hausherr fünf Mark verlangt, für nunmehr fünf Zimmer insgesamt bekam er wohl etwas mehr.

Zirka achtundvierzig Stunden nach dem Beifallssturm auf dem Dachboden erreichte Marc die telegrafische Nachricht von seiner einstimmigen Wahl zum »3. Vorsitzenden« (korrekt: Stellvertretenden Vorsitzenden) der Neuen Künstler-Vereinigung München. Zum Ersten Vorsitzenden hatte die Generalversammlung Adolf Erbslöh bestimmt, zum Zweiten Vorsitzenden den Kunstsammler Oscar Wittenstein und zum Schriftführer Alexander Kanoldt. Zuvor hatte Wassily Kandinsky sein Führungsamt zur Verfügung gestellt. Er sah sich als Opfer einer Intrige und in Erbslöh sowie Kanoldt die Anstifter. Im Schreiben an Jawlensky gab Kandinsky als Grund für seinen Rücktritt »prinzipielle Verschiedenheit der Grundansichten« an.[130] Unstreitig hatte sich Widerstand gegen Kandinskys Hinwendung zu kompromisslos abstrakten Bildkompositionen formiert. Man fürchtete eine Zunahme der sowieso bestehenden Probleme mit Veranstaltern und Besuchern von Ausstellungen. Auch seine Tendenz zur Geschäftsführung auf gebieterische Art wurde von manchem Mitstreiter kritisiert. Kandinsky wusste um seiner Neigung zu autokratischem Verhalten. »So übe ich unwillkürlich schließlich einen unangenehmen Druck aus, welcher die Menschen erst irritiert, später ärgert. In diesem Sinne hatte Wittenstein vollkommen recht, als er mich als einen Selbstherrscher bezeichnete. Nachzugeben, wo mein Gefühl dagegen spricht, ist mir *unendlich* peinlich.«[131]

Für allgemeinen Unmut sorgten Probleme mit der Tournee der zweiten Ausstellung der Neuen Künstler-Vereinigung. Die Diffamierungen durch Pressevertreter und die fast noch schockierenderen Abscheulichkeiten vonseiten des Publikums vor Ort hatten sich herumgesprochen. Ein Teil der vertraglich gebundenen auswärtigen Veranstalter, der Kunstverein Leipzig etwa, sagten im Vorfeld ab. Verantwortliche des Badischen Kunstvereins Karlsruhe machten dem Spuk vor Ablauf der ersten Ausstellungswoche ein Ende. Im Kunstverein Mannheim hielt man widerwillig durch. Paul Cassirer in Berlin, sonst kein Feigling in Sachen moderne Kunst, musste durch richterlichen Beschluss zum Herzeigen der Kollektion gezwungen werden.

Misserfolg und Schuldzuweisungen bildeten eine unheilige Allianz. Qualität statt Quantität tönte es zwar unisono aus den Reihen der Münchner Vereinigung. Was als Qualität anzusehen ist und was nicht, darüber gingen die Meinungen aber auseinander.

Abweichend von seinen vorausgegangenen Lobessprüchen ließ Franz Marc bald kein gutes Haar mehr an Adolf Erbslöhs und Alexander Kanoldts jüngerer Produktion, hier »zu stark ›alte Kunst‹«, da »lächerliche und gewöhnliche Nachäffung kubistischer Modeideen«.[132] Woher der Sinneswandel rührte? Oder gar Verrat? Als Hauptursache kommt ein veritabler Loyalitätskonflikt in Frage.

Im Anschluss an die, für ihn erste, Vorstandssitzung in München aß Marc mit Kanoldt beim Ehepaar Erbslöh zu Mittag. Das war am 8. Februar 1911.

Noch stand anscheinend alles zum Besten. Am nächsten Morgen ging er zu Kandinsky in die Ainmillerstraße. Die Stunden bei ihm zählten zu seinen »denkwürdigsten Erfahrungen«.[133] In einem Brief an Jawlensky fasste Marc seine Ergriffenheit in die Worte: »Meine Gedanken kreisen ohne Unterlaß um das unheimliche Problem, dem Kandinsky sein Leben geweiht hat … über was für unheimliche Kräfte verfügt dieser Maler, der mit den reinen Mitteln der Malerei, mit Farben, Linien und Flecken, Dinge auszudrücken vermag, an denen die Malerei bisher stets Schiffbruch erlitten hat … Wer will ihm verbieten, Gebiete zu streifen, die vielleicht nicht mehr ausschließlich der Malerei gehören, solange er so künstlerisch bleibt.«[134] Nicht nur die Bildkunst des klugen Russen nahm Marc für ihn ein, auch seine Redekunst. An Maria schrieb er: »Kandinsky übertrifft alle … an persönlichem Reiz; ich war völlig gefangen von diesem feinen innerlich vornehmen Menschen, und äußerst patent bis in die Fingerspitzen.«[135]

Achtung und Anerkennung beruhten auf Gegenseitigkeit. Beleg dafür ist Kandinskys Äußerung im Rückblick: »Eine Unterredung genügte, wir verstanden uns vollkommen.«[136] Es liegt nahe, dass er im Verlauf ihres ersten intensiven Gedankenaustauschs bei Marc Stimmung gegen die Clique der Widerständler machte, »Erbslöh etc.«[137] Fakt ist, von jenem Tag an nahm Marc Partei für den von ihm bewunderten, vierzehn Jahre älteren Kollegen. Ein Mensch mit Charisma, ohne Zweifel. Ein seltsamer Typ, mystisch und pathetisch, anregend für alle Künstler, die in seinen Bann gerieten, stichelte im Herbst des Jahres, eingedenk seiner Erfahrungen mit dem respektheischenden Wassily Kandinsky, der respektlose August Macke.[138] Hang zum Mystischen und Pathetischen war auch Franz Marc zu eigen. Jetzt aber machte sich noch ein anderer, bis dato nie an ihm entdeckter Zug bemerkbar. In seinem Resümee einer Einladung ins Atelier von Wladimir von Bechtejeff kommt jenes, mit der wachsenden Selbstsicherheit einhergehende, wenngleich vollkommen unangemessene Quantum Anmaßung zum Ausdruck. Der Kollege hatte den anderen Kollegen erwartungsvoll zwei seiner Bilder vorgeführt. Marcs Verdikt, kurz und knapp und ohne eine Spur erkennbaren Verständnisses: »Das größere, eine Venus, mit 2 Dienerinnen[139] machte mir einen schmerzlichen Eindruck; es ist entschieden nicht gut. Der Arme soll 4 Monate daran gearbeitet haben! es sieht auch so aus.«[140] Darf so jemand urteilen, der – Ewigkeiten – Farbschicht um Farbschicht auf ein und dieselbe Leinwand gehäuft hatte, bis er nicht mehr anders konnte, als sie tränenden Auges mit Messer oder Axt zu zerstückeln?

Bezogen auf Maria und deren Bildauffassungen kehrte er nun ebenfalls den Besserwisser heraus. Noch andere bekamen die Angriffe von oben herab zu spüren. Der Wortlaut von Marcs zweifelfrei sehr harscher Kritik an Niestlés einst als genial gepriesenem Œuvre ist nicht überliefert. Dafür aber die Replik des treuen Helfers in schwerer Zeit und verlässlichen Weggenossen.

»Neu-Gauting, 26. Januar 1911
Mein lieber alter Freund!
Für deinen Brief danke ich herzlich … Nun Lieber, wenn ich die selben Schlüsse als du zöge blieb mir wohl nichts anderes übrig als mir eine Kugel durch den Kopf zu jagen, denn es hiesse mein ganzes Leben, Fühlen, Hoffen, Empfinden verleugnen, um ein Scheinleben in einer eingebildeten Atmosphäre zu leben, die mir eine Qual sein würde, weil sie mir das gar nicht geben könnte, wonach meine Seele dürstet. Nein Lieber diesen Schrei der Natur, den auch ich so gern wiedergeben möchte, all die wunderbaren Empfindungen die den Zartfühlenden vor der Natur erschauern oder jauchzen lassen – sind nicht an bestimmte Techniken gebunden. – Denn der grösste Trost für mich ist, dass es doch manchem Bevorzugten schon gegeben war, all die tiefen Gefühle, die ihn vor der Natur ergriffen, uns auch mitfühlen zu lassen, die uns … erzittern und erbeben liessen, weil sie in uns ähnliche Empfindungen wachriefen, wie wir sie vor der Natur auch erlebten … Ich will nicht ein ungefähres Tier wiedergeben; nein *das* Tier, und nicht nur die Gattung, sondern das Individuum als Porträt. Was mich reizt ist der wundervolle Ausdruck im Auge, die verschiedenen Stellungen die die Psyche ausdrücken. – Wenn ich Schnee male möchte ich auch wirklichen Schnee geben, dessen Kälte und Feuchtigkeit … Ich möchte wenn ich eine Blumenwiese male, die wundervollen Formen und Farben, das Licht, ich möchte man fühlt das Summen der Insekten, das Krikri der Grillen u. all die wunderbaren Sprachen der Gräser. Am Boden möchte ich den Erdgeruch, das Lichtspiel über die Gräser und Büsche. In Tannen und Latschen möchte ich den Harzgeruch, die wundervolle Struktur der Nadeln widergeben. Wenn ich das tue, so bin ich mir gegenüber *aufrichtig* … Ich muss deinen Brief scheinbar in vielen Teil missverstehen; denn anfangs führtest du meine Ohnmacht, die Natur wiederzugeben, nur auf meine ›Technik‹ zurück. Später packtest du aber die Sache am anderen Ende; das heisst du greifst das ›Wesen‹, wenn du willst die ›Seele‹ meiner Kunst an und suchst mich zu überzeugen, dass ich im Grunde doch bloss Farbenphotograph-Stümper bin. Es ist natürlich

was ganz anderes! Und diesen Widerspruch kann ich mir nur durch völliges Missverstehen deines Briefes erklären. Ich habe nie, wie du sagst, Künstlern gegenüber die ich nicht verstehe, weil ihre Welt mir eine ganz fremde ist, meine Abscheu ausgedrückt. Es liegt meinem Wesen völlig fern, Kunsttheorien, Diskussionen u. Streite sind mir von Herzen zuwider und unsympathisch; ich habe mich an diesen nie beteiligt u. werde es auch nie tun, weil sie der Kunst nichts geben. Daher glaubst du wahrscheinlich, dass ich diejenigen Künstler, die dir sympathisch sind, verabscheue. Vor *aufrichtiger* Kunst habe ich einen heiligen Respekt, auch wenn es meinen Sympathien ganz zuwiderläuft. Nach Möglichkeit suche ich zu verstehen und mich in die Seele der anderen hineinzudenken; wenn nicht, könnte ich mir meine Liebe für die Kunst van Goghs, Hodlers u. a. nicht erklären. Das radikale ›Abtun‹ eines Künstlers oder einer Richtung ist meinen innersten Gefühlen ganz zuwider … Es hat mich viel gekostet, dir diesen Brief zu schreiben. Ich tat es aber, weil ich hoffte, dadurch meinem innerlichen Toben und meinen schlaflosen Nächten Einhalt zu tun …«[141]

Marc reichte das anrührende Credo mit der Bemerkung an Maria weiter: »Vielleicht hat er wirklich recht, daß er zum ›Malen‹ nicht taugt; denn was er will, hat mit Malerei nichts zu thun …«[142]

Das wahre Ausmaß von Niestlés Betroffenheit kommt in Briefen an andere zum Ausdruck. Er habe, schrieb er an Freundin Marguerite Legros und an Charles-Clos Olsommer, ebenfalls Maler und sein Jugendgefährte, endgültig genug von falschen Freunden und »lärmenden Kohorten«. Und werde ab sofort seine Bilder niemandem mehr zeigen, ja, niemandem mehr Einlass in sein Atelier gewähren und ziehe sich, als »altmodisch« abgetan, zurück.[143]

Am 15. März 1911 fand eine Auktion zugunsten der mit zweitausend Mark verschuldeten, Tendenz steigend, Neuen Künstler-Vereinigung statt. Zuvor gespendete Werke von Mitgliedern kamen unter den Hammer. Wegen des Ausbleibens fremder Bieter wechselten die Bilder intern den Besitzer. Marc bot fünfundfünfzig Mark für Münters *Dorfstraße im Winter* und behielt dieses Bild für sich. Ein Stillleben von Jawlensky ersteigerte er für Koehler. Adolf und Adeline Erbslöh erwarben, in Unkenntnis seiner Illoyalität, Marcs *Streitende Pferde*, seine *Wäscherin mit Kind* und sein *Kinderbild/Katze hinter einem Baum*.

Insgesamt entsprachen die Einnahmen dem sprichwörtlichen Tropfen auf heißen Stein. Trotzdem bestand noch Hoffnung. Franz Marc dachte an den

Gefährten der Frankreichreise 1903. Friedrich Lauers Mutter war gestorben. »Er hat jetzt 24 Millionen!!!!! Der *muss* noch an die Vereinigung glauben.«[144] Besonders wenn Annette, »die ihn sehr stark in der Hand hat«, ihren Einfluss gelten machte.[145] Frau Simon hatte dem lustlosen Maler dafür aber umso lustvollere Sammler schon manches teure Stück aufgeschwatzt. In die Neue Künstler-Vereinigung mochte er sein Geld dann doch nicht stecken, wohl aber in ein Grundstück am Chiemsee und in eine prächtige Immobilie im Münchner Stadtteil Bogenhausen. In seiner Villa richtete Friedrich Lauer eine Dauer-Verkaufsausstellung ein, Edelmesse genannt, mit ausschließlich deutscher Kunst und Wertarbeit althergebrachter Fasson im Angebot.

Grundsätzlich löste Marias Ankündigung ihrer Rückkehr am 1. April große Freude aus. Franz, erleichtert, dass die »Leidengattentrennungszeit«[146] vorbei war, gab Willkommensgeschenke in Auftrag. Fahrten nach München unternahm er stets mit einer Einkaufsliste in der Tasche (Mal- und Zeichenutensilien, Socken, Seife, Schwamm, Tabak, Zigaretten, Nougat …). Ende Februar suchte er unter anderem, mit Entwürfen für zwei Schmuckstücke im Skizzenbuch, eine Goldschmiedin auf. Auf dem Blatt mit den Zeichnungen hatte er vorsorglich Annettes Telefonnummer – 32973 – notiert. Bei Maria erkundigte er sich vor ihrer Heimreise: »Ist Dein Bäuchlein wieder hübsch in ›Form‹? Und die guten lieben Brüste?«[147] Sie kehrte mit sichtbar weniger Pfunden zurück, als sie bei ihrem Aufbruch im vergangenen Spätherbst auf die Waage gebracht hatte. Erst hatte sie krankheitsbedingt abgenommen, dann gehungert in der Absicht, schlank zu bleiben. Franz zuliebe ließ sie sich noch in Berlin ein Kleid nähen, helles Blau mochte er an ihr am liebsten neben weißem Waschleinen für den Sommer und auch Schwarz.[148]

Dass ein gar nicht so kleiner Schatten auf Marias Ankunft fiel, hing mit einer Vorladung zusammen. Am 4. April um halb elf Uhr mussten sie und Franz im Münchner Amtsgericht am Mariahilfplatz erscheinen. Ihre Anhörung führte zu keinem guten Ergebnis. Der Antrag auf Dispens wurde erneut abgelehnt. Also auf nach England. Aber erst im Juni.

Kommen wir zur Vinnen-Affäre.

Unter der Überschrift »Ein Mahnwort an den Kunstverein« war im Januar 1911 eine Erklärung des Malers Carl Vinnen veröffentlicht worden, in der dieser die seiner Meinung nach einseitige Ankaufspolitik der Bremer Kunsthalle, genauer des Museumsdirektors Gustav Pauli, anprangerte. Sein Vorwurf: Überfremdung deutscher Sammlungen, Bevorzugung befremdlich neuartiger Gegenwartskunst. Vinnen fand zahlreiche Unterstützer. Die Solidaritätsadressen erschienen in einer Broschüre mit dem Titel »Ein Protest deutscher Künst-

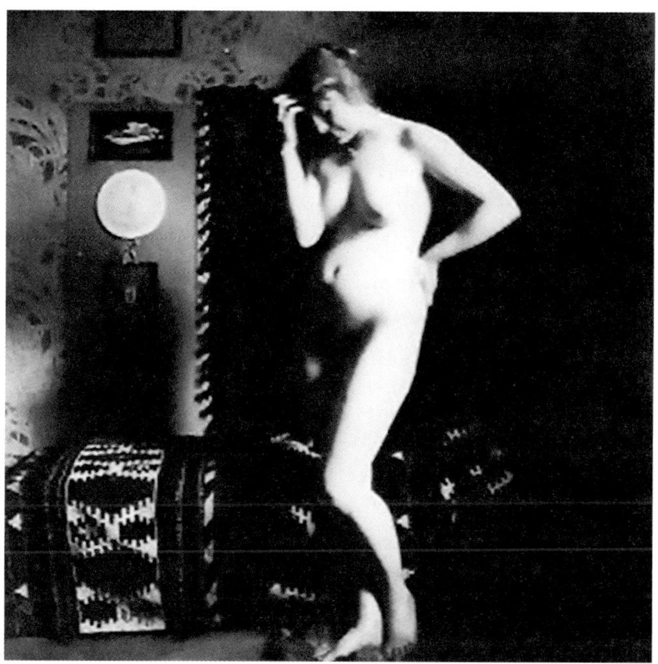

Maria Franck nach längerer Krankheit und ihrer Rückkehr 1911 aus Berlin ins Sindelsdorfer Zuhause

ler«. Am 11. April las Franz Marc einen Vorabauszug im Morgenblatt der Münchner Neuesten Nachrichten. Tags darauf machte er August Macke und Wassily Kandinsky auf den »Mordsartikel« aufmerksam und mit seiner Idee eines Gegenangriffs bekannt, »aber natürlich nur auf breiter Basis«.[149] Im Grunde, meinte Marc, könne man »die Gelegenheit einer solchen scharfen und weittönenden Kontroverse nur wünschen«. Vinnens Offensive müsse »mit den Waffen bekämpft werden, die sie selber anwendet, – nur besser«.[150] Alles, was er anstrebte und vorschlug, geschah. Im Juni kam im Verlag Reinhard Piper der Protest gegen den Protest heraus. Letztendlich erfüllte der geballte Widerstand seinen Zweck. Die Energie von Carl Vinnen & Co verpuffte. Gustav Pauli und sein Nachfolger konnten den Weg in die Moderne weitergehen.

Auch der Kleinkrieg, auf den Marc, Kandinsky, Münter auf der einen Seite, Erbslöh, Kanoldt, Wittenstein auf der anderen Seite und Werefkin, Jawlensky, Bechtejeff mittendrin zusteuerten, nahm nicht für alle Beteiligten ein gutes Ende.

Fürs Erste jedoch hatte Marc den Kopf voll mit letzten Vorbereitungen der Ausstellung von etwa fünfundzwanzig seiner Werke in Heinrich Thannhausers Galerie. Pierre Girieud, stilistisch an Paul Gauguin orientiert, würde zeitgleich in angrenzenden Räumen seine Kollektion präsentieren.[151] Seit Jahren mit Werefkin und Jawlensky befreundet, war der Franzose nun ebenfalls Mitglied der Neuen Künstler-Vereinigung. Gesetzt den Fall, Marc glaubte an ein ähnlich gewinnbringendes Presseecho wie auf die Werkschau bei Brakl, dann wurde er enttäuscht. Dem wortreichen Sympathisanten und, noch ärgerlicher, eingeschriebenen Genossen der progressivsten unter den progressiven Malern Münchens blieb der Applaus verwehrt. Anders als im Februar 1910 bekam er im Mai 1911 nur Kritisches zu lesen: billige Effekthascherei, Monumentalität bis zur Kindlichkeit, »höchste Primitivität der Darstellung«.[152] Schwamm drüber! Vorwärts denken! Wenigstens kaufte Thannhauser das *Blaue Pferd I* – Marcs heutzutage prominentestes Bild –, um es mit Profit an Koehler weiterzureichen. Parallelaussteller Girieud konnte immerhin zwanzigtausend Franc Erlös verbuchen.

Was Museumsdirektor Gustav Pauli für die Kunsthalle Bremen war, war Konservator Richart Reiche für den Kunstverein Barmen.[153] Unter seiner Leitung entwickelte sich die bürgerliche Institution zu einer Bühne für Fortschrittsgläubige. Auf Reiches Drängen war in der, von Industriebetrieben geprägten Stadt im östlichen Rheinland, ein Ausstellungstempel für moderne Kunst errichtet worden. Dass nun auch Mitglieder der Münchner Künstler-Vereinigung Gelegenheit zum Herzeigen ihrer umstrittenen Werke bekamen, hatten sie dem in Barmen aufgewachsenen Adolf Erbslöh zu verdanken. Im Juni 1911 hingen vierundzwanzig Arbeiten von Franz Marc in der »Kaiser Wilhelm- und Friedrich-Ruhmeshalle«.[154] Zufrieden zog er Bilanz: »Die Ausstellung hatte für mich einen ganz vollen Erfolg. 1 Bild ging in Privatbesitz, ein zweites in's Barmener Museum, ein 3. wandert in diesen Tagen hoffentl. in's Kölner Museum.«[155] Das Gemälde *Weidende Pferde III* behielt sein Käufer Carl Ferdinand Holzrichter für sich, das ebenfalls von ihm erworbene *Aktbild auf Zinnober* schenkte der ortsansässige Textilfabrikant dem Kunstverein. Das *Blaue Pferd II* erwarb Direktor Alfred Hagelstange tatsächlich fürs Kölner Wallraf-Richartz-Museum – aber erst im September nach schwierigen Preisverhandlungen. Hernach wurde Macke von Marc vorsorglich gewarnt: »... wenn Du je mit diesem lustigen Herrn geschäftlich ... zu tun hast, gib *höllisch* acht; er ist in dieser Beziehung ein ziemlich schamloser Halunke.«[156]

Marcs Aufzählung der verkauften Bilder ist unvollständig. Weitere kamen hinzu. Für *Badende Frauen* entschied sich Kunstsammler Werner Dücker gleich; *Mutterpferd mit Fohlen* orderte er etwas später. Gut möglich, dass der Düsseldorfer einen anderen Düsseldorfer auf den Maler Marc aufmerksam machte. Alfred Flechtheim, von Haus aus Getreidehändler und Kunsthändler nebenbei (hauptberuflich erst ab 1913), ergänzte seine Kollektion um *Knabe mit Lamm*. Leider ließen sich die meisten der Erwerber mit der Bezahlung reichlich Zeit. Dabei hätte Marc die insgesamt rund zweitausendzweihundert Mark dringend gebraucht. Nun war der Notfall eingetreten, die Finanzierung seiner und Marias Fahrt ins Ungewisse auf Pump.

Schritt für Schritt nahm das Experiment Heirat in England in der zweiten Maihälfte 1911 seinen Lauf.

Erste Station: Berlin. Schluss mit dem jahrelangen Drumherumgerede. Wollten sie ausreichend Reisegeld erbetteln, mussten sie endlich mit der vollen Wahrheit herausrücken. Ergo erfuhren Marias Eltern von Marcs Ehe mit Schnür inklusive schuldhafter Scheidung und dem bis dato vergeblichen Hoffen auf gerichtliche Erteilung einer Heiratserlaubnis. Die Francks reagierten erstaunlich gelassen. Sie hätten, berichtete Franz seinem Bruder, »gute Miene zum bösen Spiel« gemacht und begonnen, »die Sache komisch zu nehmen!« – »Jedenfalls bestes Einvernehmen.«[157]

Wie es weiterging, hat Maria überliefert: Sie nahmen den Nachtzug nach Holland und bestiegen in Vlissingen die Fähre zum Hafen von Sheerness an der Themsemündung. Unmittelbar nach Besteigen des Schiffes verschwand Franz aus Angst vor Seekrankheit in der Kabine. Ein Zug brachte die beiden am 31. Mai nach London. Zunächst übernachteten sie in einer Pension in der Nähe des Britischen Museums. »Schon der erste Abend brachte Überraschungen und Erheiterung.« Es ging um die Essensbestellung mittels Speisekarte. Marc konnte wohl recht gut Englisch lesen, beim Sprechen tat er sich, zu Marias »Gaudium«, hingegen schwer. »Oftmals in der Schnelligkeit und Verlegenheit sprach er lateinische Worte englisch aus … oder er fing mit Französisch an.«[158] Anderntags wechselten sie planmäßig das Quartier. Inhaber des Railway Hotels am Bahnhof von Anerley (Teil des südöstlichen Stadtbezirks Borough of Bromley) waren August Mackes Cousine Helene Brickwede und ihr ebenfalls aus Deutschland stammender Ehemann.

Vorerst guten Mutes und deshalb noch bester Laune, gönnten sich die beiden einige touristische Extras – eine Fahrt zum Derby in Epsom, den Besuch eines Volksfests im Garten des Crytal Palace, Streifzüge durch Londons Warenhäuser. Maria konnte der einen oder anderen Verlockung nicht widerstehen; sie kaufte: »phantastische Strümpfe, Seidentücher etc. und ein bemaltes Kästchen, das ich Franz zur Feier der Verheiratung schenken wollte«.[159] Auch lernte

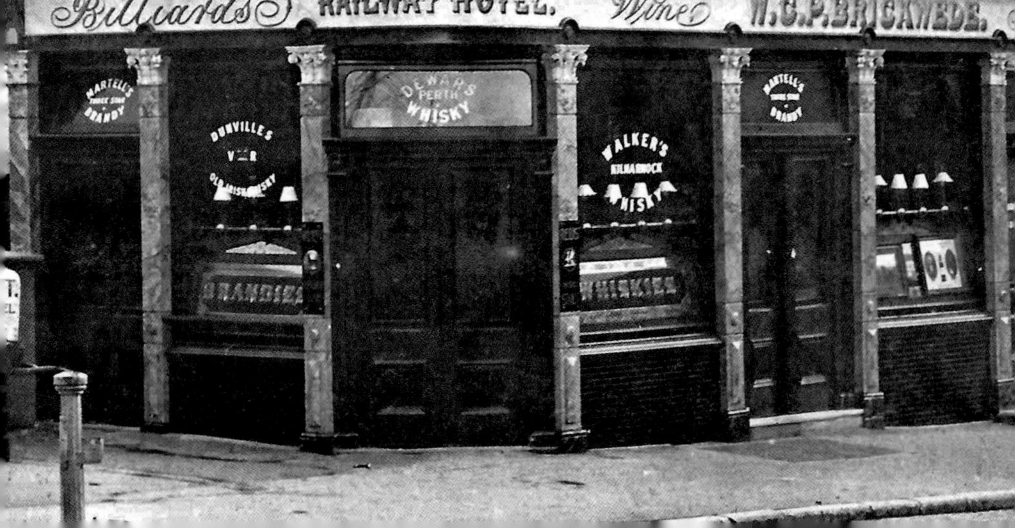
THE RAILWAY HOTEL
REID'S STOUT.
WATNEY, COMBE, REID & Co's FINE
WATNEY, COMBE, REID
Billiards
RAILWAY HOTEL.
Wine
W. C. P. BRICKWEDE.
MARTELL'S BRANDY
DEWARS PERTH WHISKY
DUNVILLES
WALKER'S KILMARNOCK WHISKY
BRANDIES
WHISKIES

das Paar die Engländer »von der wirklich netten Seite« kennen. »Wenn wir an einer Straßenecke standen, die Straßenschilder lesend, fragte man uns regelmäßig, wohin wir gehen wollten und half mit, uns auf den rechten Weg zu bringen. Als wir einmal mit einer der vielen Untergrundbahnen falsch gefahren waren, brachte man uns freundlichst hin und her auf die richtige Linie. Von Nachbezahlen war keine Rede.«[160] Franz fiel zwar auf einen Trickspieler herein, durfte das, infolge seiner Naivität, prompt verlorene Goldstück dann aber doch behalten.

Auf dem Standesamt von Croydon, das für Anerley zuständig war, hatte man versprochen, Nachricht zu geben, wenn der Termin für die Trauung feststand. Doch statt des erwarteten positiven Bescheids wurde ihnen eine Absage zugestellt. Seit kurzem, erfuhren sie zu ihrem Entsetzen, durften in England Ehen deutscher Staatsbürger nur dann geschlossen werden, wenn nachweislich in deren Heimatland kein Ehehindernis vorlag. Franz versuchte es bei Pfarrern. »Auch das misslang.« Maria hatte von Gretna Green gehört, dem legendären ersten Dorf hinter der englisch-schottischen Grenze. Ihr wäre es unter den gegebenen Umständen »das Liebste gewesen, auf so romantische Weise zu heiraten«. Später fragte sie sich, weshalb es ihnen, trotz intensiven Bemühens, in London nicht gelungen war, Näheres über jenen Hufschmied in Erfahrung zu bringen, dem es seit dem 18. Jahrhundert erlaubt war, Minderjährige, Jungen ab vierzehn und Mädchen ab zwölf, ohne elterliche Einwilligung legal zu Mann und Frau zu machen. 1911 mussten sich Heiratswillige vor der Eheschließung mindestens drei Wochen in Schottland aufgehalten haben. Dafür, meinte Maria retrospektiv, hätte ihre Barschaft so und so nicht gereicht.

Verzweifelt und am Ende seiner Geduld, fasste Franz einen einsamen Einschluss. Ohne sich mit der Gefährtin zu besprechen, ging er aufs nächste Telegrafenamt, um engsten Freunden und Verwandten ihre »glückliche Verheiratung« mitzuteilen. Bruder und Schwägerin wurden per Postkarte angeschwindelt: »L. P. u. H. endlich ist's erreicht, Gott sei Lob und Dank, getrommelt und gepfiffen. Nun laßt bitte die Anzeigen los. Vermählungsort, wenn man fragt, Berlin.«[161] In London, wenn man fragt, verbrächten sie ihre Flitterwochen. Paul hatte auf frühere Weisung hin vorsorglich doppelseitige Karten drucken lassen, wunschgemäß schlicht, aber vornehm: »Franz Marc, München, Maria Marc geb. Franck, Sindelsdorf, Vermählte, Juni 1911«.

Marias Eltern gratulierten erleichtert: »Endlich seid ihr am Ziel Eurer Wünsche angelangt und für's Leben vereint.«[162] Marianne von Werefkin übermittelte ebenfalls herzlichste Glückwünsche.[163] Als Einzige erfuhr Annette Simon von dem Heiratsschwindel.

Zurück reisten Franz und Maria über Lille. Er wollte ihr »ein französisches Provinzstädtchen zeigen«. Was nach Idylle klang, war in Wirklichkeit Tristesse. Die rasant fortschreitende Industrialisierung hatte das nordfranzösische Handelszentrum in einen Ort menschenverachtender Arbeits- und Lebensbedingungen mit extremst hoher Kindersterblichkeit verwandelt.

Paris fiel dem stark zusammengeschmolzenen Inhalt ihres Portemonnaies zum Opfer. Darum weiter nach Brüssel und nach Aachen, wo »eine Ausstellung mit Tieren angezeigt«, aber »nichts los« war.[164] Beim Ehepaar Macke traf das »Ehepaar Marc« am 22. Juni ein und blieb bis zum 5. Juli in Bonn. Es gab viel zu erzählen. Bis auf eines! Zu viert sahen sie sich Franz' noch immer in Barmen ausgestellte Bilder an. Ohne Elisabeth ging der Besuch bei dem Künstlerpaar Heinrich und Marie Nauen vonstatten. Franz hatte den gleichgesinnten Maler in Berlin kennengelernt und vorsorglich in seinem Skizzenbuch dessen neue Adresse notiert: Brüggen, Wasserschloss Dilborn.

In Mackes Atelier malte Marc auf die Schnelle zwei Ölbilder. *Fuchs/Blauschwarzer Fuchs* bekam Richart Reiche geschenkt. Im Gegenzug suchte und fand der Ausstellungsmacher einen Käufer für den *Roten Hund.* Schöngeist Franz Kluxen, wohnhaft in Berlin, Sohn und Erbe eines Kaufhausbesitzers in Münster, hatte, obwohl noch sehr jung und noch nicht vermögend, mit dem Aufbau einer beachtlichen Expressionisten-Sammlung begonnen.

Damit er und Maria es letztendlich bis nach Hause schafften, musste Marc sich fünfzig Mark bei Macke leihen. Mit dem Rheindampfer ging es weiter nach Mainz. In Frankfurt am Main leistete er bei Ludwig Schames und Marcus Goldschmidt (eigentlich Tabakwarenhändler) Überzeugungsarbeit; gesucht waren mutige Männer mit Verfügungsgewalt über Ausstellungsräume. Längst hatte Marc sich vom Einzelgänger zum begnadeten Kommunikator und Netzwerker entwickelt.

Am 12. Juli 1911 erreichten Franz und Maria Sindelsdorf. Freudig erwartet. Zum einen von Helmuth Macke, während ihrer Abwesenheit Hüter von Wohnung und Hund. Zum anderen von den näheren und entfernteren Nachbarn. Alle wollten den, vermeintlich, Frischvermählten Glück- und Segenswünsche überbringen.

Vorher hatte Afra Niggl tagelang das Haus geputzt. Nur der Vierbeiner zeigte wenig Begeisterung, knurrte und bellte die Heimkehrer mächtig an. Als Marc sich ihm näherte, kehrte Russi ihm beleidigt den Rücken zu und trabte zu seiner Hütte. Selten folgten im dem stillen Ort zwei aufsehenerregende Ereignisse aufeinander. Nun jedoch sank, aus heiterem Himmel, ein Heißluftballon an unpassender Stelle nieder. Das Gefährt blieb in den Ästen eines

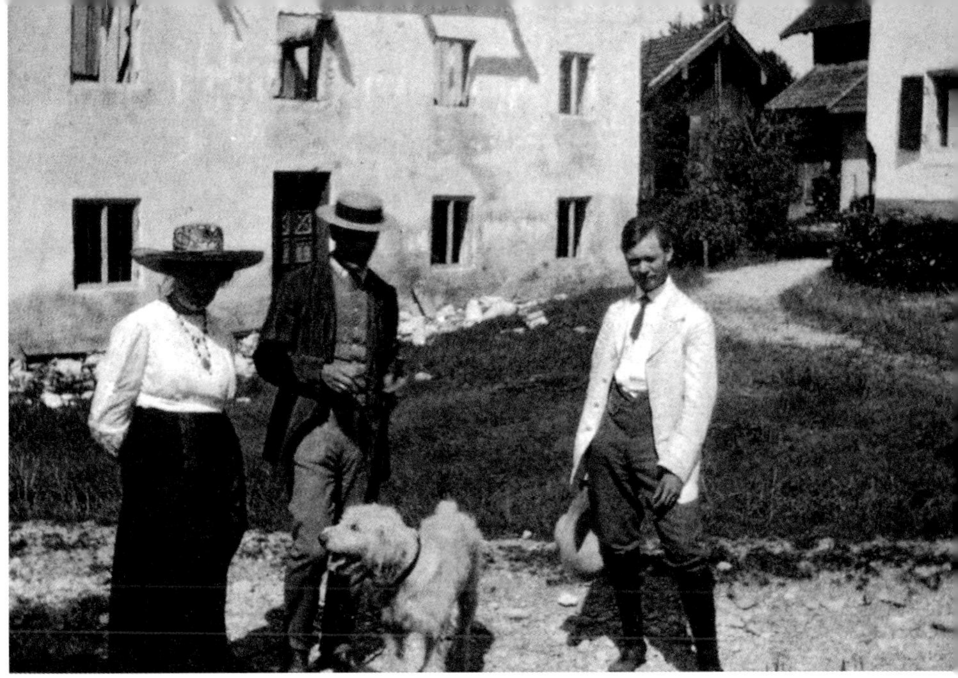

Franz und Maria mit Helmuth Macke (rechts) 1911 in Sindelsdorf

Baumes hängen. Unverletzt geborgen, verbrachten die drei Insassen bei Franz und Maria »einen fidelen Nachmittag«.[165]

Sophie Marc eilte aus München herbei, um Sohn und, nun ja, Schwiegertochter persönlich zu gratulieren, Philipp und Helene Franck aus Berlin, um Tochter und, nun ja, Schwiegersohn …

Von Niestlé ist zu sagen, dass er dem Freund verziehen hatte. Vergessen fiel schwerer. Bitternis und Gram ließen sich aus dem hintersten Winkel seines Herzens so schnell nicht vertreiben.

Kam der Brief Wassily Kandinskys vom 19. Juni des Jahres erst jetzt in Franz Marcs Hände? Oder hatte ihn das Schreiben bereits in London erreicht? Eventuell in Bonn? Egal. Auf den Inhalt kommt es an. »Nun! ich habe einen neuen Plan. Piper muß Verlag besorgen und wir beide … die Redakteure sein. Eine Art Almanach … mit Reproduktionen und Artikeln … nur von Künstlern stammend. In dem Buch muß sich das ganze Jahr spiegeln, und eine Kette zur Vergangenheit und ein Strahl in die Zukunft müßten diesem Spiegel das volle Leben geben.« Ein Postskriptum warnte: »Sprechen Sie nicht darüber. Oder nur dann, wenn es direkt uns nutzen

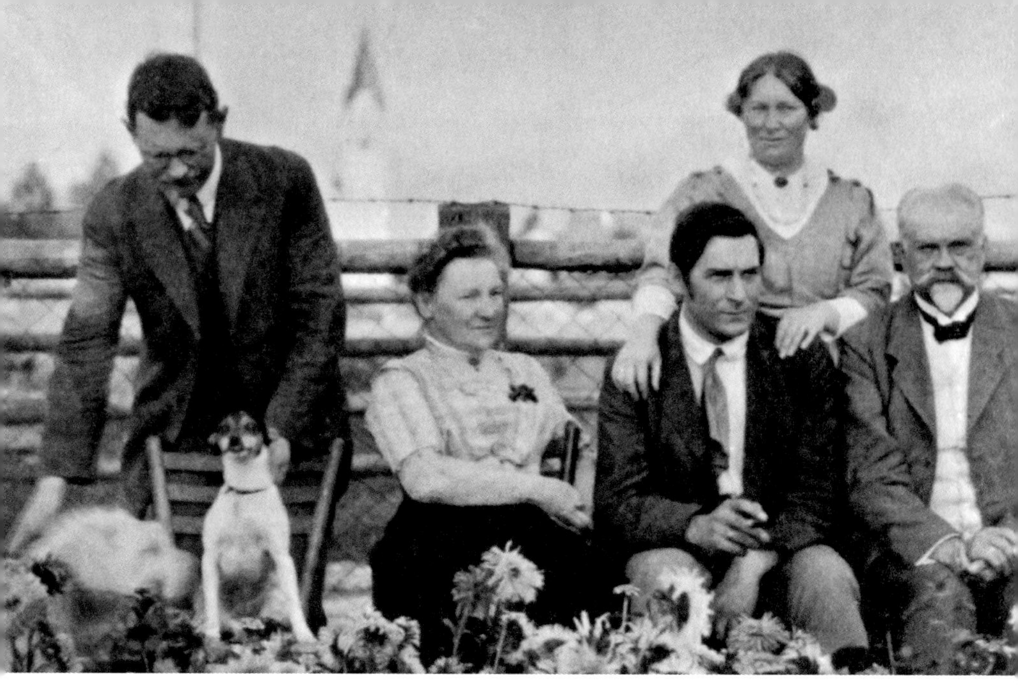

Verwandtenbesuch aus Berlin für das ›Schein-Ehepaar‹ – sitzend v. l. Helene Franck, Franz Marc, Philipp Franck; stehend v. l. Paul Marc, Maria ›Marc‹

kann. In solchen Fällen ist ›Diskretion‹ sehr wichtig.«[166] Marc, der die Neue Künstler-Vereinigung ohnehin schon todgesagt hatte, zeigte sich nicht nur begeistert von dem »weit grösseren« Projekt, das »Kandinsky und ich momentan aushecken«, er trieb es energisch voran.[167]

Auftakttreffen 26. Juli 1911. Maria, Helmuth Macke und Russi begleiteten Franz auf der Wanderung durch Felder und auf Wiesenpfaden[168] nach Murnau. Gute drei Stunden nach ihrem Aufbruch in Sindelsdorf war das weit und breit einzige, kleine Haus auf dem Hügel gegenüber von Kirche und Schloss erreicht. Sie trafen nur Kandinsky an. Münter reiste in Deutschland umher. Demnächst würde sie in Bonn die Mackes besuchen – und August das unterhaltsame Fräulein »köstlich« finden. »Ich bin direkt verliebt in sie«, so sein Resümee nach der Zusammenkunft.[169] Doch wie lange?!

Zurück nach Murnau, wo den Gästen Vorarbeiten zur *Composition V / Das Jüngste Gericht* ins Auge fielen und Marc einen anderen »grossen, wunderschönen Kandinsky« geschenkt bekam. An der Wand des Wohnzimmers in Sindelsdorf raumbeherrschend aufgehängt, empfand Marc die *Improvisation 12 / Reiter* als einen Prüfstein »für alles, was man daneben hält«.[170] Eigenes eingeschlossen. Klare Abgrenzung half die Verunsicherung überwinden. Der Hoch- und Spätsommer war von Streifzügen durch Wald und Flur bestimmt. Im Atelier übertrug er Rehe, Hirsche, Pferde, Kühe vom Skizzenbuch auf die Leinwand. Darüber hinaus arbeitet Marc intensiv an der Realisierung des Almanachs. Münter war fest davon überzeugt, dass dessen Titel für Kandinsky bereits feststand, als in trauter Kaffeerunde in der Sindelsdorfer Gartenlaube die Meinung vorherrschte, das Etikett der Edition sei noch diskutabel. Reiterdarstellungen seien die »Artikulation seiner selbst« gewesen. »Wenn er seinem Sammelband den Namen *Der Blaue Reiter* gab, so war es nichts anderes, als wenn er darauf geschrieben hätte: ›Ich‹.«[171] Dem entsprach Kandinskys Äußerung, der Almanach hätte »als Embryo lange Jahre« in ihm gesessen, weshalb er ihn »unbedingt innerlich … als eine Frucht meines geistigen Leibes empfinde«.[172]

Marcs Verhandlungen mit Reinhard Piper liefen auf vollen Touren. Nebenbei warb er bei dem Verleger beharrlich für die Herausgabe einer Abhandlung mit dem Titel Über das Geistige in der Kunst. Zwei Jahre lang hatte das Manuskript ein Schubladendasein gefristet. »Haben Sie Kandinsky's Schrift über Malerei studi[e]rt?«, hakte er am 10. September 1911 nach.[173] Keine zwei Wochen darauf traf Pipers Druckzusage bei ihm ein. Die erste Auflage von Kandinskys programmatischem Werk kam um die Weihnachtszeit auf den Markt. Der laut eigenem Bekunden beseligte Autor wusste sehr gut, wem er dieses Debüt zu verdanken hatte: dem »Zauberkünstler« und »wirklichen Freund« Franz Marc.[174]

Am 11. Oktober traf Heinrich Campendonk in Sindelsdorf ein. Alfred Flechtheim hatte dem Zweiundzwanzigjährigen das Reisegeld spendiert und versprochen, monatlich eine seiner Zeichnungen »für 50 M. loszuschlagen«.[175] Helmuth Macke nahm den einstigen Studienkollegen bei sich auf. Er war innerhalb Sindelsdorfs umgezogen und wohnte seit kurzem im Bierbichler-Haus.[176]

1889 in Krefeld geboren und aufgewachsen, mochte Heinrich Campendonk, Sohn eines Textilkaufmanns, partout nicht in seines Vaters Fußstapfen treten. Im Alter von sechzehn Jahren begann er eine Ausbildung an der örtlichen Kunstgewerbeschule. Sein Lehrer dort war der Niederländer Jan Thorn Prikker. Franz Marcs Bilder fand der Neuankömmling »wundervoll«. An »Frau Marc« fiel ihm auf, dass sie »zwar dick aber doch Künstlerin« ist. Gewichtszunahme war wirklich kein zu hoher Preis fürs glückliche und zufriedene Wieder-Beisammensein mit Franz. Die Jünglinge Campendonk und Macke harmonierten von Anfang an nicht. Heinrich über Helmuth: »Unglaublich, was der für einen Mist zusammenbraut.«[177] Marc dachte ähnlich, formulierte seine Kritik aber weniger drastisch. Campendonks Bilder gefielen ihm besser, »fabelhaft gute Sachen«. »Ich [möchte] gerne etwas von ihm im bl. Reiter und ausstellen im Dezember!«[178]

Eine Bilderschau im Dezember, veranstaltet von der Redaktion Der Blauen Reiter, sprich Marc und Kandinsky. Zeitgleich und dazu gleichsam Wand an Wand mit der dritten Ausstellung der Neuen Künstler-Vereinigung München. Zustande gebracht mit, buchstäblich, List und Tücke.

Anfang Oktober 1911 war August Macke aus Bonn nach Sindelsdorf gekommen. Zunächst allein. Getrieben von Neugier. Ständig von Marc über das aufregende Werden und Wachsen des bayerischen Almanachs auf dem Laufenden gehalten, hatte er es im Rheinland nicht mehr ausgehalten.[179] So unbedingt, wie er Augen- und Ohrenzeuge sein wollte, wünschte er sich seine Frau herbei. Ein ganzer Monat ohne sie, nicht auszuhalten. »Lisbeth«, flehte er, »komme her ... Du mußt Dich unbedingt in den Zug setzen und herreisen. Es ist mir und auch Marcs eine Qual, daß Du nicht dabei bist ... die ganzen Tage sind wie Feste.«[180] Am Bahnhof in München schob Franz seine Begrüßungsgabe heimlich in die Manteltasche der aus Bonn angereisten Freundin. Elisabeth bewahrte den aus einem Karneol geschnittenen japanischen Schleierschwanzfisch ihr Leben lang sorgsam auf; nie vergaß sie die liebenswerte Geste.

Vorübergehend also erweiterte Blauer-Reiter-Planungsrunden. Mal in Sindelsdorf, mal in Murnau. Frau Macke berichtet von gemeinsamen Spaziergängen. Vorn die in ihre Gespräche vertiefen Herren, dahinter die drei abgehängten Damen. Gabriele Münter erinnerte: »Mein Toilettenschränkchen hat K. [Kandinsky] bemalt ... Am mittleren Fach rennen ein ›blauer Reiter‹ und eine dunklere Reiterin. Er wendet sich um nach ihr und winkt, und sie rennt, was sie kann. – Manchmal hat mich dieser Scherz geärgert, weil er unwahr ist – denn er wandte sich nie um und sagte nie ›Komm mit‹.«[181]

Ihr Plan einer Partnerschaft auf Augenhöhe war gescheitert.

Ohnehin verunsichert durch Kandinskys ichbezogene Kühle, reagierte Münter zunehmend empfindlich auf wirkliche Affronts oder eingebildete. Das 1911 entstandene Selbstbildnis betrachtend, erblicken wir eine Frau mit ernstem Gesichtsausdruck, traurig schaut sie aus und müde.

In letzter Konsequenz blieb auch Macke von der Projektarbeit ausgeschlossen. Im festgefügten Zweierbund der Väter des Almanachs war generell kein Platz für Dritte. Eine Karikatur von Mackes Hand auf den Blauen Reiter spiegelt trefflich die Rollenverteilung: Eine Kalesche kommt angefahren, Kandinsky sitzt bequem im Fond, Marc als Kutscher in Livree steuert den Wagen, der Zeichner selbst kehrt, auf der Straße kniend, die Pferdeäpfel auf.[182] Rückblickend bekräftigte Kandinsky die von Macke beklagte Exklusivität. »Klipp und klar war uns beiden von vornherein, daß wir streng-diktatorisch vorgehen müssen: volle Freiheit für die Verwirklichung der verkörperten Idee.«[183]

Noch härter traf Macke das »Nichtinbetrachtkommen von eigenen Sachen«.[184] Wollte meinen: Keines seiner Bilder war für den Abdruck im Jahrbuch vorgesehen. War die »Sindelsdorfer Kolonie« unter sich, ließ August seinem Ärger über die vermeintliche Zurückweisung freien Lauf. Wieder daheim in Bonn entschuldigte sich Elisabeth für »die erbitterten Kämpfe und Redeschwälle« ihres Mannes. »Und doch«, fügte sie versöhnlich hinzu, »war es schön, ich glaube eine unvergessliche Zeit für uns alle«.[185] Noch im Alter führte sie sich gemeinsam verbrachte Stunden vor Augen. »Wie gern denke ich an unsere Besuche in Sindelsdorf zurück, wenn wir abends um den runden Tisch saßen und Glasbilder malten.« Wenn Maria, »bis sie alle Materialien zusammenhatte, ununterbrochen rief: ›Franzl, bring mir dies, Franzl, hol mir das‹, und getreulich lief er hin und her, bis alles beisammen war«. Wo häufig Jean Bloé Niestlé dabei war und mit ihm Marguerite Legros, »wir nannten sie ›Legröslein‹«, genauso wie Heinrich Campendonk und Helmuth Macke. »Niestlé und manchmal Helmuth mußten vorlesen aus den ›Blühenden Gärten des Orients‹ [exakt: *Blühende Gärten des Ostens*], einem Gegenstück zu den Erzählungen aus ›Tausendundeiner Nacht‹, aber weit unter deren künstlerischem Niveau. Wenn anstößige Stellen kamen, deren es nicht mangelte, stockte Helmuth, und unter unserem heimlichen Gelächter sagte Franz ganz ruhig und gelassen: ›Ja, was ist denn dees. Warum lesens denn nicht weiter?‹ Und Legröslein, die [da hauptsächlich französischsprachig] manches nicht verstand, fragte erstaunt: ›Blo-Blo [Jean Bloé], sag, was heißt das?‹ Dann musste der arme Blo-Blo unter allgemeinem Spaß versuchen, ihr zu erklären, um was es sich handelte.«[186] Eine vergnügliches Unterfangen, in der Tat, handelt es sich doch bei dem von Elisabeth Macke beschriebenen Werk um eine Zusammenstellung von erotischen Geschichten, Gedichten und Zeichnungen, gewürzt mit pikanten Einzelheiten bis hin zu Darstellungen und Schilderungen sexueller Praktiken.

Als am 1. November 1911 die Mackes Abschied nahmen von den »Marcs«, waren endlich auch die Frauen per Du.

Losgelöst von mancherlei Querelen, das erinnerte Maria, hatte Franz, nicht nur im Zusammenhang mit der Herausgabe des Almanachs, seine Überlegungen zur Kunst zu Papier gebracht, ja zu Papier bringen müssen. »Es ergab sich auch ganz selbstverständlich, dass die modernen Maler sich gezwungen fühlten, über ihre Bilder, ihre Beweggründe und Ziele zu schreiben. Bei Marc war es das dringende Bedürfnis, sich selbst Rechenschaft abzulegen. Er saß oft am Abend an seinem Schreibtisch und schrieb still für sich. Dass es keine Briefe waren, das sah ich, fragte aber auch nicht danach, bis er eines Tages sagte, er schreibe seine Gedanken auf ... Es waren damals meist lose Blätter mit Ideen, die zu notieren ihm ermöglichte, sich über das klar zu werden, was da eigentlich vor sich ging und welch tiefe und gewichtige Ursachen dieser Umwandlung – die in den Bildern zum Ausdruck kam – zugrunde lagen. Alles ging bei ihm Hand in Hand, er konnte nicht anders schaffen. Die Gedanken und Erkenntnisse kamen nicht aus dem Intellekt, sondern sie waren Ergebnis seiner seelischen Entwicklung, die bewusst zu machen, er sich gedrängt sah.«[187]

Themenwechsel.

Überschrift: »Veruneinigung der Vereinigung«.[188]

Anders gesagt: Marcs und Kandinskys zuerst herbeigeredetes und zuletzt herbeigeführtes Schisma. Wie anfangen? Am besten mit einer Chronologie der Gegebenheiten und Geschehnisse.

Beginnend 1909. Verabschiedung der endgültigen Fassung der Satzung der Neuen Künstler-Vereinigung München. Paragraf 3, Rechte und Pflichten der Mitglieder, enthält einen Passus (Kandinsky hatte eigens auf ihm bestanden) demzufolge es jedem ordentlichen Mitglied erlaubt ist, zwei Werke »jury-frei« auszustellen, »sofern diese zusammen die Fläche von 4 qm (2 mal 2 m) nicht übersteigen und die Raumverhältnisse es gestatten«.[189] Von den zunehmenden Differenzen innerhalb der Gemeinschaft wurde bereits berichtet. Auch davon, dass im Sommer 1911 Kandinsky die Arbeit an einem kapitalen Bild aufnahm, seiner berühmt gewordenen *Composition V* mit dem programmatischen Untertitel *Das Jüngste Gericht*. Das Gemälde misst 190 x 275 Zentimeter. Allein mit seiner Fläche, 5,225 Quadratmeter, übersteigt es jene Begrenzung, die gemäß den Statuten für zwei Werke insgesamt galt. Zufall? Nein. Provokation? Ja.

Am 28. Juni 1911 schrieb Kandinsky an Münter, Kanoldt hätte wohl schon herausgefunden, worauf er »ziele«, nämlich »den [Jury]Ausschuß stürzen«.[190]

Am 10. August 1911 bemerkte Marc gegenüber Macke: »Ich sehe mit Kandinsky klar voraus, daß die nächste Jury (im Spätherbst) eine schauderhafte Auseinandersetzung geben wird oder ... eine Spaltung respektive Austritt.«[191]

Im Oktober 1911[192] erinnerte Marc absichtsvoll die in Werefkins Salon versammelten Mitglieder der Neuen Künstler-Vereinigung an die in Vergessenheit geratene Vier-Quadratmeter-Klausel.

Am 4. November waren die Ausstellungsräume für eine Blauer-Reiter-Ausstellung in der Neuen Galerie Thannhauser fix gebucht. Heimlich – das verstand sich.

Franz Marc an Wassily Kandinsky: »… bei Thannhauser einen eigenen Saal für Dezember 2. Hälfte, neben der Vereinigung bekommen, in dem wir 2 ausstellen dürfen, was wir wollen. Also *los* und *Ernst* damit … *Es muss was Feines werden.*«[193]

Ebenfalls heimlich beäugten Marc und Kandinsky die Ausgebooteten. Hatte jemand Verdacht geschöpft? Das war nicht der Fall.

Am 3. Dezember 1911 informierte Marc seinen Bruder Paul vom planmäßigen Gelingen des Coup: »Die Würfel sind gefallen, Kandinsky und ich sind nach wirklich schauderhaften u[nd] aufregenden Szenen aus dem Verein ausgetreten … Nun gilt's zu zweit weiterkämpfen! … Ich denke, es ist ganz gut so. Wir werden suchen, das Zentrum der modern[en] Beweg[un]g zu werden.«[194]

Am gleichen Tag schickte Maria den von Franz übernommenen Bericht vom letzten Akt der Inszenierung an Macke. »Mein lieber August … Ich will versuchen, Dir so kurz wie möglich den ›Gang der Handlung‹ dieser Tragikomödie zu schildern.«

Erster Aufzug: Vorbesichtigung der Bilder für die dritte Ausstellung der Neuen Künstler-Vereinigung. Kandinsky ist noch nicht zugegen. Heftiger Streit über die Berechtigung von Jurys. Pro – Erbslöh, Kanoldt und andere. Kontra – Marc, Jawlensky, Werefkin. Quintessenz: die Jury bleibt. Werefkin lässt durch Erbslöh ihren Austritt erklären mit der Begründung, sie könne keiner Vereinigung angehören, in der die künstlerische Freiheit mit Füßen getreten werde. Marc und der inzwischen anwesende Kandinsky überreden die Baronin zur Rücknahme ihres Entschlusses.

Zweiter Aufzug: Die Kommission tritt erneut zusammen. Alphabetischer Aufruf der Bildgeber. Begutachtung ihrer für die Ausstellung gemeldeten Werke. Alles bestens bis zum Buchstaben K wie Kandinsky. *Composition V/Das Jüngste Gericht* steht zur Debatte. Wie groß? Aha! Zu groß! Abstimmung. Mehrheitlich abgelehnt.

Dritter Aufzug: Marc gibt sich empört, kündigt seinen Austritt an. Bevor Kandinsky wie beabsichtigt nachziehen kann, lenken die Neinsager unerwartet ein. Und geben in der Folge den wahren Grund ihrer Ächtung zu erkennen. Kandinsky wird aufgefordert, sein Riesenbild zu erklären. Beginnt auch damit, doch fällt ihm Werefkin ins Wort. Sie hält eine flammende Verteidigungsrede, stürzt auf Kandinsky zu, ergreift emphatisch seine Hand und gratuliert ihm überschwänglich zu diesem wundervollen Gemälde. Das Mitglied Heinrich Schnabel, selbst kein Künstler, stürmt auf die Baronin zu, springt ihr, so scheint es, beinahe ins Gesicht, schreit und brüllt. Marc krempelt die Hemdsärmel hoch und bringt sich vorsorglich in Kampfposition. Kandinsky drängt den Wütenden unter Androhung einer Ohrfeige zurück.

Vierter Aufzug: Neuerliche Abstimmung. Jeder Anwesende muss mündlich seine Meinung kundtun. Bechtejeff windet sich verlegen, brummt endlich, er verstehe Kandinskys abstraktes Gemälde nicht. Erbslöh stellt es in eine Reihe mit Produkten des Kunstgewerbes. Kanoldt faucht zornig, nachdem ihn Marc schon für inkompetent erklärt habe, bestünde keine Veranlassung mehr für eine Äußerung.

Fünfter Aufzug: Marc besteht auf einer außerordentlichen Generalversammlung. Er stellt den Antrag: Alle eingereichten Bilder sind juryfrei, nicht nur zwei je Maler. Mehrheitlich abgelehnt. Er stellt noch einen Antrag: Die Vier-Quadrat-Meter-Klausel soll aus der Satzung gestrichen werden. Mehrheitlich abgelehnt.

Marc und Kandinsky erklären unverzüglich ihren Austritt und verlassen den Raum.

Ende des abgekarteten Spiels.

Werefkin, wenngleich die Manipulation nicht durchschauend, so doch von der Notwendigkeit künstlerischen Wagemuts felsenfest überzeugt, las den Zurückgebliebenen die Leviten: »So, meine Herren, jetzt verlieren wir die beiden würdigsten Mitglieder … und wir selbst werden bald Schlafmützen auf dem Kopf haben.«[195] Dass die Baronin und Jawlensky am 2. Dezember 1911 die Vereinigung nicht verließen, hatte persönliche Gründe. Sie wollten ihre Freundschaft mit Erbslöh und Kanoldt nicht aufs Spiel setzten. Gleiches galt für Bechtejeff.

Dass Münter dem Beispiel ihres Lebensgefährten schnellstmöglich folgte, verstand sich von selbst.

Nur sechzehn Tage lagen zwischen dem Eklat und der Eröffnung der Blauer-Reiter-Ausstellung in Thannhausers Neuer Galerie. (Im Oberlichtsaal unterm verglasten Dachgewölbe präsentierte sich, gleichfalls vom 18. Dezember an, die dezimierte Neue Künstler-Vereinigung München.) Verteilt auf mehrere Räume des ersten Stockwerks prangten an schwarz bespannten Wänden mindestens achtundvierzig Bilder[196] von Künstlern aus Moskau, Prag, Paris, Bonn, München, Sindelsdorf. Ihre Namen: Albert Bloch, David Burljuk, Wladimir Burljuk, Heinrich Campendonk, Robert Delaunay, Elisabeth Epstein, Eugen Kahler, Wassily Kandinsky, August Macke, Franz Marc, Gabriele Münter, Jean Bloé Niestlé, Henri Rousseau, Arnold Schönberg.

Marc war mit sechs Exponaten beteiligt. *Die gelbe Kuh* (ein Freund von Alfred Kubin hörte einen Ausstellungsbesucher lästern: »Nun möchte ich aber wissen, was für eine Milch diese Kuh gibt!«[197]), *Die großen Blauen Pferde*, *Steiniger Weg*, *Landschaft* und *Reh im Wald I* sind in der maschinengeschriebenen Liste den Nummern dreißig bis dreiunddreißig zugeordnet. Außer Katalog waren das *Affenfries* sowie Marcs kleines Hinterglasporträt *Henri Rousseau* ausgestellt. Seine und Campendonks Bilder hingen an der Abschlusswand des dritten und letzten Raums. Jeder Eintretende hatte sie unmittelbar im Blick.

Pressemeldungen sind nur zwei bekannt. Eine – »die im großen und ganzen anständig klingt«[198] – erschien in der *Vossischen Zeitung*[199], eine weitere – »schreiender Unsinn, infantile oder farbenwahnsinnige Verunreinigung von Leinwänden« – druckte die katholische *Augsburger Postzeitung*.[200] Den Verriss brachte in Sindelsdorf kein Geringer als Ortspfarrer Johann Nepomuk Hochhauser in Umlauf. Nicht nur deshalb ließ Niestlé sein Bild *Fitislaubsänger* abhängen. Alle Bedenken beiseiteschiebend, hatte er die zauberhaft wirklichkeitsgetreu erfassten Vöglein im Gezweig für die Ausstellung hergegeben, war aber irrtümlich davon ausgegangen, »ältere und moderne Bilder nebeneinander zu finden«. Übermannt vom Schmerz beim Anblick seines Gemäldes »das so verloren da hing«, hatte er sich »tief deprimiert« zur von Marc heftig kritisierten Herausnahme entschlossen.[201]

Was sonst im letzten Viertel des Jahres 1911 an Bemerkenswertem geschah, ist rasch erzählt.

Marc übergab seine *Kühe, rot, gelb, grün* einer Spedition, die das Gemälde nach Moskau transportierte, wo es in der Ausstellung der russischen Künstlergemeinschaft »Karo Bube« hängen würde. Und er schrieb an drei redaktionellen Beiträgen für den Almanach. Ihm und Kandinsky stand die Aufnahme in die Neue Secession Berlin bevor.[202] Ab dem 18. November waren in deren gemieteten Räumen (insgesamt sechshundertfünfzig Quadratmeter einer Vierzehnzimmerwohnung, Potsdamer Straße 122) auch zwei von Marcs Werken ausgestellt. Erstmals trafen Spitzenreiter der Münchner Avantgarde und Maler der Brücke unmittelbar aufeinander. Die Presseleute reagierten unterschiedlich. Einer überlegte, »ob im Deutschland des kommenden Jahrzehnts genügend Wände bereit stehen, die Experimente dieser Jüngsten im Großen praktisch zu erproben«. In »voller Reife ihres Könnens«, meinte ein Zweiter, stünden die Maler Bechtejeff, Erbslöh und Jawlensky, »zu denen W. Kandinsky als Beweis des Paradoxen und des Unmöglichen als abschreckendes Beispiel hinzutritt«. Marcs Tiere (laut Katalog: »›Hirsche im Walde‹, Öl, monumental« und »›Stier‹, Öl, groß«) könnten auf Porzellan gemalt vielleicht an Reiz gewinnen.[203] Liebhaber seiner Kreaturen, ohne Wenn und Aber, gab es trotzdem. Noch vor Jahresende erwarben Magda Kugel, eine Privatsammlerin aus Leverkusen, die Temperaarbeit *Gemsen* und Max Creutz, Leiter des Kölner Kunstgewerbemuseums, die Gouache *Pferde auf der Weide*[204]. »Bitte schön!«, triumphierte Franz im Brief vom 3. Dezember 1911 an Bruder Paul. »Gestern bekam ich die Nachricht, dass das Folkwang-Museum in Hagen m[ein] großes Bild mit den 3 Pferden [*Weidende Pferde IV / Die roten Pferde*] für 750 [Mark] angekauft hat. Also von *der* Seite geht es.«[205]

Und von welcher nicht?

Maria unterzog sich wochenlang einer unangenehmen Heißluftbehandlung. Ratschlag ihres ratlosen Frauenarztes. Elisabeth Mackes Empfehlung – »Hängt Euch die Göttin der Fruchtbarkeit über Euer Lager, so wird sich alles zum Besten richten.«[206] – führte ebenso wenig zum Ziel. Ihr Kinderwunsch blieb unerfüllt.

DER BLAUE REITER – ERSTE ETAPPE

... vorwärts um jeden Preis, wie ein Strom,
der alles mögliche und unmögliche mit sich führt ...

Einen Monat lang, von Ende Dezember 1911 bis Ende Januar 1912, war Franz mit ›Ehefrau‹ Maria zu Gast bei deren Eltern. Seine Hauptaufgabe während des Aufenthalts: Verbindungen zur Szene der Gegenwartskunst herstellen oder festigen. Die rasant wachsende Preußenmetropole zog ihn mehr denn je in ihren Bann, »eine schrecklich unheimliche Stadt«, großartig und hässlich.[207]

Um von der Direktorenwohnung der Francks im obersten Stockwerk der Preußischen Bodenkredit-Aktienbank ins pulsierende Herz Berlins zu gelangen, wo man auf Schritt und Tritt den Errungenschaften des technischen und wirtschaftlichen Fortschritts begegnete und mit den Lebensbühnen der Vergnügungssüchtigen in Berührung kam, war es nicht weit. Großartig die elektrische Straßenbeleuchtung, elektrisch betriebenen Trams, Hoch- und Untergrundbahnen. Benzinkutschen. Lärm bei Tag und Nacht. Menschen, die von einem Ziel zum nächsten hetzen. Müßiggängerische Flaneure. Grand Hotels, Ballhäuser, Cafés, Restaurants, Cabarets, Varietés, Nachtbars. Berlins Konsumtempel Wertheim und Tietz mit unübersehbar vielfältigen Warenangeboten. Die Zwei-Millionen-Stadt hat aber auch ein anderes Gesicht, das hässliche eben. Angezogen von der Aussicht auf Arbeit in Fabriken – im Gefolge der industriellen Revolution und während der sogenannten Gründerjahre wie Pilze aus dem Boden geschossen – waren Tausende und Abertausende Männer und Frauen aus ihren ländlichen Heimatregionen in das urbane Zentrum geströmt. Statt des erhofften bescheidenen Wohlstands erwartete sie der gesellschaftliche Abstieg. Aus zumindest ausreichend ernährten Knechten und Mägden wurden über kurz oder lang ausgemergelte Proletarier, deren Löhne, für das – wortwörtlich – Notwendigste nicht reichten. Entweder mussten sie in lichtlosen Hinterhof-Mietskasernen oder in Bruchbuden entlang mittelalterlich enger Gassen hausen. Ein Raum für eine Großfamilie. Ein Bett für alle. Niemals satt. Kein Heizmaterial. Unbeschreibliche hygienische Verhältnisse. Entkräftete Eltern. Verwahrloste Kinder. Allgegenwärtig Krankheit, Siechtum, Tod. Sogenannte Trockenwohner zogen von einem, für reguläre Mieter noch unbewohnbar feuchtnassen Neubau zum nächsten, bis die Lungentuberkulose ihrem Elend ein Ende machte.

Am 12. Januar wurde ein neuer Reichstag gewählt. Mit 34,8 Prozent der Stimmen stellten die Sozialdemokraten die stärkste Fraktion, blieben aber bei Abstimmungen in der Minderheit. Auf ihren Plakaten hatten die Genossen mit Kampf gegen die unaufhörlich steigenden Lebensmittelpreise und den forcierten Rüstungswettlauf um Stimmen geworben. Nach dem bestehenden Flottengesetz waren in Deutschland von 1908 bis 1911 jährlich vier Schlachtschiffe gebaut worden, weitere sollten nun folgen. Mit einem, vom Reichstag beschlossenen, einmaligen Wehrbeitrag aus Vermögen über zehntausend Mark und Einkommen von jährlich mehr als fünftausend Mark sowie der hinzukommenden Vermögenszuwachssteuer wurde die Kriegsmaschinerie in Gang gehalten.

In seiner Jugend überzeugt von der Notwendigkeit des Strebens nach menschenwürdigen Lebensbedingungen, hatte sich Franz Marc zeitweilig als »glühender Marxist« gefühlt.[208] Wegen seiner »sozialdemokratischen Wahnideen« war er ja sogar mit Pfarrer Schlier aneinandergeraten. Mit keinem Wort ging er jetzt in seinen Briefen aus Berlin auf die prekäre Lage ein. Weder thematisierte er die militärische Gefahr noch die Hungersnot. Unerwähnt ließ er auch die gegenwärtig geführten – in allen Zeitungen der Reichshauptstadt ausführlich besprochenen und letztlich ergebnislosen – Verhandlungen des britischen Kriegsminister Lord Richard Burdon Haldane mit Vertretern der deutschen Regierung.

Den Kopf momentan voll mit anderen Dingen, reichte Marcs Sinnen und Trachten über den Interessenhorizont eines Kunstmanagers nicht hinaus. Seine Meldungen aus Berlin lesen sich wie Tätigkeitsberichte eines Modern-Art-Agenten.

Der Bittgang zu Wohltäter Koehler stand auf seiner Prioritätenliste ganz oben. Die Finanzierung des *Almanachs Der Blaue Reiter* hatte sich bekanntlich als schwierig erwiesen. Mit Verzicht der Autoren auf ein Honorar war das Problem nicht gelöst. Verleger Piper wollte lediglich für Vertrieb und Werbung geradestehen. An wem am Ende die Druckkosten hängen bleiben würden, stand, als Marc nach Berlin fuhr, noch nicht fest. Schlimmstenfalls an den beiden Redakteuren. Gottlob hatte, dank Maria, Vater Franck einen Zuschuss von fünfhundert Mark zugesagt – und zu guter Letzt, dank Franz, Koehler die restlichen zweitausendachthundertneunzig.

Schwieriger, wenngleich nicht schwieriger als erwartet, gestalteten sich die Verhandlungen mit Paul Cassirer. Berlins führender Galerist und Besitzer einer eigenen Druckanstalt galt als stolz und schwierig. Außerdem gab es da diese dumme Vorgeschichte aus dem Jahr 1910. Wir erinnern die Schwierigkeiten im Zusammenhang mit der Tournee der zweiten Ausstellung der Neuen Künstler-Vereinigung München. Gewarnt durch widerwärtige Spuckattacken empörter Besucher auf Bilder und unerträglich böswillige Journalistenschelte, hatte damals ein Teil der bereits vertraglich gebundenen auswärtigen Veranstalter schon im Vorfeld, salopp gesagt, kalte Füße bekommen. Cassirer war durch eine richterliche Verfügung zum Herzeigen der umstrittenen Kollektion gezwungen worden. »Heute gehe ich zu Cassirer – oder auch nicht«, teilte Marc am 3. Januar 1912 Kandinsky mit. Wohl war ihm bei dem Gedanken also nicht. Er traute sich dann doch in die Höhle des Löwen, bat unangemeldet um eine Audienz, »wurde aber nicht – vorgelassen!« Wütend zog er von dannen und konnte sich tagelang nicht entschließen, »telephonisch um eine Unterredung zu bitten«. Zwei Wochen später setzte Marc eine Zwischenmeldung nach München ab: »Momentan verhandle ich vielstündig mit Cassirer. Er wehrt sich mit Händen und Füßen, bleibt aber gentleman; heut Abend soupier ich mit ihm.« Marc war auf der Hut: »Man muß höllisch in der Unterhaltung aufpassen, nicht die kleinste Schwäche bleibt ungestraft.« Auch wurde er das Gefühl nicht los, dass Cassirer anders spricht als denkt. »Ich bin neugierig, wie das noch endet.«[209] Kurzum: schlecht.

Die Abendeinladung in Cassirers Haus wurde kurzfristig abgesagt. Anderntags, am Mittagtisch auf neutralem Boden, blieb Cassirer in seinen Äußerungen unverbindlich. Kandinsky bewunderte trotzdem Marcs Courage. Erst im März traf in Sindelsdorf der Bescheid des Galeristen ein. Arbeiten von Künstlern aus dem Kreis um den Blauen Reiter, bekam Marc von Cassirer mitgeteilt, könne er schon deshalb nicht goutieren, weil ihm »der schale Geschmack des Eklektizismus [der Unentschiedenheit] und der Temperamentlosigkeit nicht von der Zunge« ginge.[210] Anders ausgedrückt: Bilder von Nachahmern und Langeweilern hätten in seinen Geschäftsräumen nichts zu suchen. Wir greifen vor: Am 31. August des Jahres notierte Marc triumphierend: »Unsere Kunst ist mir ein zu edles Wild, als daß ich es mir von Wölfen anfallen lasse ... Gestern hatte ich das große Vergnügen, Herrn Cassirer eine klare Absage auf seine Einladung, bei ihm in diesem Winter auszustellen, senden zu können.«[211]

Bereits am Tag nach ihrer Ankunft in Berlin durchstreiften Franz und Maria die IV. Ausstellung der Neuen Secession, beglückt über den insgesamt »famosen Eindruck«.[212] Es lässt sich denken, dass sie zunächst auf Marcs *Hirsche im Walde* und seinen *Stier* zusteuerten. Danach kam vermutlich die Kollektion der Münchner Verbündeten an die Reihe. Am stärksten wirkten auf Marc die

Bilder von Kandinsky und Werefkin. Und: die »ganz feinen« Werke aus dem Kreis der Brücke-Maler![213] Unbedingt an die Vorteile einer Kooperation mit auch diesen Normabweichlern glaubend, wurde Marc unverzüglich aktiv. Kandinsky fand die Eile übertrieben. Mit Blick auf das überregional erfolgreiche Auftreten der, seiner Meinung nach Konkurrenten, erschien ihm vorsichtiges Vortasten, wenn nicht sogar generelle Zurückhaltung als die klügere Variante.

Fritz Bleyl, Ernst Ludwig Kirchner, Erich Heckel und Karl Schmidt (demnächst Schmidt-Rottluff[214]), die Gründungsmitglieder der Brücke, hatten sich während ihres Architekturstudiums an der Sächsischen Technischen Universität in Dresden kennengelernt. Ihr Zusammenschluss geht auf das Jahr 1905 zurück. Die vier Anarchisten einte ihr Leitmotiv: »Antipathie gegen alles, was von weitem nur aussah, wie bürgerliches Empfinden und Gewohnheiten.«[215] Schon zuvor hatten sie gemeinsam gemalt, gezeichnet, in Holz geschnitten oder sich in Rage geredet. 1906 kam Max Pechstein hinzu, der gelernte Dekorationsmaler hatte seine künstlerischen Fertigkeiten an der Dresdner Kunstgewerbeschule vervollkommnet. Im selben Jahr wie er wurden Emil Nolde und Cuno Amiet aufgenommen, Otto Mueller 1910. Mehr als zwölf aktive Mitglieder hatte die Brücke bis zu ihrer Auflösung im Mai 1913 nie. Mueller und Pechstein lebten bereits in Berlin, als Heckel, Kirchner und Schmidt-Rottluff im Spätherbst 1911 ihrem Beispiel folgten. Die Künstler der Brücke waren hervorragend vernetzt, unter anderem hielten sie engen Kontakt zu Publizisten, Literaten und Theaterleuten. Eines ihrer Erfolgsrezepte war ihr System der passiven Mitgliedschaft von Sammlern oder von Händlern.

Exotisch, sinnlich, rauschhaft, vital, revolutionär, lautete ihr Credo. Als die berühmt gewordenen »Viertelstundenakte« von Brücke-Malern in die Optik der Obrigkeit gerieten, wurden Ordnungshüter als Kundschafter ausgesandt. Die Spitzel brachten nichts wirklich Anrüchiges zutage. Schnellzeichnen als sportlicher Wettkampf. Kirchner notierte: fünf Minuten für eine Profilansicht, frei Minuten für einen Kopf von vorne, sieben Minuten für eine Landschaft. Jede Schöpfung eine Eruption, hervorgebracht aus den Tiefen des Unterbewusstseins. Die obersten Prinzipien der Brücke hießen gegenseitige Anregung und Unterstützung, Abbau von Hierarchien, Verzicht auf Statuten und Vorstandsämter, keine Führungspersönlichkeit. Heckel leitete die Geschäfte, wozu ihn offenbar ein kurzer Übungskurs in Volkswirtschaft während seiner Hochschulzeit befähigte.

Gleich nach dem Neujahrstag machte sich Marc, begleitet von Maria, auf den Weg zu den Atelierwohnungen von Pechstein und Kirchner. Beide lebten und arbeiteten im selben Haus, Durlacher Straße 14, Wilmersdorf. Lange konnte er seine Begeisterung für die dort vorgefundene Kunst der Kollegen nicht für sich behalten. Außerdem musste er sein Vorpreschen im Alleingang beichten.

Franz Marc an Wassily Kandinsky:

Berlin, 2. Januar 1912
»Heute Vormittag waren wir bei Pechstein und Kirchner; bei denen weht wirklich künstlerische Luft. Ein Riesenmaterial für unsere Schwarz-Weiß-Ausstellung [die zweite Ausstellung der Redaktion des Blauen Reiters in München, geplant für Februar / März], an der sie sehr gern und *ohne jede Prätention* mittun. Ich schicke mit gleicher Post eingeschrieben ein Bild von Pechstein, das ich unbedingt als Note in der bl. R. Ausstellung Köln [erster Ort der Tournee] etc. haben möchte … Wir können die Ausstellung ruhig noch bereichern … Ebenfalls schicke ich *direkt* von hier eine Holzfigur von Kirchner zur Ausstellung nach Köln, *sehr* lebendig, etwas afrikanisch, aber das macht nichts. Hoffentlich handle ich mit Ihrem Einverständnis …«

Franz Marc an Wassily Kandinsky:

Berlin, 4. Januar 1912
»Heute bei der Brücke 1 Heckel, 2 Pechstein, 3 Kirchner, 1 Müller, *durchwegs sehr starke Sachen* … ausgesucht, geht morgen ab.«

Wassily Kandinsky an Franz Marc:

München, 6. Januar 1912
»Bekommen wir denn wirklich gute Sachen?«

Franz Marc an Wassily Kandinsky:

Berlin, 10. Januar 1912
»Anbei eine kleine Auswahl von Photos; wie wenig sie von dem lebendigen, herben Hauch der Originale und vor allem von dem starken Willen, der wie ein Wind durch dieses Atelier fährt, geben … In dem allem steckt schon zu viel, als daß man irgendwie daran vorübergehen könnte (vor allem wir nicht), ohne diesen Kollegen die Hand zu drücken. Gestern sah ich ca. 500 Holzdrucke und Zeichnungen bei ihnen

durch und wählte einen guten Stoß davon zur Sendung nach München ... Daß Sie und ich die Zügel unsres blauen Pferdes in der Hand behalten, haben die Berliner vollkommen begriffen.«

Wassily Kandinsky an Franz Marc:

München, 14. Januar 1912
»Es ist riesig nett, daß Sie so oft schreiben ... Auch den Haufen Berliner bekommen, wofür ich noch speziell danke ... Jetzt muss ich doch sagen, wenn es Sie auch vielleicht ärgert, daß ich ... uns Münchner vorziehe ... Von 24 Fotos sind 9 + ½ Akte mit oder ohne Schamhaare, 5 Badende und 2 Circusbilder ... Ich will in *keinem* Falle die Berliner runtermachen, nur stelle ich über diese Zusammenstellung und über auch meinen großen Respekt vor Talent und Arbeit doch vorläufig ein.«

Franz Marc an Wassily Kandinsky:

Berlin, 16. Januar 1912
»Über die Berliner werden wir uns, wie es scheint, nicht so bald einigen.«[216]

Richtig.

Den Besuch bei Erich Heckel in Steglitz, er war zunächst verreist, mussten Franz und Maria auf die Monatsmitte verschieben. Am Ende der vielen Stufen ins Dachgeschoss des Hauses Mommsenstraße 60 stehen sie eines Nachmittags schnaufend vor jener eisernen Tür, die in einen großen Speicher führt. Im Halbdunkel ist der Käfig aus Holzlatten erkennbar, möbliert mit Kisten und Brettern. Tische und Stühle sind mit blauem Sackleinen überzogen. Genau wie das Bett unterm rot bemalten Zelt. Rundum stehen Holzskulpturen. Anwesend ist auch Milda Frieda Georgi alias Sidi Riha, Ausdruckstänzerin (Marc: »Ich vermute ziemlich Varieté mit exotischem Einschlag und koboldartigen Bewegungen«), Hauptdarstellerin von Heckels Kunst und seine Freundin. Das Maria angebotene Sitzmöbel bricht unter ihr zusammen (Marc: »... wir beide kamen uns überhaupt wie ungeschlachte Bären dort vor«).[217]

Eine vertrauensbildende Maßnahme reihte sich in Berlin an die andere, Kontaktaufnahme folgte auf Kontaktaufnahme:

mit Otto Mueller, riesig sympathisch, scheu, liebenswürdig;

mit Emil Nolde, ihm wurde eine ganze Serie von Zeichnungen und Drucken zur Auswahl abgeluchst;

mit Arthur Segal, klug, nett und »ganz außer sich vor Freude, Gesinnungsgenossen … zu finden«[218];

mit Heinrich Nauen, Auffrischung der Erinnerungen an das sommerliche Beisammensein in Schloss Dilborn;

mit dem Kunsthistoriker Walter Kaesbach, »eventuell sehr brauchbar«[219], weil auf dem Sprung nach London und vorübergehend rechte Hand von Ludwig Justi, dem Direktor der Berliner Nationalgalerie.

Das Treffen mit Arnold Schönberg war kein Erfolg.

Hernach vertraute der Komponist seinem Tagebuch an, Marc sei etwas »unklar und nicht sehr bedeutend«. Es sollte ihn wundern, wenn er noch »lange mit Kandinsky zusammengehen« würde.[220] Dazu ist noch zu sagen, dass Schönberg regelmäßig von Kandinsky auf dem Laufenden gehalten wurde. Und auch, dass Marc die Begeisterung des Blauer-Reiter-Partners für die Visionen des Malers Schönberg nicht teilen konnte.[221] Die latenten Unstimmigkeiten in der geschäftlichen Beziehung zu Kandinsky irritierten ihn aber weniger als die akuten Auflösungserscheinungen im Freundschaftsbund mit Macke.

Nachdem Marc dem Kollegen in Bonn schriftlich von seiner Absicht berichtet hatte, Koehlers Sammlung neu zu ordnen, war August, obwohl augenblicklich schlecht bei Kasse, sofort nach Berlin geeilt. Bereits seit Längerem fürchtete er um seine Stellung als »Onkel Bernhards« unersetzlicher Vertrauensmann in künstlerischen Belangen. Zwar besorgten sie nun das Umhängen der Bilder gemeinsam, schieden auch einvernehmlich Werke aus, ohne allerdings das gute Gefühl alter Vertrautheit. Macke schmollte aus noch anderen Gründen. So viele Marcs an den Wänden von Koehlers Privatgalerie hatte er nicht erwartet. Außerdem reagierte August empfindlich auf Franz', so stellte es sich ihm dar, Großtun mit dem Unternehmen Blauer Reiter. Im direkten Umgang mit dem Weggenossen seit nunmehr zwei Jahren noch einigermaßen zurückhaltend, ließ Macke, wieder daheim, seinem Ärger freien Lauf. Unmut kann ungerecht machen. Im Brief an Koehler schimpfte er auf Marcs letzte Schöpfungen, in seinen Augen misslungene »Experimente, aus denen er hoffentlich bald herauskommt«. Beklagte auch die Missachtung neuerdings: »Warum muß die Münter im Blauen Reiter [Almanach] reproduziert werden und viele andere? Und die beiden Herren finden es nicht einmal für nötig, mich aufzufordern?« Loswerden musste Macke auch das: »Ich bin auf Marcs Breitmacherei auch in Deiner Sammlung etwas eingeschnappt.«[222]

Wenigstens spielte Macke mit offenen Karten, denn zeitgleich schrieb er an Marc: »Zur Blauen-Reiter-Ausstellung [im Kölner Gereonsclub] war ich Samstag und Sonntag … Von Deinen Sachen war ich ziemlich enttäuscht. Ich hatte bei allem ein Gefühl des Unfertigen, des Gewollten und nicht ganz Gekonnten. Ich denke gerade darüber nach, dass der Blaue Reiter mich nicht reproduziert. Bis jetzt war ich davon überzeugt, dass andere wichtiger seien. Ich werde auch nicht leicht dazu zu bewegen sein, etwas herzugeben … Eigenliebe, Pantoffelheldentum[223] und Blindheit spielen bei dem Blauen Reiter eine grosse Rolle. Die grossen Worte vom Beginn des grossen Geistigen klingen mir immer wieder in den Ohren … Ich glaube, Kunst kommt nicht von Wollen, auch nicht von Müssen … sondern von Können.«[224]

Marc antwortete postwendend. Um Schadenbegrenzung bemüht, überging er die Schmähungen seiner Bilder. Der Freund müsse unter Phantomschmerz leiden. Selbstverständlich sei er um Reproduktionen seiner Bilder für den Almanach gebeten worden, hätte er nicht schon zuvor energisch abgewinkt. Grundsätzlich hielt der impulsive Macke »Krachschlägereien« unter Künstlern für normal: »Pack schlägt sich, Pack verträgt sich. Es ist kein Ernst hinter dem ewigen Geschrei.«[225]

Da war Kandinsky aber ganz anderer Meinung. Worüber sich Münters Verteidiger im März so bitter bei Marc beklagte, geht aus der Entgegnung des Adressaten nur bruchstückhaft hervor. Das gemeinsame Streben in einer »Sackgasse«? Dabei könne es sich nur um ein Hirngespinst handeln, wehrte Marc die Angriffe Kandinskys ab. Er scheine ihm »gereizt« und sehe deshalb »Mäuse« – »verzeihen Sie den Ausdruck und glauben Sie nicht, daß ich Ihren Brief leichtnehme oder den Harmlosen spiele. Ich fühle tatsächlich in mir nichts von dem veränderten Ton, den ich Ihnen gegenüber haben soll.« Meinungsverschiedenheiten, schrieb er dem Teamgefährten, seien das Selbstverständlichste in der Welt, zumal bei zwei Menschen unterschiedlichen Alters und unterschiedlicher Ausgangspositionen, die sich überdies »nun kaum ein Jahr kennen«.

Ersprießliche Zusammenarbeit, bekam Kandinsky überdies von Marc vorgehalten, basiere auf gegenseitigem Vertrauen, und dieses Vertrauen sei nun seinerseits erschüttert. »Sie sagen von sich, daß Sie oft nichts sagen mögen und hinterher stets Ihre Nachgiebigkeit zu bereuen haben … Betreff Heckel, Kirchner und Pechstein (vor allem Heckel) sind wir am Ende wirklich uneins; aber ist das ein Unglück? Ich empfinde es als *Reiz,* keinesfalls als Sackgasse. Auch nicht, daß ich dem Schönberg als Maler nicht die starke Würdigung und Liebe entgegenbringe, als Sie …« Verweigerung kritikloser Huldigungen, endlich war Marc beim Kernthema angelangt: »Frl. Münters gegenwärtige Arbeiten«. Denn auch angesichts derer hatte Marc bedenklich den Kopf geschüttelt und ebenso wenig seine zunehmende Gereiztheit im Umgang mit der zunehmend reizbaren Fünfunddreißigjährigen verbergen können.

Nicht nur Menschen, die Münter für Freunde gehalten hatte, machten ihr momentan das Leben schwer. Am meisten litt sie unter der wachsenden, von ihrem »Mann« ausgehenden emotionalen Distanz. Im Oktober 1912 würde er nach Russland reisen. Kandinsky dachte daran, sich in Moskau ein Haus zu bauen. Weder war Münter eingeweiht noch ein Teil des letzten Endes nicht realisierten Plans. Wieder in Deutschland, bekam Kandinsky Post von einer Frau, mit der er über Jahre befreundet war. Die Moskowitin Bjena Bogajéwska teilte ihm mit, dass sie nach langer und kinderloser Ehe schwanger sei und ihr Gatte sich bereit erklärt habe, das Kind wie sein eigenes anzusehen. Später stellten Bekannte der Dame eine große Ähnlichkeit ihrer Tochter Xenia mit Kandinsky fest.[226]

In der Wahrnehmung von Marc (und auch von Macke) verhielt sich Münter entweder eine Spur zu mimosenhaft oder einen Tick zu schroff. Wir wissen, dass die Beteuerung Marcs (und auch Mackes), er habe nichts gegen Münter, an der Wahrheit vorbeiging. Die Häufung spitzer Bemerkungen und herabsetzender Titulierungen – »Frauenziefer«, »typische alte Jungfer schlimmster und dümmster Sorte«, »ungebildete Gans« (Marc); »Luder«, »Motte« (Macke)[227] – in der Korrespondenz der beiden Herren spricht eine andere Sprache.

Schließlich setzte sich Münter zur Wehr. Ihr an Marc gerichteter und für Macke mitbestimmter Brief, halb Anklage, halb Rechtfertigung – »Hier kommt eine lange Epistel!« -, umfasst acht große Bögen.[228] Das Ergebnis konnte sie nicht zufriedenstellen. Tatsächlich ist unechte Nettigkeit kaum leichter zu ertragen, als unzulänglich unterdrückte Aversion. Von den schriftlichen Lustigmachereien über »diesen Münter-Quatsch« – »es ist zum Kaputtlachen« -, die noch eine Zeit lang zwischen Bonn und Sindelsdorf hin und her flatterten, erfuhr sie vermutlich nichts.[229] Zu einem echten Friedensschluss kam es ebenso wenig, dazu waren die Fronten zu verhärtet. Letztlich lief es auf so etwas wie ein stillschweigendes Waffenstillstandsabkommen hinaus. Überdies wurden die atmosphärischen Störungen in zwischenmenschlichen Bereichen von erfreulichen Entwicklungen auf künstlerischem Gebiet überlagert.

Aus Berlin nach Bayern zurückgekehrt, hatte Marc an Kandinsky geschrieben: »Ich male endlich wieder fest und hab eine unsägliche Freude daran. ('Hier wird man wieder Mensch, hier darf man's sein') … Wie liebe ich dieses Sindelsdorf!!!«[230] In seinem Dachatelier stand *Der Tiger* auf der Staffelei, eine von Franz Marcs prominentesten Schöpfungen.

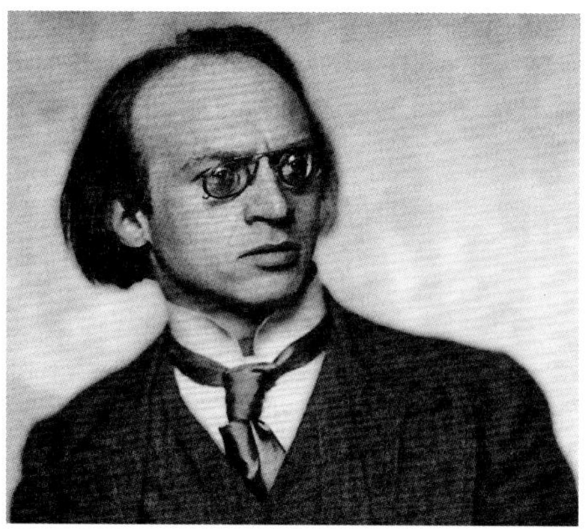

Herwarth Walden

Waren 1910 und 1911 für ihn Jahre des Um- und Aufbruchs gewesen, so brachte das neue Jahr einen ungeheuren Schub nach vorn.

Unter dem Markennamen »Blauer Reiter« umherreisende Exponate (aufgrund von Verkäufen unterschiedlich zusammengesetzt) wanderten bis zum Sommer 1914 durch die Lande. Elf Stationen, im Anschluss an München, sind nachgewiesen: Köln, Berlin, Bremen, Hagen, Frankfurt, Hamburg, Budapest, Oslo, Helsinki, Trondheim, Göteborg.

Ende Februar trug Marcs gutes Einvernehmen mit Heckel, Kirchner, Pechstein und Konsorten erste Frucht. Die Anfrage aus Berlin kam unerwartet. Den Absender des Telegramms, Herwarth Walden (eigentlich Georg Lewin), Jahrgang 1878, kannte er nur vom Hörensagen. Mit den Malern der Brücke war der Musiker, Komponist, Erfinder und Schriftleiter der Wochenzeitschrift *Der Sturm* privat ebenso eng verbunden wie publizistisch. Gemeinsam zog man gegen wilhelminisch spießbürgerlichen Mief zu Felde. Je unmissverständlich provokanter die Meinungsäußerungen, desto willkommener für den Druck. Seit einigen Monaten gehörte das kämpferische Blatt für Kultur und die Künste – zehn Pfennige pro Ausgabe im Abonnement – zu Marcs regelmäßigen Lektüren, zukünftig würde auch er als Mitarbeiter gefragt sein. Am 12. März 1912 startete Walden sein Unternehmen einer Sturm-Galerie mit der Ausstellung »Blauer Reiter. Franz Flaum. Oskar Kokoschka. Expressionisten«.[231] Veranstaltungsort war die Gilka-Villa[232], ein leer geräumtes Abbruchhaus, Tiergartenstraße 34a.

Der neue Mann in München hieß Hans Goltz. Mehr als dreihundert Arbeiten aus dem Bereich der Grafik von insgesamt einunddreißig zeitgenössischen Künstlern hatten die beiden allein verantwortlichen Redakteure für die zweite Blauer-Reiter-Ausstellung (Schwarz-Weiß) zusammengestellt. Seit dem 12. Februar des Jahres hingen sie im Ladenlokal des Buch- und Kunsthändlers, Brienner Straße 8. Aus dem Ringen mit Kandinsky um die Beteiligung von Malern der Brücke war Marc als Sieger hervorgegangen. Von ihm selbst wurden vier Zeichnungen und ein Farbholzschnitt gezeigt, von Maria drei Arbeiten, darunter ihre Lithografie *Tanzende Schafe*, Teil einer Serie von Illustrationen für ein Kinderbuch, das sie dem Insel Verlag vergeblich angeboten hatte.

Das Publikumsinteresse während der drei Ausstellungswochen war ausgesprochen lebhaft. Animiert durch »ordinär aufgeregte« Presseberichte, wollten die Besucher ihre Vorurteile bestätigt sehen. Abends, bei einem Vortrag mit anschließender Diskussion, musste Kandinsky Beschimpfungen, beispielsweise als Flegel, ertragen. Bei Goltz war auch ein gewisser Paul Klee vertreten. Erst im vergangenen Oktober hatte der Zweiunddreißigjährige – auf Empfehlung von August Mackes Freund Louis Moilliet – Kontakt zu Wassily Kandinsky bekommen.[233] Mit neunzehn hatte Klee in München bei Heinrich Knirr sein Kunststudium aufgenommen und bald darauf bei Franz (von) Stuck fortgesetzt. Zunächst unsicher, ob er darstellender oder bildender Künstler werden solle, machte der Sohn einer Schweizer Sängerin und eines deutschen Musiklehrers das Malen und Zeichnen dann doch zu seinem Hauptberuf. Während eines Aufenthalts in Italien, die Vorbilder klassischer Kunst vor Augen, beschlich ihn ein Gefühl der Unzulänglichkeit. Nach Bern ins Elternhaus zurückgekehrt, lebte er eine Weile von Engagements als Violinist. In Paris kam er mit den Werken französischer Avantgardisten in Berührung. Sie öffneten ihm Augen und Herz für progressives Schaffen – auf seine sehr individuelle Art. Der Bann war gebrochen. 1906 heiratete Paul Klee die Pianistin Lily Stumpf. Die Eheleute bezogen in München, Ainmillerstraße 32, eine bescheidene Dreizimmerwohnung. Zwei Häuser entfernt lebten bekanntlich, sofern sie nicht in Murnau weilten, Kandinsky und Münter. 1907 wurde Felix Klee geboren. Sein Vater »führte den Haushalt, kochte, war Kindererzieher, arbeitete in und an seiner Kunst …«, derweil Lily Klee die Familie mit Klavierunterricht wirtschaftlich über Wasser hielt.[234] Demnächst würde auch Maria Franck regelmäßig bei ihr Stunden nehmen.

Wenige Tage bevor in der Münchner Buchhandlung Goltz die zweite Ausstellung der Redaktion Der Blaue Reiter abgehängt wurde, öffnete am 24. März 1912 in Berlin die V. Ausstellung der Neuen Secession ihre Pforten.

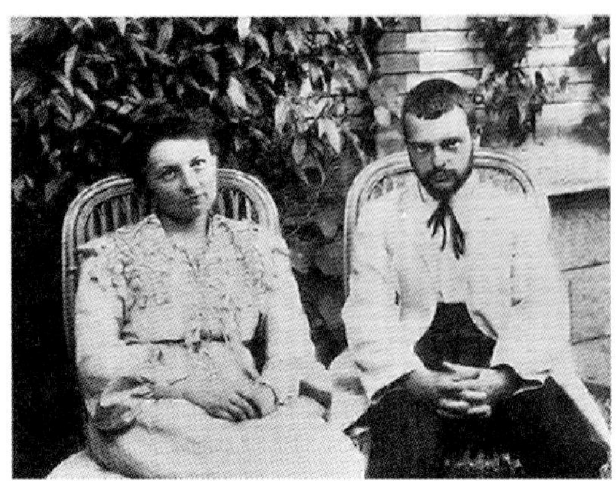

Lily und Paul Klee

Franz Marc ist im Katalog mit einem Holzschnitt, *Ruhende Pferde*, und einer Bleistiftzeichnung, *Zwei Kühe unter Bäumen*, aufgeführt. Als vier Monate später auf Anregung des Vorstands der Neuen Secession in der Buch- und Antiquitätenhandlung Reuss & Pollack, Potsdamer Straße 118c, eine ständige Verkaufsschau für Grafik eingerichtet wurde, durfte er zwei kleinere Bilder besteuern, laut Brief Franz Marcs an Georg Tappert »das gelbe Pferd«[235] und die Temperaarbeit »Pferd und Esel«, Preisangabe je »150 Mark«.[236]

Im Mai half Marc die Münchner Einzelausstellung Mackes in der Neuen Galerie Thannhauser vorbereiten. Außerdem hielt er nach nicht ganz einem Jahr intensivster Vorarbeiten die Erstausgabe des *Almanachs Der Blaue Reiter* in Händen.[237] Am 11. des Monats schrieb er an Kandinsky: »Der Eindruck des Buches ist doch ein fabelhafter. Ich hatte ein solches Glücksgefühl, es endlich fertig zu sehen.«[238] Hunderteinundvierzig Reproduktionen, acht Initialen und Vignetten, drei Musikbeilagen plus neunzehn redaktionelle Beiträge. Die einleitenden Texte, glaubensstark-feierlichen, um nicht zu sagen religiösen Charakters, hatte Marc verfasst. Sie sind *Geistige Güter*, *Die »Wilden« Deutschlands* und *Zwei Bilder* überschrieben. Marc, der Zelebrant am Altar moderner Kunst. Marc, der Prediger vom Untergang der »alten Ideen und Schöpfungen«.[239] Marc, der Verkünder eines bevorstehenden Pfingstereignisses: »Es sind eigenwillige, feurige Zeichen einer neuen Zeit, die sich heute an allen Orten mehren.

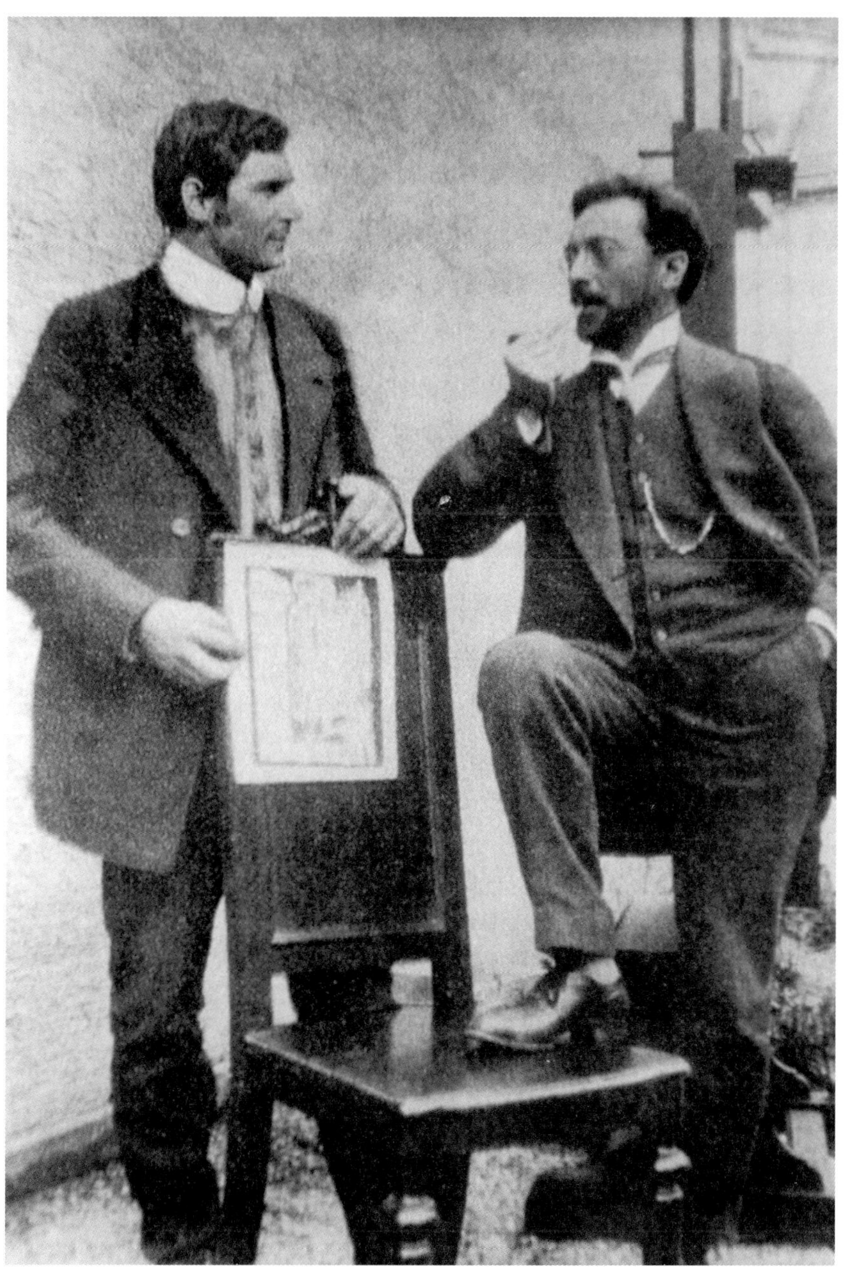

Franz Marc und Wassily Kandinsky mit dem Titelholzschnitt zum Almanach Der Blaue Reiter, *1912*

Dieses Buch soll ihr Brennpunkt werden, bis die Morgenröte kommt und mit ihrem natürlichen Lichte diesen Werken das gespenstige Ansehen nimmt, in dem sie der heutigen Welt noch erscheinen.«[240] Marc, der Himmelsstürmer: »... vorwärts um jeden Preis, wie ein Strom, der alles mögliche und unmögliche mit sich führt, im Vertrauen auf seine reinigende Kraft.«[241]

Freund August Macke bekam von ihm ein Exemplar des *Almanachs* zugeschickt. Sein in das Werk aufgenommener Essay und die zwei reproduzierten Bilder versöhnten den jungen Spötter nicht mit dem Duktus der Publikation: »Lieber Franzl! Vielen Dank für den Blauen Reiter! Also ist er doch erschienen! Und er ist ganz gut geworden. Rein geistig genommen, erscheint mir das Buch ... einstweilen wie ein Floh, der auf einer Mahagony-Tischplatte mit lebhaftem Zock-Zock herumspringt.«[242]

Wer aus dem Meinungsaustausch zwischen Franz Marc und Max Beckmann in der literarischen Zeitschrift *PAN*[243] als Gewinner quasi hervorging, lässt sich nicht ermitteln. Am Anfang des kunsttheoretischen Streitgesprächs stand Marcs Plädoyer für die moderne Malerei. Prompt meldete sich daraufhin Beckmann, in jener Zeit noch bekennender Traditionalist, mit einer »Erwiderung« zu Wort, die nunmehr Marc zur Gegenrede reizte ...[244]

An und für sich waren ihm offen ausgetragene Kontroversen ein Gräuel. Grundsätzlich entsprach Nachsicht seinem Wesen mehr als Zurückweisung. Etliche Kollegen kamen in den Genuss von Marcs Hilfsbereitschaft. Ernst Ludwig Kirchner verschaffte er Zugang zu potenziellen Käufern. Albert Bloch, ein anderes Beispiel, wurde von ihm mit Herwarth Walden zusammengebracht, der daraufhin Ausstellungen des Amerikaners deutsch-böhmischer Abstammung in ganz Europa arrangierte. In Bezug auf die Genialität Paul Klees ließ Marc so lange nicht locker, bis auch der *Sturm*-Publizist und *Sturm*-Galerist von ihr überzeugt war. Für Jean Bloé Niestlé handelte er mit Bernhard Koehler die gleiche monatliche Zuwendung aus wie einst für sich selbst. Marcs unermüdliches Werben für die Veröffentlichung von Klees sechsundzwanzig Federzeichnungen zu Voltaires satirischer Novelle *Candide ou l'optimisme* blieb zu seinem großen Bedauern erfolglos. Alle von ihm angesprochenen Verleger, einschließlich Reinhard Piper, lehnten ab. (Die Illustrationen wurden erst 1920 im Münchner Kurt Wolff Verlag veröffentlicht.) Marcs Eintreten für ein Mitglied der Brücke[245] beruhte auf Mitleid. Junge Künstler alter Schule hatten sich mit dem, zugegeben neuerdings ziemlich selbstherrlich auftretenden Max Pechstein einen schlechten Scherz erlaubt, ihm willkürlich hingekleckste »Futuristengemälde« mit der Bitte um sein Urteil zugesandt. Statt die billigen Nachäffungen als solche zu identifizieren, erging sich Pechstein in euphorischer Lobpreisung, worauf die zuvor entsprechend geimpfte Berliner Presse mit beißendem Spott reagierte. Marcs Versuch einer Ehrenrettung des Kollegen erschien in den *Münchner Neuesten Nachrichten.*

Und wie stand es mit den Sindelsdorfer Kameraden? Mittlerweile war die alte Vertrautheit im Umgang mit Jean Bloé Niestlé wieder hergestellt. Im Februar 1913 waren von ihm in der Galerie von Wolfgang Gurlitt vierzig Werke zu sehen. Es kann nicht falsch sein, anzunehmen, dass Marc diese, erste, Einzelausstellung des Freundes bewerkstelligt hatte. Von Berlin ging die Kollektion Niestlé über Jena in weitere deutsche Städte. Zusammenkünfte mit Campendonk blieben die Regel, auch nachdem er mit seiner Freundin – die Malerin Adda [Adelheid] Deichmann traf im April 1912 in Sindelsdorf ein – vom Bierbichler im Ort in den zwei Kilometer östlich liegenden Weiler Urthal umgezogen war.

Der Sommer 1912 hielt mannigfaltige Zerstreuungen bereit. Marc setzte die, im Vorjahr begonnene, Arbeit an dokumentarischen, seine Gedanken ordnenden Notizen fort. Das Paar Franz und Maria nahm seine Wanderungen nach Murnau wieder auf, wenngleich die Treffen mit Kandinsky und Münter insgesamt weniger geworden waren. Die Zeit der Überfülle gemeinsamer Aktivitäten war vorbei, seit Kandinsky nachlassendes Interesse an einem Folgeband des *Almanachs* signalisierte und auch seit Walden an Stelle von Marc für Ausstellungsplanung und Öffentlichkeitsarbeit verantwortlich zeichnete.

München wurde hingegen immer häufiger angesteuert, zu musikalischen Veranstaltungen, Theateraufführungen sowie Visiten unter anderem bei dem Schriftsteller Karl Wolfskehl und seiner Ehefrau Hanna, auch zunehmend bei den Klees. Ende Juni schrieb Maria nach Bonn: »Selten, dass man, wenn man sich kaum kennt, so nette Stunden miteinander verlebt. Frau Klee hat musiziert … Freitag wollen wir zusammen was vorspielen – Geige und Klavier. Ich freue mich so darauf.«[246] Während Paul Klee seine Violine zum Klingen brachte und Lily Klee im Wechsel vielleicht mit Maria Franck das Piano, zeichnete Franz Marc mitunter die beim Hören der Melodiefolgen in seinem Kopf entstehenden Bilder. Oder behielt sie in Erinnerung. Zu Beginn des folgenden Jahres bedankte er sich mit einer, in Sindelsdorf, rückseitig bemalten Postkarte (*Sonatine für Geige und Klavier*) für einen nachklingenden Hausmusikabend. Die Wohnung des Ehepaares Klee wurde, neben derjenigen von Paul und Helene Marc, zur bevorzugten Anlaufstation bei Aufenthalten in der Stadt.

In der ersten Julihälfte unternahmen Franz und Maria eine zehntägige Tour auf Schusters Rappen nach Innsbruck. Hinwärts folgten sie der gemäßigten

Achtzig-Kilometer-Route Garmisch, Mittenwald, Scharnitz, Seefeld, Zirl. Retour nahmen sie den anspruchsvollen Weg durchs Karwendelgebirge, über Lafatscherjoch, Lafatschertal und Halleranger Alm im Quellgebiet der Isar.[247]

Bevor das Paar nach Hessen und ins Rheinland fahren konnte, musste das Loch in der Haushaltskasse gestopft werden. Mitte August mahnte Marc bei Walden die Zahlung für »Geliefertes« an. Tausend Mark. Ständig ging es in ihrer Korrespondenz um Geld. Geld, das Marc brauchte und Walden nicht hatte, und Geld, das Walden brauchte und Marc nicht hatte. Der Galerist, ständig am finanziellen Abgrund jonglierend, träumte vom Verkauf von Anteilscheinen, die aber kein Mensch erwerben wollte.[248]

Zieht man das Bilderkontingent für Bernhard Koehler ab, bekanntermaßen pauschal abgegolten mit dem monatlichen Fixum von zweihundert Mark, so fand Franz Marc im Jahr 1912 für zwölf Gemälde und fünf Papierarbeiten zusätzliche Käufer. Doch leider war steigende Bekanntheit keine Garantie für steigende Preise. Für *Die großen blauen Pferde* bekam er von dem Arzt Curt Glaser lediglich sechshundert und für den *Holzträger* von dem Kunstwissenschaftler Ernst Benkard nur hundertfünfzig Mark. Die *Katze mit Jungen* und *Die weiße Katze* gingen in Carl Hagemanns Sammlung. Bei seinem Tod hinterließ der Leverkusener Chemiker, Mitarbeiter der Farbenwerke Bayer, seinen Erben tausendneunhundert Kunstgegenstände. Marcs Gemälde *Kühe, Rot, Gelb, Grün* wurde von dem Erfurter Schuhfabrikanten Alfred Hess und dessen Frau Thekla erworben.

Anfang September 1912 bestiegen Franz und Maria in München den Zug nach Frankfurt. Zwei Postanweisungen von Walden, à fünfhundert Mark, hatten sie rechtzeitig liquide gemacht. Die Stadt am Main bot Anlass zu doppelter Freude. Zum einen fand gerade im Kunstsalon Marcel Goldschmidt & Co. die Gruppenausstellung der Redaktion des Blauen Reiters statt. Erst drei Monate zuvor waren sich Marc und der Inhaber der Galerie einig geworden, nach Verhandlungen, die bereits 1911 begonnen hatten. Zum anderen stand die Eröffnung einer, seiner, Einzelausstellung im Kunstsalon Ludwig Schames bevor. Auch diese Geschäftsverbindung hatte er bekanntlich in Eigeninitiative hergestellt. Ein Kunstkritiker der *Frankfurter Zeitung* vertrat die Meinung, dass Marcs Bilderfolge höchstes Lob verdiene.[249] Da war es nur ein kleiner Schritt bis zu Kunsthändler Schames Entscheidung, *Die kleinen blauen Pferde* für sich zu behalten. 1916 wurde das Gemälde von Ernst Benkard gekauft und kam nach einer weiteren Zwischenstation an das Sammlerehepaar Hess. In ihrer Villa hing es, ihr ganzer Stolz, über einem Bauhaussofa.

Apropos Pressemeldungen. Wir schauen kurz nach Hamburg, wohin die Blauer-Reiter-Ausstellung von Frankfurt aus ging. Im *Hamburgischen Corres-*

pondenten erschien ein ausführlicher Bericht über die in den Kunstsälen Louis Bock & Sohn präsentierten Exponate. Franz Marc, hieß es da, produziere Marslandschaften und Tiere, die an Kinderspielzeuge erinnerten. Lediglich Bilder von Gabriele Münter und Marianne von Werefkin wurden als erträglich eingestuft. In den *Altonaer Nachrichten* stand gedruckt: »Ein Glück nur, daß Stöcke und Schirme gleich am Eingang abgegeben werden müssen, sonst hätte am Ende schon längst ein wahrhaftiger Bildersturm stattgefunden. Ein Wunder überhaupt, daß noch nicht so ein unglückseliger Messerstecher auf die Idee verfallen ist, seine Kunstfertigkeit an diesen hirnverbrannten Zukunftsmalereien auszuprobieren!«[250]

Für Franz und Maria folgte auf Frankfurt Bonn. Selbstverständlich wohnten sie beim Ehepaar Macke im Haus Bornheimer Straße 88[251] mit herrlichem Garten. August war gerade von einer achtwöchigen Militärübung zurückgekehrt – und Elisabeth mit ihrem zweiten Kind schwanger. Gemeinsam fuhren sie ins nahe Köln. Seit ihrer Eröffnung Ende Mai 1912 war die »Internationale Kunstausstellung des Sonderbundes Westdeutscher Kunstfreunde und Künstler« ein Publikumsmagnet. Die Planer der bislang umfassendsten Präsentation moderner Kunst in Deutschland hatten sich den Pariser Herbstsalon zum Vorbild genommen. In der Kölner Kunsthalle am Aachener Tor waren, auf einer Fläche von fünftausend Quadratmetern, sechshundertvierunddreißig Werke[252] versammelt. Leicht machten es die Veranstalter den Besuchern nicht. Alle Exponate der »Jahrhundertschau« hatten lediglich Nummern; Titel und Künstlernamen mussten einem Katalog (mit doppelseitiger Werbeanzeige für den *Almanach Blauer Reiter*!) entnommen werden, der aber erst Wochen nach Ausstellungsbeginn vorlag. In Tageszeitungen überwogen die ablehnenden und in der Fachpresse die zustimmenden Rezensionen. Franz Marc, urteilte der Kunsthistoriker Paul Ferdinand Schmidt (Direktionsassistent am Museum zu Magdeburg), habe eine »so reiche Phantasie, daß man für ihn alles Gute erhoffen darf«.[253] Ein anderer, anonym gebliebener Kritiker, bescheinigte ihm »visionäres Können«.[254]

Möglicherweise stapelte Marc ein wenig tief, als er am 25. September an Kandinsky schrieb: »Meine Sachen mag ich hier gar *nicht*, süß und schön, ich bin ganz erschrocken.«[255] Allerdings hingen in Saal 17 *Die gelben Pferde* und der *Tiger* in Sichtweite von Kandinskys nahezu ungegenständlicher *Improvisation 21a*. Marcs *Ruhende Kühe* und sein *Kauerndes Reh* waren in Saal 18 zu sehen, während sich die *Zwei Katzen* im Saal 16 solitär gegen die Konkurrenz behaupten mussten. Dieses Bild kaufte Selma von der Heydt, Bankiersgattin aus Elberfeld und Expertin für deutsche Expressionisten. Marc wurmte die Hängung, das sinnlose Auseinanderreißen seiner Bilder. Nur war dieser Ärger harmlos im Vergleich zu dem Ärger im Vorfeld. Sechs Werke hatte er eingereicht, eines war zurückgestellt worden. Deshalb, doch vor allem wegen der insgesamt sehr großen Zahl nicht nachvollziehbarer Relegationen, dreihundert etwa, hatte sich der Umgangston im Briefwechsel mit Macke, Mitglied des Arbeitsausschusses, sprich der Auswahlkommission, vorübergehend verschärft. Marc plante Satisfaktion, der Freund schalt ihn undankbar. Bei Walden rannte er mit seiner Vergeltungsidee offene Türen ein. Mit Freuden stellte der *Sturm*-Galerist seine Räume für eine Protestveranstaltung zur Verfügung. Die Kölner Bilderschau dauerte noch an, als in Berlin die von der Jury des Sonderbundes Westdeutscher Kunstfreunde und Künstler aussortierten Werke zu ihrem Recht auf Öffentlichkeit kamen.

Marcs Zweifel an der Wirkungskraft seiner Bilder hatte ihn bereits im Juli zu der Überlegung angeregt, was wohl »die Menschen alles dabei denken, wenn sie sie sehen«. Es quälte ihn, »daß keines so klar ist, daß man meinen Wunsch unzweideutig lesen kann«. Aber deshalb resignieren? Man könne doch, sprach er sich vorerst Mut zu, »das Malen nicht aufstecken, weil man um 50 oder 100 Jahre zu früh auf diesen Planeten geraten ist«. Obwohl ihn zugleich der Gedanke faszinierte: »Den Kopf unter die Decke stecken, für 100 Jahre, und dann von vorn anfangen.«[256]

Wenige Tage nach ihrer Ankunft in Bonn packten Franz und Maria wieder ihre Koffer. Am 26. September 1912 fuhren sie, von Macke begleitet, nach Frankreich. Ihr Trip diente dem direkten Vergleich der Qualität der Präsentation des Sonderbundes mit derjenigen des Salon d'Automne. Restlos überzeugt war Marc erneut von Henri Matisse, »sieghaft stark«![257] Unter den Jungen gefiel ihm ein Überläufer vom Neoimpressionismus zum Kubismus am besten. Bewundernswert Robert Delaunays dreidimensional wirkenden Darstellungen unter Verwendung geometrischer Formen. Bildkompositionen nach dem Baukastenprinzip. Im Frühjahr war Klee von dem sensationell modernen Maler in seinem Pariser Atelier empfangen worden. Jetzt schaffte es Marc mit Macke und Maria in Delaunays Allerheiligstes vorzudringen. Gar nicht sattsehen konnte er sich an der Serie der *Fenêtres*, der Fensterbilder – kristalline Rauten prismatisch zerlegt, simultane Kontraste, das heißt gegenseitige Beeinflussung benachbarter Felder. Im engen Austausch mit seiner Ehefrau, der Malerin und Designerin Sonia Delaunay-Terk, hatte der 1885 geborene Sohn aus gutem Hause, sein Farb- und Perspektivspiel entwickelt. Marc, nach neuen, stärkeren Ausdrucksmitteln suchend, nahm es sich zum Vorbild.

Menschlich und geistig kam er (anders als Macke und Klee) mit dem fünf Jahre jüngeren Autodidakten nicht zurecht. Ihr mündlich begonnener Disput wurde brieflich fortgesetzt, auf Französisch selbstverständlich. Marc lehnte Delaunays »ganz rückständige Scholastik« kategorisch ab: »Er jonglirt«, argumentierte er gegenüber Klee, »mit nichtssagenden lateinischen Worten u. geht quasi logische Gedankengänge, die ein geradezu kindliches Philosphiren verraten. Was damit für die Kunst geschafft u. geklärt werden soll, ist mir unerfindlich … Ich bin jedenfalls zu dumm dazu.«[258]

Franz, Maria und August logierten in Paris im Hotel Mont-Mayoul, Rue de Bac, nahe dem Louvre.[259] Acht Tage waren sie von morgens bis abends auf den Beinen. Wissbegier trieb sie in die Geschäftszentren progressiver Malerei. Wir lesen in Marcs Tagesmeldungen an Kandinsky von spannenden Recherchen in einschlägigen Galerien wie auch in den Häusern privater Sammler. Unbedingt musste die letzte verfügbare Zeit für einen Abstecher nach Montmorency reichen, zu Elisabeth Iwanowna Epstein. Vorübergehend hatte die gebürtige Russin in München gelebt, bei Jawlensky Unterricht genommen und zwei ihrer Bilder in der ersten Ausstellung der Redaktion Der Blaue Reiter zeigen dürfen. Nun versprach ihr Marc, bei den ihm bekannten deutschen Kunsthändlern ein gutes Wort für sie einzulegen. Nicht ohne Erfolg übrigens.

Am 4. Oktober 1912 kehrte die kleine Reisegruppe zurück nach Bonn. Für den 8. des Monats stand ein Treffen mit Walden auf dem Programm. »In Köln«, so Marc, »hingen wir gestern … die Futuristen; wir sind ganz überrascht, wie *gut* sie sind, glänzende Bilder; das dumme Geschrei gegen sie ist wirklich unfasslich.«[260] Der *Sturm*-Galerist hatte es sich nicht nehmen lassen, die im vergangenen Frühjahr von ihm ausgestellten Exponate auch in Otto Feldmanns Rheinischem Kunstsalon ins rechte Licht zu rücken. Seinen ersten Eindruck von den Futuristen teilte Marc in einem Artikel für Waldens Zeitschrift mit. Sie stünden, meinte er, »mit beiden Füßen in der Wirklichkeit und die Titel ihrer Bilder seien ›wie japanische Gedichte‹«.[261] Die Titel ihrer Bilder vielleicht. Ihre Bilder selbst gewiss nicht. Denn die waren, Marc sah es wohl, »herb und hart« und »wild«.[262] Das Herbe, Harte, Wilde noch im Kopf, würde er sich, heimgekehrt ins Sindelsdorfer Atelier, ans Adaptieren auch solcher, extrem herausfordernden Varianten expressionistischer Pinselführung machen.

Die Futuristen brachten den Lärm der Straße, das Stampfen von Maschinen, das Aufheulen eines Autos, den Rausch der Geschwindigkeit auf die Leinwand. Im Zentrum futuristischer Abende mit futuristischer Musik, futuristischem Schauspiel, futuristischer Malerei und futuristischen Texten stand die Publikumsbeschimpfung. Erfolgreich waren dergleichen Spektakel nur dann, wenn Saalschlachten Polizeieinsätze notwendig machten. Der Vordenker und Anführer der Gruppe, Filippo Marinetti, und seine Gefolgsleute Umberto

Boccioni, Carlo D. Carrà, Luigi Russolo sowie Gino Severini, alles Italiener bürgerlicher Herkunft, schwankten zwischen Endzeitpanik und Zukunftsekstase, zwischen Selbsthass und Größenwahn. Während ihre Bilder zu akzeptierten Bestandteilen der klassischen Moderne wurden, leistete die martialische Bekennerschrift der Futuristen dem Faschismus Vorschub.

Zweifelsfrei kannte Marc das Pamphlet.[263]

Und er, der Nietzsche-Jünger, fand daran Gefallen!

An einem nicht bestimmbaren Tag ergänzte er seine Aufzeichnungen im Oktavformat auf Skizzenblättern um den Hinweis auf das »wunderbare literarische Manifest Marinetti's«.[264] Er goutierte also Parolen wie: »Wir wollen die Liebe zur Gefahr besingen …« – »Wir wollen den Krieg verherrlichen … diese einzige Hygiene der Welt -, den Militarismus, den Patriotismus, die Vernichtungstat der Anarchisten, die schönen Ideen, für die man stirbt … besingen werden wir die nächtliche, vibrierende Glut der Arsenale und Werften …« – »Legt Feuer in die Regale der Bibliotheken! … Ergreift die Spitzhacken, die Äxte und die Hämmer und reißt nieder, reißt ohne Erbarmen die ehrwürdigen Städte nieder.«

Europa glich einem Pulverfass.

Im Gegensatz zu Marc sah Kandinsky die reale Katastrophe bereits kommen, mit all ihren Gräueln: »Außer der persönlichen Frage, wohin ich … dann soll, ist mir der Krieg schrecklich. Ich fühle so stark die Teufelshand darin, daß es mir kalt wird. Die schrecklichen Möglichkeiten können sich in's Unendliche entwickeln und die schmutzigen Folgen werden lange ihre stinkende Schleppe über den ganzen Erdball ziehen. Und … die Berge von Leichen.«[265]

Unmöglich, die hochexplosive und hochkomplexe Situation mit wenigen Worten zu erläutern. Hier nur so viel: Bismarck hatte um die gefährliche Lage Deutschlands, umgeben von den drei Großmächten Frankreich, England und Russland, gewusst. Seine Bündnispolitik diente der Friedenssicherung. Über viele Jahre gelang ihm die Isolation Frankreichs, des Kriegsgegners 1870/1871. Der deutsche Kurswechsel begann mit der Nichterneuerung des Rückversicherungsvertrags mit Russland. Verstärkte überseeische Aktivitäten brachten Deutschland in Rivalität zu England. Mit der Entlassung des Reichskanzlers durch Wilhelm II. war an die Stelle des europäischen Kräftegleichgewichts ein System konkurrierender kolonialer Expansion getreten. Die bereits industrialisierten Staaten suchten nach Rohstoffquellen und Absatzmärkten. Insbesondere aber machte allseitiges Vormachtstreben gepaart mit der Ausbreitung nationalistischer Ideen das alte Spiel der Kräfte zunichte.

In den letzten Monaten des Jahres 1912 spitzte sich die Lage weiter zu:

In dem estnischen Hafen Baltischport (Paldiski) fand ein deutsch-russisches Gipfeltreffen statt. Die Gespräche zwischen Kaiser Wilhelm II. und Zar Nikolaus II. brachten keine Annäherung.

Der französische Ministerpräsident Raymond Poincaré drängte auf ein eindeutiges Bekenntnis Russlands zur Entente cordiale, dem »herzlichen Bündnis« zwischen seinem Land und England.

Vor der Insel Helgoland fand ein groß angelegtes Manöver der deutschen Kriegsmarine statt.

In Südosteuropa eskalierte eine militärische Offensive gegen die osmanische (türkische) Fremdherrschaft unter Einbeziehung der Bündnisstaaten Serbien, Bulgarien, Montenegro und Griechenland sowie Russlands, Österreich/Ungarns und Italiens zum 1. Balkankrieg.

Die Krise führte zu nochmaliger Vermehrung der Rüstungsanstrengungen und Vergrößerung der Armeen; in Deutschland wurde eine *Friedens*stärke von zirka 750 000 Mann angestrebt. Frankreich verlängerte den Wehrdienst und zog zwei Jahrgänge gleichzeitig ein. England holte Teile seiner Mittelmeerflotte in die Nordsee zurück und organisierte ein Expeditionskorps für den europäischen Festlandskrieg.

Am 12. Dezember 1912 starb in München der greise Luitpold von Bayern. Mit seinem Tod ging eine Ära, die nach ihm benannte Prinzregentenzeit zu Ende, eine bajuwarische Abart der Belle Époque.

Auf dem biografischen Zeitstrahl befinden wir uns in der zweiten Oktoberhälfte 1912. Franz und Maria sind noch immer bei den Mackes. In Augusts Atelier entsteht das Wandgemälde *Paradies*. Er bevorzugte derzeit mythische Motive. Laut Elisabeth malte Marc die Tiere und die Landschaft, ihr Mann den Adam und die Eva. Maria setzte die Biene an den unteren Bildrand. Das Fehlen der Schlange wollten die Schöpfer des Gemeinschaftswerks als ein Zeichen der Harmonie von Mensch und Natur gedeutet wissen. Zum Leidwesen des Gastgebers brachte der Besucher die gewohnten Tagesabläufe durcheinander. Während August kreative Pausen für eine Tugend hielt, verzichtete Franz in der Regel aufs Faulenzen; ihn hielt bekanntlich nur unablässiges Arbeiten im seelischen Gleichgewicht. »Er leidet«, schrieb Macke an Koehler, »an konstanter Maleritis und Schreiberitis.« – »Er ist kolossal tätig und kann, im Gegensatz zu mir, gar nicht ruhig sitzen … Jedenfalls ist diese konstante Tätigkeit für ihn Bedürfnis und umgänglich notwendig. Bei aller Bewunderung dafür kann sie einem Nahestehenden ja manchmal auf die Nerven fallen.«[266]

Bevor Franz und Maria ihre Rückreise antraten, schauten sie in Barmen vorbei. Keinesfalls hätten sie sich die aktuelle Ausstellung des Kunstvereins in der Ruhmeshalle entgehen lassen, an der Marc mit sage und schreibe vierundzwanzig Gemälden und fünf Radierungen beteiligt war.[267] Manchmal, wenn mehrere Ausstellungen zeitgleich liefen und der Sindelsdorfer Speicher so gut wie leer geräumt war, musste er auf die Schnelle für Nachschub sorgen. In München fand zurzeit in Goltz' Neuer Galerie für Neue Kunst die erste Gesamtausstellung von dreiundsiebzig Künstlern der Gruppierungen Blauer Reiter, Neue Künstler-Vereinigung München, Brücke und Schweizer Moderner Bund statt. Seit ihrer Eröffnung am 10. des Monats sorgte sie konstant für Aufregung. Marc hatte zehn seiner Werke beigesteuert. Allerdings war er nicht gut auf die Riesenschau zu sprechen. Korrekt: auf den Veranstalter. Und das hing vor allem mit Erfahrungen zusammen, die er mit diesem jüngst in Paris gemacht hatte. Goltz hatte ihn und August Macke zu der Reise ins Zentrum der europäischen Avantgarde eingeladen. Gemeinsam war man dorthin gefahren. Wenn Marc in seiner Schilderung nicht übertrieb, dann waren die Auftritte des noch relativ unkundigen deutschen Kunsthändlers bei den überaus kenntnisreichen französischen Kunsthändlern ziemlich blamabel. Anstatt schweigend zuzuhören, schrieb er an Kandinsky, hätte Goltz den Großsprecher herausgekehrt. »Wenn man mit ihm bei Kahnweiler, Brummer, geschweige Fénéon [Bernheim-Jeune], Vollard etc. ist, geniert man sich auf die peinlichste Art.«[268] Münter fand, dass man glücklich sein dürfe, Goltz für den Kreis um den Blauen Reiter gewonnen zu haben. Von der Notwendigkeit einer festen und zugleich noblen Ausstellungsadresse (Odeonsplatz 1) absolut überzeugt, hatte sie den mutigen Schritt des Buchhändlers in die kunsthändlerische Professionalität mit fünftausend Mark unterstützt.[269] Marc, anfänglich für die Investition, schimpfte jetzt auf das »Kaufhaus mit dem ideenlosen Durcheinander« und forderte Münter zur Kündigung ihres Goltz eingeräumten Darlehens auf. Kandinsky fand die Einmischung ähnlich empörend wie seine Gefährtin. Riet ihr aber zu Geduld: »Das Leben siebt die Freunde aus!«[270] Klee unterstützte Münters Engagement. Die moderne Kunst, schrieb er in einer schweizerischen Zeitschrift, habe nun in denkbar bester Lage ein richtiges Heim bekommen, nachdem sie bisher von der Gastfreundschaft und von Konzessionen eigentlich andersgläubiger Unternehmer abhängig gewesen war.[271]

Maria beobachtete Menschentrauben vor der Eingangstür zu dem großen Schauraum, »so dass man meint, dort sei ein Lachkabinett, trotzdem verkauft Goltz ziemlich viel; und eine ›Kunsthistorikerin‹ mit kurz geschorenem grauen Haar quatscht den Leuten die Ohren voll«.[272] Das war wohl auch nötig, denn trotz des zufriedenstellenden Ergebnisses waren die Kopfschüttler vor den Bildern in der Mehrheit. Ein Reporter der *Münchner Neuesten Nachrichten*, zwangsverpflichtet zur Berichterstattung, trieb mit seinem Entsetzen Scherz:

»Der Mann, der die Ausstellung Goltz am Odeonsplatz verließ, rief nach einem Auto: ›Fahren sie mich rasch‹, sagte er zu dem Chauffeur, ›der Herr Moosburger [Jawlenskys *Prophet*], und die gelbe Kuh [von Marc] verfolgen mich …‹ Der Chauffeur lächelte und gab Gas, die Ludwigstraße hinab gegen Schwabing zu. Der Herr Moosburger und die gelbe Kuh blieben zurück bei Goltz. Herr Moosburger mit blutigrotem Gesicht hängt rechts an der Wand, die gelbe Kuh links. Die Kuh ist wütend geworden, weil man sie mit Eierdotter beschmierte, der Herr Moosburger zeigt seine Schamröte wegen seines stattlichen grünen Vollbartes … Der Zufall hat einen Schirmständer daneben gestellt, raffinierter Gedanke: Hier einen Schirm hinzustellen, ihn aufzuspannen, mit ihm die Augen zu beschatten und dem Ausgang zuzueilen. An der Kasse sagt man dann: ›Fräulein, verstehen Sie das?‹ und das ehrliche kleine Fräulein sagt: ›Nein‹. Es sitzt den ganzen Tag dem Herrn Moosburger gegenüber …«[273]

Mitte November 1912 war der Rat des nach seiner Scheidung vermeintlich wiederverheirateten Franz Marc gefragt. Herwarth Walden erkundigte sich, welche Papiere für eine Eheschließung gleicher Art in England notwendig seien. Die Antwort fiel seltsam unpräzise aus. Walden und Nell Roslund (Schwedin, Musikerin, Malerin, sehr jung, sehr tüchtig) reisten dennoch nach London. Ob es ihnen gelang, dort rechtsgültig vor dem Standesamt getraut zu werden, blieb ihr Geheimnis.[274] Jedenfalls schickten die Sindelsdorfer Notlügner am 1. Dezember Glückwünsche zur Vermählung nach Berlin, »wir freuen uns sehr, Ihre Frau bald kennen zu lernen«.[275]

Und deren Vorgängerin außerdem!

DER BLAUE REITER – ZWEITE UND LETZTE ETAPPE

Ich male von nun an so, wie ich lebe: durch den Instinkt …

Am 20. Dezember 1912 schrieb Maria in ihrem Weihnachtsbrief an die Familie Macke: »Wir sind in Berlin und gucken uns die Leute an. Da erlebt man schon närrische Sachen … In diesem Jahre sind wir weniger mit ›Malerei‹ zusammen, als vielmehr mit ›Literatur‹.«[276] Einer der Programmpunkte, wohl von Marc auf ihre Kulturagenda gesetzt, war die Lesung Alfred Momberts aus seinem Versdrama *Aeon vor Syrakus*. Das Werk des »Sehers« mit dem stechenden Blick und Verkünders einer neuen Zeit ist stark an Nietzsche orientiert. Von ihm übernahm Mombert das Elitedenken und die Verklärung des tätigen Heldentums. Gleich Nietzsche sprach er dem Schöpfergott des Alten Testaments die Existenzberechtigung ab und stimmte in die Forderung ein, an seiner statt den Menschen in seinem Drang nach Höherem auf den Olymp zu führen. Im Anschluss an die abendliche Veranstaltung mischten Franz und Maria sich unter die Gäste des Cafés Josty am Potsdamer Platz. Mit Herwarth Walden und seiner Gattin Nummer zwei beieinandersitzend, entdecken sie inmitten einer benachbarten Runde Gattin Nummer eins. Der rechte Moment fürs, noch von Sindelsdorf aus, mit der Ehemaligen vereinbarte persönliche Kennenlernen war diese Begegnung sicher nicht. Maria erinnerte: »Man schaute und blinzelte von einem Tisch zum anderen, ohne sich bekannt machen zu können.«[277]

Obwohl schon längst nicht mehr bei dem Publizisten und Galeristen daheim (und gegenwärtig auf den jungen Arzt und Dichter Gottfried Benn fixiert), war die dreiundvierzigjährige Else Lasker-Schüler aufgrund ihrer Scheidung von Herwarth Walden vor wenigen Wochen dennoch psychisch und physisch krank. Wie stets in Krisenzeiten suchte sie Hilfe bei Rausch- und Betäubungsmitteln. Ihr bürgerliches Leben hatte Lasker-Schüler so lange von sich weggeschoben, bis es aus ihren Vorstellungen verschwunden war, um durch eine Selbstinszenierung ersetzt zu werden. Am erfolgreichsten schützt man sich, indem man vorgibt, nichts anderes zu sein, als das, was die Welt vorgeführt bekommt. In der Gestalt ihres zweiten Ichs, dem »Prinzen Jussuf von Theben«, herrschte Lasker-Schüler über ihr Inneres, über Ängste, Lähmung und Leere.

Die wohl charakteristischste Charakteristik der begabten, sensiblen und zum Fürchten armen Lyrikerin mit dem beachtlichen zeichnerischen Talent stammt aus der Feder von Gottfried Benn, wenn schon nicht ihr Liebhaber auf Dauer, so doch ihr Freund für immer. »[Sie] wohnte … in einem möblierten Zimmer, und seitdem, bis zu ihrem Tode, hat sie nie mehr eine eigene Wohnung gehabt, immer nur enge Kammern, vollgestopft mit Spielzeug, Puppen, Tieren, lauter Krimskrams. Sie war klein, damals knabenhaft schlank, hatte pechschwarze Haare, kurz geschnitten, was zu der Zeit noch selten war, große rabenschwarze bewegliche Augen mit einem ausweichenden unerklärlichen Blick. Man konnte weder damals noch später mit ihr über die Straße gehen, ohne daß alle Welt stillstand und ihr nachsah: extravagante weite Röcke oder Hosen, unmögliche Obergewänder, Hals und Arme behängt mit auffallendem, unechtem Schmuck, Ketten, Ohrringen, Talmiringen an den Fingern, und da sie sich unaufhörlich die Haarsträhnen aus der Stirn strich, waren diese, man muß schon sagen: Dienstmädchenringe immer in aller Blickpunkt. Sie aß nie regelmäßig, sie aß wenig, oft lebte sie wochenlang von Nüssen und Obst. Sie schlief oft auf Bänken.«[278] Das also war Else, eigentlich Elisabeth, geborene Schüler, geschiedene Lasker, nun auch geschiedene Walden, Mutter eines Sohnes. Den Namen von Pauls biologischem Vater sollte niemand erfahren.

Bereits im Sommer 1910 war Marc in Waldens Journal auf Lasker-Schülers Dichtkunst aufmerksam geworden. Jüngst hatte er zu ihrem Poem »Versöhnung« einen gleichnamigen Holzschnitt angefertigt, abgedruckt im *Sturm* als Titelblatt.[279] Obwohl sie ihrem Ex-Ehemann die Veröffentlichung sowohl ihrer Werke als auch von allem, was mit ihnen in Verbindung steht, strikt verboten hatte, nahm sie Marcs Hommage erfreut zur Kenntnis. Ja, wandte sich sogar, aus der Ferne, an den geschätzten Künstlerkollegen. Für Lasker-Schüler war die Kontaktaufnahme der Beginn eines freien Rollenspiels auf alttestamentarischer Bühne. Mit unvollkommenem Auftakt allerdings. Ende September 1912 erkundigte sich »Jussuf« bei dem »Wertesten Maler«: »… sind Sie auch so schmerzlich verloren wie ich, daß ich keinen Weg mehr habe nur Schluchten?« In Berlin, verriet sie ihm, »ist alles Pein … immer muß ich weinen und bald bin ich gar nicht mehr fähig Gedichte zu schreiben. So verwundet bin ich, daß ich überall blute und zum Zeitvertreib zähl ich meine Blutstropfen … Und in einer Spelunke wohne ich … Ich nehme seit Wochen Opium, dann werden Ratten Rosen.« Kurz darauf bereute sie ihre Offenheit, forderte das Eingeständnis tatsächlichen Elends von Marc zurück mit der Behauptung, es sei eine Fälschung. »Blauer Reiter. Ich *bin* aus Galiläa, ging dann nach Bagdad, kam dann nach Theben. *So* erklärt sich alles.«[280] So erklärte sich zwar nichts, trotzdem verstand ihr Gegenüber: Phantastin suchte kongenialen Partner zwecks Erschaffung einer artifiziellen Korrespondenz. Marc, allmählich bekam er Spaß an der Sache, verabredete brieflich eine Zusammenkunft in Berlin. Soweit die Vorgeschichte.

In der näheren Zukunft entstanden aufseiten Lasker-Schülers sprachliche Arabesken umrahmt von Kulissen des Orients und überstrahlt von Himmelslichtern. Marc revanchierte sich mit meisterlichen Illustrationen, meist immer weniger prompt abgeschickt. Seine Freude am Kreieren von *Zitronenpferd*, *Feuerochse* usw. war, so scheint es, um einiges größer, als an der für jemanden wie ihn ziemlich mühevollen Suche nach vergleichbar kunstvollen Wort- und Satzgebilden. Um den Neujahrstag mit Tusche und Deckfarben auf die Schauseite einer an Lasker-Schüler adressierten Postkarte appliziert, erblickte Marcs *Turm der Blauen Pferde* das Licht der Kunstwelt. Die Darstellung im Miniaturformat diente ihm als Vorlage für jenes großflächige Gemälde, das einmal traurige Berühmtheit erlangen sollte.[281]

Berlin. 6. Januar 1913. Im Wartesaal der zweiten Klasse. Franz und Maria halten Ausschau nach ihrer Mitreisenden. Sicher kann man ihrer nie sein. Im Raum steht die berechtigte Frage: Ist es Else Lasker-Schüler gelungen, sich rechtzeitig auf den Weg aus ihrer winzigen Dachkammer in der klassizistischen Grunewald-Villa zum Anhalter Bahnhof zu machen? Sie erscheint tatsächlich. Ein paar Erholungswochen auf dem Lande hatten das Freundespaar ihr versprochen. Sterbensmüde, weil notorisch schlaflos, sollte und wollte die Großstadtneurotikerin in ländlicher Umgebung zur Ruhe kommen. Selbstfindung im winterlichen Sindelsdorf. Gründlicher hätten sich Gastgeber und Gast nicht verschätzen können.

Der Großstädterin machte die Dorfidylle Angst. Kein Menschengetümmel auf den Straßen. Keine Konditoreien und Künstlerkneipen. Lasker-Schüler wurde kränker, statt gesünder. Im Gasthof, meinten Franz und Maria, gehe es lebhaft zu – und quartierten sie um in die Post. Wirtin Babette Eberl nötigte der arg mitgenommen wirkenden Dame ein Gesundheitsbuch des Pfarrers Kneipp auf. Die aber hielt München für das wirkungsvollere Heilmittel als Wassergüsse oder Wassertreten und rettete sich schleunigst unter das Dach der ihr bekannten Pension Modern im Herzen Schwabings. Lasker-Schülers Visite bei Kandinsky und Münter war von Marc initiiert. Wiederum eine falsche Entscheidung. Nunmehr beruhten die Schwierigkeiten auf atmosphärischen Störungen in zwischenmenschlichen Bereichen. »Ein kühler Ton klang in den Zimmern« der Wohnung des Paars in der Ainmillerstraße. Weder fand Lasker-Schüler Gefallen an Kandinskys Neigung zum Dozieren noch an seinen Bildern. »›Professor‹ sagte sie, kein Künstler.« – »Weltschmerzlerin«, konterte Kandinsky.[282] Auf Münter schoss sich die Unberechenbare zwei Tage später ein.

Münter und Maria sitzen anlässlich der Ausstellung »Franz Marc Collection II« in Thannhausers Moderner Galerie. Lasker-Schüler tritt hinzu. Freundliche Begrüßung. Gemeinsamer Rundgang. Lasker-Schüler: »Dies Bild hat mich am tiefsten berührt.« Münter: »Welches? Der Tiger oder der Affe?« Lasker-Schüler: »Der Tiger.« Münter: »Was berührt Sie so an dem Bild?« Lasker-Schüler: »Das Gefährliche.« Man geht auseinander. Plötzlich kehrt Lasker-Schüler energischen Schrittes zurück, baut sich vor Münter auf und erhebt die Stimme: »Wie kommen Sie dazu, mich zu beleidigen?« Marias Beschwichtigungsversuche schlagen fehl. Schließlich schleudert Lasker-Schüler, wiederum völlig zusammenhanglos, Münter diesen letzten Satz ins Gesicht: »Ich bin eine Künstlerin, ich bin ganz stark, ein ganz starker Mensch und lasse mir das nicht bieten von solch einer *Null.*«[283] Ein schrecklich peinlicher Eklat vor Publikum. So viel Menschenkenntnis, merkte Maria spöttisch an, hätte sie bei Lasker-Schüler gar nicht erwartet.[284] Deren Entschuldigungsschreiben, adressiert nach Sindelsdorf, machte die Verwirrung noch größer.[285]

Nächster Versuch und nächster Fehlschlag: Marcs Besuch mit Lasker-Schüler bei Annette Simon, demnächst Annette von Eckardt. Nach ihrer Scheidung am 13. Januar 1913 führte sie wieder ihren Mädchennamen. Richard Simon, nebenbei bemerkt, wird in zweiter Ehe eine Witwe namens Paula Colani heiraten und nach seiner Emeritierung auf eigenes Bestreben zu ihr nach Berlin ziehen.[286]

Irritiert auf Distanz zu Lasker-Schüler gehen, das kam Marc nie in den Sinn. Vorwiegend auf sein Betreiben fand in München eine Kunstversteigerung zugunsten der auch pekuniär Notleidenden statt. Er schrieb Bittbriefe an die Malerfreunde und gab selbst sein Gemälde *Traum* (»Dem Prinzen von Theben gewidmet …«) in die Auktion. Den Zuschlag für dieses Bild bekam der linksliberale Politiker August Siemsen aus Essen. Enttäuscht vom geringen Interesse insgesamt, betätigten sich die Stifter letztlich auch als Bieter. Unterm Strich kam weniger als erhofft zusammen. Der Erlös, tausenddreihundert Mark[287], würde den Internatsaufenthalt von Lasker-Schülers Sohn zumindest eine Zeit lang finanzieren helfen. Marc wusste zwischen der genialen Künstlerin und der unsteten Exzentrikerin zu unterscheiden: »Aber großartig ist sie doch, trotz der blöden Streiche.«[288] Für wie aufreibend er jedoch den direkten Umgang mit ihr hielt, geht aus seinem Brief an das Ehepaar Macke hervor. Bezug nehmend auf Marias vorausgegangene Mitteilung an die Bonner Freunde, sie wolle in

München »Turnstunde nach Mensendieck[289] nehmen«, weil der Franz sie »noch schwach mit seinem ewigen Gemäkel« wegen ihrer »Dickheit« mache, riet Marc im Postskriptum der »lieben Lisbeth«: »… wenn der August sich mal wieder verdickt und zu Behäbigkeit neigt, verschreib ich ihm für vierzehn Tage Frau Lasker-Schüler – das greift an!«[290]

Vernunft- und verstandesbetonte Plauderstunden und Diskussionsrunden unter dem Vorsitz von Marianne von Werefkin hatten schon in der Vergangenheit zu bemerkenswerten Ergebnissen geführt. Nicht von ungefähr war in ihrem Salon die Neue Künstler-Vereinigung München aus der Taufe gehoben worden. Jetzt ging es um die Schaffung einer Nachfolgeorganisation unter Vermeidung alter Fehler. »Wir Münchner (voran die Baronin!) haben einen neuen Plan ausgeheckt«, wurde im Februar 1913 Walden von Marc informiert, »einen kleinen Staatsstreich … es soll nämlich unter dem zahmen Decknamen Kunstverein ein modernes Kunstinstitut (feines Wort!) geschaffen werden.« Ein »Ausstellungsinstitut«, organisiert wie ein Kunstverein. Als Mitglieder kämen nur Sammler, Galeristen und Museumsdirektoren in Frage. Keinesfalls auch Künstler! Gesucht werde nun ein »energischer« Vorsitzender als »Diktator des Ganzen«. Dann rückte Marc mit seinem Vorschlag heraus: Sie hätten dabei an ihn, Walden, gedacht. Sturm-Verlag und Sturm-Galerie müssten von der Spree an die Isar verpflanzt werden. Überhaupt scheine es an der Zeit, »den Schwerpunkt der ganzen Kunstpolitik von Berlin nach München [zu] verschieben«.[291] Das Projekt blieb offenbar in seinen Anfängen stecken. Gern erführe man mehr darüber. Ohne ein Zeichen größerer Enttäuschung wandte sich Marc dem nächsten Vorhaben zu.

Ab dem Frühjahr arbeitete er an der Herausgabe einer bebilderten Bibel durch die Redaktion Der Blaue Reiter. Für sich reservierte er das erste Buch Moses, die Schöpfungsgeschichte. Kandinsky wählte die Apokalypse. Kubin wollte das Buch Daniel illustrieren, Kokoschka das Buch Hiob, Heckel ein Evangelium und Klee die Psalmen.

1913 versprach ein ähnlich gutes Jahr wie das vergangene zu werden. Er befinde sich, schrieb Marc zu Beginn des Monats März an Delaunay, in einem seit den Anfängen seiner Malerei herbeigesehnten »ruhigen Zustand«. Doch um an diesen Punkt zu gelangen, sei er »durch harte Schulen gegangen, im Leben wie in der Kunst«.[292] Ungeachtet oder vielleicht eingedenk ihrer kontroversen Ansichten hinsichtlich theoretischer Beweisführungen, hatte ihn der Franzose um »ein paar Worte« über sein künstlerisches Schaffen gebeten. Anfangs, antwortete Marc, habe er sich über alles, was er tat, viele Gedanken gemacht. »Dies dauerte solange ich mich in direkten Beziehungen zu der

Kunst anderer, früherer Zeiten … fühlte. Seit ich mich von all diesem befreit habe und mich auf meinen eigenen Weg besonnen habe, der nur mir eigen ist, grüble ich nicht mehr … Ich male von nun an so, wie ich lebe: durch den Instinkt; ich bemerke wohl, daß ich mich unaufhörlich weiterentwickle, aber ich stelle es regelmäßig erst *nach* meiner Arbeit fest.« Niemals aber würde er eines seiner Bilder bei sich daheim aufhängen, »denn dann überwältigen die Betrachtungen die eigentlichen Gründe; das Gemälde an der Wand im Zimmer wird mir zum Fremdkörper; es läßt mir keine Ruhe, wenn das Werk von mir stammt; es ist, als sähe ich mich in einem Spiegel, was ich hasse …«[293]

Später einmal wird Marc Maria gegenüber seine »Scheu«, sich mit »eigenen Erzeugnissen zu umgeben«, mit »Scham vor der eigenen Produktion« erklären. Dies Gefühl, erläuterte er dann, sei nur schwer erklärbar, »es geht auf den Moment der Schöpfung zurück, in dem an Stelle des persönlichen Willens der rätselhafte Zwang einer Eingebung trat. Ich weiß von so vielen u. gerade meinen stärkeren Sachen absolut nicht mehr *wie* sie entstanden sind; ich wundere mich, daß ich sie gemacht habe u. sie beunruhigen mich. Selbst beim Durchblättern meiner Skizzenbücher erschrecke ich zuweilen förmlich.«[294]

1913 überwog noch das Gefühl, mit gestärktem Ego aus dem Auf und Nieder vergangener Zeiten hervorgetreten zu sein. Auch wenn es ihm augenblicklich an Käufern mangelte (in Erwartung eines Krieges, hielten viele Menschen ihr Geld zusammen), stieg sein Bekanntheitsgrad stetig. Außerdem zählte seine Meinung, obwohl mitunter die alte Überheblichkeit zutage trat. Vom Maler Alfred Loeb nach seiner Einstellung zu Pablo Picasso und Kees van Dongen gefragt, gab Marc zurück: »Wie soll ich Ihnen nur Picasso erklären? Erstens lohnt es sich nicht, da man auch ohne P. leben kann, zweitens kann man's nicht erklären … Van Dongen ist für mich ein expressionistischer Leo Putz, nichts weiter.«[295]

Im April des Jahres brachte ihn im Königreich Württemberg der einflussreiche Hans Hildebrandt ins Gespräch. Es ging um die Besetzung einer vakanten Dozentur. Vom Ergebnis der Intervention des Kunsthistorikers und Kunstförderers erfuhr Marc durch dessen Brief vom 25. des Monats:

> »Sehr geehrter Herr!
> Sehr gern hätte ich die Anfrage, die ich heute an Sie richte, mit einem persönlichen Besuch verbunden, den ich mir für den nächsten Münchner Aufenthalt vorgenommen hatte. Da die Angelegenheit jedoch eine sehr eilige ist, bleibt mir nur die schriftliche Erledigung übrig. Um gleich zur Sache zu kommen: An der Stuttgarter Akademie

soll der ›Lehrposten für Abendakt‹ neu besetzt werden. Wahrscheinlich wird damit auch die Damenklasse der Akademie verbunden werden. Das Jahresgehalt würde sich auf etwa 4000 Mark stellen. Die Stuttgarter Akademieprofessoren sind – dies bitte ganz vertraulich! – mit wenigen Ausnahmen reaktionär gesinnt, wodurch auch das ganze Stuttgarter Kunstleben die gleiche Färbung erhält. Es liegt nun den fortschrittlichen Elementen, die an der Akademie im Wesentlichen durch Professor Hölzel vertreten werden, sehr viel daran, daß jede weitere Berufung der Moderne zugute kommt. Nächsten Mittwoch soll die Entscheidung fallen …
Könnten Sie sich entschließen, ein paar Aktstudien, die sie früher zweifellos gemacht haben, einzusenden? Arbeiten Ihrer Reife hätten keine Bedeutung für die Entscheidung: es müßten möglichst durchgeführte Aktzeichnungen oder Aktmalereien sein. Die Betonung des Naturalistischen hat selbstverständlich nur bei Besetzung der Stelle Bedeutung. Sobald Sie hier wären, stünde Ihrer freien Betätigung nichts im Wege. Hölzel, ich und noch mancher Andere würden uns *außerordentlich* freuen, wenn wir gerade Sie hierher ziehen könnten.«[296]

Mag sein, dass Marc die Einladung zur Bewerbung prinzipiell positiv bewertete. Aus gutem Grund, denn alle Tage wurde einem wie ihm kein Lehrauftrag in Aussicht gestellt. Gegen die Annahme der Offerte sprachen freilich die von Hildebrandt erwähnten, absolut inakzeptablen Vorsichtsmaßnahmen. Seine neuesten Werke im Verborgenen halten! Jugendsünden zur Begutachtung einsenden! Mit anderen Worten, sich selbst verleugnen? Was für ein Ansinnen? Viertausend Mark Jahresgehalt, gab ihm vielleicht Maria zu bedenken und führte damit ihrem Franz die Vorzüge wirtschaftlicher Sicherheit vor Augen. Dennoch stand Marcs Entschluss schon einen Tag nach Eintreffen des Angebots in Sindelsdorf fest. Grundsätzlich, antwortete er diplomatisch, täte ihm die Verweigerung leid, glaube er doch, dass Hildebrandt ein wirkliches Interesse habe an expressionistischer Kunst. Nur: »Ich kann nicht meine Kräfte einer Sache wie dem Abendakt widmen, die ich von vornherein für verderblich oder wenigstens für künstlerisch völlig unzweckmäßig halte; daran ist überhaupt nichts zu reformieren.«[297]

Intuitiv hatte er die einzig richtige Entscheidung getroffen. Marcs Negativbescheid schließt mit einem Gruß an Adolf Hölzel, dessen Vorpreschen in Richtung Abstraktion er 1905 in Dachau übersehen hatte.[298] Damals war der

Vermittler progressiver Kunstauffassungen auf dem Absprung nach Stuttgart gewesen. Jetzt stand Hölzel, der ständigen Maßregelungen aus den Reihen reaktionärer Akademiekollegen überdrüssig, kurz vor seinem freiwilligen Verzicht auf das einst übernommene Professorenamt. Zensur durch Ewiggestrige, diesem Schicksal war Marc also entronnen.

Wir nähern uns der Zeit, da ihm neben den Ausdrucksmitteln Zeichnen, Malen, in Holz Schneiden und so fort die Tätigkeit eines Autors zu einem besonderen Bedürfnis wurde. Worte geben Überlegungen Bestand. Im Schreiben nehmen innere Monologe Gestalt an. Mit seinen kunsttheoretischen und kunstpolitischen Texten aus den Jahren 1911 bis 1914 brachte, wie gesagt, Marc Ordnung in seine Kopfarbeit. Er verfasste Positionsbestimmungen, Anklagen und Rechtfertigungen oder trieb brieflich sowie mündlich eingeleitete Diskussionen schriftstellerisch auf die Spitze, Fortsetzungen gleichsam auf höherer intellektueller Ebene. Bisweilen haben seine, in ihrer Mehrzahl veröffentlichten Entwürfe, Artikel, Essays, Aphorismen oder Präambeln den Charakter von zu Papier gebrachten Denkübungen. Liegen zwischen den Äußerungen Monate oder gar Jahre, besteht die Möglichkeit, dass sie einander widersprechen. Erfahrungszuwächse können, wie man weiß, Bewusstseinsveränderungen herbeiführen. Über die Wirkung seiner Botschaften machte Marc sich keine Illusionen: »Es ist wahnsinnig schwer, seinen Zeitgenossen geistige Geschenke zu machen.«[299]

Als südlich des Brenners der Frühling des Jahres 1913 bereits seine volle Pracht entfaltet hatte, kamen er und Maria nach Meran. Philipp Franck, begleitet von seiner Frau, erhoffte sich vom Kuraufenthalt im Sanatorium Villa Maja eine Besserung seiner gesundheitlichen Probleme. Noch war das Leben von Marias Vater nicht ernsthaft in Gefahr. Die Besucher unternahmen (Liebeslyrik von Rainer Maria Rilke im Rucksack) Streifzüge durch den Vintschgau. Auf die Blankoseite einer Postkarte zeichnete Marc das *Altarschaf aus Lana*. Über dem Eingang ins Martelltal fanden sie am Berghang eine Kapelle mit herrlichen Fresken. »Wir wandern von Burg zu Burg«, schwärmte Maria Elisabeth Macke vor, »und haben viel schöne Kunst gesehen.«[300] Doch auch viel Drangsal. In Erinnerung an grandiose Gebirgsmassive und trotz Mühe und Plage überaus bescheidene, ja, gefährdete Existenzen von Bauern mit Höfen hoch über den Tälern, malte Marc *Das arme Land Tirol*. Stürzende Formen. Landschaft und Bauwerke von Menschenhand bilden nur scheinbar eine Einheit. Im Zentrum der Friedhofshügel. Im Vordergrund ausgemergelte Arbeitspferde. Am Horizont, als Hoffnungszeichen, ein Regenbogen.

Ab Mai schuf er in Sindelsdorf noch weitere große und bedeutende Kompositionen. Ende Juli stand der Speicher voll mit neuen Bildern. Darunter des Tiermalers erste augenfällige Umsetzung akuter politischer und militärischer Bedrohung in seine Art von Kunst: Ihre Köpfe angriffsbereit vorgestreckt schleichen *Die Wölfe* (Untertitel: *Balkankrieg*) auf ein friedlich schlafendes Reh zu.

Über die gedankliche und zeichnerische Beschäftigung mit der biblischen Schöpfungsgeschichte kam Marc mit Auðhumbla in Berührung. Auf Darstellungen ist das Urwesen im Kosmos des nordischen Sagenkreises zumeist in Gestalt eines Rindes zu sehen, aus dessen Euter vier gewaltige Milchströme rinnen. Marc malte seine Weltenkuh, sehr alten Abbildungen folgend, mit einem Kalb, das sie säugt und zugleich unter ihrem Körper birgt. Goethe hatte vergleichbare Motive aus der römischen Antike »wahre Symbole« göttlicher Allmacht genannt.[301]

Als der Maler Albert Bloch im Frühjahr 1913 einige Tage bei Franz Marc wohnte, stand ein anderes, soeben fertig gestelltes, kolossal großes Gemälde im Dachbodenatelier. Es war »wie in Trance« entstanden.[302] Jetzt forderte sein Schöpfer den Betrachter auf: »Sagen Sie, wie in aller Welt soll ich das Ding betiteln?« Bloch erwiderte: »Ja mein Gott, ich bin der letzte, der's sagen könnte … Sie werden doch wissen, was Sie im Sinn hatten, als Sie's malten?« Daraufhin Marc: »Sehen Sie, das ist's eben, so genau kann ich's g'rad nicht sagen. Ich hab's schon die längste Zeit malen wollen. Es war immer nur so ein unbestimmtes Gefühl – ganz undefinierbar.«[303]

Klee, vor Bloch in Sindelsdorf zu Besuch, hatte *Tierschicksale* vorgeschlagen. Letztlich schloss Marc sich ihm an. Vorab, in einem Brief an Macke, hatte er als Namen *Die Bäume zeigten ihre Ringe, die Tiere ihre Adern* in Erwägung gezogen. Eine seiner Vorstudien trägt diese Überschrift. Im gleichen Skizzenbuch finden sich die folgenden Zeilen: »- ein rosafarbener Regen viel [sic!] auf grüne Wiesen. – die Luft war wie grünes Glas. – das Mädchen blickte in's Wasser; das Wasser war klar wie Kristall; da weinte das Mädchen. – die Bäume zeigten ihre Ringe; die Tiere ihre Adern.«[304] Wir betrachten die Endfassung des Bildes. Bäume stürzen um. Aus einem der Stämme tropft Blut. Die Lebewesen im Wald sind der Katastrophe schutzlos ausgeliefert. Im Körper des zu Boden geworfenen Pferdes im Hintergrund ist, durch leuchtendes Weiß hervorgehoben, ein Dreieck erkennbar, durchzogen von einem Netz roter Linien. Das blaue Reh in der Mitte wird von einem Blitzstrahl getroffen. Wie die *Tierschicksale*, so die Menschenschicksale. Geschöpfe hier wie da der Macht der Vorsehung unentrinnbar unterworfen.

Auf der Rückseite des Gemäldes steht, im Original in Anführungszeichen gesetzt, von Marcs Hand geschrieben: »Und alles Sein ist flammend Leid.« Ein

Zitat? Unter den Büchern aus der von ihm und Maria nachgelassenen Bibliothek[305] ist ein 1911 erschienenes Werk namens *Pāli-Buddhismus in Übersetzungen*. Schon 1903 hatte Autor Karl Bernhard Seidenstücker, ein promovierter Indologe, den »Buddhistischen Missionsverein für Deutschland« gegründet. Die Lektüre enthält sakrale Texte, Vorschriften und Anweisungen für junge Mönche. Pāli ist eine mittelindische Sprache, aus dem Vedischen hervorgegangen und somit eng verwandt mit dem klassischen Sanskrit. Womit wir beim Forschungsgebiet von Richard Simon respektive beim Interessensgebiet von Annette Simon angelangt wären. Eventuell hatte Marc das Buch mit dem inspirierenden Inhalt von ihr geschenkt bekommen. Es liegt nahe, sich vorzustellen, wie seine Augen beim Lesen in Seidenstückers Publikation aus seinem Bücherschrank an den »vier edlen Wahrheiten« hängen bleiben: »1. Das Leiden, 2. Die Entstehung des Leidens, 3. Die Aufhebung des Leidens, 4. Der zur Aufhebung des Leidens führende Pfad«.

Leben ist Leiden, ist Seelenschmerz – diese bittere Erfahrung hatte schon der junge Franz Marc machen müssen. Damals suchte er Trost bei Annette und Marie und Maria und auf der Staffelalm und in Frankreich und in Griechenland … Dem älteren Franz Marc halfen bekanntlich permanente wohltuende Beschäftigungen die innere Unruhe lindern. Nun aber erfuhr er von der Möglichkeit der Erlösung aus seelischer Not durch *willentlich* herbeigeführte Wendung, so wie es Buddha erkannt und verkündet hatte. Wollte Marc mehr über jenen Weg erfahren, der alle zur Umkehr bereiten Menschen sicher über die Abgründe des Daseins geleitet und sicher zu seinem letzten Ziel, ins Nirwana, führt, dann *musste* er – es gab noch kein anderes Werk gleichen Inhalts in deutscher Sprache – zu Karl Eugen Neumanns Veröffentlichung *Der Wahrheitspfad* greifen, ebenfalls eine Erstübersetzung aus dem Pāli. Mag sein, er besaß einst auch dieses Buch oder bekam es von Annette geliehen. Jedenfalls enthält es des vermeintlichen Rätsels Lösung. Wer die Sammlung buddhistischer Spruchweisheiten aufmerksam studiert, findet auf Seite 72 den Vers 278, beginnend mit der von Marc für seine *Tierschicksale* ausgewählten, leicht abgewandelt wiedergegebenen Zeile: »›Das ganze Sein ist flammend Leid.‹ / Wer dies mit weisem Sinne siehet / Wird bald des Leidenslebens satt: / Das ist der Weg zur Läuterung.«

Bleibt noch die Überlegung, aus welchem Grunde Marc keinen Trost im angestammten Glauben fand. Kein einziger Tag vergehe, hatte er im März 1913 notiert, an dem er nicht nach einer sinnerfüllenden Religion Ausschau halte, »sehr geistig und magisch, okkult, aber tausendmal edler als die christliche Religion, welche hochmütig, eng und *niemals* original gewesen ist«.[306] Niemals original meinte: aus dem Judentum hervorgegangen. Hinter den Charakterisierungen *hochmütig* und *eng* könnten sich Erfahrungen mit bestimmten Prinzipien der mütterlichen Erziehung verbergen.

Überzeugt von der Richtigkeit calvinistischer Grundannahmen, hatte Sophie Marc ihren Söhnen bekanntermaßen das Bild eines Gottes vermittelt, der mit Beginn des Universums das Schicksal eines jeden Menschen festgelegt hat – am Ende der Tage für das Himmelreich auserwählt oder, ein schrecklicher Gedanke, in die Hölle verdammt, unabwendbar.[307] Wie diese Ungewissheit aushalten, ohne in Angst zu erstarren? Ganz einfach. Man klammert sich an die Vorstellung, um nicht zu sagen an den Rettungsanker der meisten von der sogenannten Prädestinationslehre des Calvinismus beeinflussten Christen: Wer glaubt, beim Jüngsten Gericht ein irdisches Leben voller Erfolg und guter Taten vorzuweisen zu können, wog sich, Vorherbestimmung hin, Vorherbestimmung her, in der Hoffnung auf die ewige Seligkeit. Franz Marc, der grüblerische Gefühlsmensch (»immer fragend« und »unerlöst«[308]) trug schwerer an dem geistigen Erbe (»Die Strecke zwischen Geburt und Tod ist der Ausnahmezustand, in dem es viel zu fürchten und zu leiden gibt …«[309]) als sein Bruder Paul, der wissenschaftsgläubige Kopfmensch.

Dass auch jenseits spiritueller Sphären, nämlich auf dem Gebiet der Justiz, Wunder geschehen konnten, stand ungefähr Anfang Mai fest. Endlich hatten er und Maria es geschafft. Richtigerweise ihr Anwalt Heinrich Fromm. Der staatliche Dispens lag vor. Die amtliche Heiratserlaubnis! Fünf Jahre nach Franz Marcs Scheidung von Marie Schnür. Eine Farce, ein lächerlicher Akt, diese deutsche Trauung am 3. Juni 1913, denn Franz, dreiunddreißig, und Maria, demnächst siebenunddreißig, machten den wenigen, von dem bevorstehenden Ereignis in Kenntnis gesetzten Freunden noch immer vor, sie seien seit London 1911 ein Ehepaar. In Wahrheit ging erst jetzt ihr Traum in Erfüllung. Gleich drei Hochzeiten in Folge hatte die kleine Sindelsdorfer Malerkolonie zu vermelden. Heinrich Campendonk und Adda Deichmann sowie Jean Bloé Niestlé und Marguerite Legros gaben sich ebenfalls das Jawort. Kurz nach ihrer Heirat auf dem Standesamt München I in der Mandlstraße[310] wanderten »die Marcs« hinauf zur Staffelalm. Eine Woche an der Stätte manch guter Erinnerungen half Franz' Heuschnupfen lindern und Marias Geburtstag verschönern.

Der geplanten großen Reise sahen sie mit Sorge entgegen; »ich bin momentan scheußlich abgerissen«, schrieb Franz seinem ehemaligen Schüler Eugen Esslinger, »im Juli geht's hoff. wieder besser«.[311] Auch dieser Wunsch wurde Realität. Eines nahen Tages machte sich ein Mann mit Namen Willem Beffie auf den Weg ins bayerische Oberland. Der Inhaber einer Diamantenschleiferei in Amsterdam[312] folgte der Empfehlung des französischen Malers Henri Le Fauconnier. Ergebnis der Durchsicht von Marcs Bildbeständen: drei aus dem Atelier heraus verkaufte Gemälde, *Das arme Land Tirol*, *Die Weltenkuh* und *Das lange gelbe Pferd*. Hinzu kamen einige Arbeiten auf Papier. Am 4. August traf die sehnlichst erwartete Postsendung aus Holland ein. Beigabe zum Brief: ein Scheck über zweitausendsechshundert Mark. Im Anschreiben bat Beffie, man möge ihn »auf dem Laufenden halten«.[313] Nach München, zu Kandinsky, Jawlensky und Werefkin, hatte Marc den »reichen, feudalen Sammler«[314] unmittelbar nach dessen Besuch in Sindelsdorf geführt. In den folgenden Monaten würde er für die Kollegen Campendonk, Klee und Kubin genauso erfolgreich Reklame machen.

In Bezug auf ihn selbst konnte der Eindruck entstehen, dass mit Beffies unverhofftem Erscheinen eine kleine Interessentenlawine ins Rollen gebracht wurde. Weitere Käufer moderner Kunst kamen auf Marc zu, darunter die Hamburger Aby Warburg, Bankier, und Hans Gerson, Architekt. Arthur Jerome Eddy, ein Schriftsteller und Jurist aus den Vereinigten Staaten von Amerika, blätterte für *Die verzauberte Mühle*[315] sechshundert Mark hin. Nach zähen Verhandlungen. Der kühle Rechner hatte auf einem Preis von nicht mehr als fünfhundert Mark pro Quadratmeter Leinwandfläche bestanden.[316] Außerdem erwarb der Münchner Anwalt Heinrich Fromm von seinem ehemaligen Mandanten das Gemälde *Drei Pferde I*. Zum Dank fürs glücklichere Agieren als seine Vorgänger erhielt der Rechtsberater noch zwei Aquarelle, geschenkt, und Herwarth Walden, anlässlich des Herbstsalons, *Die Blauen Fohlen*.[317] (Unter diesem Gemälde schlummerten bis zu ihrer Entdeckung 1991 *Zwei Katzen, rot und weiß*) Seine *Zwei Katzen, blau und gelb* überließ Marc im Tausch Jawlensky gegen dessen *Mädchen mit Puppe*. Die größte Anzahl Bilder ging ohnehin an Koehler, teils als Gegenleistung für die vereinbarten zweihundert Mark monatlich, teils separat an ihn verkauft.

Müßig, die Ausstellungsorte des laufenden Jahres aufzuzählen. Die Liste reicht von Ungarn bis Norwegen, Finnland, Schweden und mit an Sicherheit grenzender Wahrscheinlichkeit sogar bis Chicago. Im Katalog der Exhibition of Contemporary German Graphic Art[318] ist Marc mit einem Werk aufgeführt. Skandinavien war für Blauer-Reiter-Bilder ein insgesamt gar nicht so schlechtes Pflaster. Zwar wurde ihre Wirkung dort unterschiedlich diskutiert, im Wesentlichen aber fair und mit Sachverstand. In Kristiania (heute Oslo) prangte die *Gelbe Kuh* im Schaufenster von Blomqvists Kunstsalon. Hier war Marc auch insofern im Vorteil, als Kunstkritiker Jappe Nilssen, ein Freund von Edvard Munch, seine Sachen besonders lobte.[319] In Helsinki hieß der Gewinner Kandinsky.

Ende der kalendarischen Rundumschau.

Exakt befinden wir uns im Sommer 1913.

Mit ausreichend Geld auf dem Konto und in der Tasche starteten Herr und Frau Marc am 8. August gen Nordosten. Tagelang hatte Maria »wie wahnsinnig« gepackt.[320] Franz war vor Antritt der sehr langen Bahnfahrt ein neuer Anzug aufgezwungen worden, von seinen Schwiegereltern. Das Geld für das Renommierstück hatten die Francks gleich mitgeschickt. Vor den Reisenden lagen vier Wochen Ostpreußen und danach zwei Wochen Berlin. Marias jüngerer Bruder hatte in der Heimat seiner Mutter und seiner Ehefrau Hertha (einer Rittergutbesitzers-Tochter) die Grundherrschaft Gendrin[321], nahe der Kreisstadt Gerdauen[322], im Regierungsbezirk Königsberg gekauft. Das Areal umfasste zweihundertdreiundfünfzig Hektar Wald-, Feld- und Wiesenflächen, dazu den Park sowie, entsprechend den dortigen Gegebenheiten, neben Gutshaus, Scheunen, Stallungen und sonstigen Wirtschaftsgebäuden Wohnungen und Gärtchen für Land- und Forstarbeiter und ihre Angehörigen, an die dreißig Personen insgesamt.[323] Zur Familie von Wilhelm Franck gehörte auch die dreijährige Erika. Marc bemalte während seines Aufenthalts eine zweischübige Kinderkommode, unten mit einem Hasen, Insekten und Pflanzen, oben mit Federvieh. Vorm Schnabel des Hahns flattert ein Spruchband. Wieso er statt eines stolzen Kikerikis ein zartes »Piep« darauf schrieb, ist leicht erklärt. Piep war der Kosename von Marias kleiner Nichte.

Der am regenreichen Rand hoher und höchster Gebirge ansässige Oberbayer genoss in der allenfalls sanft gewellten Landschaft mit verlässlicher Sonnenglut in den Erntemonaten und dem hohen Himmel und den weiten Horizonten die Ferien vom Alltag. »Hier lebt sich's herrlich«, jubelte Marc, »unbeschwert von allzuviel Kunstgedanken.«[324] Zum Lebensgenuss gehörte: Reiten, Jagen, Billard spielen, ostpreußisches Essen genießen und ostpreußische Spirituosen oder ein Ausflug mit Kutsche und Eisenbahn nach Königsberg. Hier trafen sie mit Marias ehemaligem Lehrer, dem Kunstakademie-Professor Karl Storch und seiner Frau Margarete zusammen. Zu viert reisten sie mit dem Dampfer auf die Kurische Nehrung.[325] Dieser nahezu einhundert Kilometer lange, wenngleich sehr schmale Land(Sand)streifen trennt das Haff von der Ostsee. Natürlich hatten Franz und Maria unbedingt nach Nidden fahren müssen, in das Seebad, Fischerdorf und Paradies für Künstler aller Couleur. Wem wohl schickten sie die Ansichtskarte von der nahe gelegenen, weltweit ersten Vogelforschungs- und Vogelberingungsstation Rossitten? Natürlich Niestlé.

»Prof. T[h]ienemann von der Vogelwarte lässt Dich unbekannterweise herzlich grüßen.«[326] Auch Danzig sahen sie sich an – »die schöne alte Stadt mit ihren wunderbaren Kirchen und Häusern«. Am Ende der ersten Septemberwoche hieß es von Ostpreußen Abschied nehmen, »wir trennten uns gar nicht leicht«.[327]

Von Marias Bruder war es ein Abschied für immer …

Marc wurde in Berlin von Walden erwartet, die Eröffnung einer aufsehenerregenden Schau stand bevor. Er und Macke trafen gemeinsam mit dem Galeristen und Veranstalter der Ausstellung letzte Entscheidungen. Worauf es dabei, aus seiner Sicht, besonders ankam, wurde Kandinsky brieflich erläutert. »Meine leitende Idee beim Hängen und Wählen der Bilder war jedenfalls die: die ungeheure geistige Vertiefung und künstlerische Regsamkeit zu zeigen.«[328] Der Adressat konnte auch deshalb beruhigt sein, weil für die von ihm eingesandten sieben Werke ein würdiger Platz gefunden worden war. »Ich empfinde: Sie hängen lebendig neben Lebendigen.«[329] Angesichts der Fülle exzellenter Exponate blickte Marc mehr denn je von Skepsis erfüllt auf das eigene Sortiment, bestehend aus dem *Turm der blauen Pferde*, den *Tierschicksalen*, dem *Armen Land Tirol*, den *Wölfen/Balkankrieg*, den *Ersten Tieren*, der *Kuh mit Kalb* und den *Drei Pferden II*. Das letztgenannte Gemälde, als einziges seiner Bilder an Ort und Stelle für siebenhundert Mark verkauft, erwarb Franz Kluxen, vermögender Sohn und Erbe eines Kaufhausbesitzers. Der Schöngeist baute innerhalb kurzer Zeit eine beachtliche Expressionisten-Sammlung auf. Daheim, in der Sindelsdorfer Abgeschiedenheit, schrieb Marc an Kandinsky, ihm sei nicht bewusst gewesen, »daß so viel Geist am Werk ist; und vor allem: daß die Ziele weit mannigfaltiger sind, mit vielen Perspektiven, die ich nicht kannte«.[330]

Am 20. September 1913 öffnete der Erste Deutsche Herbstsalon, die größte von einem Galeristen organisierte Präsentation neuer europäischer Kunst vor dem »Großen Krieg« (den man später in Erster Weltkrieg wird umbenennen müssen), seine Pforten fürs Publikum. Mit ihren zirka vierhundert[331] Ausstellungsstücken von Künstlern aus elf Ländern reichte die Berliner Kopie des Pariser Salon d'Automne an diejenige des Sonderbundes Westdeutscher Kunstfreunde und Künstler im Vorjahr nicht heran, verstand sich allerdings in ihrer Bevorzugung expressionistischer Darstellungsweisen als ein Kontrastprogramm zu Köln. Veranstalter Herwarth Walden hatte das pekuniäre Risiko nur eingehen können, weil Bernhard Koehlers Spendierfreudigkeit beinahe keine Grenzen kannte. Der Geschäftsmann und Mäzen hatte ursprünglich viertausend Mark Beihilfe zugesagt, dann aber eine Ausfallbürgschaft unterschrieben.

Zuletzt, nach dem ernüchternden Kassensturz, betrug das Manko zwanzigtausend Mark. Es gab viele Ursachen für die Kostenexplosion: die eigens von Rudolph Lepkes Kunst-Auctions-Haus angemieteten Ausstellungsräume (tausendzweihundert Quadratmeter in der dritten Etage des Hauses Potsdamer Straße 75), die Transporte und Versicherungen, der umfangreiche Katalog, der Druck von Handzetteln und Plakaten, die Ausgaben für Inserate und insbesondere fürs Personal.

Wie viele Schaulustige eine Tageskarte für eine Mark pro Person erwarben, wissen wir nicht. Dass kaum jemand eine Dauerkarte zum Preis von zwei Mark kaufte, ist anzunehmen. Positive Kritiken gab es nur ausnahmsweise. Schlimmer denn je fielen die Rezensenten über die Maler und ihre Bilder her, unübertroffen auch ihr Einfallsreichtum hinsichtlich pauschaler Beschimpfungen: grober Unfug, Unsumme von Lächerlichkeiten, Gemäldegalerie eines Irrenhauses, tollwütige Pinseleien, blöde Schmierereien, Horde farbespritzender Brüllaffen, Hottentotten, Veitstänzer … Besonders schlecht kamen die Künstler aus dem Kreis um den Blauen Reiter weg. Außergewöhnlich bösartig wurde Kandinsky angegriffen. Selbstverständlich konnte Marc die unqualifizierte Kritik an dem Mitstreiter nicht unkommentiert lassen. Wenn er an Kandinskys Werke denke, schrieb er in der November-Ausgabe des *Sturm*, dann entstehe vor seinen Augen »das Bild, wie der ›Geist‹ die Malerei heimsucht«, und in seinem Herzen fühle er eine »unsagbare Dankbarkeit, dass es wieder einmal einen Mann gibt, der Berge versetzen kann«.[332]

Mit keiner Silbe beteiligte sich Macke an den Kreise ziehenden Verbundenheitsadressen. Stattdessen räsonierte er im schriftlichen Austausch mit Koehler: Eine Tischplatte sei mystischer als Kandinskys »absolut seichte Farbflecken-Compositionen«. Auch mit den künstlerischen Auffassungen seines Freundes Marc könne er sich kein bisschen mehr identifizieren. Schimpfte aber zugleich auf professionelle Lästerer, diese »Schweinehunde« von »Sauzeitungsbengeln«. »Laß die Ausstellung einmal vorbei sein«, tröstete Macke den frustrierten Viel-Geld-Geber beziehungsweise Viel-Geld-Verlierer, »so wird man unbedingt mit Freuden an die ganze Sache denken und man wird nicht mehr sinnen, wer von den Berlinern alles nicht drin war. Man wird vielmehr daran denken, daß die Sache einem selbst etwas war in dem kurzen Leben.«[333]

In dem kurzen Leben …

Prophetische Worte …

Für Macke und Marc war das Zusammensein in Berlin anlässlich des Ersten Deutschen Herbstsalons die letzte persönliche Begegnung. Sie würden einander nie wiedersehen.

Am 22. September 1913 kehrten Franz und Maria zurück nach Bayern. Das Reh, im ostpreußischen Gendrin hatten sie es geschenkt bekommen und per Güterwaggon nach Bayern schicken lassen, traf nach ihnen in Sindelsdorf ein. Weil er der weit gereisten Ricke, Hanni gerufen wie ihre mittlerweile verstorbene Vorgängerin, die Einzelhaltung ersparen wollte, kaufte Marc beim Förster einen jungen Bock, der den Namen Schlick erhielt. Niemand außer ihm durfte die Tiere füttern. Der vierjährige Martl Niggl probierte es dennoch, wurde auf frischer Tat ertappt und empfing prompt eine Ohrfeige, sprich »Watschn, die er zeitlebens weder vergessen noch verziehen hat«.[334]

Heimkehr hieß Rückkehr zu geregelter Freiluft- und Atelierarbeit. Überrascht von der Dominanz ungegenständlicher Bildideen beim Ersten Deutschen Herbstsalon, gab Marc seiner Malerei eine neue Richtung. Die im Spätherbst des Jahres gemalte *Kleine Komposition I* gilt als sein erstes rein abstraktes Werk.

Nebenbei illustrierte er mit wachsender Begeisterung Postkarten an Freunde und Bekannte, wie sie seit ein paar Monaten im engeren und weiteren Kreis um den Blauen Reiter kursierten. »Die Fabrikation blüht wie damals die Glasbilder«, hatte Maria im Mai 1913 auf dem an Elisabeth Macke adressierten und von Franz bebilderte Lebenszeichen – Motiv: *Schwarze Kuh hinterm Baum* – angemerkt.[335] Sie jedoch konzentrierte sich momentan auf die maltechnische Umsetzung vollkommen selbstständig entwickelter Bildkompositionen.[336] Bei genauerer Betrachtung haben Marias stark farbige Sommerblumen-Gemälde, ihre Dahlien, Anemonen, Tausendschön, ein bisschen was von Robert Delaunay und August Macke, aber ganz und gar nichts von ihrem Mann. Was Franz und andere von ihren Kreationen hielten, interessierte sie nur noch am Rande, »schliesslich ist's ja wurscht«.[337]

Von Kandinsky und Münter wissen wir, dass sie neugierig sowohl auf Franz' als auch auf Marias jüngste Kreationen waren. Nach langer Fußwanderung, von Murnau aus, in Sindelsdorf angekommen, fanden sie nur Afra Niggl vor. Den Aufstieg ins Dachstudio des abwesenden Mieters gestattet die Hausherrin nur ungern. Auf Schritt und Tritt von ihr bewacht, hielten Kandinsky und Münter Ausschau nach Neuem, wagten aber keine der umherstehenden Leinwände zu bewegen. »Eine große Versuchung«, wurde Marc im Nachhinein berichtet, »war es auch, in das untere Atelier einen Blick zu werfen.« Nach dem Schlüssel zu Marias Arbeitsraum im Erdgeschoss zu fragen, hatten sie sich dann aber doch nicht mehr getraut.[338]

Bevor das letzte Friedensjahr endete, rief Helene Franck Tochter und Schwiegersohn nach Berlin. Marias Vater rang mit dem Tode. Herzmuskel-

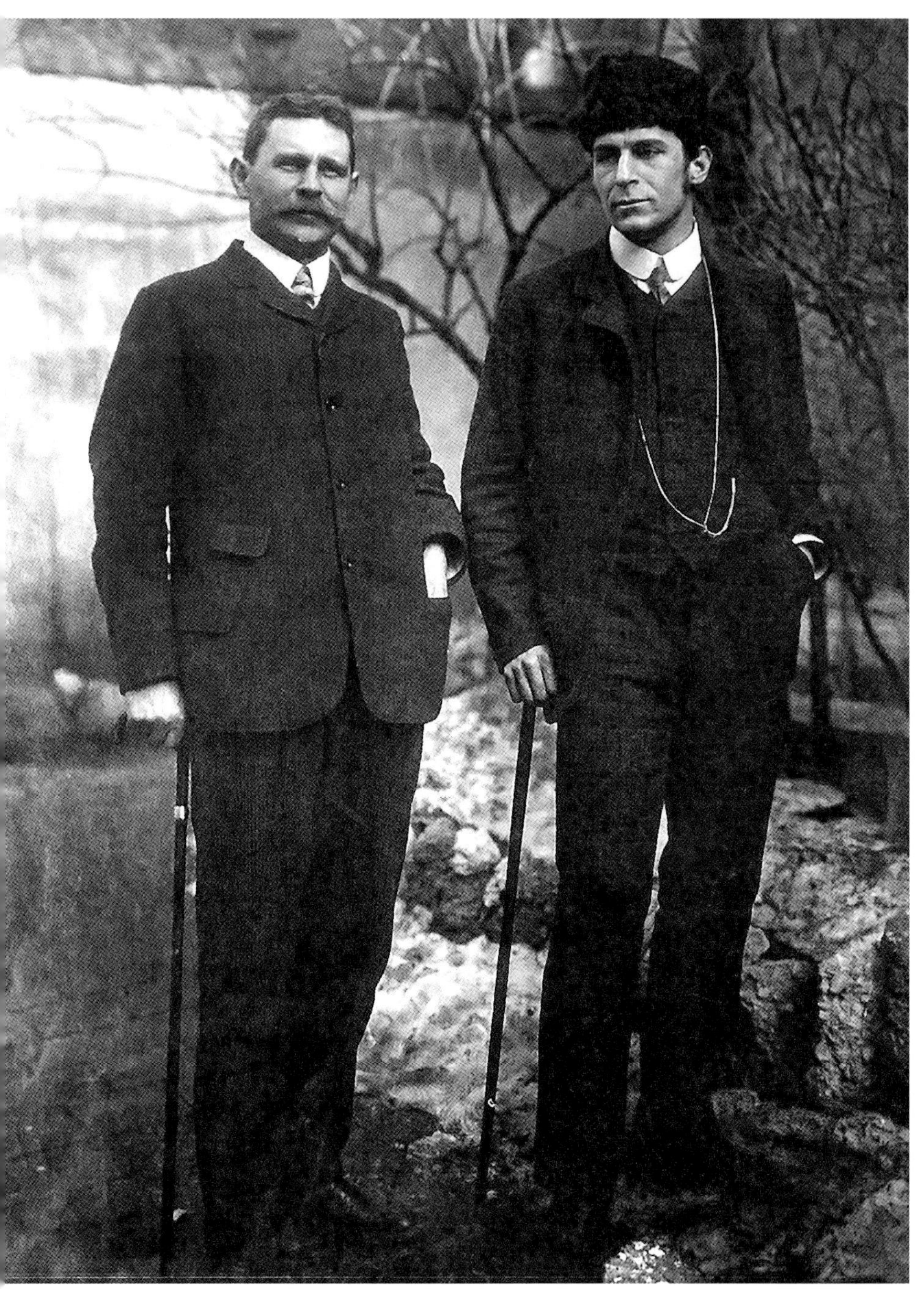

Paul und Franz Marc, Winter 1913

schwäche, Wasseransammlungen in seinem Körper, eine Geschwulst, seit September hatte er sich von der Wohnung durchs Treppenhaus ins Kontor der Bank tragen lassen müssen. Schließlich waren die Stiegen zum unüberwindlichen Hindernis geworden. Jetzt konnte er das Krankenbett nicht mehr verlassen. Am 13. Dezember 1913 wurden Philipp Francks sterbliche Überreste zur letzten Ruhe gebettet.

Maria, Begünstigte einer einst vorsorglich vom Vater abgeschlossen Lebensversicherung, bekam im Januar 1914 zehntausend Mark ausbezahlt. Und so rückte das stille Verlangen nach etwas Eigenem zum Wohnen und Arbeiten für sie und Franz in den Bereich des Denkbaren. Sogar in den Bereich des Möglichen, sollte es ihnen tatsächlich gelingen, eine zweckdienliche und zugleich erschwingliche Immobilie zu finden. Unbedingt außerhalb ihres derzeitigen Wohnorts, weil ihnen angeblich die Sindelsdorfer, allen voran die Niggls, verleidet waren.[339] Oder vielleicht die Marcs den Sindeldorfern, allen voran den Niggls? Da Maria weder im Klagebrief an August und Elisabeth Macke noch in ihren Lebenserinnerungen die plötzliche Abneigung näher begründete, scheint das Einholen einer zweiten Meinung ratsam. Das Wort hat der Einheimische Matthias Zach, Wirt vom Café Sommergarten: »Mei Vadda hat mir oft von dene Marcs verzählt. Meistes ham´s ja koa Geld ned ghabt. Wann der Marc dann wieda a moi a nackats Weiwats gmoit und auf München nei verkauft hat, nachat hams wieda wos ghabt. Dann sans alle im Hütterl ghockt und ham gsunga und glacht. Mia ham natürli arbatn müssen …«[340] (Mein Vater hat mir oft von den Marcs erzählt. Meistens haben sie ja kein Geld gehabt. Wenn der Marc wieder einmal ein nacktes Weib gemalt und nach München hinein verkauft hat, haben sie nachher welches gehabt. Dann haben alle in der Hütte gesessen und haben gesungen und gelacht. Wir haben natürlich arbeiten müssen …)

Die Suche nach dem Eigenheim, »ein Bauernhaus«, »das wir dann ausbauen wollten«, begann in Benediktbeuern. Solange der Frost anhielt, war der kürzere Weg durchs Moor begehbar. Zu dritt stapften sie durch hohen Schnee, die Marcs und Heinrich Campendonk. Je vager die Vorstellung von der Wunschimmobilie, desto schwieriger das Fündig-Werden. Und je festgelegter man ist bezüglich des Budgets, desto geringer die Auswahl. Zuletzt sahen sie sich, müde und zitternd vor Kälte, weit hinter dem Klosterdorf nach einer Wiese als möglichem Bauplatz um. Dieser Wintertag endete ergebnislos. Nicht so ein anderer.

Nun ging es per Eisenbahn über Benediktbeuern hinaus Richtung Kochel. Noch vor Erreichen der Endstation, am Haltepunkt Ried, wollte Franz unbedingt den Zug verlassen. Dieses Mal steuerten sie als Erstes einen Gasthof an. Vergebens ihr Nachfragen in der Gästerunde. Dann aber meinte der Wirt »warum wollen's denn nit das Haus von der Frau Major Rust anschauen«.[341] Gemeint war jenes spektakuläre Gebäude mit Bergblick in Alleinlage am Waldrand, zu dem die Marcs im Vorübergehen hingeschielt beziehungsweise mit dem sie heimlich geliebäugelt hatten, wohl wissend, dass der Preis für ein solches Haus und Grundstück ihre »Verhältnisse weit überstieg«. Also doch weiterfahren. Aber nicht ohne zuvor, auf dem Rückweg zum schlichten Bahnsteig ohne Überdachung, noch einmal begehrliche Blicke auf besagtes Anwesen geworfen zu haben. Ehe der nächste Zug nach Kochel in Ried eintraf, platzte Franz damit heraus: »Ich werde der Dame vorschlagen, das Haus mit unserem Haus in Pasing zu tauschen!«[342]

Zwischen spontanem Kundtun und ernsthaftem Vorbringen des kühnen Plans können nur wenige Minuten gelegen haben. Dass aus einer Illusion ein Faktum wurde, kam Franz und Maria wie Zauberei vor. Die wirklich und wahrhaftig an einem Ortswechsel interessierte Eigentümerin der Villa aus dem Jahr 1908 mit turmähnlichem Vorbau und, mit ein klein wenig Fantasie, herrschaftlich anmutender Veranda als Entree ließ sich auf Verhandlungen ein. Denn: Der Unbequemlichkeiten eines Daseins auf dem Lande müde, überdies mit einem kranken Sohn belastet, lechzte Ida Rust, Witwe eines Majors, nach den Segnungen urbanen Wohllebens. Die potenziellen Tauschpartner hatten zweimal Glück. Es stellte sich heraus, dass der Wert beider Objekte gleich hoch angesetzt werden konnte: »Die beiden Anwesen werden mit je 18 000[343] Mark veranschlagt, so daß ein Ausgleich von keiner Seite zu leisten ist.«[344] Nur gehörte das Anwesen in Pasing Franz und Paul Marc zu gleichen Teilen.

Wie aufgeregt und intensiv ihr Mann und sie nach einer Finanzierungslösung suchten, hat Maria festgehalten: »Wir sind beide ganz nervös von den Geschichten mit Geld und Hypotheken.«[345] Am Ende wandelte Paul seinen Anteil am Verkauf des elterlichen Hauses in ein dem Bruder gewährtes Darlehen um.[346] Franz verpflichtete sich zu sukzessiver Tilgung seiner Schuld und zu monatlichen Zahlungen an seine Mutter, Ausgleich für die Sophie Marc bislang zustehenden und nunmehr wegfallenden Mieteinnahmen.[347] Maria bekam von ihrer Mutter noch fünftausend Mark geschenkt. Nun bereiteten auch der Einbau eines Bads, die notwendigen Schönheitsreparaturen und der Zukauf eines Wiesengrundstücks zur Erweiterung von Rehgatter und Garten kein Kopfzerbrechen mehr. Außerdem konnte Marias Klavier durch einen Flügel ersetzt werden, zwar keinen neuen, aber immerhin ein Instrument der weltberühmten Firma Bösendorfer. Der Plan zum Bau eines Atelierhäuschens

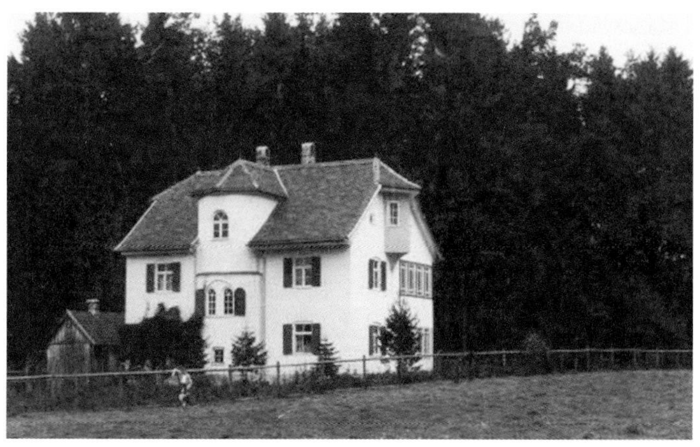

»Unsere Villa!«, die »Marcburg« in Ried

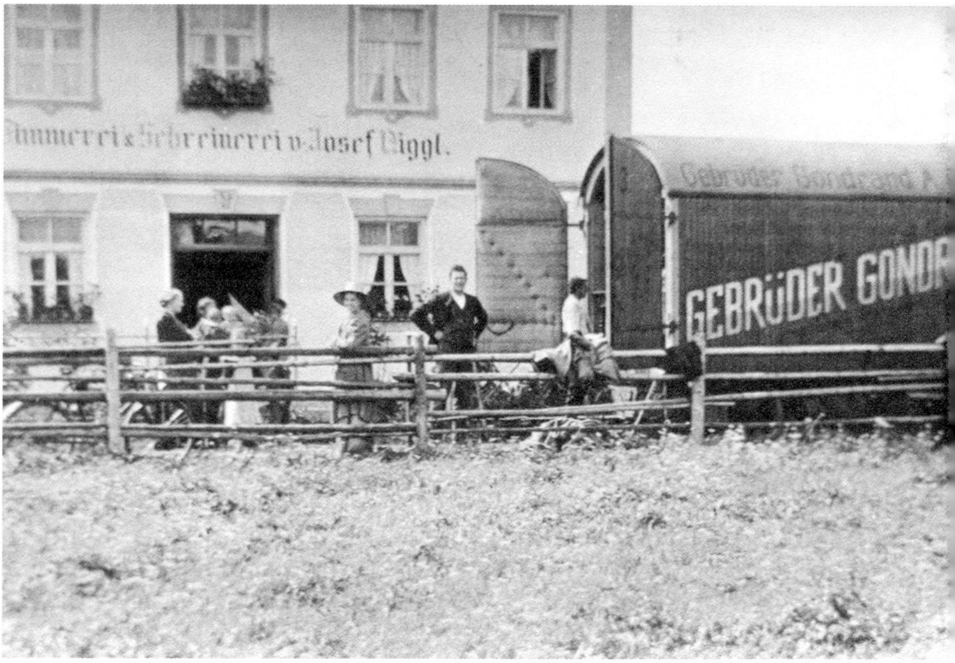

Abschied von Sindelsdorf und der Familie Niggl

auf dem Grundstück wurde wieder aufgegeben. Stolz schwang mit, wenn Marc den fernen Freunden die Raumaufteilung von »Schloss Ried« (Marc an Lasker-Schüler), von »unserer Villa!« (Marc an Klee), der »Marcburg« (Marc an Kubin) erläuterte: schöner großer Keller, im Untergeschoss zwei große Zimmer und Küche, im ersten Stock zwei Schlafstuben, Gästezimmer, abgetrennt Wanne, Waschbecken und Toilette, unterm Dach zwei weitere hübsche Kammern.[348] Insgesamt eine Wohnfläche von zweihundert Quadratmetern etwa.

Am 27. April 1914, einem Sonntag, fuhr frühmorgens in Sindelsdorf der motorisierte Möbelwagen der Münchner Spedition Gebrüder Gondrand AG (gewöhnlich ließ Marc durch sie seine Bilder zu Ausstellungen transportieren) vor. Malgeräte und die Kiste mit den Rehen wurden auf einem flachen Pferdewagen nach Ried transportiert; das Böckchen hatte sich nur von Niestlé einfangen lassen. Franz ging mit Maria und Russi den ganzen eineinhalbstündigen Weg nebenher, sprach mit den beiden verängstigen Tieren, streichelte sie durch die Lattenlücken und fütterte sie unterwegs mit Zweigen ihrer Lieblingssträucher.

Sophie, Paul und Helene Marc waren in Ried die ersten Besucher. Ihr Mitbringsel aus der Stadt: eine Riesenportion Spargel fürs sonntägliche Festessen anlässlich der Hauseinweihung.

Helene Franck reiste im Mai aus Berlin an, sie blieb mehrere Wochen. Und noch ein Hausgast auf längere Zeit traf in Ried ein. Paul Lasker-Schüler, Elses Sohn. Franz sollte den Fünfzehnjährigen im Zeichnen unterrichten. Und ihm wohl auch ein wenig den Vater ersetzen. Während des ersten Besuchs der Familie Klee über Pfingsten wollte das Musizieren fast kein Ende nehmen.

Aufregungen und Aktivitäten in Verbindung mit dem Hauskauf fielen mit einer Schaffenskrise Franz Marcs zusammen. Auch in Bezug auf seine Kunst strebte er nach Veränderung, sah sich an einem Wendepunkt stehen. Nicht im wörtlichen Sinne. Jeden Gedanken an eine Rückkehr zu irgendeinem Zwischenziel seiner Vergangenheit oder an ein Verharren im Istzustand schob er weit, weit von sich. »Er sagte«, notierte Maria im Rückblick, »dass er unbedingt darüber hinauskommen müsse, diese Tierbilder zu schaffen, die ja viel Anklang fänden.«[349] Nach einer Phase quälenden Zweifels war ihm das Gefühl für sein Wollen von innen heraus vollständig abhandengekommen. Wen ins Vertrauen ziehen? Wen bitten um einen Rat? Um einen Fingerzeig? Den stets seiner selbst gewissen Macke? Den einzelgängerischen Kandinsky? Marcs Wahl fiel auf Marianne von Werefkin. Ende 1913 hatte die kluge und verlässliche Verbündete München verlassen. Seither wohnte sie bei ihrem Bruder, Gouverneur im russisch-litauischen

Wilna. Werefkin habe, wurde gemunkelt, Jawlensky unwiderruflich den Rücken gekehrt, sei es endgültig leid gewesen, ihn samt Geliebter und illegitimem Sohn durchzufüttern. Ohne auch nur einen Funken dankbarer Anerkennung als Gegenleistung.

Am 21. Februar 1914 wandte sich Marc an die

> »Verehrte Frau Baronin,
> arme Freundin, der Gedanke, dass wir Sie nicht mehr in der Giselastr. finden können, macht uns sehr traurig, – muss denn das Leben immer so grausam mit den Menschen spielen?
> Bei uns beiden [Franz und Maria] geht das Leben still vorbei, wir hören nicht viel, erleben auch nicht viel, nichts was nicht mit der Malerei in Beziehung steht; ich quäle mich gegenwärtig sehr mit dem Malen; ich will mich nicht wiederholen, denn wozu Dinge zweimal sagen? Aber neue ›andere‹ Bilder malen heißt ein anderes Leben leben, neu denken, von vorne anfangen und das ist so unendlich schwer.«[350]

Bestens vertraut mit seinem Dilemma, welches einst auch ihr Dilemma gewesen war – und dasjenige vieler anderer Künstler –, schrieb die Weisheitssucherin dem Selbstzweifler ins Stammbuch:

> Erstens: »Ein echter Künstler wiederholt sich nicht, er ergänzt sich.«
>
> Zweitens: »Ich glaube nicht, dass die Suche nach neuen Wegen der Urzweck des Künstlers sein wird.«
>
> Drittens: »Was er auch sucht, was er erreicht, es sind immer seine Wege, sind Umwege zu dem, was allein zu sagen ihm bestimmt ist.«
>
> Viertens: »Das Wort, das man am Anfang nur so hinlallte, man lernt es ernst und gross sagen, aber es bleibt immer dasselbe Wort, das unsere ganze Persönlichkeit ausmacht.«
>
> Fünftens: »Alles Erdachte scheitert in der Kunst, nur das Empfundene bleibt.«
>
> Sechstens: »Mit jedem Jahr fällt immer Neues von den Seelen ab, und diese wird immer schlichter und einfacher und stärker.«[351]

Marc bedankte sich für den »langen Kunstbrief« und gab Werefkin in allen Punkten recht. »Sie fühlen so wahr den Kern der Sache.«[352] Echte Künstler sind nur solche, die Herr ihrer Eitelkeiten sind!

Marcs Beharren auf dem Erscheinen eines weiteren Almanachs war eindeutig nicht seiner Eitelkeit geschuldet. Eher seinem missionarischen Eifer. Im neuen Zuhause wollte er die bereits begonnene Arbeit an einer Fortsetzung des Jahrbuchs vorantreiben und vollenden. »Dort wird die Geburtsstätte des 2. Blauen Reiter-Bandes [sein]«, hatte er dem zweiflerischen Freund Macke versichert, »lach nur er wird doch! Ich brüte wie eine Henne darüber; diesen 2. Band werde ich allein, d.h. natürlich mit Mitarbeitern, wozu ich Dich auch zähle, hoffentlich, herausgeben. Einen späteren wird dann Kandinsky übernehmen.«[353]

Falsch.

Kandinsky stand nicht mehr zur Verfügung, er hatte resigniert, glaubte nicht mehr an die gemeinsame Sache.

Kandinsky verbot nicht nur sich selbst, sondern auch Marc, auf sein Urheberrecht verweisend, das Weitermachen.

Kandinsky war der festen Überzeugung, »daß die Zeit für den B. R. noch nicht reif ist ... Man darf nichts halb und halb machen und keine gewaltsamen Frühgeburten hervorrufen ... Ebenso kann ich nicht halb und halb den B. R. aus der Hand geben. Es ist mir Ihnen gegenüber *sehr* unangenehm – was soll ich aber anderes machen?«[354]

Marcs erste Reaktion auf die Untersagung kennen wir nicht. Im Vordergrund seiner Replik steht der unbedingte Wille zur Fortführung ihrer wenn schon nicht redaktionellen, so doch persönlichen Beziehung.

> »Lieber Kandinsky,
> traurig bin ich schon – aber wie könnte ich böse sein? ... Mir selbst ist allerdings bis heute die Lust oder besser gesagt der Drang, meine gegenwärtige Arbeitslust durch eine schriftliche Herausgabe zu steigern und zu klären, nicht vergangen; vielleicht versuche ich etwas auf eigene Faust. Ich habe das bestimmte Gefühl, daß gerade *heute von uns* etwas *gesagt werden* müßte, gerade *weil* das Material fehlt. Wenn es einmal nicht mehr fehlen wird, werden andere und mit Recht das Material zeigen, die Schöpferischen haben mit dieser Arbeit, die unsre Zeit jetzt so bereitwillig übernimmt (im Gegensatz zu früher), nichts zu tun. Das ist mein Gefühl in dieser Sache ... Es ist merkwürdig, wie wir jetzt divergieren, – ich glaube wohl alle um dasselbe Zentrum, aber jeder mit einer anderen Schwingungskraft ...«[355]

Das weite Auseinanderliegen ihrer Positionen wurde im März 1914 an noch anderer Stelle offenbar. Die zweite Auflage des ersten Blauen-Reiter-Bandes war mit zwei Vorworten versehen, getrennt formuliert und unterzeichnet mit F. M. beziehungsweise W. K.

Ganz allein, wie angekündigt, wagte sich der klassische Teamarbeiter Marc an das Experiment Expressionistisches Theater dann doch nicht heran. Gemeinsam mit dem Dadaisten Hugo Ball[356] dachte er über eine Neugestaltung der den Geschmack moderner Menschen beleidigenden Bühnenausstattungen, Malereien, Kulissen nach. Unter Mitwirkung vieler Gleichgesinnter. Es sollte »etwas produktiv Neues versucht werden«, ein umstürzlerischer Bruch mit der szenischen Tradition. Geplant waren, in Düsseldorf, Aufführungen des Schauspiels *Der Sturm* von Shakespeare, (hierfür wollte Marc Entwürfe liefern), von Kandinskys Bühnenkomposition *Der gelbe Klang* und der japanischen Samurai-Geschichte Chûshingura.[357] Das ehrgeizige Vorhaben scheiterte. Jene Radikalität, die Marc vorgeschwebt war, scheiterte am Widerstand etablierter Direktoren und Dramaturgen. An einer »halben Sache mitzuwirken« hatte er »nicht die geringste Lust«.[358] Leider blieb auch das geplante längere Essay »über moderne Theater-'Ideen'» ein Fragment.[359] Ihm wenigstens ginge die Abhandlung »nicht mehr aus der Feder«, gestand er Macke am 12. Juni ein, arbeite daran aber dennoch weiter, »im Stillen«, »ich kann's nicht lassen«.[360] Und das Projekt Bilderbibel? Es ging seinen Gang, hatte keine Eile. Marc wollte mit seinem Beitrag bis spätestens Dezember fertig sein. Klee ebenfalls. Von Heckel, Kokoschka und Kandinsky wusste er noch nichts Bestimmtes. Kubin wurde versichert, dass sich ein Verleger finden werde. »Ich drohe Piper einfach mit meinem Browning[361], den ich mit Stinkbomben lade.«[362] Anfang August sollten die Verhandlungen weitergehen.

Unterdessen war es Sommer geworden. Der Sommer des Jahres 1914 war ungewöhnlich makellos. Im Garten des Hauses in Ried blühten die Blumen, wuchs das Gemüse, reifte das Obst. Marc hatte sich oben im Haus ein Atelier eingerichtet, von dem aus er die hohen Bäume am Rande des Grundstücks und seine Rehe sah. Oft kam er hinunter ins Wohnzimmer, um seiner Frau ein Bild oder einen Holzschnitt zu zeigen. Ende Juni verbrachten sie einige Tage und Nächte in der Hütte auf der Staffelalm. Wieder in Ried fanden sie ein Billet von Annette von Eckardt vor, »die bei uns gewesen war – sie sprach darin von grösster Besorgnis vor d. Folgen des Mordes in Sarajevo, der geschehen war, von dem wir oben in den stillen abgeschiedenen Bergen nicht gleich gehört hatten«. Ist das unentwegte Rufen des Käuzchens im angrenzenden Wald ein schlechtes Omen, fragte sich angstvoll Maria. Franz, Abonnent der

Münchner Neuesten Nachrichten, verfolgte beunruhigt die aus der Bluttat resultierenden politischen und militärischen Entwicklungen.[363]

Am 28. Juni war in der bosnischen Stadt das österreichische Thronfolgerpaar wohl im Auftrag einer pro-serbischen Geheimorganisation erschossen worden. Das Attentat löste die sogenannte Julikrise aus, die schließlich zum Ersten Weltkrieg führte. Sämtliche Zuspitzungen der jüngeren Vergangenheit, der Rüstungswettlauf der europäischen Großmächte, die Probleme des Vielvölkerstaats Österreich-Ungarn auf dem Balkan, Russlands eindeutiges Votum für Serbien und dasjenige Deutschlands für die Monarchie der Habsburger, die Unfähigkeit, eine Lösung auf dem Verhandlungswege zu finden – all das hatte den einen mehr, den anderen weniger Angst gemacht. Jetzt nahm das Unglück seinen Lauf. Am 15. Juli zog Serbien seine Truppen zusammen. Am 28. Juli erklärte Österreich-Ungarn Serbien den Krieg. Am 30. Juli verkündete der russische Zar die Generalmobilmachung.

Kandinsky und Münter hatten gerade noch Zeit, von Murnau nach Ried zu kommen. Am Abend, an der Haltestelle des Postautos in Kochel, wohin die Freunde sie begleitet hatten, sprach Kandinsky beim Abschied von seiner Hoffnung auf ein baldiges Wiedersehen. »Nein«, bekam er von Marc zur Antwort.[364] Jawlensky und sein zwölfjähriger Sohn Andreas eilten ebenfalls ein letztes Mal zu den Freunden. Werefkins Rückkehr aus Russland in buchstäblich letzter Minute stand unmittelbar bevor.

Am 31. Juli stellte Deutschland Russland ein Ultimatum. Kaiser Wilhelm II. erklärte aufgrund des Artikels 68 der Reichsverfassung den Kriegszustand. Vorkehrungen gegen Spionage und Landesverrat wurden ergriffen. Aus Angst vor Internierung durch die Militärbehörden setzten sich »Feindstaaten-Ausländer« schnellstens ab.

Kandinsky steuerte unverzüglich mit der von ihm geschiedenen Anna und drei russischen Verwandten sowie der ihm freiwillig folgenden Münter der eidgenössische Bodenseeufer an. Auch Werefkin und Jawlensky, Schicksalsgemeinschaft in dieser Notsituation, verließen Hals über Kopf ihre Wahlheimat und fanden ebenfalls, einschließlich der zum Haushalt gehörenden »Familien«mitglieder, Zuflucht auf Schweizerischem neutralem Boden.

Am 1. August erklärte Deutschland Russland den Krieg. Tags darauf machte Bayern mobil. Auf Münchens Hauptstraßen und Innenstadtplätzen versammelten sich so viele Menschen, dass der Fahrzeugverkehr zusammenbrach. Vor dem Wittelsbacher Palais kam es zu einer großen Volkskundgebung. Ludwig III. hielt eine Ansprache, in der er den Segen Gottes auf Deutschland und seine Verbündeten herabrief. Der bayerische Monarch schloss mit den Worten:

»Gehen Sie nach Haus und tun Sie Ihre Pflicht wie unsere Soldaten, die bald vor dem Feinde stehen werden.« Daraufhin erklang aus der Menge die bayerische Königshymne, anschließend sang sie das Deutschlandlied.[365]

Es war noch gar nicht lange her, dass Franz und Maria Marc die Mackes nach Ried eingeladen hatten. Zusammensitzen am runden Kirschholztisch bis in die Nacht, essen, trinken, lustig sein, herumalbern wie in alten Tagen, noch einmal gemeinsam Spaß haben am Betrachten reizvoller fernöstlicher Meisterwerke: »Kommt doch allesamt her; ich habe jetzt eine exquisite kleine erotische Bibliothek, dass es an Anregungen nicht fehlen wird.«[366] Nichts davon sollte mehr Wirklichkeit werden. Am 3. August erklärt Deutschland Frankreich den Krieg. Danach griff das Töten über auf Belgien, Großbritannien, Japan, die Türkei, Italien …

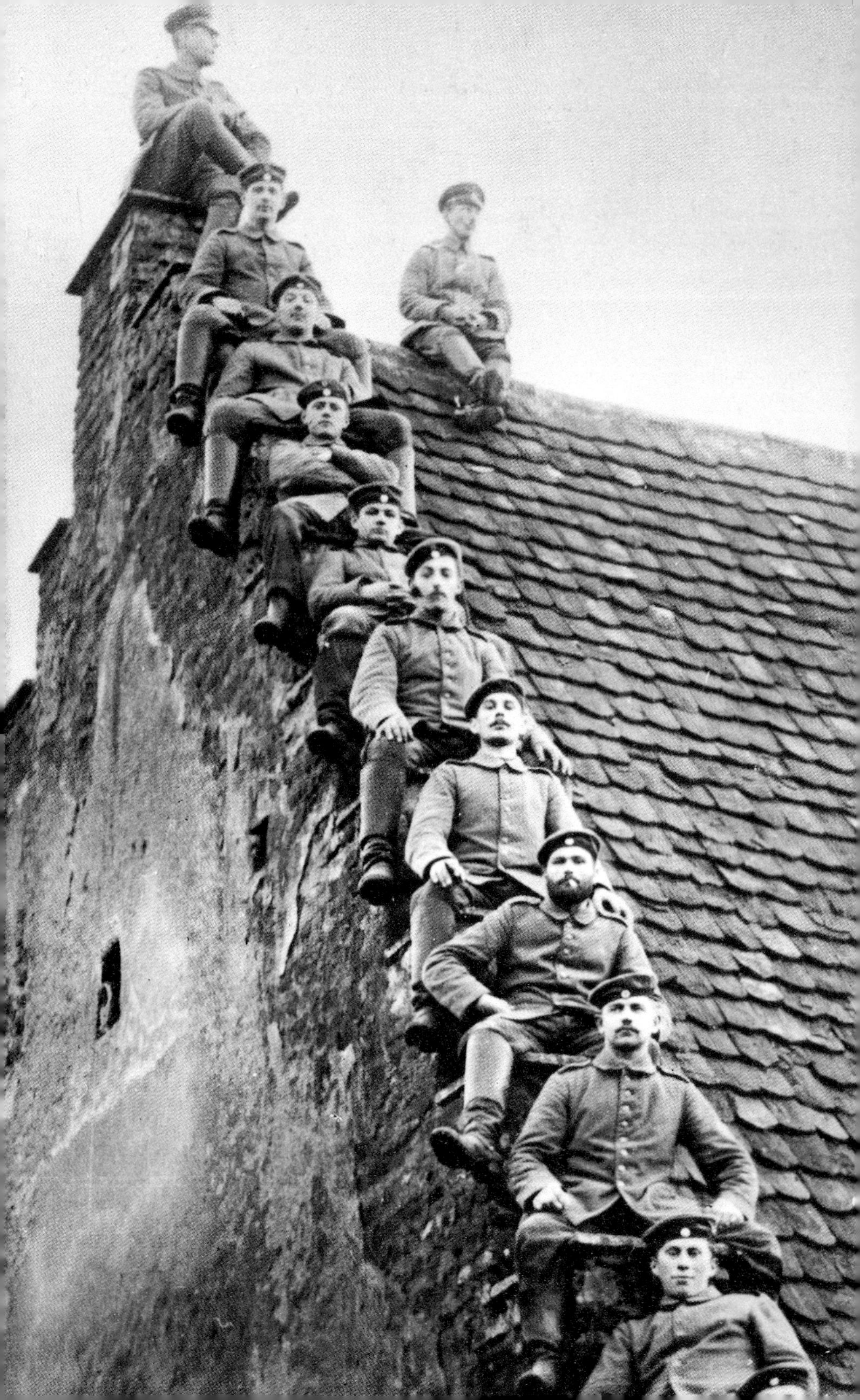

1914 BIS 1916

ERREGUNG

Wir wollen … den Kriegsball noch einmal vorwärtsschleudern und ihn in das Gebiet des Geisteskampfes hinüberspielen.

Geraume Zeit vor Beginn des Waffengangs hatte in der deutschen Politik wiewohl in der deutschen Öffentlichkeit eine breite Diskussion über die Kriegsziele eingesetzt. Die Möglichkeit einer Niederlage fand in dieser Debatte keinen Raum. Grundsätzlich lassen sich zwei Positionen unterscheiden. Die einen strebten einen Verständigungsfrieden ohne Annexionen an, die anderen verlangten Gebietsabtretungen der gegnerischen Länder. Hinzu kam die Frage, ob die deutsche Vormachtstellung nach dem erwarteten schnellen Sieg vor allem im Westen oder im Osten ausgebaut werden sollte. In ihren offiziellen Verlautbarungen sprach die Reichsregierung von der Einkreisung Deutschlands und von unerlässlicher Verteidigung.

In seiner Thronrede Anfang August 1914 vor dem Parlament rief Wilhelm II. zur Einigkeit auf: »Ich kenne keine Parteien mehr, ich kenne nur noch Deutsche! Zum Zeichen dessen, dass sie fest entschlossen sind, ohne Parteiunterschied, ohne Standesunterschied, ohne Konfessionsunterschied durchzuhalten, mit mir durch dick und dünn, durch Not und Tod zu gehen, fordere ich die Vorstände der Parteien auf, vorzutreten und mir das in die Hand zu geloben.« Das Memento des Kaisers traf auf fast ungeteilte Zustimmung, selbst oppositionelle Abgeordnete klatschten Beifall. Zeitungsberichten zufolge waren eine Woche nach Kriegsanfang im Deutschen Reich etwa 1,3 Millionen Männer freiwillig »zu den Fahnen geeilt«.[1]

Franz Marc meldete sich zum Leidwesen seiner Frau nicht erst, wie angeordnet, am 6. August, sondern schon am 4. des Monats zum Dienst an der Waffe.[2] Am selben Tag ließ Bayernkönig Ludwig III. per Pressemeldung verkünden: »Der Kampf, den unser Heer erwartet, geht um die heiligsten Güter, um unsere Ehre und Existenz.«[3] Nichts lag dem unpolitischen Nichtpatrioten Franz Marc ferner, als freudige Einsicht in die – wie es Elisabeth Macke in ihrer Anfangseuphorie ausdrückte – »absolut eherne Notwendigkeit, dieses großen Kampfes« um Volk und Vaterland.[4] Gewöhnlicher Enthusiasmus lag ihm fern. Die Selbstverständlichkeit, mit der er den Krieg begrüßte, war symptomatisch für den Überdruss einer übersteigert zukunftsgläubigen, jungen geistigen Elite an der spätbürgerlich-wilhelminischen Gesellschaft. Diese wurde nur noch als erstarrt, in sich zersetzt, degeneriert und dekadent, ohne Ideale wahrgenommen. Ihre »Verlogenheit« meinte man nicht mehr aushalten zu können. Nun endlich schien die herbeigesehnte Zeit der epochalen Wende gekommen.

Nietzsches Propheten Zarathustra von Jugend auf im Ohr – wie viele andere Intellektuelle in Deutschland damals –, war Franz Marc fest davon überzeugt, dass der Krieg in gewisser Weise auch Sühne sei, ein Opfer, dem sich die europäischen Völker unterwerfen müssten, um »mit sich ins Reine« zu kommen. Hauptsächlich deshalb hatte er ja in den Lobgesang der Futuristen auf kriegerische Umwälzungen, »diese einzige Hygiene der Welt«, eingestimmt. Seine ureigene Kritik am Hier und Jetzt hatte er schon im Januar 1911 in einem Brief an Maria zum Ausdruck gebracht: »Alles was wir von ›alter Kultur‹ … noch mit uns schleppen ist eine Gegenwart, die schon der Vergangenheit angehört … wir moderne Maler sind kräftig am Werk, für das kommende Zeitalter, das alle Begriffe und Gesetze neu aus sich gebären wird, auch eine ›neugeborene‹ Kunst zu schaffen; sie muss so rein und kühn sein, dass sie ›alle Möglichkeiten‹ zulässt, die die neue Zeit an sie stellen wird.«[5]

Bevor Marc sein Heim, seine Ehefrau, seine Tiere, sein Atelier, Ried und alle ihm so vertrauten Dörfer rundum, das in hochsommerliches Licht getauchte, ungezählt viele Male erwanderte, *bild*schöne bayerische Oberland hinter sich ließ, machte er sein Testament und setzte Maria als Alleinerbin ein.

Außerdem nahm er brieflich von Freunden Abschied.

Marc an Koehler: »… nun wird es wirklich ernst. Auch ich werde den Pinsel mit der Kanone vertauschen.«[6]

Marc an Kubin: »… ein letzter Gruß von hier, wo alles noch so friedlich scheint, allerdings schon totenstill, nun müssen wir einmal schweigen und die Weltgeschichte reden lassen.«[7]

Marc an Piper: »… wer weiß, wie lange die ›Pause in der Kunst‹ dauern wird.«[8]

Am 3. August 1914 wurde August Macke Soldat im Infanterieregiment 160. Die Infanterie hieß es, trage die Hauptlast des Kampfes und bringe die größten Opfer, dafür winke ihr aber der höchste Ruhm. Auch Paul Marc, zum Artilleristen ausgebildet wie sein Bruder,[9] wurde wenige Tage nach seiner Einberufung an die deutsch-französische Front transportiert. Das Einsatzgebiet von Marias Bruder Wilhelm Franck war die Verteidigungslinie im deutsch-russischen Grenzraum. Schwägerin und Nichte entgingen in Ostpreußen wie durch ein Wunder den verheerenden Folgen anfänglich massiver feindlicher

Vorstöße. Während rund um das Gutshaus Gendrin die Welt in Flammen stand, bewahrten zaristische Offiziere Hertha Franck mit dem Töchterchen vor dem Schlimmsten. Bei ihr einquartiert, ließen die Angehörigen eines Elitecorps Wachen aufstellen als Schutz gegen marodierende Truppenteile. Die »Gäste« aus Russland wollten von der kleinen Erika wissen, wo ihr Vater sei. Das Kind antwortete: »Im Krieg.« Und auf die weitere Frage, was der Papa dort täte: »Er schießt Rehe.«[10]

Am 9. August bekam der Gefreite Franz Marc seine Uniform ausgehändigt. Zunächst wurde er dem Rekrutendepot der 2. Ersatzbatterie des 1. bayerischen Feldartillerie-Regiments zugeteilt. Vom 13. bis zum 15. August wies ihn in München ein erfahrener Bombardier in die Technik seiner Waffengattung ein.[11] Ab dem 18. August bildete Marc Kriegsfreiwillige aus, unter anderen Wilhelm Valentiner, Kurator am Metropolitan Museum in New York. Bei Ausbruch des Krieges zufällig in der Heimat, war für den in den USA lebenden Deutschen die aktive Beteiligung an dem Waffengang sofort beschlossene Sache gewesen. Im Rückblick beschrieb er seine erste Begegnung mit Marc auf dem Hof der Max-II-Kaserne wie folgt: »Ich mußte mich vor ihm in den Staub werfen und liegend die Hantierungen des Gewehres lernen. Wahrscheinlich zeichnete ich mich durch besonderes Ungeschick aus. Denn er fragte mich, was ich im Zivilberuf bin.«[12] Vom Alltagsgeschäft seines Instrukteurs wusste Valentiner vorerst nichts.

Am 27. August erfuhr Marc von seiner Versetzung zur Leichten Munitionskolonne der 1. Ersatzabteilung der Feldartillerie-Regimenter 1 und 4. Gleichzeitig wurde seine Ernennung zum Unteroffizier bekannt gegeben. Kaum hatte er von der Beförderung erfahren, bat Marc beim Hauptmann um Vormerkung, »um beim nächsten Bedarf in's Feld abzurücken«.[13] Wenig später war es so weit. Er schlief, wenn Maria in München war, nicht in der Kaserne, sondern gemeinsam mit ihr in der Münchner Wohnung seines Bruders. In der Nacht vom 29. auf den 30. August holte ihn ein Wachtmeister aus dem Bett.[14] »Jetzt bin auch ich endlich auf dem Zug in den großen Krieg«, schrieb Marc am letzten Tag des Monats an Walden.[15]

Maria reagierte mit Verzweiflung, konnte den Ehrgeiz ihres Mannes nicht nachvollziehen. Sie hasste den Krieg, von Anfang an. Im nahen Kloster Benediktbeuern war ein Lazarett eingerichtet worden. Die ersten Verwundeten lagen schon dort.

Kubin teilte Marias Meinung, »mein Herz und mein Gedanke sind *trostlos*«.[16] Münter, einig mit Kandinsky, bekundete aus der Ferne, vom Schweizer Ufer des Bodensees, ihre Abscheu, dass bei allem Unglück so viel gehetzt und böses Blut gemacht werde »durch Erzählen, Aufbauschen und Übertreiben«.[17] Nachdem August Mackes erste schockierende Berichte aus der Kampfzone in Bonn eingetroffen waren, fand Maria in seiner Frau eine Gleichgesinnte. Den wunderbaren Spätsommer, die reiche Ernte im Garten, auch Elisabeth vermochte nicht, sich daran zu erfreuen, »wo so viele junge, starke Menschen täglich dahinsterben … Und selbst bei unseren Feinden sind ja Hunderte genau so fühlende und denkende Menschen wie wir, und die dauern mich genauso; sie haben doch alles im Stich lassen müssen, Weib und Kind und Heimat und werden hingeschlachtet … Wo bleibt die Menschlichkeit.«[18] Campendonk war dankbar für jede Stunde, die er zu Hause bleiben durfte. Klee dachte nicht anders. Der Franzose Delaunay, bei Kriegsbeginn mit seiner Frau in Spanien in Urlaub, ignorierte den Gestellungsbefehl, blieb seinem Heimatland fern und galt somit als fahnenflüchtig. Der Österreicher Kokoschka hingegen schrieb an Marc: »Ich gratuliere Ihnen herzlichst zu der Auszeichnung für Deutschland in den Kampf zu kommen.«[19] Auch Pfarrer Otto Schlier, mittels Feldpostkarte in Kenntnis gesetzt, beglückwünschte seinen ehemaligen Schützling: »Es ist ganz wunderschön, wenn Sie jetzt für unser Vaterland mitkämpfen u. an seiner künftigen Größe mitbauen dürfen.«[20]

Über Ulm (»Stimmung famos«[21]) und Straßburg, anfangs mit der Bahn, danach an unendlich vielen zerstörten Häusern vorbeimarschierend, näherte sich Marcs Kolonne ihrem vorläufigen Stützpunkt, dem elsässischen Grenzort Saales.[22] Warten auf Marschbefehle. Westlich tobte die blutige Schlacht vor Nancy und Épinal, südlich bis zum Col de Bonhomme, dem Pass über den Hauptkamm der Mittleren Vogesen, waren die französischen Einheiten jüngst in die Flucht geschlagen worden. Erkauft war der Rückzug des Feinds mit ungeheurem menschlichem Leid, hüben wie drüben, wovon die Siegesmeldungen in Deutschland aber schwiegen.

2. September – Operationspläne in der Satteltasche, beobachtete Marc auf seinem Ritt zum Brigadestab fasziniert »ein unglaubliches Kriegstreiben« auf der Heeresstraße, »›Wallensteins Lager‹, aber in echt«.[23] Noch fand er, zu seinem Erstaunen, Gefallen an dem Dasein eines Landsers.

6. September – Ein Gefechtsstand auf feindlichem Boden, im verwüsteten Bergwerksdorf La Croix-aux-Mines, dem bislang in diesem Krieg am heftigsten umkämpften Fleckchen Erde, gewährte ihm und seinen Kameraden so gut wie keinen Schutz. Die Stellungen der deutschen Artillerie lagen im direkten Schussfeld französischer Batterien.

Marc hatte seine Nervenstärke überschätzt. »Der Leichengeruch auf viele Kilometer im Umkreis ist das Entsetzlichste. Ich kann ihn weniger vertragen als tote Menschen u. Pferde zu sehen.«[24] Bekanntermaßen auf Sublimierung geprägt, suchte er Rettung in mentaler Überhöhung der Kriegsgräuel. Er spüre, schrieb Marc nach Ried, »den Geist, der hinter den Schlachten, hinter jeder Kugel schwebt so stark, daß das realistische, materielle ganz verschwindet … als ob sie etwas ganz anderes bedeuteten, als ihre Namen sagen«.[25] Maria fürchtete um den Verstand ihres Mannes. Am meisten hatte sie seine Bemerkung getroffen, er schäme sich geradezu, noch unverwundet herumzulaufen. Aus ihrer Erwiderung spricht helle Empörung: »Es gab mir einen tiefen Stich, der mich sehr schmerzen wird, bis Du wieder kommst … Kannst Du Dir gar nicht vorstellen, was solche Worte für [einen] Eindruck auf mich machen?« Ein Mann in seinem Alter, verheiratet, sehnt die Gefahren doch nicht herbei. Wohin dieser Krieg führt? *Sie* machte sich nichts vor. Alles, alles würde umsonst sein, »es muss einen grausen vor der Zukunft«.

Im Übrigen fühlte sie sich doppelt allein gelassen mit ihrem Kummer. Sophie Marc als Gesellschafterin nach Ried zu beordern, war kein guter Einfall von Franz gewesen. Die Frauen hatten einander wenig zu sagen, waren sich über die Jahre fremd geblieben. Unerträglich, »Mamans« frostige Freundlichkeit. »Keine Liebe hat sie für mich … Diese stumme Dulderin kann ich kaum noch ertragen.«[26] Auch als, im Tausch, Helene Franck das Gästezimmer bezogen hatte, blieb die Stimmung auf dem Nullpunkt. Von ihr fühlte sich Maria beinahe noch weniger verstanden. Außerdem hatte sie nach wie vor den jungen Paul Lasker-Schüler im Haus. Seine Mutter steckte in München fest, wusste nicht, wie sie sich und ihren Jungen nach Berlin bringen sollte. Fehlte Else Lasker-Schüler schon das Geld, um ihr Pensionszimmer zu bezahlen, so erst recht für zwei Eisenbahnfahrkarten.

Allmählich machten sich auch in Ried die Folgen der Kriegswirtschaft bemerkbar. Die Verknappung und Teuerung selbst von Grundnahrungsmitteln wurde mehr und mehr spürbar. Menschen ohne eigene Landwirtschaft waren besonders betroffen. Marias Vorräte an Hundefutter gingen ebenfalls zur Neige. Hinzu kam, dass Franz irgendwann zwischen Einzug in die Villa und Einberufung zum Militär einen Welpen unbekannter Rasse mit Namen Welf aufgenommen hatte, der partout nicht stubenrein werden wollte. Der alte Russi verabscheute den jungen Konkurrenten. Einer ihrer Nachbarn in Ried, davon war Maria fest überzeugt, hatte mutwillig Hanni aus dem Gehege freigelassen. Das Reh wieder einzufangen, war nur mit Mühe gelungen. Überhaupt schienen die Dörfler nicht wohlgesonnen. Auf Koehlers monatliche Zahlung, ihr einziges sicheres Einkommen zurzeit, hatte sie lange warten müssen. Jetzt, da Bildverkäufe außerhalb jeder Möglichkeit zu liegen schienen, musste mit jedem Pfennig gerechnet werden. Ihre Notgroschen, rund viertausend Mark, festverzinslich bei der Deutschen Bank und beim Münchner Bankhaus Aufhäuser angelegt, das schwor Maria ihrem Mann, würde sie auf gar keinen Fall antasten.[27]

Kein Übel, kein Missgeschick, keine Enttäuschung blieb in Mitteilungen an Franz unerwähnt. Dienstmädchenärger inbegriffen. Ja, Maria war verbittert, und sie neigte zur Larmoyanz. Hellsicht und Sorge lähmten sie. Ohne ihr »Franzliebchen – mein gutes Einziges«[28] fühlte sie sich hilflos, den Lebensnotwendigkeiten nicht gewachsen. Beinahe noch stärker als Maria litt Annette unter der Verlustangst. »Nur mehr ein Wrack«, war sie nicht fähig, ihre Töchter zu versorgen.[29] Das Kochen übernahm Freundin Helene, Paul Marcs Ehefrau.

Rasch wussten seine Vorgesetzten die guten Eigenschaften des Unteroffiziers Marc zu schätzen. Klugheit, Noblesse, Pflichtbewusstsein, Umsicht, praktisches und organisatorisches Geschick sowie seine Fremdsprachenkenntnis machten ihn zu einem allseits geachteten (»man kommt mir nicht mit Plumpheiten zu nahe«[30]) und vielfältig einsetzbaren Soldaten. Zu den Aufgaben eines Meldereiters und Kundschafters kamen diejenigen eines Quartiermeisters und Nachschubbeschaffers. Nur wer das Französische so perfekt beherrschte wie er, konnte in Gebieten mit vorwiegend frankophiler Bevölkerung Entgegenkommen erwarten. In der Folge des Krieges von 1870 / 1871 war Frankreich gezwungen gewesen, Teile von Elsass und Lothringen an das Deutsche Reich abzutreten. Bis zum Oktober 1872 konnten die Einwohner entscheiden, ob sie französische Staatsbürger werden beziehungsweise bleiben wollten, was allerdings bedeutet hätte, die Heimat verlassen zu müssen. Nur eine Minderheit wagte diesen Schritt. Das deutsche Reichsland Elsass-Lothringen wurde ähnlich einer Kolonie verwaltet. Traditionell französischsprachige Gemeinden und Familien sahen sich Germanisierungs- und Assimilationsversuchen ausgesetzt.

Um die Mitte des Monats September wurde Marcs Leichte Munitionskolonne verlegt: Tagesritte bis zu achtzehn Stunden bei Dauerregen und Sturm. Schlafmangel. Erschöpfung. In Gedanken woanders sein. Während der Querung eines Höhenzugs dachte Marc an Wanderungen von Kochel über den Rücken des Kesselbergs zum Walchensee, und hatte er sein Nachtlager im Heu neben einem Kuhstall aufgeschlagen, dann wähnte er sich auf der Staffelalm. Manchmal plante er im Kopf die Gestaltung des Grundstücks rund um sein Haus, ein Steinbeet mit alpinen Pflanzen, eine kleine Baumallee, Büsche am Zaun, Haselnuss, Johannisbeeren … (Maria bereitete den Anbau von Kartoffeln und Gemüse vor.) Blätterte Marc in einem Atlas, suchte er nach Kochel, fand sogar, klopfenden Herzens, Ried. Fand Sindelsdorf, Murnau und erschrak, »wie fern das klang«.[31]

Im Auftrag seines Leutnants fuhr er, ein kurzer Abstecher in die »Zivilisation«, nach Straßburg, um notwendige Einkäufe zu erledigen. Ankunft frühmorgens. Die Stadt atmet Frieden – »und draußen diese entsetzlichen Kämpfe«. Frühstück in einem Café. Mittagessen im Löwenbräu-Ausschank. Zwischendrin Besuch des Münsters, »wieder alles wie im Traum«. Angesichts der »wunderbaren Glasfenster« der Kathedrale tauchen vor Marcs innerem Auge andere Bilder auf. An Maria schreibt er: »Kandinsky reicht sehr nahe an diese Kunst heran, steht ihr sogar merkwürdig nahe, ich war ganz betroffen. Ich kann Dir gar nicht sagen, wie ich mich aufs Malen freue.«[32] Malen an der Staffelei in der Stille seines Ateliers, nimmermehr sollte diese Beglückung ihm vergönnt sein.

Für den Abend war ein Treffen mit Albert Ehrhard vereinbart, Professor für Kirchengeschichte an der Straßburger Universität und ein guter Bekannter von Paul Marc.[33] Gemeinsam mit dem Doktorvater des Bruders hatte Erhard vor Jahren ein Werk zur byzantinischen Literatur herausgegeben. Gastgeber und Gast diskutierten bis tief in die Nacht, so über das nach beider Ansicht inakzeptable Verhalten jener deutschen Gelehrten, die – bis dato stolze Träger englischer Orden und Ehrentitel – ihre Auszeichnungen mit Kriegsbeginn, wie von plötzlichem Ekel gepackt, von sich gewiesen hatten.

Mittlerweile in der Ortschaft Lubine am Fuß des Col d'Urbeis stationiert (Saales war von französischen Geschützen in Brand geschossen worden), saß Marc am 30. September 1914 »matt wie eine Fliege« vor der Tür seiner Unterkunft, umgeben von unvorstellbarem »Dreck« und »übelsten Gerüchen«. Die meiste Zeit nämlich hockten er und viele der Kameraden auf einer der Latrinen. Nicht nur seine seelische Widerstandkraft, auch seine körperliche Belastbarkeit hatte Marc überschätzt. »Sobald man sich nicht ganz wohl fühlt, erscheint einem der Krieg doppelt furchtbar.«[34] Mit letzter Kraft schleppte er sich nach Schlettstadt[35] ins Garnisonslazarett. Anders als erhofft, waren die Koliken und der blutige Durchfall nicht von selbst abgeklungen. Vergebens sein Warten an der Feuerlinie auf einen Stabsarzt. Unbehandelt kann die Bakterienruhr tödlich verlaufen.

Der Rekonvaleszent nutzte den »Erholungsurlaub« zum Schreiben, »sehr ernsthaft und von größerem Stil«.[36] Alfred Mayer, als Autor, Kritiker, Kunstsammler und Kunstmäzen in München tätig, hatte um einen Artikel für die *Vossische Zeitung* gebeten.[37] Marc wählte als Überschrift für sein Manuskript »Artilleristisches und Anderes«. Im Dezember des Jahres erschien der Aufsatz unter dem Titel »Im Fegefeuer des Krieges«.[38] Von Franz dazu aufgefordert, hatte Maria den Text zuvor kritisch durchgesehen und zu einigen Änderungen geraten. Danach war sie immer noch nicht glücklich mit dem Tenor des Inhalts, Marcs altem Ruf nach vollkommenem gesellschaftlichen Niedergang als Voraussetzung für den Sieg des Geistigen in einem zukünftigen Zeitalter: »Nur die guten Dinge bleiben, die echten, inhaltsschweren, wahren; sie gehen geläutert und gestählt durch das Fegefeuer des Krieges.«[39] Zwei in dieser Schrift erstmals angesprochene Aspekte – zweifelsfrei ein Ergebnis seines Gedankenaustauschs mit Professor Albert Ehrhard in Straßburg – dürften Marias uneingeschränkte Zustimmung gefunden haben: Ihres Mannes Forderung nach Einheit der Völker sowie sein Vertrauen auf die verbindende Macht sicherer Erkenntnisse. »Die [exakten] Wissenschaften kennen keine nationalen Schranken, Politik hat keinen Raum in ihnen.«[40]

Wie Maria las Klee den Artikel mit gemischten Gefühlen. Ehrlich erzürnt, verwies er Marcs Untergangs- und Auferstehungsfantasien ins Reich des Absurden. Für ihn, hielt Klee dem Freunde vor, sei der Krieg keine Notwendigkeit, sondern ein Zustand der Zerstörung. »Eigentlich sind doch wir gerade gegenwärtig hart betroffen worden in unsern zartesten Hoffnungen. Sie aber ersetzen den Verlust durch die kühnsten Erwartungen.«[41]

Klee wusste es von Mayer, und Marc hatte das Unfassbare von Maria erfahren: August Macke galt seit dem 26. September als vermisst, als spurlos verschwunden. Am 9. September hatte er nach Hause geschrieben: »Der Krieg ist von einer namenlosen Traurigkeit. Man ist weg, eh man's merkt.«[42] Und am 22. September seiner Frau seine entsetzliche Angst eingestanden. Elisabeth hoffte noch viele Wochen, war sich jedoch, aufgrund widersprüchlicher Benachrichtigungen, beinahe sicher: Ihr zärtlich liebender Mann, der glückliche Vater ihrer beiden kleinen Buben lebte nicht mehr. Erst im November bestätigte die offizielle Todesnachricht ihre Befürchtungen. Er war am 26. September 1914, von einer Kugel getroffen, bei Perthes-lès-Hurlus in der Champagne ›gefallen‹. Siebenundzwanzig Jahre jung.

Mackes Tod, schrieb Marc an Bloch, sei für ihn ein furchtbarer Schlag. Etwas Unlösbares, Unzertrennliches habe zwischen ihm und August bestanden, »so ging einfach ein Stück von mir mit ihm«. Zum ersten Mal in seinem Leben habe er das Gefühl, etwas »Unersetzliches« verloren zu haben. »Mir ist so weh, wenn ich an ihn denke.«[43] In seiner Trauer wandte Marc sich an Klee, mit dem er bis dato per Sie gewesen war: »Ich fühle mich auf einmal so unsagbar einsam in Deutschland … gib du mir wenigstens die Hand u. laß uns brüderliche Freunde werden, über dem Grabe dieses anderen guten; so bin ich wenigstens nicht ganz allein; willst du?«[44] Was für eine Frage. »*Ich bin* schon lang Dein guter Freund«, gab ihm Klee zur Antwort, »und es ist mir eine seltene Freude zu wissen, dass diese Freundschaft von Dir ganz erwidert wird.«[45]

Bereits Ende Oktober hatte Marc zum Abdruck in der *Frankfurter Zeitung*[46] einen Nachruf auf August Macke verfasst. Ach hätte er nur, wie Bloch, Klee und seiner Frau gegenüber, einzig sein Herz sprechen lassen. So aber klingen schon die Eingangsworte des Nekrologs wie Floskeln aus dem Munde patriotischer Populisten: »Das Blutopfer, das die erregte Natur den Völkern des großen Krieges abfordert, bringen diese in tragischer, reueloser Begeisterung. Die Gesamtheit reicht sich in Treue die Hände und trägt, unter Siegesklängen den Verlust …«[47]

Ein trauriger Zufall wollte es, dass Marc exakt an Mackes Todestag brieflich den Versuch unternommen hatte, den Exilanten und Kriegsverabscheuer Kandinsky von der Plausibilität seiner absonderlichen Heilserwartungen zu überzeugen. »Ich dachte«, bekam er zur Antwort, »daß für den Bau der Zukunft der Platz auf eine andere Art gesäubert wird. Der Preis dieser Art Säuberung ist entsetzlich.«[48] Und um die Zeit, da Mackes Tod auf dem »Schlacht«feld endgültig feststand, begann Marc mit der Arbeit an seiner Schrift *Das geheime Europa*. Das Manuskript enthält Aussagen wie: Die Deutschen kämpften nicht um einen Platz an der Sonne, um dieses Interesse würde die Welt nicht in Flammen aufgehen. Dieser Krieg sei ein Krieg gegen »die Dummheit und Dumpfheit, das ewig Stumpfe«. – »Europa ist krank am alten Erbübel und will gesund werden, darum will es den furchtbaren Blutgang.« – »Um Reinigung wird der Krieg geführt und das kranke Blut vergossen …« – »Denn in diesem Kriege kämpfen nicht, wie es in Zeitungen steht und wie die Herrn Politiker sagen, die Zentralmächte gegen einen äußeren Feind, auch nicht ein Rasse gegen die andre, sondern dieser Großkrieg ist ein europäischer Bürgerkrieg, ein Krieg gegen den inneren, unsichtbaren Feind des europäischen Geistes.« – »Wir wollen den Kriegsball noch einmal vorwärtsschleudern und ihn in das Gebiet des Geisteskampfes hinüberspielen.«[49]

Wiederum schickte er den vollständigen Text zur Durchsicht nach Ried. Maria war entsetzt, leitete ihn aber trotzdem, im Auftrag ihres Mannes, weiter an die *Frankfurter Zeitung*. Deren Redaktion lehnte dankend ab. Der Artikel *Das geheime Europa* erschien, wenngleich erst im März 1915, in dem Wochenblatt *Das Forum*.

Campendonk griff zum Mittel der Ironie, um seinem verehrten Malerfreund nicht unnötig wehzutun. »Hoffentlich wird bald Friede sein«, schrieb er nach der Lektüre von *Im Fegefeuer des Krieges* und *Das geheime Europa* an Marc,

»dann muß der Siegerstolz überwunden werden, und wenn dann die Granatsplitter und andere Erinnerungen versilbert sind, dann können die handfesten Kulturfreuden beginnen. Dann wird das zwanzigste Jahrhundert beginnen ... Hoffentlich erleben wir dann noch das neue Europa, die neue Religion und Kunst und die Auflösung des letzten Männergesangvereins!«[50]

Frontkämpfer Helmuth Macke widersprach Marcs Meinungsäußerung unumwunden. Klipp und klar sagte August Mackes Cousin dem ehemaligen Lehrherrn in künstlerischen Dingen seine Meinung. Er mache diesen Schwindel Krieg ebenfalls von Anfang an mit und habe ihn nur noch satt. Wozu das Gerede vom geistigen Aufbau, »wenn nachher niemand mehr da ist«.[51]

Marcs dritte Abhandlung, um die Jahreswende 1914/1915 entstanden, trägt den Titel *Der hohe Typus*, angelehnt an Nietzsches Übermensch-Konzeption[52], blieb auf Marias Geheiß unveröffentlicht.[53] Sie handelte aus tiefster Überzeugung, doch auch zum Schutze ihres Mannes. »Deinen Artikel ... möchte ich nicht gedruckt haben, weil Unwahrheiten darin stehen – die du natürlich als solche noch nicht erkannt hast.«[54] Seine Aphorismen (mit dem Zusatz ›Das zweite Gesicht‹), »2 Notizbücher voll von Ideen«[55], sandte er ebenfalls nach Hause. Marias Rat: keine unnötige Eile, nicht zu früh aus den Händen geben. Ihr Vorschlag: kritische gemeinsame Durchsicht, gelegentlich. Also gut, steckte Marc zurück, er sei wohl des Öfteren »danebengetappt«, begrifflich und inhaltlich.[56] Je länger der Krieg andauerte, desto größer auch seine Zweifel am Bestand einmal formulierter »Wahrheiten«. Man dürfe sich, schrieb er keine drei Monate vor seinem Tod nach Ried, nicht zu viel auf Worte verlassen, es gäbe nichts Wandelbareres. »Auf jeder menschlichen Stufe, in jeder Luft bedeuten sie immer etwas anderes.« Nur Dichtern könne es gelingen, »Gültiges« zu sagen mit Worten. »Der gewöhnliche Mensch bedient sich der Sprache zu ganz ungehörigen, wirrnisverbreitenden Dingen, die er dann als ›Idee‹ in Kurs setzt.«[57] 1920 erlaubte seine Witwe dem Verleger Paul Cassirer die Veröffentlichung von zweiundzwanzig ausgewählten der insgesamt hundert Aphorismen; fünfzehn weitere, gleichfalls zumeist gekürzt, durfte Alois Schardt 1936 publizieren. Zu ihren Lebzeiten blieb es dabei.[58]

Wir wechseln von der Imagination zu den Realitäten an der Westfront. Auf der »Feindesseite« des von den Deutschen eroberten Gebietes – es reicht von der Nordseeküste bis zur Schweizer Grenze – liegt die sogenannte Zone der Verteidigung, teils nur mehrere hundert Meter, teils einige Dutzend Kilometer breit. Innerhalb dieses schmalen Korridors befinden sich die Lauf- und die Schützengräben. Tags stehen die Soldaten im bis zu den Knien reichenden schlammigen Wasser. Nachts liegen sie auf angefaulten Pritschen aus Holz.

Den Naturgewalten, Kälte, Regen, Wind, Sturm, sind die Männer schutzlos ausgeliefert. Und dem Ungeziefer. Und den Schreien der Verwundeten. Und dem Geruch von Verwesung. Soldaten mit schweren Verletzungen oder Tote wegzuschaffen, kann das Leben kosten. Munitionseinschläge haben aus dem Kampfgebiet eine Mondlandschaft gemacht. Der anfängliche Bewegungskrieg ist einem Stellungskrieg gewichen. Trügerisch ruhige Phasen stehen in ständigem Wechsel mit von der Heeresleitung angeordneten, hochriskanten Durchbruchversuchen und verlustreichen Offensiven.

Am 16. Oktober 1914 aus dem Lazarett in Schlettstadt entlassen, aber noch sehr geschwächt, stößt Marc nach vier Tagen Irrfahrt in Militärautos oder auf Pferdewagen zu seiner in der Zwischenzeit verlegten, stark dezimierten Truppe. In dem lothringischen Bauerndörfchen Hagéville an der Landstraße zwischen Saint-Mihiel und Metz warten er und die Kameraden auf Nachschub neuen »Menschenmaterials« und auf den nächsten Einsatz. Über ihren Köpfen toben Fliegerkämpfe. Geschützdonner in der Ferne verschmilzt in ihren Ohren zu einem einzigen bedrohlichen Grollen. Die Fenster von Marcs kleinem Zimmer, er teilt es mit drei anderen, klirren oft stundenlang von den Bombardements vor Verdun und Toul.

Kriegsschrecken, vor seiner Frau geheim gehalten, wurden der Mutter genauestens geschildert. Sophie Marc erfuhr auch vom zunehmenden Pessimismus des Sohnes hinsichtlich der Aussichten auf einen raschen Frieden. Ihr schickte er, als wäre es das Selbstverständlichste der Welt, Bildpostkarten mit Fotos vom »Soldatengrab auf dem Hohenack« oder dem »Heldenbegräbnis auf dem Soldatenfriedhof zu St.-Mihiel«. Maria las vom Raureif, den der Frost auf Wiesen zaubert, oder von der Großartigkeit des Sternenhimmels. Die merkwürdigste Steigerung der Eindrücke, schrieb Franz an seine Frau, liege für ihn in den Bildern der von den Deutschen eroberten, aber noch nicht zerstörten Ortschaften, »lauter Monets, Sisleys und van Goghs«. »Diese französische impressionistische Stimmung ist für mich wie eine Kindererinnerung; ein wehmütiges Gefühl beschleicht mich dabei.« Auch Szenen aus seinem Malerleben tauchen jetzt vor ihm auf. Vertieft in Erinnerungen, »ertappte« er sich dabei, dass anstelle von »Kalt und Warm der Luftperspektive« Zahlen vor seinem inneren Auge erschienen oder dass er »rein abstrakte Klänge« zu hören glaubt.[59] Zuweilen wanderte Marc in Gedanken durch Koehlers private Galerie, »schön, zu wissen, dass so Etwas doch noch in Wahrheit existiert!«[60]

Apropos Koehler. Durch und durch Nationalist, bejubelte dieser jedes vernichtete englische Schiff als einen kleinen Sieg. Für ihn war das Zeichnen von Kriegsanleihen eine herrliche Sache – für Maria hingegen eine unverzeihliche

Dummheit. Im Briefwechsel mit dem trotz ausbleibenden Bildnachschubs zahlungsbereiten Mäzen, wohl um ihn nicht zu verprellen, schlug Marc mitunter besonders patriotische Töne an: »So ist der Soldat: er trauert um seinen toten Kameraden … und sitzt dabei ›vergnügt [auf dem] Gaul und raucht und singt‹. Nur nicht in der Heimat sein müssen in solcher Zeit!«[61]

Die Wirklichkeit sah anders aus.

Dringend darum gebeten, schickte Maria selbst gestrickte Knie- und Ellenbogenwärmer nach Hagéville. Für den Winter! Eigentlich wollte sie an Franz im Winter im Felde gar nicht denken. Er sollte heimkommen, sofort. Sie vermisste ihn unendlich. »Was soll ich leben und anfangen, wenn Du nicht kämst!«[62] Sie wollte ihn sehen, berühren. Sie vermisste seine tröstende Gegenwart, seine Ermutigungen und seine Betriebsamkeit. »Ich möchte mich mit einer Mauer umgeben, damit diese kleinen und großen Widrigkeiten des täglichen Lebens nicht zu mir dringen.«[63] Sie fürchtete, seit Kriegsbeginn, um ihrer beider geistigen Einklang.

Marcs Urlaubsgesuch wurde abgelehnt. Enttäuscht schrieb er am 3. Dezember 1914 an seine Frau: »Wie sehnsüchtig werde ich oft, wenn Du das schöne stille Ried beschreibst; wie unsagbar freue ich mich darauf, wenn ich wieder mal neben Dir am Fenster stehe und auf unsere Apfelbäumchen sehen kann! Die Zeit kommt – es liegt nicht viel daran, ob es einen Monat früher od. später ist. Wir werden dann doppelt genießen u. alles doppelt lieben (auch uns).«[64]

Drei Tage später spielte er vor den Buben und Mädchen von Hagéville den Nikolaus mit dem Gabensack. In der Nacht vom 15. auf den 16. Dezember, es regnete und stürmte ohne Unterlass, traf der Marschbefehl nach Bertschweiler bei Mühlhausen ein. Annette von Eckardts weihnachtlicher Liebesbrief (»Niemandem treten wir ja mit Erinnerungen an eine längst vergangene, glückliche Zeit zu nahe.«[65]) erreichte den Empfänger verspätet. Else Lasker-Schülers Festtagsgrüße nebst Tannenbäumchen und Marias Päckchen befanden sich in der umfangreichen Bagage. Marcs Feldartillerie-Regiment 1, Bayerische Ersatz-Abteilung Major Hans Schilling, wurde, in die Division Fuchs eingegliedert, mit dem Auftrag der »Säuberung« ins Oberelsass verlegt. Am 24. Dezember bereitete der Alarm zu später Stunde der Heilig-Abend-Feier ein jähes Ende. In den Südvogesen tobten die Gefechte bei Senneheim und Uffholtz. Den Hirtzstein, eine Felsengruppe, hatte man zur Bastion ausgebaut. Am erbittertsten umkämpft war der Hartmannsweilerkopf. Von dem nahezu tausend Meter hohen Berg konnte Marc, zwischen den verkohlten Baumgerippen hindurch, auf Gebweiler blicken, den Geburtsort seiner Mutter. Ihm muss die Verbin-

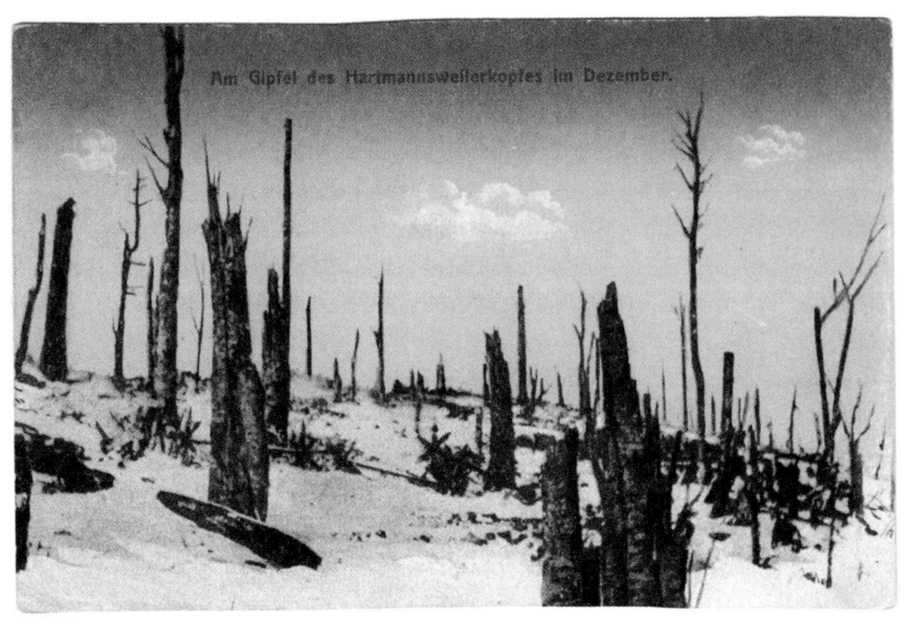

Gefechtsfeld Hartmannsweilerkopf in den Südvogesen – mehr als 30 000 Soldaten verloren hier im Ersten Weltkrieg ihr Leben

dung von Kriegsschauplatz und familiärer Ursprungsstätte bewusst gewesen sein.[66]

Am vorletzten Tag des Jahres 1914 berichtete Marc seinem, an einem nördlicheren Abschnitt der Westfront eingesetzten Bruder von ununterbrochen schwerem Beschuss. Er sei froh, Artillerist zu sein, so wie Paul. »Die Granate empfindet man als Schicksal ... aber Infanteriefeuer ist mir grässlich ... Ebenso schmerzlich ist es mir, die armen Infanteristen selbst zu sehen, wenn es heißt, ›an die Gewehre‹, wie sie zum Angriff vorgehen ...«[67] Dem Söhnchen der Klees führte Marc an Silvester, notiert auf einer Feldpostkarte, den alltäglichen Wahnsinn so vor Augen: »Die Batterie ... lugt wie eine Feldmaus aus ihren Erdlöchern u. duckt sich blitzschnell, wenn das Sausen eine herankommende Granate ankündigt ... In den zusammengeschossenen Häusern sieht es traurig aus, lieber Felix. Es stehen nur mehr ein paar Mauern, die Gläser, die in den Schränken standen und die Fensterscheiben sind in der Hitze zu Klumpen zusammengeschmolzen u. alles ist schwarz.«[68] Vom bedauernswerten Schicksal der französischen Zivilisten mochte er dem Siebenjährigen nichts erzählen. Koehler ausnahmsweise schon, sogar unter dem gleichen Datum. »Schrecklich ist es, wenn, wie letzthin, in der ersten mondlosen stockdunkeln Nacht, mein Pferd plötzlich stutzte und auf meinen Anruf eine weinende Kinderstimme antwortete und ich an einem ganzen Zug fliehender Einwohner mit Kinderwagen etc. vorbeiritt – die armen Leute.«[69]

Als in seinem Beisein, abseits der militärischen Massenbegräbnisstätten, auf einem kleinen kirchlichen Gottesacker, ein beliebter Offizier zur letzten Ruhe gebettet wurde, musste Franz Marc an August Macke denken und bitterlich weinen. Lange noch überfielen ihn, ohne dass er sich dagegen wehren konnte, die schockierenden Bilder des sinnlosen Gemetzels am Hartmannsweilerkopf. Die vielen tausend Tote – »eine europäische Tragödie«.[70]

Eine Tragödie im Kleinen und doch so groß und entsetzlich für Maria, ihre Mutter und ihres Bruders Frau und Kind: Am 8. Dezember war Wilhelm Franck im Festungslazarett Bethanien der ostpreußischen Kreisstadt Lötzen an einer Lungenentzündung gestorben, die er sich im Feld zugezogen hatte.[71]

Freudiges ereignete sich in den letzten Tagen des ersten Kriegsjahrs ebenfalls: Am 14. Dezember brachte im adventlich stillen Bayern Marguerite Niestlé zwei Mädchen zur Welt. Franz und Maria sind im Taufregister als Paten von Colette eingetragen, Paul Klee und eine Frau Gmelin als Paten von Margit. Das Wissen um die bevorstehende Geburt der Zwillinge und um Adda Campendonks Schwangerschaft hatte das Leiden Marias an der eigenen Kinderlosigkeit noch verstärkt.

Wehmütig stimmte sie auch die Nachricht von der Trennung eines Freundespaars. Wassily Kandinsky hatte Gabriele Münter unwiderruflich verlassen. Abgesichert – vorerst zumindest – durch die Einnahmen aus der Vermietung seiner dortigen Wohnungen, würde er forthin in Moskau leben. Im Februar 1915 räumte Münter auf Anordnung des Abtrünnigen das gemeinsame Domizil in der Ainmillerstraße aus. Ständig auf der Flucht vor den sich leerenden Zimmern, machte sie reihum Visiten, »furchtbar gedrückter Stimmung«, kaum wiederzuerkennen.[72] Unfähig, der Realität ins Auge zu blicken, ging sie alsbald ins neutrale Schweden, Kandinskys vages Versprechen eines Wiedersehens auf, von Russland aus gesehen, kürzerem Wege im nächsten Sommer für bare Münze nehmend. Mit einem halben Jahr Verspätung würde der Widerstrebende nach Stockholm kommen. Ihr dreimonatiges Beisammensein dort war ihr allerletztes. Im Herbst 1917 übersiedelte Münter nach Kopenhagen, wo sie im Jahr darauf eine große Ausstellung hatte. Erst 1920 kehrte sie, da ohne irgendein Lebenszeichen von Kandinsky, nach Deutschland zurück. Aufgrund ihres Suchauftrags meldete er sich zwar bei ihr, jedoch nur mit der vorgedruckten, lediglich mit seiner Unterschrift versehenen Antwortkarte des Internationalen Roten Kreuzes.

Fremde Betrübnis erzeugt Mitgefühl, Sorge um die eigene Partnerschaft hinterlässt die tieferen Wunden. Währenddessen Franz Marc vergebens auf Heimaturlaub hoffte, entspann sich in Ried die ihn zunehmend irritierende Vertrautheit zwischen seiner Frau und einem omnipräsenten Junggesellen.

Maria Marc und Heinrich Kaminski.

Der Endzwanziger und die Enddreißigerin.

Am 4. Juli 1886 im Südschwarzwald als Sohn eines aus Polen eingewanderten altkatholischen Geistlichen und einer Sängerin geboren, kam Heinrich Kaminski auf Umwegen zur Musik. Nach unvollendeter Banklehre war sein Interesse am Studium der Staatswissenschaft ähnlich schnell erlahmt. Was blieb, war die Ekstase, in die er sich beim Spiel auf dem Piano hineinsteigern konnte. Und der Rausch »aus der Flasche«. Und der Rausch »einer zu nichts verpflichtenden Frauenliebe«.[73] Vom Alkohol brachte ihn eine vermögende Hamburgerin mittleren Alters ab. Dieser rettende Engel hieß Martha Warburg. Sie finanzierte seine Ausbildung am Stern'schen Konservatorium in Berlin, sorgte für die Aufnahme ihres Protegés in die Meisterklasse von Severin Eisenberger und kam für die Miete von Kaminskis kleiner Wohnung in Zehlendorf auf. Das Zeug zum Klaviervirtuosen, konstatierte sein Lehrer, habe Kaminski zwar nicht, prophezeite ihm jedoch eine Komponisten- und Dirigentenkarriere. Sein Idol hieß Johann Sebastian Bach. Seine Liebe galt der Polyphonie. Zwei Wochen vor Ausbruch des Krieges hatte Kaminski die Vertonung des »69. Psalms für achtstimmigen gemischten Chor, vierstimmigen Knabenchor, Tenorsolo und Orchester« vollendet und Bruno Walter zur Begutachtung vorlegt. Der berühmte Orchesterleiter versprach das in Musik umgesetzte Gebet um Rettung aus tiefster Not aufzuführen, sobald in Deutschland wieder Friede herrsche.

Anfang 1914 war Kaminski in der Hauptstadt Bayerns eingetroffen, »an Barvermögen nur noch eine … ungültige Briefmarke« in der Tasche.[74] In München nahmen ihn die Pianistin Anna Hirzel-Langenhan, die Sängerin Margarita Delius und Benita Freifrau von Feilitzsch unter ihre Fittiche. Sie fanden für ihren Schützling eine einfache Unterkunft in ländlicher Umgebung, wo sein Schöpfergenie, frei vom Zwang zum Gelderwerb, ungestört zur Entfaltung kommen sollte. In Ried richtete sich Kaminski etwa um die gleiche Zeit ein wie die Eheleute Marc. Eigentlich waren Klavierschüler und auch Klavierschülerinnen dem über die Maßen von sich überzeugten Achtundzwanzigjährigen ein Graus. Dass er sich herabließ, sie zu unterrichten, erfüllte Maria

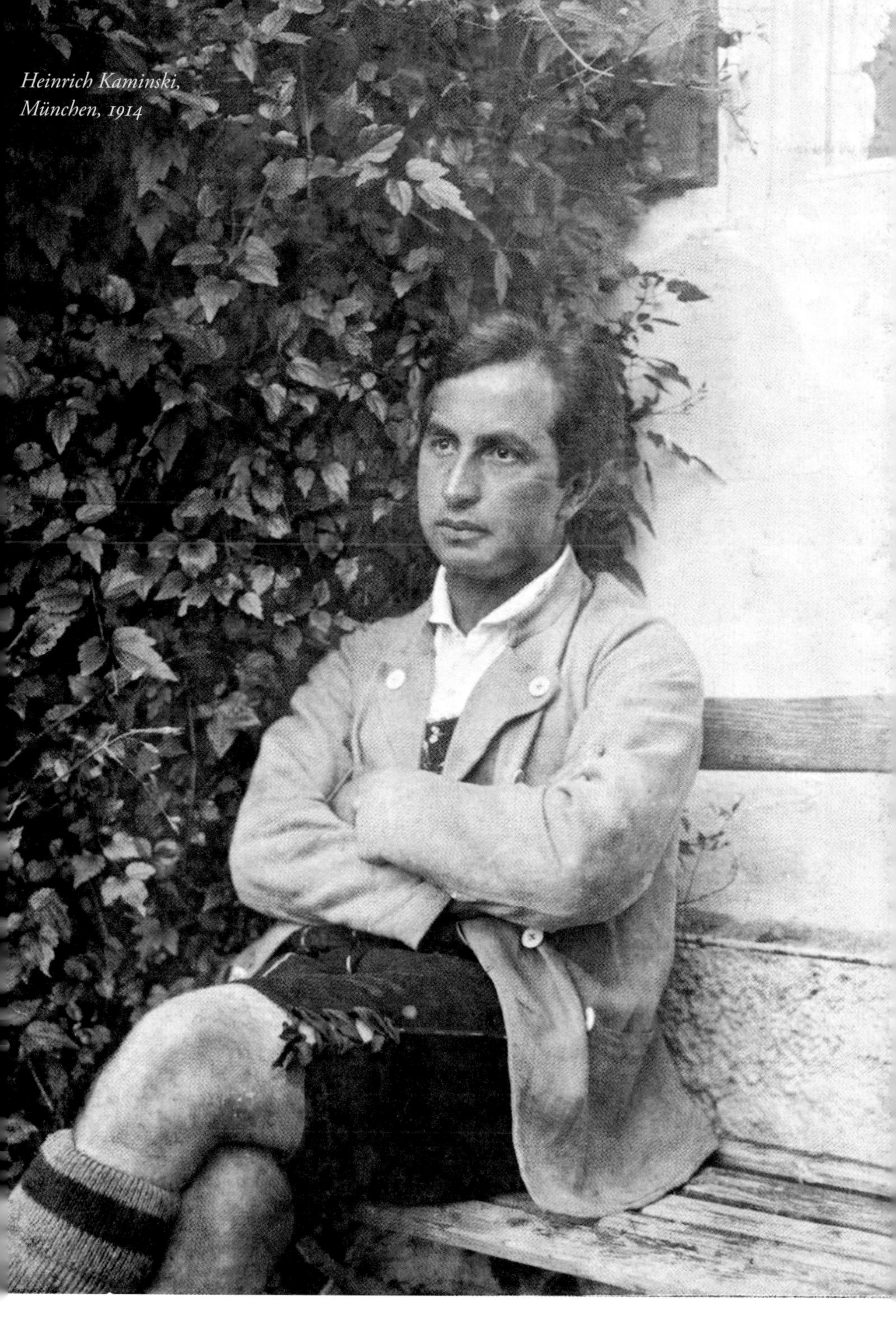

Heinrich Kaminski, München, 1914

Marc mit Stolz. Vermutlich ab Ende Februar 1915 kam Kaminski regelmäßig zu ihr in die Villa.

Trat er in Erscheinung, war ihm, generell, Aufmerksamkeit gewiss. Eher klein als groß gewachsen und von untersetzter Gestalt, war er gern auffällig gekleidet, oftmals in einen gelblichen, bodenlangen Kaftan. Etliche Menschen, die ihn kannten, Verehrerinnen vor allem, hoben seinen wunderbaren Kopf hervor, seine sprechenden Augen und seine sendungsbewusst überzeugungsstarke Intellektualität, egal, ob er für vegetarische Ernährung eintrat oder der Anthroposophie Rudolf Steiners das Wort redete. Eine der Damen bescheinigte ihm gar geistige Erotik.[75]

Heinrich Kaminskis gesellschaftspolitische Einstellung lässt sich am besten mit den Worten sozialreformerisch und pazifistisch umschreiben. Er verstand sich als ein Tolstoianer, als einen Verfechter der Doktrinen Lew Tolstois auf christlicher Basis. Den 1910 verstorbenen russischen Schriftsteller hatten sein ursprünglich ausschweifendes Leben gepaart mit Egozentrik zu der Frage nach den grundlegenden moralischen Werten geführt, die er für sich mit dem Streben nach bedingungsloser Nächstenliebe und radikaler Gewaltlosigkeit beantwortete. Langes Suchen nach Belegen drängender Einflussnahme Heinrich Kaminskis auf Maria Marc erübrigt sich. Aus Briefen an ihren Mann tönt sie uns nicht nur in Form permanenten Echos entgegen: Kaminski denkt, Kaminski meint, Kaminski sagt, Kaminski regt an …

Endlich sei sie wieder künstlerisch tätig und genieße das »Alleinarbeiten«, schrieb Maria am 3. März 1915 an Franz. Statt mit Pinsel und Farbe fertige sie Bilder mit Nadel und Faden und halte kreatives Sticken für gleich anspruchsvoll wie kreatives Malen – »der Gedanke und die Ausführung liegen weit auseinander und man muß die Empfindung fest packen und halten … es gibt schließlich für jede Stelle doch nur eine Möglichkeit der farbigen Wirkung.« Fertig. Aus. Nicht einmal um eine unverbindliche Meinungsäußerung wurde er mehr gebeten. Fragen stellte Maria ihrem Mann aber trotzdem. Doch andere als bisher. »Wozu baut Krupp Kanonen? Doch um Krieg zu führen? Aber was gehen die Kanonen das *Volk* an – die Menschen?«[76]

Die Gespräche mit dem Intimus vor Ort, bekam Franz erklärt, gäben ihr den vermissten Halt. Lange genug habe sie vor Angst gezittert. »Da trat Kaminski in unser Haus – und strömte eine solche Reinheit und Wahrheit aus – daß ich plötzlich ruhig wurde und daß ich den Weg sah – erstaunt, daß ich ihn nicht längst erkannte; denn ich wußte von dem Weg und dachte so oft daran: ›Ich möchte erst *Mensch* sein – dann *Deutscher* – dann *Europäer* … Und bei allem mit beiden Füßen im Leben stehen – damit ich Boden fühle. Auch für die Kunst – Boden habe.‹«[77] Marias Enttäuschung über das hartnäckige Festhalten ihres Mannes an seinem »Gefasel«[78] vom Aufstieg der Völker Europas aus der Asche des Weltenbrandes saß tief. Ihre bis dato präziseste Antikriegserklärung gipfelt in dem verletzend freimütigen Bekenntnis: »Kaminski ist der einzige Mensch, mit dem ich wirklich gerne rede u. gern zusammen bin.«[79] Sie las, selbstverständlich, nun ebenfalls Tolstoi, und nötigte Franz, es ihr gleichzutun. Der tat ihr zwar den Gefallen, schmähte jedoch hernach: »Weltverbesserer, Glücksschwärmer«.[80]

Die Abstände zwischen ausgehender und eingehender Feldpost wurden länger. Immer weniger kompromissbereit, was den Inhalt der Debatte und die Wortwahl anbetraf, mehrten sich in der Korrespondenz der Eheleute die Anzeichen regelrechter Entfremdung. Es fällt auf, dass sich Marc zwar zur Wehr setzte, doch unter seinen mitunter heftigen Gegenangriffen, waren sie zu Papier gebracht, noch mehr litt als unter Marias Vorhaltungen und ihrer emotionalen Abkehr. Hatte er sich im Ton vergriffen, suchte er den verbalen Ausrutscher mit zärtlichen Schlussworten wettzumachen.

Gut zu wissen in diesem Zusammenhang:

Ohne Einschränkungen vertrat Marc seine Katharsis-Theorie nur noch in an seine Frau adressierten Briefen. Ansonsten lugten Sehnsucht, Verzweiflung und Hoffnungslosigkeit hinter Verblendung und Selbsttäuschung hervor. Ach »wäre nur bald Schluß mit dem Krieg, daß man aus dem Träumen wieder ins Leben treten könnte!«, so sein dringendster ehrlicher Wunsch.[81] Helmuth Macke schrieb er auch: »Die Weltgeschichte artet bedenklich in Menschenjagd aus: es ist ja kein Zweifel, daß das grausame Spiel noch einen zweiten Winter und einen zweiten roten Sommer erleben wird. La bête humaine [die Bestie Mensch], – nun weiß man, was das ist.«[82] Paul Klee wurde eingestanden: »Ich bin wirklich wie ein Stück Land, über das die Pflugschar gegangen ist; es ist alles aufgewühlt, es schmerzt überall; ein gräßlicher Zustand.«[83] Einzig Elisabeth Macke erfuhr den Grund für Marcs seltsame Doppelzüngigkeit: »Maria leidet sehr bitterlich, und ich wage ihr kaum zu sagen, wie gut ich sie dabei verstehe, um ihre Seele nicht noch mehr gegen diesen Krieg aufzubringen.«[84]

Seine Verletzung hatte er seiner Frau ebenfalls verschwiegen. Wir werden bei Durchsicht der im Kriegsarchiv München verwahrten Dokumente fündig. Der »Personal-Akt Franz Marc« erteilt Auskunft: »verwundet mit Granatsplitter in den Rücken« am 19. Mai 1915. Es lässt sich denken, dass Schmerzen oder Fieber, vielleicht auch beides, die bereits vorher feststellbare Persönlichkeitsspaltung noch verstärkten. Zu Recht bezeichnete Marc, dem diese Art traumatischer Störung durchaus bekannt war, die »seelischen Doppelzustände« als

»Zerfall« seines Ichs, der »von dem ungewöhnlichen Leben und den ungewöhnlichen Ereignissen bestimmt wird«.[85]

Unmittelbar nach seiner Verwundung war ohne Vorankündigung der Befehl zur Verlegung von Marcs Kolonne aus der Kampfzone im Elsass zurück ins lothringische Hinterland ergangen. Dort angekommen, notierte er in einem Brief an seine Frau: »Es wird alles für mich immer traumhafter, wir hatten zum Abzug aus E. [Ensisheim] die Wagen hochgeschmückt mit Blumen und trabten nun so durch die gaffenden Dörfer wie ein Zug aus Dante's Inferno; ich fühlte dabei immer, daß eigentlich nur mein Körper reitet und ich ja ein ganz anderes Leben lebe, ich weiß nur nicht genau *wo;* ich bin jetzt so oft in solch einer Art Dämmerzustand … *Der Geist kann unbedingt auch ohne Körper leben.*« Auch erschien es ihm, »als ob ich bei den Legionen Cäsars stünde, – das ist kein Witz … ich ›sehe‹ uns [Soldaten] plötzlich so, ganz genau, bis in alle Einzelheiten. So kommen mir auch die Bewohner der Gegend durchaus als Verstorbene vor, als Schatten … Das sind keine *Erlebnisse* mehr für mich; ich *sehe* mich ganz objektiv wie einen Fremden herumreiten, sprechen u. s. w.«[86]

Maria beschwor Franz heimzukommen. Eine Erholungspause schien notwendiger denn je. In den Monaten, die bis dahin vergehen sollten, erzählte sie ihm, zur Ablenkung, weiter Geschichten aus Ried, in denen immer seltener die Rede von Kaminski war. Zum einen aus Rücksichtsgründen. Zum anderen, weil der Favorit vor Ort ihr offenbart hatte, dass er zu heiraten beabsichtige – eine elfengleiche Zweiundzwanzigjährige. Manchmal wärmte Maria jetzt alte Blauer-Reiter-Angelegenheiten auf. Franz gab ihr recht, wenn seine Frau Kritik am Almanach übte, äußerlich »ganz verfehlt« und »innerlich verworren«.[87] »Nichts konnten wir *zwingen* damit«. Unwidersprochen durfte Maria ihm auch die Charakterschwächen des Mit-Redakteurs ins Gedächtnis rufen. Zweifel an Kandinskys wegweisender künstlerischer Bedeutung ließ er ihr nicht durchgehen. »Kandinsky ist zweifellos jenem Ziel der Wahrheit nahe auf der Spur«, korrigierte Marc entschieden, »darum liebe ich ihn so … sein Streben ist wundervoll u. voll einsamer Größe.« Immer werde er mit ihm »eine Art Männerfreundschaft halten, trotz allem u. allem«. Eine Zusammenarbeit in der Zukunft erschiene ihm dennoch nicht mehr möglich. »Aber ich muß so viel an ihn denken.«[88] Und auch an die Weggefährten Werefkin und Jawlensky. Lily Klee hatte Marc von deren trauriger und ärmlicher Exilantenexistenz in Saint-Prex am Genfer See berichtet.[89] Für die Baronin und ihre Entourage hatte die überstürzte Emigration den jähen finanziellen Absturz bedeutet. Der Zugang zu den Münchner Bankguthaben war versperrt und an Rentenzahlungen aus Russland in Kriegszeiten nicht zu denken. Von den fortgesetzten, oftmals lautstark ausgetragenen Zwistigkeiten der nunmehr auf engstem Raum zusammengedrängten vierköpfigen[90] Schicksalsgemeinschaft ganz zu schweigen. Das Gute: Werefkin und Jawlensky konnten malen und taten es auch. Der Schweizer Kollege Cuno Amiet hatte sie mit den notwendigsten Materialien und mit einem kleinen Startkapital versorgt.

Mit Walden stand Marc schon wegen der Vorbereitungen einer großen Einzelausstellung von August bis Oktober 1915 in regem Kontakt.[91] Außerdem bekam er von dem Galeristen jedes neu erschienene *Sturm*-Heft zugeschickt. Doch machten ihm die Botschaften aus einer Welt, wie ihm schien, von gestern, keine rechte Freude mehr. Tiefe Gefühle löste Walden durch die Übersendung der Schwarz-Weiß-Bildpostkarte »Tierschicksale Erster Deutscher Herbstsalon« aus. Überrascht von der »plötzlichen Wirkung« auf ihn, schrieb Marc zurück: Er habe seine Darstellung einer Naturkatastrophe »wie ein fremdes Werk« angesehen, wie eine »Vorkriegsahnung«. »Ich bin wenig eitel, oder von meinen Dingen eingenommen (immer eher das Gegenteil) ... aber diesmal war ich ganz erschüttert.«[92]

Briefpartner Koehler nahm Marc in Gedanken mit in seine Berliner Sammlung. »Ich bin jetzt sonntags & nach Feierabend mit meinen Bildern beschäftigt, um sie gut zu reinigen.« Er seife sie zuerst gründlich ab, erläuterte der unerschrockene Laie dem entsetzten Fachmann die Prozedur, und bearbeite danach den Firnis der Gemälde gründlich mit einem Scheuermittel ...[93]

Gegenüber 1914 war 1915 eine Zunahme der Einnahmen durch Bildverkäufe zu verzeichnen. Vor allem deshalb, weil Marc auf Waldens Forderung nach einer nach unten korrigierten »Kriegspreis«-Liste einging. Wenn auch nur zähneknirschend. Als feststand, dass seine großartige *Gelbe Kuh* für die lächerliche Summe von »900 netto« zu haben war, griff der Galerist sofort höchstpersönlich zu.[94] Die erste Abschlagzahlung, zweihundert Mark, traf im Juni in Ried ein. Maria investierte das Geld in Hundefutter (ein Sack Maismehl, aus dem sie für Russi und Welf Polenta kochte) sowie Brennholz und Kohlen.[95] Über die Höhe seines Gewinns aus der Weitergabe der *Gelben Kuh* an den Berliner Kunstsammler Franz Kluxen schwieg Walden sich ebenso aus, wie über die Tatsache als solche.

Aus seinem Brief vom 1. März 1915 an Maria erfahren wir, wann ungefähr Marc zum ersten Mal seit dem Abschied von ihr das in Leinen gebundene sogenannte »Skizzenbuch aus dem Felde« zur Hand nahm. »Ich zeichne jetzt zuweilen, Fragmente zu Bildern, Anregungen zur Bibelillustration, die mich erneut reizt ...«[96] Zeitlich fiel sein Griff nach Bleistift und Tuschefeder mit dem Abschluss seiner Arbeit an den *Aphorismen* zusammen. Alles in Buchstaben Ausgedrückte, hatte er zwei Tage zuvor seiner Frau geschrieben, bedürfe notwendigerweise »der Ergänzung durch meine – ungemalten! – Werke«.[97]

Marc machte sich in jener Zeit viele Gedanken über sein Schaffen nach Ende des Krieges. Dann müsse man, erläuterte er Maria am 17. März, »*konstruktiv*e, zukünftige« Bilder malen, nur solche habe er im Kopf, keine Rückgriffe, »wie es meist Mode ist«.[98] Anknüpfen an sein Blauer-Reiter-Œuvre? Undenkbar! Überhaupt war Marc der Überzeugung, dass von seinen früheren Werken »nicht allzuviel übrig bleibt«.[99] Vergangenes ruhen lassen, ja sogar verwerfen, und neu anfangen, »ohne das geht's nicht«. Ohne Kraftanstrengung auch nicht. Bloß vor sich hin leben und auf Eingebungen warten, »wie die Blumen auf den Frühling«, das »war und ist nie produktive Kunst«. Letztlich, notierte er Ende April, komme es auf den inneren Antrieb an. Das Werefkin-Credo: Kunst ist Emotion! Doch müsse, ergänzte Marc den Glaubenssatz der Baronin, das fertige Bild »den dornenvollen Weg ganz vergessen machen«. »Der Beschauer soll u. kann nur das reine Werk sehen, unsre Nöte gehen ihn nichts an …«[100]

Und die Nöte des Soldaten Marc? Vom Skizzenbuch hielt er sie weitestgehend fern, »das erleichtert u. erholt mich«.[101] Es befand sich in seinem Gepäck, als er in der ersten Juliwoche 1915, elf Monate nach Kriegsbeginn, auf dem Münchner Bahnhof seine Frau in die Arme schloss. Die sechsunddreißig kleinformatigen Zeichnungen tragen Titel wie *Pflanzliches Leben im Werden*, *Begattung der Rehe*, *Das friedsame Pferd*, *Weisheit*, *Zaubriger Moment*, *Landschaft mit Regenbogen*. Nur der Wald gibt sich, vielleicht, als jener am Hartmannsweilerkopf zu erkennen, die wundgeschossenen Bäume, die Flugbahnen der todbringenden Granaten …

ERGEBUNG

… wen das Schicksal für's Leben aufbewahren will, den bewahrt es auf. Und den andern lässt es fallen.

Schweigsam ist Marc in jenen Tagen in Ried. Scheut Antworten auf Marias Fragen. Fühlt sich bedrängt. Kann sich »nicht hingeben und *frei fühlen* – auf Widerruf!« Zu Hause sein und zu Hause bleiben, »ohne fremden Zwang«, nur der »eigenen Menschlichkeit leben«, »daß man es einmal wieder so gut haben wird, an solchem Orte«, er kann es »gar nicht begreifen«.[102] So traurig Maria seine Einsilbigkeit macht, so erleichtert registriert sie das allmähliche Verschwinden seines »sturen Blicks«.[103]

Ablenkung durch Abwechslung tat ein Übriges. Allerdings: Der ihm von Maria quasi aufgezwungene Meinungsaustausch mit Kaminski fiel in die Kategorie Zeitverschwendung. Die ihr von Franz quasi aufgezwungene Zusammenkunft mit Lasker-Schüler fand Maria überflüssig. Im Großen und Ganzen konnte Marc die Zurückhaltung seiner Frau im Umgang mit dieser »merkwürdigen Seele« verstehen, nur stand für ihn die Größe der Dichterin im Vordergrund: »Lasker kann man nicht nur hysterisch od. neurotisch nehmen, – dazu ist sie zu edel begabt.«[104] Ihre Briefe an die Front waren ihm »unangenehm«, er empfand sie als »bedrückend«. »Was für ein gestörtes Wesen, ohne Gleichgewicht, wie ein gejagter Vogel; sie tut mir leid …«[105] München interessierte Marc nur noch am Rande, wie ein Roman, der ihn nur halb angehe und dessen Lektüre ihn nur wenig berühre.[106]

Der erste Weg in der Stadt führte ihn zu seiner Mutter, der zweite zu Annette, der nächste zum Ehepaar Klee. Spürbar belastet vom anhaltenden Druck und der Freiheitsberaubung, schrieb Paul Klee nach dieser ersten Wiederbegegnung in sein Tagebuch, habe Franz Marc vor ihm gestanden, abgemagert, in mäßig sitzender Unteroffiziersuniform mit Portepee-Säbel am Gürtel. Bei seinem Gegenbesuch in Ried sah der Freund die »feldgrauen Sachen … wie ausgedrücktes Gedärme« zum Trocknen an der Leine hängen und Marc in Sporthose und farbiger Joppe. »Das war schon besser.«[107] Nicht gut war das Aneinander-Vorbeireden zur Vermeidung eines in aller Härte ausgetragenen Konflikts. In ihrer Haltung mit Blick auf den Krieg kamen die beiden Künstler vorerst auf keinen gemeinsamen Nenner. Dessen ungeachtet nahmen Franz und Maria das Angebot eines Abschiedsessens bei den Klees gerne an. Während der Rückkehrer ins Kampfgebiet unnatürlich munter versprach, sich fleißig zu bücken, wenn etwas Gefährliches durch die Luft geflogen käme, ging dem Gastgeber durch den Kopf: »Der Mann müsste wieder malen, dann käme sein stilles Lächeln zum Vorschein, das nun einmal einfach zu ihm gehört …«[108]

Es scheint so, als habe das Ende von Marcs Urlaubstagen im unwirklich friedvollen Alpenvorland eine Zäsur dargestellt. Es gäbe kaum etwas Melancholischeres als eine Reise zurück an die Front, schrieb Franz an Maria, nachdem er die Fahrt hinter sich gebracht hatte. All die Männer, Söhne, Verlobten, Freunde an den Bahnhöfen unterwegs, die ihnen nachwinkenden Frauen und auch jene in Trauerkleidung, welche bei den Verwundetentransporten behilflich waren. Um den 20. Juli 1915 wieder bei seiner Feldartillerie-Kolonne angelangt, die mittlerweile in Haumont im Quartier lag, kam Marc von den Gedanken an sein altes, sein Vorkriegsleben nicht los. Alle seine Sinne schienen auf Vergangenes gerichtet. Das Quaken von Fröschen, die Rufe der Weihen und Falken, gen Süden ziehende Brachvögel und Reiher erinnerten ihn an seine Streifzüge mit Niestlé durchs Moor bei Brunnenbach, ein verwunschener Park erinnerte ihn an die wildreichen Wälder Ostpreußens. Bis Dezember würde er, in einigermaßen beruhigendem Abstand von Gefechtsfeldern und Schützengräben, in Haumont, dem kleinen lothringischen Dorf zwischen Hagéville und Saint-Bénoît-en-Woëvre bleiben. In Erwartung, nein, in der schrecklichen Gewissheit eines »fürchterlichen Winterkriegs im Westen«.[109]

Es breitete sich in ihm eine der Angst verwandte Beklemmung aus. Von Politik mochte »der gute Soldat wider Willen«[110] nichts hören (»Irrenhausgespräche«, rein fiktiv), und vom dem, was er auf sich zukommen sah, nicht reden.[111] »Der Krieg heraußen macht *stumm* – wenigstens mich.«[112] Überwunden die Phase mythisch-mystischer Rechtfertigungen? Marcs gebetsmühlenartig wiederholter Ruf nach einer das Universum europäischer Scheinkultur zerstörenden Kraft, die »über alle Worte weg selbst das Morsche zerbricht, das Faulende ausstößt und das Kommende zur Gegenwart macht«?[113] Die viel beschworene kathartische Wende? All das: ein Irrtum! »Fluch urältester Gewissensverfehlung«![114] Es wuchsen die Zweifel an seinem Glaubensweg in der Gefolgschaft Nietzsches. »Die Kunst zieht eine andere Straße … Ich ersehne nichts als die *Heimkehr.*«[115] Er bat seine Frau, eine Fotografie ihres Hauses machen zu lassen und sie ihm zu schicken sowie um Zusendung des Bandes über Pferde aus seiner Tierbuchsammlung.

Ob Frauen auch so duldsam wären, wenn man sie zu einer so unsinnigen Sache zwingen würde, fragte sich Maria, nachdem Franz ihr seine Verzweiflung eingestanden hatte: Als Mensch sei er eine Wüste, »bar von Gedanken und Impulsen«. Der Schnitt zwischen Gestern und Morgen werde immer schmerzlicher.[116] Der Mutter verriet er: »Ich fürchte immer, ein großer Sieg über unsere Gegner wird uns erst recht zum *militärisch* regierten Staat führen ... Aber es gibt in der Geschichte kein zurück – man glaubt zu schieben u. man wird geschoben ...«[117] Eine Zeit lang bewahrte ihn die Teilnahme an einem Offizierslehrgang mit anregendem Beiprogramm vor noch tieferem Abgleiten in eine Depression. Ende August 1915 sehen wir ihn in Gesellschaft von Wilhelm Valentiner (dem deutschen Museumsmann aus New York vom Münchner Kasernenhof) sowie eines Schauspielers und eines Opernsängers Schach spielen beispielsweise – »wie eine zufällige Reisegesellschaft an einem Badeort«.[118]

Einmal lud der Tenor zu einem Konzert ein. Dem asthmatischen Harmonium der kleinen Ortskirche zugleich leicht heulende Töne entlockend, gab er Arien aus Wagners *Ring*, dem *Tristan* und den *Meistersingern* zum Besten. Außerdem lernte Marc Russisch. Höhere Dienstgrade mussten mit Versetzung an die Ostfront rechnen. Blödsinnig schwer, fand er, aber wenigstens eine »abstrakte Beschäftigung«.[119] Aus Rilkes *Stunden-Buch*, zufällig in seine Hände gekommen, schöpfte er zu seiner Erquickung den »wundervollen süßen Pantheismus«.[120]

Als Anwärter auf den Posten eines Truppenführers hatte er Anspruch auf regelmäßige Zustellung deutscher Nachrichtenblätter. Am 30. September 1915 genügte ein Blick auf die erste Seite der tagesaktuellen *Frankfurter Zeitung*, um, wie er Maria schrieb, »auch eine lange Rede über mich« zu entdecken.[121] Genauer: in der Rubrik »Aus dem Berliner Kunstleben« die überwältigend positive Besprechung seiner noch laufenden Einzelausstellung in der *Sturm*-Galerie, verfasst von Hugo Daffner.[122] Folgt man heutzutage, nach jahrzehntelang versäumter Recherche, Franz Marcs Fingerzeig im Brief an seine Frau bis in ein Pressearchiv, kommt Erstaunliches zum Vorschein. Schließen doch die Ausführungen des Rezensenten eine Lücke in der kunsthistorischen Forschung. Weder der Umfang der bekanntlich von August bis Oktober von Walden ausgestellten Werke war bisher bekannt noch einzelne Titel. Nun aber finden wir, wenn vielleicht nicht alle, so doch Marcs bedeutendste Exponate aufgelistet: *Springende Pferde*, *Liegender Hund im Schnee*, *Akte im Freien*, *Hocken im Schnee*, *Hirsche im Walde*, *Waldinneres mit Vogel*, *Mädchen mit Katze I*, *Der Wasserfall / Frauen unter einem Wasserfall*, *Angst des Hasen*, *Drei Katzen*, *Die ersten Tiere*, *Der Turm der blauen Pferde*, *Tierschicksale*, *Die Wölfe / Balkankrieg* sowie die Darstellung einer nicht eindeutig identifizierbaren »Straße im Gebirge«.

Schon zu Beginn seines Artikels zieht Hugo Daffner symbolisch den Hut vor dem »Münchner Maler Franz Marc in der 34. Veranstaltung des *Sturms,* dem Tummelplatz der Jungen und Jüngsten, wo man wirklich einmal eine neue Anregung mit nach Hause nehmen kann« und wo es »einen vortrefflichen Überblick über den Entwicklungsgang und das Schaffen des reich begabten Künstlers« zu sehen gibt. »Ich weiß nicht, in welche Klasse des –ismus und in welche Zunft von –isten ihn jene stecken, die jede künstlerische Erscheinung in falschem, wissenschaftlich sein sollendem Getue einzuschachteln belieben. Das ist auch nebensächlich. Hauptsache ist, daß Marc, der ja heute auch nicht zu den Jüngsten zählt, jeder Zoll ein Maler ist, daß durch sein ganzes Werk eine gewaltige Glut reiner sinnlicher Freude an der Farbe geht, die von einem außerordentlichen, sowohl malerischen wie zeichnerischen Können noch weiter angefacht wird. Von jenen, die einen absurden Most verschenken, weil sie nicht die technische Kraft und das fachliche Können besitzen, einen klaren Wein zu keltern, ist Marc weit, himmelweit entfernt. Die solide, nie versagenden Beherrschung des Handwerklichen, wie es sich eben für einen Malersohn schon von vorneherein ziemt, bildet die unverrückbare Grundlage seines ganzen Schaffens. Die ganze Art, wie er Farben zusammenbindet oder in Gegensatz zueinander stellt, verrät auf Schritt und Tritt nicht nur den geborenen, sondern auch den gelernten Maler. An manche Wendung seiner Sprache muss man sich ja gewiß erst gewöhnen: die kobaltblauen Pferde oder grünen Kühe oder zinnoberroten Katzen haben fürs erste mancherlei Befremdliches. Aber sicher nicht mehr als die Bilder der ersten Realisten und Impressionisten für ihre Zeit. Umso weniger, als Marc seine Art nicht aus launenhafter, neuerungssüchtiger Willkür gebildet, sondern sie schrittweise und organisch reifen ließ.« Die Rezension endet mit einem Hinweis auf den *Almanach Der Blaue Reiter*: »Daß von diesem Werk, das Marc zusammen mit Kandinski zur Aussprache über die Kunstziele … schuf, in immerhin kurzer Zeit schon eine neue Auflage (München, Piper) nötig wurde, zeigt, daß diese Bewegung immer weitere Beobachtung findet. Und das ist gut so; denn mag man auch da oder dort ablehnen, – daß hier zeugungsfähige Kräfte am Werke sind, wird niemand bestreiten, der sich ernsthaft mit dieser Bewegung befaßt.«[123]

Der *Almanach*, mag Marc voll Wehmut durch den Kopf gegangen sein, gehörte unwiederbringlich der Vergangenheit an. Und vorausgesetzt, wir können ihm Glauben schenken, dann hatten Besprechungen von Ausstellungen seiner Werke, so wohlmeinend sie auch sein mochten, für ihn jetzt per se einen schlechten Beigeschmack. »Es ist mir so fad u. alles kommt mir so dumm u. falsch vor«, die Bilder ebenso, »ich kann mir, auch die guten, kaum mehr vorstellen«.[124] Gegen das Resultat steigenden Käuferinteresses hatte er allerdings, in Anbetracht finanzieller Engpässe daheim, nichts einzuwenden. Und Kunstvermittler Walden aus geschäftlichen Gründen auch nicht. Der Galerist sicherte sich die *Angst des Hasen* und die *Drei Katzen*. Koehler kaufte den *Wasserfall*[125] und zudem das Gemälde *Heitere Formen*. Aufgrund der Rezension in der *Frankfurter Zeitung* bemühte sich der Frankfurter Kunstverein um eine Franz Marc-Ausstellung.

Nicht nur in Berlin, auch in Stockholm wurden im September 1915 seine Bilder präsentiert. Die Werkschau in der Galerie von Carl Gummesson hatte Gabriele Münter eingefädelt, die den Blauer-Reiter-Weggefährten von seinem Erfolg in Schweden informierte. Sie erwähnt in einem Brief an Marc den Erwerb eines seiner Exponate durch ein Museum und spricht außerdem von einem Holzschnitt, den der deutsche Diplomat und Mäzen Hellmuth Eduard Ferdinand Lucius von Stoedten gekauft haben soll. Die von Münter mitgeschickten ausführlichen Presseberichte reichte Franz, gemeinsam mit Daffners Lobeshymne in der *Frankfurter Zeitung*, an Maria weiter: »Behalte diese ganzen Besprechungen«, stellte er seiner Frau anheim, »oder wirf alles weg.«[126] Ganz so egal wie Marc tat, waren sie ihm wohl doch nicht. Auf seine Veranlassung bekam Niestlé Kopien der schwedischen Artikel zugeschickt mit der Bitte um Übersetzung.[127]

Am 13. Oktober des Jahres wurde Marc zum Leutnant der Landwehr ernannt. Ab sofort standen ihm dreihundert Mark »Mobilmachungsgeld« monatlich zu sowie, zur Hebung seines äußeren Erscheinungsbilds auf Offiziersniveau, das einmalig ausgezahlte »Einkleidungsgeld« in Höhe von achthundert Mark. Der Kurzausflug in die alte Festungsstadt Metz bot Gelegenheit zu Luxuseinkäufen: rohseidene Wäsche, weiche weiße Hemden, prima Stiefel, zweite Reithose, silberner Reitstock. Unmittelbar nach Bekanntgabe seiner Beförderung machte Marc von seinem Recht der Auswahl eines vortrefflichen Pferdes Gebrauch. Er entschied sich für die »hochrote« Fuchsstute Eva. Von größter Bedeutung war für ihn das Privileg selbstbestimmter Tageseinteilung. Endlich konnte er, ohne einen Vorgesetzten fragen zu müssen, stundenlange Spaziergänge und Ritte durch die Eichen- und Buchenwälder rund um Haumont unternehmen.[128] Was Offiziers-Frühstücke von Unteroffiziers-Frühstücken unterschied, bekam Maria gleichfalls geschildert: frisches Weißbrot und dazu Schnecken mit Weinbeeren gefüllt und Zuckerguss überzogen.

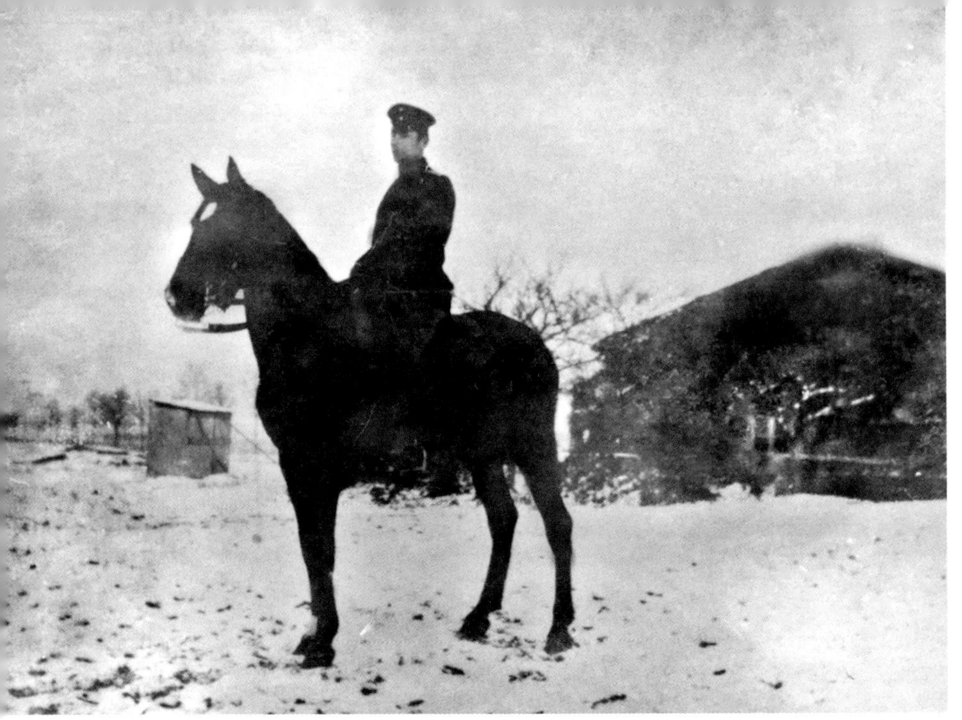

Meldereiter Franz Marc auf seiner Fuchsstute Eva, Winter 1915/1916

Während in seinem lothringischen Einsatzgebiet trügerische Stellungskrieg-Ruhe herrschte, schwebte der Bruder in höchster Gefahr. Franz hoffte von Herzen, Paul möge die in der Champagne tobende Herbstschlacht überleben. Große Sorgen machte er sich auch um Helmuth Macke. Von einer Kopfverletzung im Juli mit anschließender Operation ungenügend genesen, stand der Vierundzwanzigjährige schon wieder im Feld. Da nimmt es nicht Wunder, dass Marc auf Marias wiederholte Beschwerden über kriegsbedingte Alltagsprobleme ungewohnt heftig reagierte: »Ich glaube, wir heraussen haben doch noch ein bischen mehr Anlaß zum ›trübsinnig werden‹ als Ihr daheim u. auch Du in Ried.«[129]

In Anbetracht der mannigfaltigen Wehklagen seiner Frau fiel Elisabeth Mackes tapferes Annehmen ihres Schicksals umso mehr ins Gewicht. Herrschte im Austausch mit der ehelichen Gefährtin zumeist ein absichtsvoll beruhigender Ton vor, machte Marc in Briefen an die Witwe des tief betrauerten Freundes aus seiner wachsenden Kriegsgegnerschaft keinen Hehl: »... die Welt, die Arbeit und die Liebe, alles rückt so traumhaft ferne in diesem endlosen, lieblosen

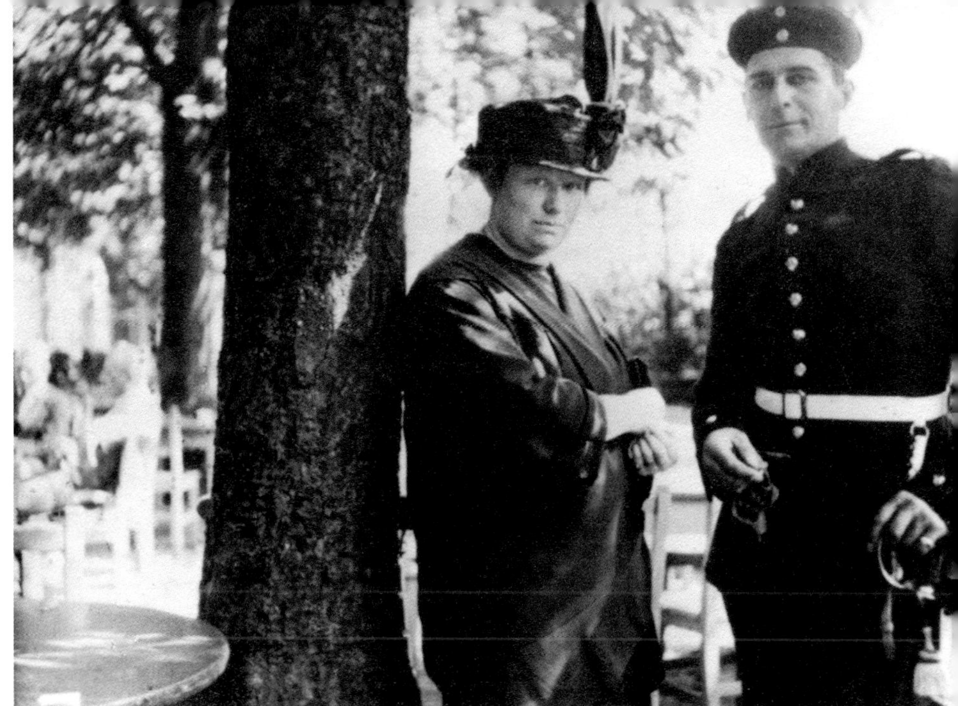

Franz und Maria Marc während seines Heimaturlaubs im Juni 1915

Krieg!!«[130] Dem Adressaten Albert Bloch gesteht er seine »Sehnsucht: dass dieses grauenvolle Morden endlich ein Ende nähme!!«[131] Marc hatte von der Verwundung Kokoschkas erfahren, »er bekam einen Schuß durch den Gehörgang, der im Genick wieder austrat u. dazu einen Lanzen[Bajonett]stich in die Lunge«. – »Und dabei lebt dieser Mensch …«[132]

Nach Wochen relativen Stillstands war sein Truppenteil binnen Wochenfrist auf Offensivstärke gebracht worden. Das Eintreffen von zweihundert Pferden, vierundzwanzig Fahrzeugen und zusätzlichen Geschützen ließ Schlimmstes befürchten. Die vorübergehende Wiederaufhebung von Post- und Urlaubssperre nutzend, gelang es Marc, auch das eine Auswirkung des Offiziersbonus, »aus dem Weltgeschehen herauszutreten«.[133] Exakt vom 4. bis zum 17. November 1915. Mann und Telegramm trafen beinahe zeitgleich in Ried ein.

Wir wissen von einem Spaziergang mit Maria durchs Benediktbeurer Lainbachtal, von der Überlegung des Einbaus einer Zentralheizung in ihr Haus und von Besuchen in München. Zur Visite bei Alfred Mayer brachte Marc eine kleine, dem Kunstförderer gewidmete Collage mit: *Pokal mit Fuchs und Rehbock.*[134] An Elisabeth Macke sandte er am 8. des Monats die von ihm gestaltete Bildpostkarte *Grünes und weißes Pferd.* Seine »engere Fühlung mit dem Lebendigen«, mit Frauen und Freunden und Kultur, bekannte Marc seiner Mutter im Nachhinein, hätten sein Begehren, wieder malen zu können, »schrecklich vermehrt«.[135]

Sooft er in Gedanken bei den unerreichbaren Künstlergefährten war, klammerte er sich an die Vision, wie sie und er und Maria »einmal wieder um den runden Kirschbaumtisch in Ried sitzen werden«.[136] Wir erfahren durch einen Eintrag in Klees Tagebuch von einer besonderen Soiree. Violinist Paul und Pianistin Lily spielen Bach. Am Boden liegen Jawlenskys *Variationen*. Franz, vollkommen konzentriert auf beides, formt in seinem Kopf musikalische und bildhafte Kompositionen zu einer synästhetischen Einheit.

Szenenwechsel. Ende November 1915. Sechshundert Kilometer westlich der Heimat schaut Marc hinauf zum nächtlichen Firmament, fühlt sich an Gemälde van Goghs erinnert, nimmt das Mond- und Sternenbild über Haumont mit in den Schlaf. Tagsüber findet seine Seele keinen Frieden.[137] Auch, weil er eine überlebenswichtige Entscheidung treffen soll. Alfred Mayer hatte, erstmals vermutlich im Juli in Marcs Beisein und nun erneut Maria gegenüber, sowohl auf die Chance einer Freistellung vom Fronteinsatz hingewiesen, als auch aktive Unterstützung angeboten. Selbstredend drängte Maria auf Zustimmung ihres Mannes.

Marcs an sie gerichtete Antwort vom 1. Dezember enthält weder ein klares Ja noch ein klares Nein. Dafür unumstößliche Bedingungen. »Über die Möglichkeit einer Rückberufung oder längeren Urlaubs zum Arbeiten hab ich noch nachgedacht; ich bin überzeugt, daß ein solcher nur denkbar wäre, wenn ich irgend einen offiziellen Kunstauftrag bekäme; ein solcher ist aber doch ausgeschlossen, vor allem ohne Kompromiss, den ich doch nicht eingehe. Warne nur Alfr. Mayer, dass er sich keine Blamage mit mir einbrockt und einen offiziösen Auftrag deichselt, den ich dann hinterher ablehnen muss.«[138] Ein Privileg, das seinen nicht minder vom Tode bedrohten Kameraden vorenthalten blieb, er konnte und er wollte es nicht nutzen.

Wir greifen vor.

Wochen später erfuhr Marc von einem, seiner Frau zugeleiteten Schreiben Richard Seewalds. Das Mitglied der Neuen Secession in München und des Deutschen Künstlerbunds fragte nach Marcs Feldpostadresse. »Bitte gleich«! Die Zeit drängte. Ging es doch um Abkommandierungen aus hochriskanten in absolut sichere Gegenden. Mittelsmann Seewald informierte über das Prozedere. Im Einverständnis mit Helmuth von Moltke, Chef des stellvertretenden Generalstabs in

Berlin, ließ der preußische Minister für geistliche, Unterrichts- und Medizinalangelegenheiten, August von Trott zu Solz, eine Liste mit maximal dreißig Namen »besonders befähigter … ganz hervorragend begabter« Kunstschaffender zusammenstellen.[139] Marc hätte zu den wenigen Auserwählten gehören können. Auch diese Vorzugsbehandlung wurde zurückgewiesen. Am Ende hatte seine Ablehnung keine Bedeutung. Für ihn wäre die Einstufung als unverzichtbarer (Weiter)Träger deutschen Kulturguts sowieso zu spät gekommen.

Die neuen Fluchten waren die alten: Rettung suchen im schönen Schein, sich im Geiste »kubistische Musik« vorstellen, sich in Gerhart Hauptmanns urchristlichen Antihelden Emanuel Quint hineinversetzen oder hineinsteigern in die Liebe zu den Himmelslichtern, »kein hellstes Pleinair kann mir die Süße und Wahrheit einer Sternennacht überstrahlen«.[140] Ausklinken, Wegdenken, innerlich Abstand halten, um der »saudummen Wirklichkeit« zu entkommen. Aber auch Nachsicht üben, wenn er mit seiner Zurückhaltung bei den Offizierskollegen auf Unverständnis stößt. Denn: »Sie können nicht sehen, daß ich überhaupt gar nicht da bin, – noch weniger dringt ihr Blick je zu der Linie, wo ich wirklich stehe.«[141]

Nicht jedenfalls im Hier und Jetzt. Das wahre Sein, überlegte Marc im brieflichen Zwiegespräch mit Helmuth Macke, spiele sich nach dem Krieg ab, »wenn die Seelen wieder in die Körper zurückkehren – soweit die armen gequälten Körper noch da sind«.[142]

Die von Leutnant Marc geführte Munitionskolonne wurde Mitte Dezember 1915 mit Ziel Leiningen[143] in Marsch gesetzt. Ihre Verlegung ins Hinterland hatte strategische Gründe; sie diente der Vorbereitung der deutschen Offensive bei Verdun. Er ahnte nicht nur, was ihm und seinen Untergebenen bevorstand. Spätestens im Frühjahr, davon war Marc überzeugt, würden »tausende von Menschenleben umsonst geopfert werden«.[144] Er bezeichnete den Krieg als eine Hydra. Je mehr Siege und Erfolge, desto mehr Köpfe man ihr abschlage, desto mehr wüchsen ihr nach, »der Krieg wird immer größer statt kleiner«.[145] Und das alles, die beinahe fürchterlichste Gewissheit, »um *nichts*«! Um der Unfähigkeit der Militärstrategen und Politiker willen, sich dem Nächsten humanitär verständlich machen zu können.[146] Für den Fall seines Überlebens würde er ein anderer werden, den »Peripheriemenschen« Marc sollte es nicht mehr geben. Ein ihm von Maria ins Feld geschickter Beitrag des Gelehrten Friedrich Gundolf zur europäischen Geistesgeschichte hatte ihm sein Defizit an politischer Bildung bewusst gemacht.[147]

Die Weihnachtsgabe für seine Frau wollte Marc im hundert Kilometer entfernten Straßburg besorgen. Wie schon Ende 1914 unternahm er dorthin eine

Eisenbahnfahrt. Anders als vor Jahresfrist kamen ihm das Großstadttreiben, die geschäftig hin und her eilenden Menschen, das Kaffeehaus, die jungen Kellnerinnen »merkwürdig unirdisch« vor, »als wäre es längst vergangen«. Das Straßburg in seiner Wahrnehmung schien ihm identisch mit Alfred Kubins dem Untergang geweihter Traumstadt »Perle«.[148] Das Präsent für Maria, er vermochte es nicht zu finden, alles was er sah, erschien ihm entseelt. »Ich konnte Dir doch nichts Totes schicken«, wurde Maria getröstet. »So gab ich's auf u. schreib Dir nur, daß ich nichts schicken u. schenken kann, als meine Liebe, meine lebendige warme Liebe ... Es wird schon wieder alles gut für uns!«[149] Sein Neujahrswunsch für sie beide, verbunden mit »heissen Küssen«: Dass 1916 zur Rückkehr »zum Eheliebstand« verhelfen möge.[150] »Wenn der Frieden kommt, muß Wolfskehl ein großes Fest geben und dann werden wir wieder ein paar alte Walzer tanzen ...«[151] Aufmunterung als Balsam für Marias Psyche. Als Antwort auf ihr »traurig gestimmtes Sonntagsbriefchen« tröstete Franz die bald Vierzigjährige mit den Worten: »... also über das Altern machst Du Dir Gedanken? Ich wahrhaftig nicht. Ich war *nie frühreif* u. bin sicher, mit 40 u. 50 Jahren Lebendigeres zu leisten als mit 20 u. 30.«[152] An ihrem elften Kirchweihball-Gedenktag brachte er sich und Maria ihre ersten Münchner Nächte in Erinnerung: »... das sonderbare Gefühl von Bauern- und Körperliebe, ich ›rieche‹ noch jene Stunden ganz genau ...!«[153]

Im Anschluss an den Aufenthalt bei ihrer Mutter von Mitte Januar bis Mitte Februar in Berlin (wo sie unter anderem, von Franz ermuntert, den Galeristen Walden zur Zurücksendung der bei ihm lagernden Marc-Bilder aufforderte), reiste Maria nach Bonn zu Elisabeth Macke. In Ried übernahm Dienstmädchen Lina die Versorgung des altersschwachen und nierenkranken, zum Skelett abgemagerten Russi. Seit Franz nach dem letzten Urlaub ins Feld hatte zurückkehren müssen, siechte sein Hund dahin. In der festen Überzeugung, dass schnelles Sterben durch einen Gnadenschuss besser als langes Leiden sei, trug Marc Russis Betreuerin auf, den »weißen treuen Kerl« erlösen zu lassen.[154] Ein Metallschild zu seinem Gedenken, nahm er sich vor, solle einmal die Haustür der Villa zieren.[155] Und die Katzen? Reh und Rehbock? Jene zwei kleinen Kitze, die im Sommer geboren worden waren? Tot auch sie. Brieflich von ihrem Mann beraten, hatte Maria alles getan, die Kitze am Leben zu halten. Selbst einen auf Wildtiere spezialisierten Arzt in Augsburg, von ihr ausfindig gemacht, hatte sie um medizinischen Beistand gebeten. Am Ende war alles Mühen vergebens gewesen. Und Welf, der Eindringling in Russis Reich? Für ihn wurde, auch das geschah auf Anordnung Marcs, ein neues Zuhause gesucht und gefunden.

Gleich zu Beginn des Jahres 1916 kündigte Paul Marc, auf dem Weg in die Frontstadt Péronne[156], seinen Zwischenstopp an einem Bahnhof nahe Leiningen an. Seit Kriegsbeginn hatte Franz ihn nicht mehr gesehen. Zwei »Urzivilisten«, so sein erster Gedanke, treffen sich da plötzlich als Offiziere »maskiert« und werden sich unterhalten, als gäbe es nichts Natürlicheres als diesen Krieg und eine solche Begegnung.[157] Die Stunden am 5. Januar zu zweit – »unwirklich« und »unwahrscheinlich« – vergingen viel zu schnell. Bei der Abfahrt des Zuges ins Coupé hinein winkend, nahm er vom Bruder Abschied.[158] Über den Inhalt ihres Gesprächs gab Franz seiner Frau keine Auskunft. Stattdessen fasste er in seinem evident klarsichtigen, an Koehler adressierten Brief, geschrieben am 9. Januar 1916, die bittere Wahrheit wie folgt zusammen: »Man weiß ja längst, daß man nicht mehr um den Sieg kämpft, sondern um einen erträglichen Frieden, d h. um die Abwälzung der Milliardenzinslast, – auf beiden Seiten. Dabei wächst sie mit jedem Kriegstage! ... Aber noch gescheiter wäre, man würde jetzt auf beiden Seiten einsehen, daß man sich in ein Unternehmen eingelassen hat, das man in *der* Form nicht vorausgesehen hat und das dem gesamten alten Europa, das wir doch alle lieben, über den Kopf gewachsen ist; es wäre höchste Zeit, einen Strich unter dieses traurigste Kapitel europäischer Geschichte und des europäischen Rüstungszeitalters zu machen und still von vorn anzufangen mit dem Begriff und Versuch einer Kultur. Es ist bitter, daß heute nirgends, auf keiner Seite, ein wahrhaft überlegender Geist ersteht, der diese Erkenntnis mit solcher Gewalt hinauszurufen verstünde, daß ihn wirklich alle Ohren hören ... Wer die fürchterliche Front kennt, den stillen augenblicklichen Gastod, die Handgranate, die Minen, die Fliegerkämpfe, die französische Brustwehr aus Leichen von Kameraden gebaut und mit Lehm verklebt, – der weiß, was ich damit sage. Das ist kein Krieg mehr und kein Soldatentod ... Seien Sie mir nicht böse, daß ich so schreibe und denken Sie nicht, daß es Mutlosigkeit oder Pessimismus ist, ich finde es ist männlicher, den Dingen ins Gesicht zu sehen, wie sie sind, als sie mit den Phrasen unserer Presse zuzudecken, wo kein freies Wort steht ... Aber schließlich sind wir nicht Menschen geworden, um Deutsche zu sein, sondern als Deutsche auf die Welt gekommen, um Menschen zu sein.«[159] Die letzte Erkenntnis war bekanntlich eine Übernahme von Maria. Längst hatte sie aufgehört, ihrem Mann derlei zu predigen, war er doch endlich zur Einsicht gekommen.

Zu seinem sechsunddreißigsten Geburtstag am 8. Februar schickte sie ihm ein Päckchen mit Zahnpasta, Marzipaneiern, Eau de Cologne und einer Flasche Likör. Um diese Zeit entwickelte sich Marc zum »Spezialisten« für Konzeption und Fertigung »kühnster«, aus den abenteuerlichsten Materialien zusammengesetzter Attrappen von Batterien und Unterständen. Und außerdem zum Fachmann für Abdeckungen echter artilleristischer Gerätschaften. »Ich bin in einem riesigen Heustadel (schönes Atelier!) gestanden«, schrieb er nach Ried, »u. habe auf Militärzeltplanen ... 9 ›Kandinskys‹ gemalt!« Oder richtiger: Sie »bilden eine Entwicklung ›von Monet bis Kandinsky‹!« Soldaten, welche ihm zusahen, sei die Kunst in seinen Werken natürlich verborgen geblieben, »ich selbst hatte sonderbare Empfindungen dabei«. Den Zweck seiner Tätigkeiten bekam Maria so erklärt: »Geschützstellungen gegen Fliegersicht u. Fliegerphotographie unauffindbar zu machen, indem man sie mit solchen Planen überdacht, die nach grob pointillistischem System u. den Erfahrungen der bunten Naturschutzfarbe (mimicry) bemalt sind.«[160] Was den Abwechslungsreichtum der Formen und Farben anbetraf, ging das Ergebnis weit über die gestellte Aufgabe hinaus. All seine Kenntnisse über Komplementärfarbenwirkungen, vermerkte Franz im Brief an Bruder Paul, kämen ihm bei der Arbeit zustatten, »das heißt: dem deutschen Militarismus«.[161] Um jene riesengroßen und in ihrer dekorativen Abstraktheit grotesk wirkenden »Gemälde« zu schaffen, meinte rückblickend sein Kompaniechef, habe Marc wohl zum letzten Mal in seinem Leben einen Pinsel in die Hand genommen.[162]

Am Morgen des 21. Februar 1916 begann der deutsche Angriff auf die französische Festung Verdun. Drei Tage später traf in Leiningen der Marschbefehl ein. Marc und ein weiterer Offizier führten die Leichte Munitionskolonne in das Gefecht bei Ronvaux und Haudiomont – zwei winzige Punkte auf der Geländekarte.

Franz an Maria:

25. Februar 1916 – »... großer Reise- und Truppenbetrieb, aber bis jetzt ziemlich harmlos.«[163]

27. Februar 1916 – »... nun sind wir mitten drin in diesem ungeheuerlichsten aller Kriegstage. Die ganzen französischen Linien sind durchbrochen ... Die armen Pferde! Aber einmal mußte dieser Moment ja kommen, in dem alles eingesetzt wird ...«[164]

29. Februar 1916 – »Es ist schrecklich – Aber alle Dinge haben ihr Ende, auch die schlechtesten und furchtbarsten.«[165]

2. März 1916 – »Seit Tagen sah ich nichts als das Entsetzlichste, was sich Menschengehirne ausmalen können.«[166]

Der Kommandant der 1. Abteilung des Königlich Bayerischen Ersatz-Feldartillerie-Regiments hörte Marc in dunkelster Nacht auf der Straße einer unter ständigem Feuer liegenden, mit Toten und stöhnenden Verwundeten übersäten Siedlung ruhig und besonnen Anweisungen geben.[167]

Aus dem Kriegsbericht der *Frankfurter Zeitung*:

Die Schlacht vor Verdun nimmt ihren »natürlichen« Verlauf, Trommelfeuer, Infanteriesturm, Befestigung und Verteidigung des Gewonnenen gegen Gegenangriffe und Vorbereitung der nächsten Etappe durch Vorziehung der Artillerie, »Auffüllung« der Mannschafts- und Munitionsbestände, neue Feuerüberfälle und neue »siegreiche« Stürme. Gewaltige Lasten müssen vorwärts bewegt werden. Das Gelände ist hügelig, die Straßen durch die gewaltigen Explosionen »geradezu zersetzt«; »der Wechsel von Kampf und kurzer Rast kann nicht vermieden werden«.[168]

Marc und andere Überlebende rasteten zwölf Kilometer Luftlinie nordöstlich ihres Fronteinsatzgebietes. Mehr als ein Dach über dem Kopf, und manchmal nicht mal dieses, konnten die erschöpften Männer nirgends erwarten. Auch vor Marcs Unterkunft hatte der Kriegsfuror nicht Halt gemacht. Wie die umliegenden Häuser und Gehöfte und wie die Kirche war das Château de Gussainville in großen Teilen zerstört. Marc hauste in einem zumindest »regensicheren« Raum des ehedem hochherrschaftlichen Gebäudes. Als Bett diente ihm ein umgedrehter Hasenstall, »das Gitter weg und mit Heu ausgefüllt«.[169]

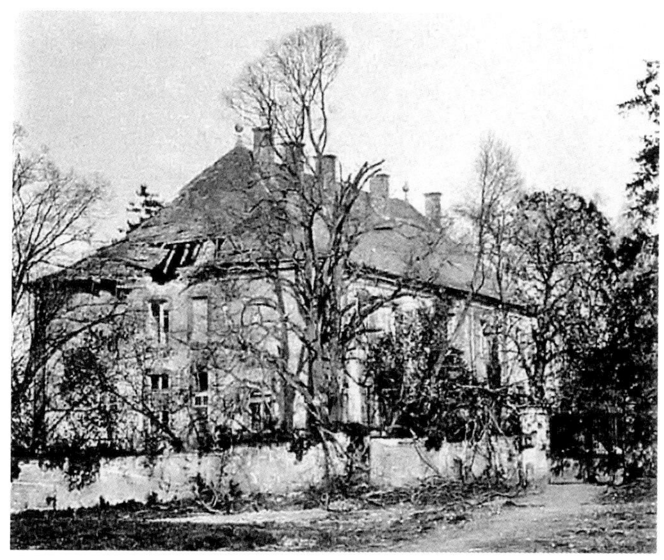

Château de Gussainville, 1916

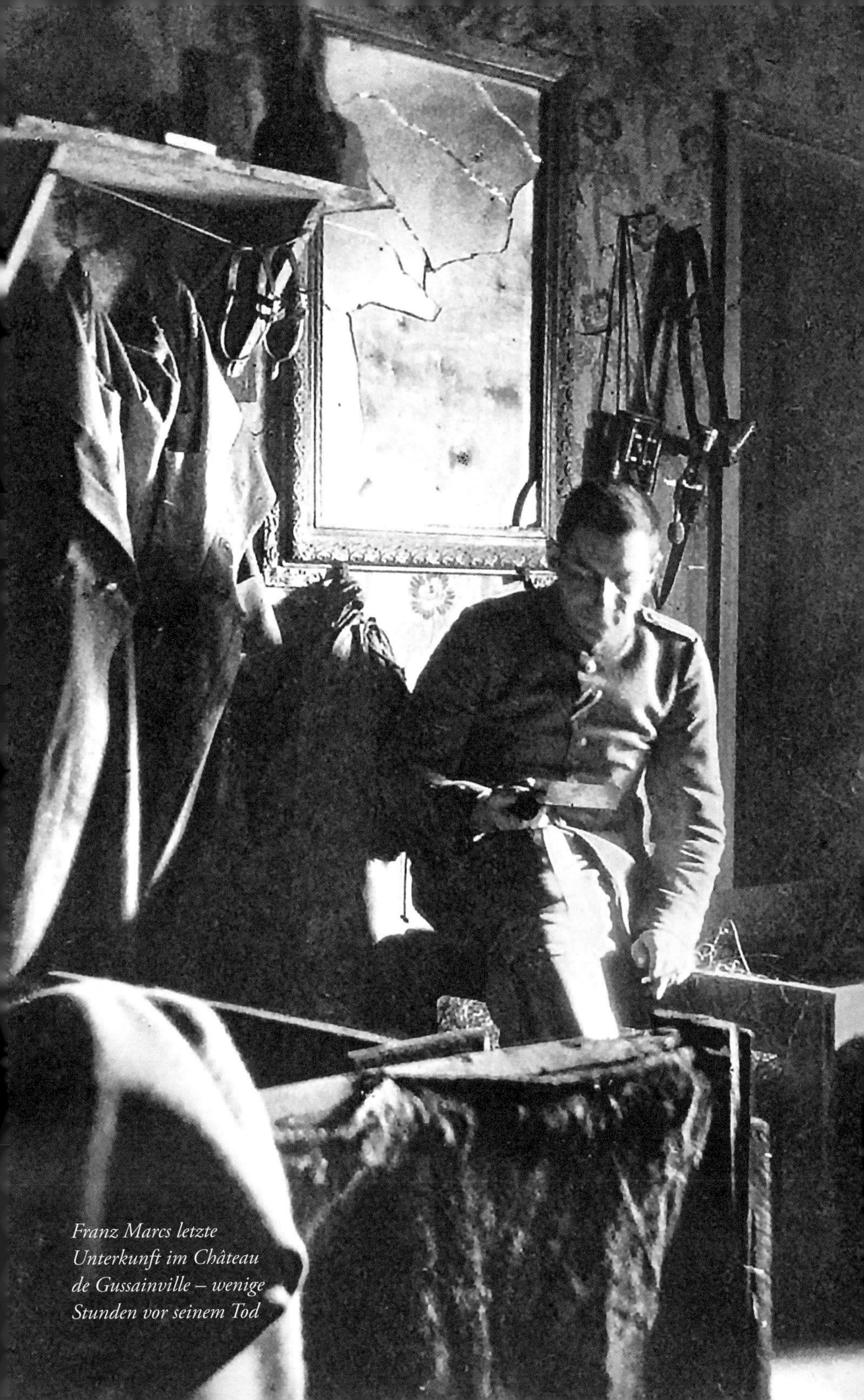

Franz Marcs letzte Unterkunft im Château de Gussainville – wenige Stunden vor seinem Tod

Am Morgen des 4. März 1916 griff er zu Stift und Papier. Maria wartete so sehr auf das nächste Lebenszeichen. Und auf ein weiteres Zeichen der Hoffnung. »Schreib' mir – schreib' mir, daß ich immer von Dir weiß. Schreib mir heil und gesund«, hatte sie ihm, eingedenk seiner letzten Hiobsmeldungen, aus dem Rheinland zugerufen.[170] Dieses Jahr werde er zurückkommen, beteuerte Franz, »zu Dir und zu meiner Arbeit«. Zwischen den grenzenlos schaudervollen Bildern der Zerstörung habe jeder Gedanke an Ried einen Glorienschein. »Behüte nur dies mein Heim und Dich selbst, Deine Seele u. Deinen Leib und alles was mir gehört, zu mir gehört!«[171] Danach ging er zur Befehlsstelle in einem primitiven Unterstand ohne Tageslicht, »dafür aber von unzähligen Ratten bevölkert«. Bei einem mit erbeuteten Gemüsekonserven »verherrlichten« Mahl, stießen Leutnant Franz Marc und Major Hans Schilling[172] mit einem Glas Moselwein auf bessere Zeiten an und besprachen die »Übersiedlung« in die Ortschaft Braquis. Marc sollte, anfangs auch vom Vorgesetzten begleitet und danach nur noch vom ihm persönlich zugeteilten Soldaten, die Route einer Sicherheitsprüfung unterziehen. Besonders der Munitionstransport musste unter größtmöglicher Deckung erfolgen. Er ließ sein Pferd, die Fuchsstute Eva, satteln.[173]

Gegen vier Uhr nachmittags geschah es …

Im Bewusstsein der Unabwendbarkeit seines Geschickes, hatte Marc sich ihm schon Monate zuvor ergeben: »Es ist Krieg, wen das Schicksal für's Leben aufbewahren will, den bewahrt es auf. Und den andern lässt es fallen.«[174] Eins nur erfüllte ihn, bis zuletzt, mit Wehmut, weshalb er seinem Ende auf Erden mit Bitterkeit entgegensah: »… nicht aus Angst oder Unruhe vor ihm, – nichts ist beruhigender als die Aussicht auf *Todesruhe* – sondern weil ich ein halbfertiges Werk liegen habe, das fertig zu führen mein ganzes Sinnen ist. In meinen ungemalten Bildern steckt mein ganzer Lebenswille.«[175]

Am Abend des 5. März 1916, einem Sonntag, nahm Maria in Bonn das Telegramm entgegen mit der Todesnachricht: »lt marc auf dem felde der ehre gefallen …« Elisabeth Macke sah die Hände der Freundin beim Öffnen des Umschlags zittern.[176]

Im Deutschen Kunstarchiv wird das Gedächtnisprotokoll des einzigen Augenzeugen verwahrt – aufgeschrieben, so gut er es konnte, von Franz Marcs Burschen Heinrich Hackspiel:

»Wir Ritten ungefähr eine Halbe Stunde bis die ersten Granaten 50 – 100 m von uns einschlugen. Dan setzten wir einen Trapp an und Ritten an einer Bahn entlang, bis wir zu einer Strassenkreuzung kamen dan machten wir halt der Herr Leutnand stig ab und wollte auf der Karte etwas nach

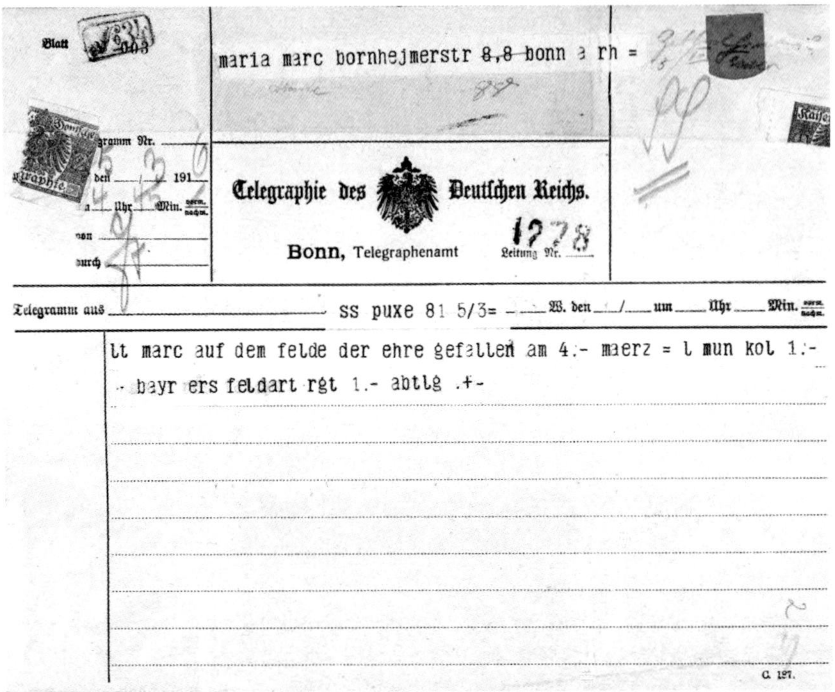

Blatt

maria marc bornhejmerstr 8,8 bonn a rh =

Telegraphie des Deutschen Reichs.

Bonn, Telegraphenamt

1278 Leitung Nr.

Telegramm aus ss puxe 81 5/3= W. den / um Uhr Min.

lt marc auf dem felde der ehre gefallen am 4.- maerz = l mun kol 1.-

.- bayr ers feldart rgt 1.- abtlg .+-

G. 127.

sehn, im selben Moment schlug eine Granate etwa 3 m neben uns ein. Die Pferde sezten einen Galopp an am Wald von Bracki [Braquis] konte ich die Pferde bariren [parieren]. Ich stig sovort ab und band die Pferde an einen Baum fest dan ging ich zur Strassenkreuzung zurück. Als ich ankam war Herr Leutnand bereits in den lezten zügen, ihm war ein Granatsplitter durch das Gehirn gegangen. Ich holte dan zwei Man, und trugen ihn dan in den etwa 500 m weit Bracki Wald wo er nachts abgeholt wurde. Ich nam dan seine Wertsachen ale ab … und meldete den Vorfall dem Abteilungskoma[ndan]ten Herr Maior Schilling … Durch den Hel[de]ntod des Herr Leutnand Mark verloren wir einen der tüchtigsten Ofizir von unserer Abt., er war sehr belibt unter der Manschaft, den ihm war keine Gefahr zu gos er war ein Unerschrokener Tüchtiger Ofizir.«[177]

Als Major Hans Schilling einige Wochen später an Franz Marcs Sterbeort vorbeikam, entdeckte er das Marterl, aufgestellt von Kameraden. Ein kleines »Votivbild«, noch von dem Maler selbst gezeichnet, sollte »sein Gedächtnis bewahren«. Die Darstellung, eine »dahinrasende Reitergruppe«, auch das erinnerte Franz Marcs militärischer Vorgesetzter, hätten für ein »Kolossalgemälde der apokalyptischen Reiter völlig ausgereicht«.[178]

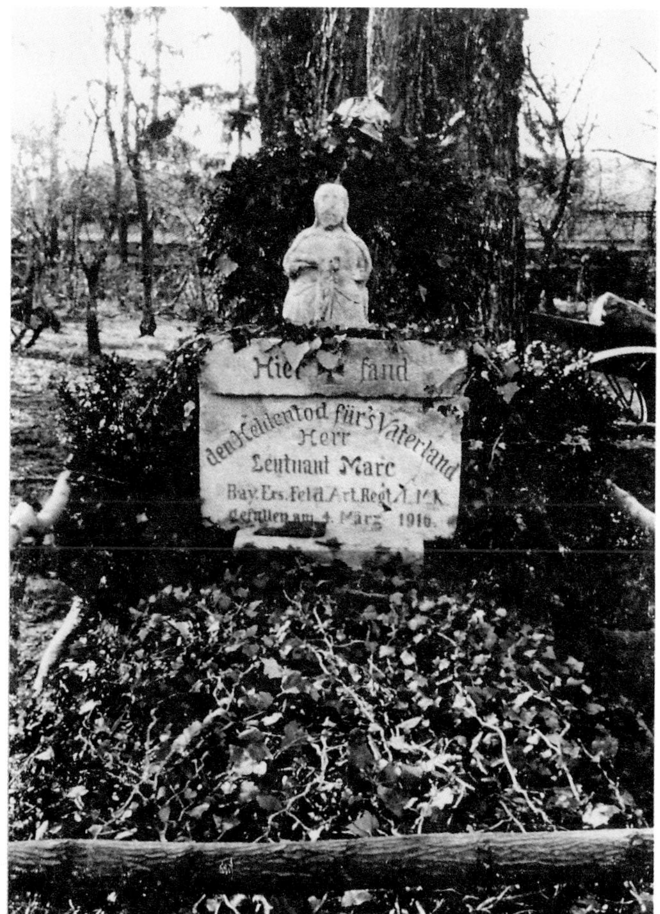

Franz Marcs Begräbnisstätte im Park von Château de Gussainville bei Braquis, 1916

Unter einer mächtigen Linde im Schlosspark von Gussainville ruhten Franz Marcs sterbliche Überreste, bis sie 1917 nach Kochel überführt und auf dem dortigen Friedhof beigesetzt wurden.[179]

*****

Paul Klee eilte, telegrafisch herbeigerufen, nach Frankfurt. Bis dorthin, wo sie von einer alten Bekannten empfangen wurde, die sich ihrer in der eineinhalbstündigen Wartezeit liebevoll annahm, war Maria Marc von jemand anderem begleitet worden – »ich kann nicht allein«.[180] Am Morgen hatte sie Bonn verlassen und erwartete nun den Münchner Freund am Bahnhof. Nach ihrer gemeinsamen Rückfahrt mit dem Nachtzug ging er mit ihr zu sich nach Hause. Erst Tage später vermochte sie, betreut von Jean Bloé Niestlé, nach Ried zurückzukehren.

Nachdem ihn die Nachricht vom Tod des Bruder erreicht hatte, suchte Paul Marc die Mutter aufzurichten: »Was soll ich sagen? Wie Dich etwas trösten? Der einzige Trost ist das *Bewusstsein* erfüllter Pflicht von seiner Seite und erfüllter Liebe gegenseitig … Er hat das höchste und schwerste Glück genossen, ein Leben nach seinem Sinn zu führen, er ist glücklich gewesen, er ist dahingegangen auf der Höhe seiner Kraft u. im Vollgefühl der schönsten Hoffnungen.«[181]

Jean Bloé Niestlé schrieb an Maria Marc: »Oft mit Wehmut denke ich daran, was unsere Freundschaft noch hätte werden können. Wie sehnsüchtig erwartete ich sein Wiederkommen, das uns wieder zusammenbringen sollte. Dieses Gefühl, einen Freund zu verlieren in dem Augenblick, wo man eigentlich erkannte, was man an ihm besitzt, ist für mich ganz furchtbar und ich trauere doppelt um den lieben Franzl.«[182]

Annette von Eckardt griff zur Feder, weil sie meinte, der Witwe eine Erklärung schuldig zu sein: »Ich hab Franz *nie* im *menschlichen Sinn* für *mich* gewollt – hab mich seines Glücks mit Ihnen friedlich gefreut – aber er war allezeit der Glaube an die Hoffnung meines Lebens – es ist alles, alles jetzt mit ihm ausgelöscht.«[183]

Zielsetzungen erleichterten Maria Marc das Weiterleben. An erster Stelle standen Nachlassverwaltung, Nachlassverwertung und Durchführung oder Unterstützung von Maßnahmen wider das posthume Vergessen. Beginnend mit zwei großen Franz-Marc-Gedächtnisausstellungen im Herbst 1916 in den Räumen der Münchner Neuen Secession und in der Berliner *Sturm*-Galerie. Seit längerem misstrauisch hinsichtlich Herwarth Waldens Gepflogenheiten, kündigte ihm Franz Marcs Alleinerbin den Galeristenvertrag. Ausschlaggebend aber war die Walden angelastete Beschädigung der *Tierschicksale* aufgrund eines Brandes im Zusammenhang mit dem Transport des Gemäldes 1917 von Berlin nach Wiesbaden.[1] Forthin veräußerte sie Bilder ihres Mannes in eigener Regie. Der Verkauf der *Blauen Pferde* an die Berliner Nationalgalerie machte Maria Marc 1920 zur Alleineigentümerin des Wohnhauses in Ried, versetzte der Erlös sie doch in die Lage, ihrem Schwager sein Darlehen in einer Summe zurückzuzahlen. Paul Marc hatte den Krieg überlebt.[2] Vorübergehend hauptberuflich mit der Publikation des Schlagwortkatalogs der Münchner Universitätsbibliothek beschäftigt, übernahm er 1923 in Hamburg die stellvertretende Leitung des Instituts für Auswärtige Politik. 1934 zwangen die nationalsozialistischen Machthaber dessen Gründer Albrecht Mendelssohn Bartholdy zum Rücktritt. Paul Marc durfte bleiben, zum Bibliothekar herabgestuft. Drei Jahre später wurde die Verlagerung der einstigen Einrichtung mit dem Schwerpunkt Völkerverständigung und Friedensforschung in die Hauptstadt angeordnet. Mit dem Deutschen Institut für Außenpolitische Forschung zusammengelegt, diente sie nunmehr der Auslandspropaganda des Dritten Reichs. Bis 1944 waren Paul Marc und seine Frau in Berlin gemeldet. Dort »ausgebombt«, kehrte das kinderlose Ehepaar zurück nach Bayern. Franz Marcs älterer Bruder starb, einundsiebzigjährig, am 23. September 1949 in Maising am Starnberger See. Helene Marc lebte noch bis 1964.

Sophie Marc wurde 1926, kurz vor ihrem achtzigsten Geburtstag, zu Grabe getragen. Ihre letzte bekannte Münchner Adresse lautete Paul-Heyse-Straße 20.

Maria Marc, im Witwenstand, mied anscheinend die Schwiegermutter, entschuldigte ihr Fernbleiben vielleicht mit geschäftlicher Überlastung. Sie verhandelte in Berlin mit dem Verleger Paul Cassirer die Herausgabe der Briefe,

Aufzeichnungen und Aphorismen Franz Marcs und seines Skizzenbuches aus dem Felde. Sie kontrollierte den Inhalt des ersten Bandes minutiös, nahm Kürzungen vor und bestand auf Auslassungen. Genauso hielt es Maria Marc mit biografisch grundierten Veröffentlichungen. Sie konzipierte ein eigenes Erinnerungsbuch, es blieb unvollendet. Sie beantwortete Leihanfragen, erteilte Ausstellungs- und Reproduktionsgenehmigungen. Sie überwachte den Nachdruck von Grafiken und übernahm deren Versand. Sie suchte weltweit nach Briefen ihres Mannes an andere und schrieb sie ab. Sie erledigte gewissenhaft die umfangreichen Korrespondenzen. Sie erwies sich als umsichtige Strategin, überstand Inflation und Weltwirtschaftskrise ohne erkennbare Verluste.

Es liegt nahe, ihr wiederholtes, mitunter monatelanges Abstandhalten von Ried als Fluchten zu bezeichnen. Je weiter die Zeit fortschritt, desto breiter machte sich Heinrich Kaminskis Familie in der Marc-Villa, groß, aber nicht groß genug für die rasch wachsende und, die Beschwernis vollkommen machend, ungebärdige Kinderschar. Es sei wirklich lieb von ihr, sich der armen, nicht sehr robusten Frau Elfriede Kaminski und ihres Nachwuchses anzunehmen, hatte Marias Mutter schon Anfang 1920 angemerkt, aber zugleich warnend den Zeigefinger gehoben: »Das muß ich sagen, ich lernte selten oder nie einen Menschen kennen, der es versteht seine Freunde so auszunutzen wie Kaminski …«[3]

Nach dem Tod Helene Francks 1921 wohnte die Tochter während ihrer Aufenthalte in Berlin bei Elisabeth Macke, wiederverheiratet mit dem Journalisten, Gewerkschafter und Sozialdemokraten Lothar Erdmann (ermordet 1939 im Konzentrationslager Sachsenhausen). August Mackes Sohn Walter starb im Alter von sechzehn Jahren an einer vereiterten Mandelentzündung. Die Frauen blieben einander lebenslang verbunden.

Planvoll ging Maria Marc ihr kreatives Fortkommen an. Neben der eingefahrenen Spur. Modernes textiles Gestalten, darin sah sie ihre künstlerische Zukunft. Zunächst für das Wintersemester 1922/1923 und dann noch für das Sommersemester 1923 schrieb sie sich am Staatlichen Bauhaus Weimar ein, um bei Helene Börner das Weben, Teppichknüpfen, Wirken und Färben zu erlernen. Weimar – oder besser das Bauhaus – bescherte ihr die Freundschaft mit Julia und Lyonel Feininger. Daneben konnten Vertrautheiten aufgefrischt werden, mit Lily und Paul Klee, Leiter der Werkstatt für Glasmalerei, sowie mit Wassily Kandinsky, Leiter der Werkstatt für Wandmalerei. Letztgenannter war in Begleitung seiner jungen, zweiten Ehefrau Nina, geborene Andreevskaja, nach Deutschland zurückgekehrt. Weder von der Heirat im Februar 1917 noch von der Geburt des Sohnes Vsevolod im September (das Kind starb 1920) hatte er Gabriele Münter in Kenntnis gesetzt. Ja, den Kontakt zu ihr ohne irgendeine Erklärung vollständig abgebrochen. Jetzt aber, den doppelten Vertrauensbruch nur schwer verwindend, verwehrte sie dem abtrünnigen Gefährten die Rückgabe seiner in Murnau verwahrten Bilder. In einem Rechtsstreit wurde ihr ein Großteil der Werke zugesprochen.

Dass Kandinskys von ihm betriebene Ausreise aus dem politisch instabilen Russland womöglich lebensrettend war, zeigt sich am traurigen Beispiel Herwarth Waldens. Angewidert von den Parolen des heraufziehenden Nationalsozialismus, verließ er Berlin und ging nach Moskau. Seine Sympathien für die Avantgarde nicht verheimlichend, machte Walden sich im Land des sowjetischen Realismus der Unzuverlässigkeit verdächtig. Er starb, als ein Opfer stalinistischer »Säuberungsaktionen«, 1941 im Gefängnis von Saratow an der Wolga.[4]

In der zweiten Hälfte der Zwanzigerjahre entdeckte Maria Marc ihre Liebe zu Ascona. Ried trat in den Hintergrund. Das milde Klima am Schweizer Ufer des Lago Maggiore half ihre rheumatischen Beschwerden lindern, die Gegenwart von Paradiessuchern aller Couleur machte ihr Dasein bunter. Auch an dem Künstlersammelpunkt unterhalb des legendären Monte Verità begegnete sie alten Weggefährten. Allen voran Marianne von Werefkin. Obwohl nahezu mittellos, führte die einst sehr vermögende Aristokratin das Leben einer inspirierten Malerin und glücklichen Alten, unterstützt von vielen, befreundet mit allen und geliebt von jedem. Außer Alexej Jawlensky. Der hatte das »Familien«drama beendet, indem er 1921 Ascona verließ und Wiesbaden zur neuen Wahlheimat machte. Seinen Sohn Andreas legitimierte Alexej Jawlensky, indem er wenig später dessen Mutter Helene Nesnakomoff das Jawort gab.

Bestrebt, der Diktatur und den Verbrechen des deutschen »Führerstaats« zu entkommen, dehnte Maria Marc ihre Aufenthalte im Tessin noch weiter aus. Mit Beginn des Zweiten Weltkriegs blieben ihr die südlichen Gefilde verschlossen. Immerhin konnte sie seit dem Auszug der Kaminskis im Jahr 1937 in ihrem oberbayerischen Zuhause wieder nach eigenem Gutdünken schalten und walten. Sie ließ auf dem Grundstück in Ried ein Holzhäuschen bauen, ein Atelier gewissermaßen. Eingerichtet mit einem Webstuhl und ausgestattet mit den für die Herstellung von Pflanzenfarben notwendigen Gerätschäften und Ingredienzien. Beides, das Weben und das Färben, beherrschte sie mittlerweile meisterlich. Gäste waren willkommen, Notleidenden wurde Hilfe gewährt. So Jean Bloé Niestlés bitterarmer Witwe nebst Töchtern. Der Verlust von Franz Marc hatte den Freund in eine seelische Krise gestürzt. Doch dann schuf er, wohl im Gedenken an ihn, ein expressionistisches Spätwerk, das weitgehend unbekannt blieb. Bald aber machten ihm schwere Lähmungserscheinungen das Arbeiten unmöglich.

Neben Jean Bloé Niestlés Tod 1942 gab es weitere zu beklagen. Bernhard Koehler starb 1927, Annette von Eckardt 1934, Helmuth Macke 1936 (er ertrank im Bodensee) Marianne von Werefkin 1938, Paul Klee 1940, Alexej Jawlensky 1941, Wassily Kandinsky 1944, Else Lasker-Schüler 1945, Heinrich Kaminski 1946, Lily Klee im selben Jahr an freudigem Erschrecken, als sie hörte, dass Sohn Felix aus russischer Gefangenschaft heimgekehrt war.

Die Franz-Marc-Renaissance in der Nachkriegszeit verlangte seiner Frau Einiges ab. Sie spürte ihre Kräfte schwinden. Eine Gehirnblutung Anfang 1953 machte die Sechsundsiebzigjährige immobil. Am 25. Januar 1955 ging das Leben Maria Marcs zu Ende.

ANMERKUNGEN

Nachdenken

1 Franz Marc an Maria Marc, 16. Januar 1916. Franz Marc: Briefe aus dem Feld, S. 133

2 Franz Marc an Marianne von Werefkin, 21. Februar 1914. DKA. Nachlass Franz Marc

3 Franz Marc an August Macke, 12. Juni 1914. August Macke / Franz Marc: Briefwechsel, S. 184

4 Amtliche Benachrichtigung an Maria Marc, 5. März 1916. DKA. Nachlass Franz Marc

5 Andreas E. Müller: Vom Verschwinden einer unbekannten Größe: Der Byzantinist Paul Marc, S. 314

Vor seiner Zeit

1 Klaus Guth: Louis Mark. Konsul der Vereinigten Staaten von Nordamerika für das Königreich Bayern (1844), S. 191–208, hier S. 193

2 In Bamberg sind der Marcusplatz, die Marcusbrücke und das Marcushaus, die ehemalige Frauenklinik und heute Teil der Universität Bamberg, nach Adalbert Marcus benannt.

3 Johann Kaspar Bundschuh: Ausführliche Beschreibung von Bamberg. Geographisch-Statistisch-Topographisches Lexikon von Franken (1799)

4 Entstanden um 1912. Privatarchiv Erwin Wimmers

5 Max Freiherr von Pelkhovens Lebensdaten: 1796–1864

6 Johann Nepomuk Freiherr von Pelkhovens Lebensdaten: 1763–1830

7 Hyazintha Gräfin von Spreti (1777–1868) war das fünfzehnte Kind von Sigmund I., Graf von Spreti (1732–1809) und M. Clementine Freiin von Schurff, genannt von Thann.

8 Wilhelm Marc nannte Mechthilde von Pelkoven im Rückblick »meine zweite Mutter«. Bringfriede Baumann: Der Münchner Maler Wilhelm Marc, S. 5

9 Ebenda, S. 6

10 Max von Pelkoven war auch Leiter der Ministerien der Justiz, des Handels, des Äußeren und des Königlichen Hauses.

11 Christian Brentano (1784–1851) war ein Bruder des Dichters Clemens von Brentano und der Schriftstellerin Bettine von Arnim.

12 Privatarchiv Erwin Wimmers

13 Staatsarchiv München. Nachlassakte Mechthilde von Marc. AG München I A, 1882 / 225

14 Matrikel der Pfarrei St. Peter (AEM MM St. Peter, Bd. 8982). Archiv der Diözese München-Freising, München

15 Maria Marc: Erinnerungen aus meinem Leben mit Franz Marc. Manuskript. Privatbesitz

16 Klaus Lankheit: Franz Marc. Herausgegeben von Maria Marc, S. 71

17 Lujo Brentanos Vater Christian war bekanntlich mit Wilhelm Marcs Vormund Max von Pelkhoven befreundet.

18 Matrikel der Pfarrei St. Peter (AEM MM St. Peter, Bd. 8982). Archiv der Diözese München-Freising, München. Bisher wurde in der Literatur stets St. Salvator (schon damals geistiger Mittelpunkt von Münchens griechisch-orthodoxer Gemeinde) als Taufkirche der Marc-Kinder genannt, diese Annahme hat sich als falsch erwiesen.

1880 bis 1904

1 Matrikel der Pfarrei St. Peter (AEM MM St. Peter, Bd. 8982). Archiv der Diözese München-Freising, München

2 Bayerisches Hauptstaatsarchiv Abt. II, Geheimes Hausarchiv, München

3 Der Hubertus-Pavillon wurde unmittelbar nach seiner Fertigstellung auf Befehl der Nachlassverwalter Ludwigs II. vollständig abgetragen.

4 Staatsarchiv München, Nachlassakte Mechthilde von Marc, AG München I A, 1882/225

5 Bringfriede Baumann: Der Münchner Maler Wilhelm Marc, S. 42

6 Maria Marc: Erinnerungen an Franz Marc. Manuskript. Privatbesitz

7 Stadtarchiv München, Meldebogen Wilhelm Marc

8 Ludwig Steub: Im Bayerischen Hochland, S. 449 und 461

9 Franz Marc an August Caselmann, 2. August 1898. Franz Marc: Briefe, Schriften, Aufzeichnungen, S. 18

10 Maria Marc: Erinnerungen aus meinem Leben mit Franz Marc. Manuskript. Privatbesitz

11 Privatarchiv Erwin Wimmers

12 Für diesen Hinweis danke ich Dominik von König.

13 Maria Marc: Aufzeichnungen. DKA. Nachlass Franz Marc

14 Das 1884 aus Glas- und Eisenelementen errichtete Ausstellungsgebäude, Ausdruck neuer Technikbegeisterung, fiel 1931 einem Brand zum Opfer.

15 Aufgeführt im Ausstellungskatalog für das Jahr 1891.

16 Sophie Marc an Auguste Schlier, Dezember 1894. DKA. Nachlass Franz Marc

17 Zeugnis vom 31. Juli 1890, I. evangelische Schule München. DKA. Nachlass Franz Marc

18 Zeugnis vom 14. Juli 1893, Luitpold-Gymnasium München. DKA. Nachlass Franz Marc

19 Stadtarchiv München, Meldebogen Wilhelm Marc

20 DKA. Nachlass Franz Marc

21 DKA. Nachlass Franz Marc

22 Herausgegeben von Adolf Stählin. Nürnberg 1857
23 Zitate der Sequenz sind dem angegebenen Buch entnommen.
24 DKA. Nachlass Franz Marc
25 Sophie Marc an Auguste Schlier, 10. März 1896. DKA. Nachlass Franz Marc.
26 Die alte Matthäuskirche in der Sonnenstraße wurde 1938 auf Anordnung Adolf Hitlers gleichzeitig mit der Synagoge abgerissen.
27 Schriftliche Auskunft von Oberarchivrat Werner Jürgensen, Landeskirchliches Archiv der Evangelisch-Lutherischen Kirche in Bayern vom 18. September 2011
28 Lebensdaten von Otto Schlier: 1864–1945. Von 1890 bis 1893 war er Stadtvikar an der Matthäuskirche München, im Anschluss daran Pfarrer in Schney. 1902 wurde der Theologe nach Freiburg versetzt, ab dem Jahr 1919 sind berufliche Tätigkeiten in Heidelberg nachgewiesen. 1920 war er dort Dekan (Amtsbezeichnung »Kirchenrat«).
29 Landeskirchliches Archiv der Evangelisch-Lutherischen Kirche in Bayern, Nürnberg, Kirchenbücher München 024–064. Übertrittsregister, Ein- und Austritte 1892–1900, S. 21

»Die persönliche Absage beim katholischen Pfarrer« sei »nicht angenehm« gewesen, schrieb Wilhelm Marc am 20. August 1896 an Otto Schlier. DKA. Nachlass Franz Marc
30 Staatsarchiv München, Blaupläne München A, Pasing 743, Kataster Nr. 13232
31 Stadtarchiv München, Meldebogen Wilhelm Marc
32 Heute Floßmannstraße. Nachforschungen im Archiv Pasing e. V. haben ergeben: Das Haus der Familie Marc existiert nicht mehr, es wurde durch ein anderes ersetzt. Die in der Literatur vielfach genannte Hausnummer 33 ist nicht korrekt.
33 Annegret Hoberg und Isabelle Jansen: Franz Marc Werkverzeichnis. Band II, S. 266
34 Franz Marc an Otto Schlier, 19. März 1897. DKA. Nachlass Franz Marc
35 Ebenda
36 Ebenda
37 Ebenda
38 Das Werk war zwei Jahre bevor Franz Marc es las, in deutscher Sprache in einem Göttinger Verlag erschienen.
39 Franz Marc an Otto Schlier, 17. September 1897. DKA. Nachlass Franz Marc
40 Franz Marc an Helmuth Macke, 26. Juni 1915. *Das Kunstblatt* 1926, S. 98
41 Franz Marc, Briefe, Schriften, Aufzeichnungen, S. 17
42 Otto Schlier an Franz Marc, September 1898. DKA. Nachlass Franz Marc
43 Paul Marc an Otto Schlier, 5. Juli 1897. DKA. Nachlass Franz Marc
44 Franz Marc an die Eltern, 6. und 12. September 1897. DKA. Nachlass Franz Marc
45 Otto Schlier an Franz Marc, September 1898. DKA. Nachlass Franz Marc
46 Franz Marc an Otto Schlier, 28. Dezember 1898. DKA. Nachlass Franz Marc
47 Franz Marc an Otto Schlier, 25. März 1898. Franz Marc: Briefe, Schriften Aufzeichnungen, S. 17
48 Ebenda

49 *Die Christliche Welt*, Nr. 7, 1898, S. 146f.
50 Otto Schlier an Franz Marc, September 1898. DKA. Nachlass Franz Marc
51 Franz Marc an Otto Schlier, 28. Dezember 1898. DKA. Nachlass Franz Marc
52 Franz Marc an Otto Schlier, 2. August 1898. DKA. Nachlass Franz Marc
53 Franz Marc an Otto Schlier, 28. Dezember 1898. DKA. Nachlass Franz Marc
54 Der Brünnstein ist ein 1634 Meter hoher Berg, er gehört zum Mangfallgebirge.
55 Franz Marc an Otto Schlier, 28. Dezember 1898. DKA. Nachlass Franz Marc
56 Sequenz: Franz Marc an Paul Marc, 26. Juni und 1. September 1898. DKA. Nachlass Franz Marc
57 Franz Marc an Paul Marc, 26. Juni 1898. DKA. Nachlass Franz Marc
58 Franz Marc an Paul Marc, 1. September 1898. DKA. Nachlass Franz Marc
59 Franz Marc an die Eltern, 4. September 1897. DKA. Nachlass Franz Marc
60 Klaus Lankheit: Franz Marc im Urteil seiner Zeit, S. 25
61 Ebenda, S. 25f.
62 Franz Marc an August Caselmann, 2. August 1898. Franz Marc: Briefe, Schriften, Aufzeichnungen, S. 18
63 Franz Marc an Paul Marc, 1. September 1898. DKA. Nachlass Franz Marc
64 Thomas Mann: Nietzsches Philosophie im Lichte unserer Erfahrung, S. 41
65 Friedrich Nietzsche: Die fröhliche Wissenschaft, Aphorismus 125
66 Friedrich Nietzsche: Also sprach Zarathustra, S. 47
67 Franz Marc an Maria Franck, 21. Januar 1911. Franz Marc: Briefe, Schriften, Aufzeichnungen, S. 44
68 Er wurde nach der Reichstagswahl 1903 wieder aufgelöst.
69 DKA. Nachlass Franz Marc
70 Wehrpflichtige mit mindestens Obersekunda-Schulabschluss kamen in den Genuss einer auf zwölf Monate reduzierten Militärausbildung zum Reserveoffiziersanwärter.
71 Franz Marc an Otto Schlier, 6. November 1899. DKA. Nachlass Franz Marc
72 Franz Marc an Otto Schlier, 13. April 1900. DKA. Nachlass Franz Marc
73 Franz Marc an Otto Schlier, 21. Juni 1900. DKA. Nachlass Franz Marc
74 Maria Marc: Erinnerungen aus meinem Leben mit Franz Marc. Manuskript. Privatbesitz
75 Franz Marc an Paul Marc, 15. Juli und 22. Juli 1900. DKA. Nachlass Franz Marc
76 Paul Marc an Franz Marc, 20. August 1900. DKA. Nachlass Franz Marc
77 Franz Marc an die Eltern, 6. Juni 1900. DKA. Nachlass Franz Marc
78 Paul Marc an Franz Marc, 23. Juni 1900. DKA. Nachlass Franz Marc
79 Klaus Lankheit: Franz Marc im Urteil seiner Zeit, S. 27
80 Bayerisches Hauptstaatsarchiv Abt. IV, Kriegsarchiv, München, Personalakt 1602, Franz Marc
81 Matrikelbuch 1884–1920, Matrikelnummer 2313
82 Franz Marc: Briefe, Schriften, Aufzeichnungen, S. 18
83 Hermann Ebers: Aus meiner Studienzeit. Siehe: www.tmfm.de/dokumente/Ebers3.pdf [zuletzt geöffnet am 10. Februar 2021]

84 Ebenda
85 DKA. Nachlass Franz Marc
86 Hermann Ebers: Aus meiner Studienzeit. Siehe: www.tmfm.de/dokumente/Ebers3.pdf [zuletzt geöffnet am 10. Februar 2021]
87 Ebenda
88 Die Operette *Der Mikado* von William Gilbert (Text) und Arthur Sullivan (Musik) wurde 1885 in London uraufgeführt.
89 www.dachauer-moos.de/html-mooslandschaft/Tagebuch-Orth.htm [zuletzt geöffnet am 10. Februar 2021]
90 Die posthume Datierung des Gemäldes stammt von Maria Marc.
91 Franz Marc an die Eltern, 25. Oktober 1901. Privatbesitz
92 Franz Marc an die Eltern, 27. Oktober 1901. DKA. Nachlass Franz Marc
93 Franz Marc an Paul Marc, Anfang November 1901. DKA. Nachlass Franz Marc
94 Franz Marc an Paul Marc, 22. November 1901. DKA. Nachlass Franz Marc
95 Sequenz: Universitätsarchiv München, Personalakte Richard Nathan Simon
96 Zu jener Zeit wohnte das Ehepaar Simon in der Werneckestraße 16 a/II. Stadtarchiv München, Meldebogen Richard Nathan Simon
97 Universitätsarchiv München, Personalakte Richard Nathan Simon, sowie Stadtarchiv München, Meldebogen Richard Nathan Simon
98 Franz Marc an Otto Schlier, Dezember 1898. DKA. Nachlass Franz Marc
99 Elisabeth Weiß: Franz Marc, S. 9
100 Universitätsarchiv München, Personalakte Richard Nathan Simon
101 Stadtarchiv München, Meldebogen Richard Nathan Simon
102 Elisabeth Weiß: Franz Marc, S. 9. Die Mappe wurde 1909 herausgegeben.
103 1910 beispielsweise schuf Annette Simon, anlässlich seines 60. Geburtstags, ein Bildnis des Münchner Mathematikprofessors Alfred Pringsheim.
104 Maria Marc: Erinnerungen an mein Leben mit Franz Marc. Manuskript. Privatbesitz
105 Elisabeth Erdmann-Macke: Begegnungen, S. 103
106 Nach dem Erscheinen des vorliegenden Buches als Hardcover im Jahre 2015 erreichte die Autorin ein aufschlussreicher Brief. Im Verlaufe nachfolgender persönlicher Gespräche berichtete die Verfasserin des Schreibens, Heilwig Weger: Ihre Mutter, aber auch sie selbst, waren über Jahrzehnte hinweg eng mit Annettes Töchtern Helene und Elisabeth befreundet. Beide Schwestern hätten in ihren Äußerungen zur Familiengeschichte die Vaterschaft Franz Marcs in Bezug auf Elisabeth als eine Selbstverständlichkeit behandelt, von der man kein besonderes Aufheben machte.
Während Helene Simon nach der Scheidung der Eltern (1913) beim Vater blieb, lebte Elisabeth forthin bei der Mutter. Damals nahm Annette Simon für sich und die zweitgeborene Tochter wieder ihren Geburtsnamen von Eckardt an.
Elisabeth, evangelisch getauft, konvertierte 1930 zum katholischen Glauben, trat als Ordensschwester Maria Donatilla in das Institutum Beatae Mariae Virginis (Kongregation der Englischen Fräulein) in München-Nymphenburg ein und war

bis ins hohe Alter als Lehrerin, Kuratorin von Ausstellungen, Restauratorin, Kirchenmalerin und Verfasserin kunsthistorischer Schriften tätig. Maria Donatilla von Eckardt starb am 22. September 1988.
Helene Simon eiferte beruflich ihrem Vater nach. Zuletzt hatte die mit dem Germanisten Fritz Homeyer (1880–1973) verheiratete Sprachwissenschaftlerin, Altphilologin und Mittellateinerin eine Professur an der Universität des Saarlandes, Saarbrücken, inne. Zuvor hatte das Ehepaar – 1933 aus Nazideutschland geflohen – längere Zeit in England gelebt. Ihre letzten Jahre verbrachte Helene Homeyer in einer Seniorenresidenz in Dießen am Ammersee. Sie starb, hochbetagt, am 13. Oktober 1996. Als Testamentsvollstreckerin war von ihr Heilwig Weger eingesetzt worden.

107 Gerhard Sauerbeck: Friedrich Lauer – eine Lebensbiographie, Braunschweig 2007

108 Franz Marc an Paul Marc, Juli 1903. DKA. Nachlass Franz Marc

109 Ebenda

110 Reisetagebuch 1903. Im Original Französisch. DKA. Nachlass Franz Marc

111 Ebenda

112 Ebenda

113 Ebenda

114 Ebenda. In Franz Marcs Nachlass befindet sich ein in Leder gebundener Koran, ursprünglich im Besitz von Annette Simon. Privatarchiv Erwin Wimmers

115 Ebenda

116 Klaus Lankheit: Franz Marc. Sein Leben und seine Kunst, S. 26

117 Ebenda, S. 25

118 DKA. Nachlass Franz Marc

119 Franz Marc an die Eltern, 28. Juni 1903. Sigrid von Strachwitz: Franz Marc und Friedrich Nietzsche. Dokumentarischer Anhang, S. 20

120 Franz Marc an die Eltern, 24. August 1903. DKA. Nachlass Franz Marc

121 Franz Marc an die Eltern, 15. Juli 1903. Sigrid von Strachwitz: Franz Marc und Friedrich Nietzsche. Dokumentarischer Anhang, S. 19ff.

122 Sequenz: Reisetagebuch 1903. Im Original Französisch. DKA. Nachlass Franz Marc

123 Madame Debenne an Franz Marc, 28. Juli 1903. DKA. Nachlass Franz Marc. Übersetzung aus dem Französischen von Kirsten Jüngling

124 DKA. Nachlass Franz Marc

125 Reisetagebuch 1903. Im Original Französisch. DKA. Nachlass Franz Marc

126 Franz Marc an die Eltern. Sigrid von Strachwitz: Franz Marc und Friedrich Nietzsche. Dokumentarischer Anhang, S. 21f.

127 Franz Marc an die Eltern, 24. August 1903. Sigrid von Strachwitz: Franz Marc und Friedrich Nietzsche. Dokumentarischer Anhang, S. 23

128 Franz Marc an die Eltern, 30. August 1903. Sigrid von Strachwitz: Franz Marc und Friedrich Nietzsche. Dokumentarischer Anhang, S. 25

129 Franz Marc an die Eltern, 2. und 3. August 1903. Sigrid von Strachwitz: Franz Marc und Friedrich Nietzsche. Dokumentarischer Anhang, S. 22

130 Marie Debenne an Franz Marc, 21. August 1903. DKA. Nachlass Franz Marc

131 DKA. Nachlass Franz Marc

132 Reisetagebuch 1903. Im Original Französisch. DKA. Nachlass Franz Marc

133 Marianne von Werefkin war in Begleitung des Künstlerkollegen Alexander Salzmann nach Frankreich gereist.

134 Der französische Maler Paul Sérusier hatte 1888 im bretonischen Pont-Aven Paul Gauguin kennengelernt. Gemeinsam gründeten sie die Gruppe der Nabis (Propheten).

135 Eintrag in Marianne von Werefkins Tagebuch von 1899. Bernd Fäthke: Marianne Werefkin, S. 53

136 Marianne von Werefkin an Alexej Jawlensky, 28. September 1903. Laima Laučkaite 2007, Ekspresionizmo raitelė Mariana Veriovkina, S. 224. Übersetzung aus dem Russischen von Jiri Ort

137 Franz Marc an Paul Marc, 29. September 1903. DKA. Nachlass Franz Marc

138 Franz Marc an Paul Marc, 4. August 1904. DKA. Nachlass Franz Marc

139 Annette von Eckardt (geschiedene Simon) an Franz Marc, 18. Dezember 1914. DKA. Nachlass Franz Marc

140 Das Bild gilt als verschollen.

141 DKA. Nachlass Franz Marc

142 Annette von Eckardt (geschiedene Simon) an Maria Marc, 25. August 1916. DKA. Nachlass Franz Marc

143 Stadtarchiv München, Meldebogen Franz Marc

144 DKA. Nachlass Franz Marc

145 Die Texte des Dänen Jens Peter Jacobsen sind von Stimmungs- und Gedankenschwere geprägt. Seine Gurre-Lieder inspirierten Arnold Schönberg zu dem gleichnamigen Oratorium.

146 DKA. Nachlass Franz Marc

147 Franz Marc an Paul Marc, 11. August 1904. DKA. Nachlass Franz Marc

148 Privatbesitz. Rückseitige handschriftliche Notiz: »Kinderbild von Franz Marc gemalt v. seinem Vater Wilhelm Marc, Weihnachten 1904 von Franz Marc erhalten / Annette v. Eckardt.« Bringfriede Baumann: Der Münchner Maler Wilhelm Marc, S. 240

149 Stilistisch eine Mischung aus Adaptionen japanischer Holzschnittmotive und von Jugendstilkünstlern übernommenen Gestaltungsprinzipien.

150 Stella Peregrina ist der Name einer im 16. Jahrhundert aufsehenerregenden leuchtend hellen Himmelserscheinung.

151 Nachweislich stand Annette Simon in den Jahren 1902 bis 1907 mit Emil von Schoenaich-Carolath und seiner Frau Katharina in Briefkontakt. Deutsches Literaturarchiv Marbach. Handschriftenabteilung

152 Elisabeth Weiß: Franz Marc, S. 14. Schon im Sommer 1903, in Ladis, hatte Marc ein Bild mit dem Titel *Hoffnungslos* gezeichnet – das »mit der großen Fledermaus«, nicht jedoch »das von der Anthologie«. Annette von Eckardt (geschiedene Simon) an Maria Marc, 18. September 1916. DKA. Nachlass Franz Marc

1905 BIS 1909

1 Die Zusammenstellung ist dem Verkaufsbeleg des französischen Trachtengeschäftes entnommen.

2 Bauern-Kirchweihtag

3 Kasimir Edschmid: Münchener Fasching, S. 444. Aus der polizeilichen Bekanntmachung zum Faschingstreiben, Februar 1908: »Teilnehmer an öffentlichen Maskenzügen sowie einzelne Personen, welche öffentlich maskiert gehen, sind verpflichtet, den zur Aufrechterhaltung der öffentlichen Ruhe, Ordnung und Sicherheit ihnen zugehenden Weisungen der Polizeiorgane sofort Folge zu leisten. Auf öffentlichen Straßen und Plätzen ist das Tragen von Holz- und Papierpritschen sowie die Belästigung des Publikums mit Schweinsblasen, Pfauenfedern, Federwedeln, Juck- und Niespulver, das Werfen von Knallerbsen, Orangen und Äpfeln sowie überhaupt von Gegenständen, durch welche Personen verletzt werden können, verboten. Es ist untersagt, auf öffentlichen Plätzen mit anderen als einfarbigen Konfettis zu werfen.«

4 Maria Marc: Erinnerungen aus meinem Leben mit Franz Marc. Manuskript. Privatbesitz

5 Ulrich Schulte-Wülwer und Felicitas Brachert-Schneider: Karl Storch und seine Malschülerinnen Maria Marc, Marianne Rusche und Paula Steiner-Prag, S. 152ff.

6 Karl Storch unterrichtete an der privaten Kunstakademie des Malers Conrad Fehr. Ulrich Schulte-Wülwer und Felicitas Brachert-Schneider: Karl Storch und seine Malschülerinnen Maria Marc, Marianne Rusche und Paula Steiner-Prag, S. 153

7 Maria Franck an Franz Marc, 5. April 1906. DKA. Nachlass Franz Marc

8 Maria Franck an Emmy Lehmann, 28. August 1904. Privatarchiv Erwin Wimmers

9 Maria Marc: Erinnerungen aus meinem Leben mit Franz Marc. Manuskript. Privatbesitz

10 Ebenda

11 Franz Marc: Briefe, Schriften, Aufzeichnungen, S. 21

12 Ebenda

13 Heute nach Krien, Ostvorpommern, eingemeindet. Das ehemalige Gut Wegezin existiert nicht mehr. Vorpommersches Landesarchiv, Greifswald

14 Laut dem Landbuch des Herzogthums Stettin, 1. Bd., bearbeitet von Dr. Heinrich Berghaus, Anklam 1865, S. 49f., umfasste der Besitz von Marie Schnürs Eltern »4 Wohnhäuser, 10 Feuerstellen, 7 Ställe und Scheunen, 10 Morgen Hofstellen und Gärten, 110 Morgen Ackerland, 94 Morgen Wiesen, 158 Morgen Umland ohne die ›neuerdings‹ angekauften Höfe«. Es gab »Pferde, Rinder, Schweine, mehr als 300 ›veredelte‹ Schafe (Merinos)«.

15 Lebensdaten von Ernst Friedrich Schnür: 1838–1900

16 Deutsches Geschlechterbuch, Bd. 63, S. 213f. und Kirchenbücher zu Wegezin, Landesarchiv Greifswald, Rep. 209

17 Unter anderem stammen die Titelbilder der Hefte 25/1901, 12/1902, 13/1904, 30/1904, 11/1916 (*Fräulein*, *Badende*, *Bäuerin*, *Frau mit Huhn*, *Waschfrau*) von Marie Schnür.

18 Stadtarchiv München, Meldebogen Marie Schnür

19 Lebensdaten von August Gallinger: 1871–1959

20 Maria Franck an Franz Marc, 12. April 1906. DKA. Nachlass Franz Marc. Die Passage im Wortlaut: »Übrigens hat auch sie [Schnür] das bestimmte Gefühl, daß die Handlungsweise G's [Gallingers]eine Notwehr sich selbst gegenüber war – er fühlte, daß er immer schwach bleiben würde. Mir selbst wird es auch immer klarer, wenn ich alles bedenke, daß nur dieser Grund ihn dazu veranlassen konnte. Aber wie kann ein Mensch so grausam egoistisch sein?«

21 Maria Franck an August Gallinger, 25. Oktober 1903. Privatarchiv Erwin Wimmers

22 1907 legte August Gallinger das medizinische Staatsexamen ab, 1908 bekam er seinen zweiten Doktortitel verliehen. 1914 wurde er zum Privatdozenten, 1920 zum außerordentlichen Professor an der Münchner Ludwig-Maximilians-Universität berufen. Bayerisches Hauptstaatsarchiv, München, Personalakt Ministerium des Inneren, Dr. August Gallinger

23 Die Schafgruppe hatte Anette Simon in Auftrag gegeben.

24 Maria Marc: Aus meinem Leben mit Franz Marc. Privatbesitz

25 Sequenz Maria Marc: Aus meinem Leben mit Franz Marc. Privatbesitz

26 Annette Simon vermerkte auf der von ihr angefertigten Kopie des (heute verschollenen) Marc-Aquarells *Beschneite Äste* den Ort und das Datum ihres Entstehens: »Kochel 4 III 06«.

27 Annette Simon an Franz Marc, 20. März 1906. DKA. Nachlass Franz Marc

28 Maria Marc: Erinnerungen aus meinem Leben mit Franz Marc. Manuskript. Privatbesitz

29 Ebenda

30 Staatsarchiv München, AG München VV 1919 Nr. 2039

31 Franz Marc an Maria Franck, 2. April 1906. DKA. Nachlass Franz Marc

32 Franz Marc an Maria Franck, o. D. DKA Nachlass Franz Marc

33 Franz und Paul Marc orderten Schnaps für die Zeit danach. Im Juni 1906 brachte ein Grieche mit Namen Stanopulos eine »Sendung eau de vie« auf den Weg nach München. Franz Marc an Paul Marc, 11. Juni 1906. DKA. Nachlass Franz Marc

34 Bis 1912 stand die Halbinsel Athos unter osmanischer Herrschaft.

35 Franz Marc an Marie Schnür, 6. April 1906. DKA. Nachlass Franz Marc

36 Ebenda

37 Franz Marc an Maria Franck, 2. April 1906. DKA. Nachlass Franz Marc

38 Franz Marc an Maria Franck, 6. April 1906. DKA. Nachlass Franz Marc

39 Franz Marc an Maria Franck, 2. Mai 1906. DKA. Nachlass Franz Marc

40 Maria Marc: Erinnerungen aus meinem Leben mit Franz Marc. Manuskript. Privatbesitz

41 Ebenda

42 Heute Hotel Waltraud

43 Maria Marc: Aufzeichnungen. DKA. Nachlass Franz Marc

44 Maria Marc: Erinnerungen aus meinem Leben mit Franz Marc. Manuskript. Privatbesitz
45 Franz Marc an Marie Schnür, 17. Juni 1906. DKA. Nachlass Franz Marc
46 Maria Marc an Franz Marc, 22. März 1907. DKA. Nachlass Franz Marc
47 Franz Marc an Paul Marc, 29. Juni 1906. DKA. Nachlass Franz Marc
48 Maria Marc: Erinnerungen aus meinem Leben mit Franz Marc. Manuskript. Privatbesitz
49 DKA. Nachlass Franz Marc
50 Ebenda
51 Ebenda
52 Brief Franz Marc an Paul Marc. DKA. Nachlass Franz Marc
53 Maria Franck an Franz Marc, 7. Juli 1906. DKA. Nachlass Franz Marc
54 Maria Marc: Erinnerungen aus meinem Leben mit Franz Marc. Manuskript. Privatbesitz. Maria Franck an Franz Marc, 1. September 1907. DKA. Nachlass Franz Marc
55 Maria Marc: Erinnerungen aus meinem Leben mit Franz Marc. Manuskript. Privatbesitz
56 Maria Marc: Erinnerungen aus meinem Leben mit Franz Marc. Manuskript. Privatbesitz
57 Maria Franck an Franz Marc, 22. Juli 1907. DKA. Nachlass Franz Marc
58 Maria Marc: Erinnerungen aus meinem Leben mit Franz Marc. Manuskript. Privatbesitz
59 Franz Marc an Maria Franck, 1. August 1906. DKA. Nachlass Franz Marc
60 Maria Marc, Aufzeichnungen. DKA. Nachlass Franz Marc
61 Ebenda
62 Maria Franck an Franz Marc, 16. Dezember 1906. DKA. Nachlass Franz Marc
63 Maria Marc: Erinnerungen aus meinem Leben mit Franz Marc. Manuskript. Privatbesitz
64 Annette von Eckardt (geschiedene Simon) an Maria Marc, 7. Mai 1916. DKA. Nachlass Franz Marc
65 Franz Marc: Briefe, Schriften, Aufzeichnungen, S. 21
66 Maria Marc: Erinnerungen aus meinem Leben mit Franz Marc. Manuskript. Privatbesitz
67 Maria Franck an Franz Marc, 28. Oktober 1906. DKA. Nachlass Franz Marc
68 Franz Marc an Maria Franck, 8. November 1906. DKA. Nachlass Franz Marc
69 Franz Marc an Maria Franck, 3. und 20. November 1906. DKA. Nachlass Franz Marc
70 Franz Marc an Maria Franck, 7. Januar 1907. DKA. Nachlass Franz Marc
71 Franz Marc an Marie Schnür, 26. Dezember 1906. DKA. Nachlass Franz Marc
72 Ebenda
73 Maria Marc: Erinnerungen aus meinem Leben mit Franz Marc. Manuskript. Privatbesitz
74 Ebenda

75 Franz Marc an Maria Franck, 7. Januar 1907. DKA. Nachlass Franz Marc

76 Maria Marc: Erinnerungen aus meinem Leben mit Franz Marc. Manuskript. Privatbesitz

77 Maria Franck an Franz Marc, 16. Dezember 1906. DKA. Nachlass Franz Marc

78 Stadtarchiv München, Meldebogen Franz Marc

79 Privatarchiv Erwin Wimmers

80 Maria Marc: Erinnerungen aus meinem Leben mit Franz Marc. Manuskript. Privatbesitz

81 Franz Marc an Maria Franck, Ende März 1907. DKA. Nachlass Franz Marc

82 Franz Marc an Paul Marc, 13. April 1907. DKA. Nachlass Franz Marc

83 Franz Marc an Maria Franck, Ende März 1913. DKA. Nachlass Franz Marc

84 Franz Marc an Maria Franck, 28. März 1907. DKA. Nachlass Franz Marc

85 Franz Marc an Maria Franck, Ende März 1907 und Franz Marc an Paul Marc, 13. April 1907. DKA. Nachlass Franz Marc

86 Franz Marc an Maria Franck, Ende März 1907. DKA. Nachlass Franz Marc

87 Franz Marc an Maria Franck, 1. April und 24. Juli 1907, sowie Franz Marc an Paul Marc, 13. April 1907. DKA. Nachlass Franz Marc

88 DKA. Nachlass Franz Marc

89 Ebenda

90 Stadtarchiv München, Meldebogen Franz Marc

91 Maria Marc: Erinnerungen aus meinem Leben mit Franz Marc. Manuskript. Privatbesitz

92 Franz Marc an Maria Marc, 29. Januar 1916. DKA. Nachlass Franz Marc

93 Paul Marc an Franz Marc, 20. April 1907. DKA. Nachlass Franz Marc

94 Franz Marc an Paul Marc, 21. August 1907. DKA. Nachlass Franz Marc

95 Franz Marc an Maria Franck, 10. Mai 1907. Franz Marc: Briefe, Schriften, Aufzeichnungen, S. 26

96 Maria Franck an Franz Marc, o. D. (später von ihr mit dem Vermerk versehen: »Frühjahr 1907 Nymphenburger Krankenhaus«). DKA. Nachlass Franz Marc

97 In Absprache mit Franz Marc übernahm Ilse Müller, eine Freundin und Damen-Akademie-Kollegin Marias, einen Großteil des Besuchsdiensts. Die beiden Frauen blieben einander bis ins hohe Alter verbunden.

98 Franz Marc an Maria Marc, 5. Dezember 1915. Franz Marc: Briefe aus dem Feld, S. 121

99 Franz Marc an Sophie Marc, 29. Mai 1910. Privatarchiv Erwin Wimmers

100 Franz Marc an Sophie Marc, 2. Oktober 1907. Privatarchiv Erwin Wimmers

101 Franz Marc an Paul Marc, 13. April 1907. DKA. Nachlass Franz Marc

102 Maria Marc: Erinnerungen aus meinem Leben mit Franz Marc. Manuskript. Privatbesitz

103 Franz Marc an Maria Franck, 9. August 1907. DKA. Nachlass Franz Marc

104 Franz Marc an Maria Franck, 17. Juli 1907. DKA. Nachlass Franz Marc

105 Franz Marc an Maria Franck, 1. September 1907. DKA. Nachlass Franz Marc

106 Franz Marc an Maria Franck, 22. September 1907. DKA. Nachlass Franz Marc

107 Franz Marc an Maria Franck, 14. September 1907. DKA. Nachlass Franz Marc
108 Ebenda. Franz Marc: Briefe, Schriften, Aufzeichnungen, S. 27
109 Franz Marc an Maria Franck, 16. Oktober 1907. Archiv Franz Marc Museum, Kochel
110 Maria Marc: Erinnerungen aus meinem Leben mit Franz Marc. Manuskript. Privatbesitz
111 Franz Marc an Maria Franck, 20. November 1906. DKA. Nachlass Franz Marc
112 Franz Marc an Maria Franck, 1. September 1907. DKA. Nachlass Franz Marc
113 Franz Marc an Sophie Marc, Indersdorf, 10. August 1907: »Ich zeichne heute einen Falken, den man gestern geschossen hat … aber ich glaube, dass er, als er lebte, glücklicher war.« Privatarchiv Erwin Wimmers
114 Maria Marc: Erinnerungen aus meinem Leben mit Franz Marc. Manuskript. Privatbesitz
115 Sequenz: Franz Marc an Maria Franck, 14. und 19. Juli, 8. und 17. August 1907. DKA. Nachlass Franz Marc
116 DKA. Nachlass Franz Marc. Das Kaiser-Friedrich-Museum wurde später in Bode-Museum umbenannt.
117 Franz Marc an Maria Franck, 22. September 1907. DKA. Nachlass Franz Marc
118 Franz Marc an Maria Franck, 6. August 1907. DKA. Nachlass Franz Marc
119 Maria Marc: Erinnerungen aus meinem Leben mit Franz Marc. Manuskript. Privatbesitz
120 Annegret Hoberg und Isabelle Jansen: Franz Marc Werkverzeichnis. Bd. II, S. 47. Franz Marc zitierte die Strophe aus dem Kopf, weshalb er sie leicht abgewandelt wiedergab.
121 Maria Marc: Erinnerungen aus meinem Leben mit Franz Marc. Manuskript. Privatbesitz
122 Ebenda
123 Maria Marc: Erinnerungen aus meinem Leben mit Franz Marc. Manuskript. Privatbesitz
124 Ebenda
125 Ebenda
126 Hermann Ebers: Aus meiner Studienzeit. siehe: www.tmfm.de/dokumente/Ebers3.pdf [zuletzt geöffnet am 10. Februar 2021]
127 Maria Marc: Erinnerungen aus meinem Leben mit Franz Marc. Manuskript. Privatbesitz
128 Eröffnet anlässlich des 750. Stadtjubiläums
129 Sequenz: Maria Marc: Erinnerungen aus meinem Leben mit Franz Marc. Manuskript. Privatbesitz
130 Maria Marc: Erinnerungen aus meinem Leben mit Franz Marc. Manuskript. Privatbesitz
131 DKA. Nachlass Franz Marc
132 Maria Marc: Erinnerungen aus meinem Leben mit Franz Marc. Manuskript. Privatbesitz

133 Ebenda
134 Franz Marc an Maria Franck, 17. Juli 1907. DKA. Nachlass Franz Marc
135 Maria Marc: Erinnerungen aus meinem Leben mit Franz Marc. Manuskript. Privatbesitz
136 Maria Marc: Aufzeichnungen. DKA. Nachlass Franz Marc
137 Dirk Heißerer: Lehmkuhl. 100 Jahre Leben mit Büchern, S. 16
138 Georg C. Steinicke: Wie ich der Schwabinger Buchhändler wurde, S. 605
Im Dezember 1914 eröffnete Georg C. Steinicke in der Adalbertstraße 15, Standort seines zweiten Münchner Ladengeschäfts, den »Ausstellungs- und Vortragssaal für intime literarische und künstlerische Veranstaltungen«. 1915 übertrug er die Buchhandlung in der Leopoldstraße seinem Teilhaber Fritz Lehmkuhl. Christine Haug: »Fluch dem Buch! Sei's von Ricarda, Rudolph oder Friedrich Huch.« Der Münchner Buchhändler und »Kulturgastronom« Georg Steinicke (1877–1939), S. 192ff.
139 Maria Marc: Erinnerungen aus meinem Leben mit Franz Marc. Manuskript. Privatbesitz. Paul Marc an Franz Marc, 28. September 1908. DKA. Nachlass Franz Marc
140 Maria Marc: Erinnerungen aus meinem Leben mit Franz Marc. Manuskript. Privatbesitz. Im vorhergehenden Sommer, als er das zahme Reh in Niestlés Garten gezeichnet hatte, war ihm die Idee zu dem Rehfries gekommen. Franz Marc an Maria Marc, 9. Juli 1907. DKA. Nachlass Franz Marc
141 Maria Marc: Erinnerungen aus meinem Leben mit Franz Marc. Manuskript. Privatbesitz
142 Ebenda
143 Ebenda
144 Ebenda
145 In Franz Marcs »Merkbuch« mit den Bildverkäufen ist Marguerite Legros als Empfängerin des Geschenks eingetragen.
146 Maria Marc: Erinnerungen aus meinem Leben mit Franz Marc. Manuskript. Privatbesitz
147 DKA. Nachlass Franz Marc
148 Franz Marc an Maria Franck, 6. Januar 1909. DKA. Nachlass Franz Marc
149 Handwebmuster-Mappe für den Plessmannschen Handwebstuhl. Loseblattsammlung in illustriertem Umschlag. Text: Annette Simon von Eckardt; Vorlagen in Schwarz und Rot
150 DKA. Nachlass Franz Marc
151 Otto Piltz, 2. Februar 1908: »Gestern sprach ich die Frau Doktor Marc, dieselbe hat sich mit *einer* kleinen Buntdruckfabrik ossosiert [assoziiert], um noch schönere Postkarten herzustellen; wenn nur die Sache glückt.« Siehe: www.otto-piltz.de [zuletzt geöffnet am 9. Februar 2021]
152 Franz Marc an Helene Marc, 13. August 1908. DKA. Nachlass Franz Marc
153 Franz Marc an Maria Franck, 29. Oktober 1908. DKA. Nachlass Franz Marc
154 Franz Marc an Maria Franck, 26. Dezember 1908. DKA. Nachlass Franz Marc

155 Maria Marc: Erinnerungen aus meinem Leben mit Franz Marc. Manuskript. Privatbesitz

156 Eugen Esslinger, Sohn eines jüdischen Miederwarenfabrikanten, lebte zunächst von seinem ererbten Vermögen, war homosexuell und heiratete Mila Rauch, mit der er drei Kinder hatte. Deren Vater aber war er nicht. Seine Frau hatte eine lebenslange Beziehung mit dem berühmten Indologen Heinrich Zimmer. 1936 emigrierte Esslinger in die Schweiz und starb dort verarmt und vereinsamt 1944. Einblicke in sein Dasein und das komplizierte Beziehungsgeflecht liefert ein Roman von Katharina Geiser: Vierfleck oder Das Glück, Salzburg und Wien, 2015

157 DKA. Nachlass Franz Marc

158 Franz Marc an Paul Marc, 29. September 1908. DKA. Nachlass Franz Marc

159 Maria Marc: Erinnerungen aus meinem Leben mit Franz Marc. Manuskript. Privatbesitz. Heute befindet sich die Schafgruppe im Schlossmuseum Murnau.

160 Franz Marc an Maria Franck, 29. Dezember 1908. DKA. Nachlass Franz Marc

161 Franz Marc an Maria Franck, 26. Dezember 1908. DKA. Nachlass Franz Marc

162 Franz Marc an Maria Franck, 6. Januar 1909. DKA. Nachlass Franz Marc. Marcs Interesse an Mareés Werken kommt sowohl in seinen Skizzenbüchern zum Ausdruck als in auch in seinen Gemälden *Holzträger* und *Knabe mit Lamm.*

163 Franz an Maria, 15. Januar 1909. DKA. Nachlass Franz Marc

164 Maria Marc: Erinnerungen aus meinem Leben mit Franz Marc. Manuskript. Privatbesitz

165 Franz Marc an Maria Franck, 1. September 1907. DKA. Nachlass Franz Marc

166 Damals Haus Nr. 67, heute Franz-Marc-Straße 1

167 Maria Marc: Erinnerungen aus meinem Leben mit Franz Marc. Manuskript. Privatbesitz

168 Ebenda

169 Franz Marc an Eugen Esslinger, 27. Juni 1913. DKA. Nachlass Franz Marc

170 Gewöhnlich wird Russi fälschlicherweise als sibirischer Schäferhund bezeichnet.

171 Maria Marc: Erinnerungen aus meinem Leben mit Franz Marc. Manuskript. Privatbesitz

172 So Wassily Kandinsky über Franz Marc und seinen Hund Russi. Andreas Hüneke: Der Blaue Reiter, S. 238

173 Franz Marc an Maria Marc, Ende Mai 1909. DKA. Nachlass Franz Marc

174 Einem Töchterchen hätten sie den Namen Julia gegeben, nach Franz Marcs in ihrer Jugend von E.T.A. Hoffmann umschwärmter Tante. Elisabeth Erdmann-Macke: Begegnungen, S. 100f.

175 Schon in Franz Marcs Skizzenbuch von 1908 finden sich Kinderbilder. Im selben Jahr schickte Maria eine Bilderserie für ein Kinderbuch an den Insel Verlag. Mit einem höflichen Absageschreiben wurden ihr die dreizehn Blätter zurückgesandt. 1912 beziehungsweise 1913 malte sie *Zwei Kinder zwischen Blumen* und *Mutter mit Kindern.*

176 »Dies regte ihn an [1912], das Bild Hund vor der Welt [*Der weiße Hund*] zu malen, freilich erst in einem späteren Jahr des Sindelsdorf-Aufenthaltes.« Maria

Marc: Erinnerungen aus meinem Leben mit Franz Marc. Manuskript, Privatbesitz. Bei dem Weiher handelt es sich mit großer Wahrscheinlichkeit um den sogenannten Seestall. Heute ist das Gelände versumpft. Auf einer alten Flurkarte ist das Gewässer erkennbar, mit einem Rundweg, der durch einen Wald führt.

177 Franz Marc: Schriften, Aufzeichnungen ohne Titel, Winter 1911/12, S. 99

178 Maria Marc: Erinnerungen aus meinem Leben mit Franz Marc. Manuskript. Privatbesitz

179 Ebenda

180 Ehemaliges Kloster der Hieronymiten auf der Halbinsel Zwergern

181 Franz Marc an Maria Franck, 19. September 1909. DKA. Nachlass Franz Marc

182 Franz Marc an Maria Franck, 9. September 1909. DKA. Nachlass Franz Marc

183 In den sechziger Jahren wurden die Fragmente wieder zu einem Ganzen zusammengefügt.

184 Klaus Lankheit: Franz Marc, S. 73. Das Gemälde, in sieben Teile zerschnitten, wurde 1937 unkomplett rekonstruiert.

185 Maria Marc: Erinnerungen aus meinem Leben mit Franz Marc. Manuskript. Privatbesitz. Im Erdgeschoss des Sindelsdorfer Hauses – heute Hauptstraße 2 – befand sich eine Färberei mit acht Farbkesseln, im Obergeschoss eine Weberei mit drei Webstühlen.

186 Franz Marc an Maria Franck, 6. und 9. September 1909. DKA. Nachlass Franz Marc

187 Franz Marc an Maria Franck, 18. September 1909. DKA. Nachlass Franz Marc

188 Franz Marc an Maria Franck, 9. September 1909. DKA. Nachlass Franz Marc

189 Franz Marc an Maria Franck, 15. Oktober 1909. DKA. Nachlass Franz Marc

190 Maria Marc: Erinnerungen aus meinem Leben mit Franz Marc. Manuskript. Privatbesitz

191 Japan und Ostasien in der Kunst. Offizieller Katalog der Ausstellung

192 Das Bild erinnert an einen Spaziergang mit Maria und Russi, von dem sie, in einen Gewitterregen geraten, tropfnass heimgekehrt waren. Auf den Zusammenhang zwischen Franz Marcs Gemälde *Regen* und thematisch gleichen japanischen Vorbildern hat mich Ehrengard Fäthke hingewiesen.

193 DKA. Nachlass Franz Marc

194 *Münchner Neueste Nachrichten* vom 17. September 1909

195 Franz Marc in Sindelsdorf. Anekdoten gesammelt von Karl Steinberger. Privatarchiv Christine Hübner

196 Maria Marc: Erinnerungen aus meinem Leben mit Franz Marc. Manuskript. Privatbesitz

197 Franz Marc an Maria Franck, 18. September 1909. DKA. Nachlass Franz Marc

198 Franz Marc an Paul Marc, 28. Oktober 1909. DKA. Nachlass Franz Marc

199 »Es ist nicht die Kunst der Griechen, noch die heitere der Renaissance, noch die unverfälschte der Niederlande, noch die großartige Spaniens, noch die abgelebte Kunst unserer Tage. Es ist die Abwesenheit der Kunst, es ist das Herz, das sich der

Pinsel bemächtigt … Die Kunst der Zukunft ist die emotionale Kunst.« Brigitte Roßbeck: Marianne von Werefkin, S. 69

200 »Wassily Kandinsky, Alexej Jawlensky, Hugo Schimmel [1909 gestrichen], Paul Baum, Wladimir von Bechtejeff, Th. E. Butler [1909 gestrichen], Adolf Erbslöh, L. Frank [1909 gestrichen], Alexander Kanoldt, M. Kanoldt-Zerener [Kanoldts erste Ehefrau; 1909 gestrichen], Moissey Kogan, Gabriele Münter, Charles Palmié [1909 gestrichen], Alfred Kubin, Karl Hofer, Marianne von Werefkin, Dr. Oscar Wittenstein, Johanna Kanoldt, Dr. Heinrich Schnabel, Thomas von Hartmann, Dr. Gustav Freytag.«

201 An der ersten Ausstellung der Neuen Künstler-Vereinigung München waren beteiligt: Paul Baum, Wladimir Bechtejeff, Erma Bossi, Emmi Dresler, Robert Eckert, Adolf Erbslöh, Pierre Girieud, Karl Hofer, Alexej Jawlensky, Wassily Kandinsky, Alexander Kanoldt, Moissey Kogan, Alfred Kubin, Gabriele Münter, Carla Pohle und Marianne von Werefkin.

202 Maria Marc: Erinnerungen aus meinem Leben mit Franz Marc. Manuskript. Privatbesitz

203 H. Eßwein: Eine neue Künstler-Vereinigung, *Münchner Post* vom 10. Dezember 1909

204 Franz Marc an Maria Franck, 29. und 30. Dezember 1909. DKA. Nachlass Franz Marc

1910 bis 1914

1 Franz Marc an Maria Franck, 5. Januar 1910. Klaus Lankheit: Franz Marc. Sein Leben und seine Kunst, S. 53

2 Handgeschriebener Lebenslauf vom 15. August 1915 und Eintrag zu Beginn des Krieges 1914. Bayerisches Hauptstaatsarchiv Abt. IV, Kriegsarchiv, München, Personalakt Paul Marc, Bestandsnummer 8178

3 August Macke an Großmutter Catharina Koehler, 13. August 1910. August Macke: Briefe an Elisabeth und die Freunde, S. 237

4 Elisabeth Macke war gleich nach der Ankunft in Paris, heftiger Blutungen wegen, in eine Frauenklinik eingewiesen worden. Somit musste August Macke zunächst ohne seine Frau auf Erkundungstour gehen. Dennoch hatte er Begleiter: den Schweizer Maler Louis Moilliet, ein Freund der Familie Gerhardt, sowie Elisabeths Bruder Walter.

5 August Macke an Bernhard Koehler, 18. Juni 1907 aus Paris. Elisabeth Erdmann-Macke: Briefe an Elisabeth und die Freunde, S. 126

6 August Macke an Elisabeth Gerhardt, September 1905. August Macke ganz privat, S. 72

7 August Macke an Elisabeth Gerhardt, 6. August 1905. August Macke ganz privat, S. 62

8 Ab 1906 hieß der Dramaturg des Düsseldorfer Schauspielhauses Wilhelm Schmidtbonn (eigentlich: Wilhelm Schmidt aus Bonn). Er war es, der die werdenden Eltern in seine Tegernseer Villa Brand eingeladen hatte. Als Franz Marc

das Ehepaar Macke im Januar 1910 erstmals besuchte, waren sie wohl bereits ins Staudacherhaus umgezogen. Schmidtbonn, dem ruhebedürftigen Schriftsteller, waren August und Elisabeth schlichtweg zu laut gewesen.

9 August Macke an Elisabeth Gerhardt, 3. August 1906. August Macke ganz privat, S. 89

10 August Macke an Lothar Erdmann, 21. März 1910. August Macke: Briefe an Elisabeth und die Freunde, S. 236

11 August Macke an Bernhard Koehler, 18. Juni 1907 aus Paris. Elisabeth Erdmann-Macke: Briefe an Elisabeth und die Freunde, S. 125

12 Maria Marc: Erinnerungen aus meinem Leben mit Franz Marc. Manuskript. Privatbesitz

13 Günter Meißner ließ in dem von ihm herausgegebenen Buch *Franz Marc: Briefe, Schriften, Aufzeichnungen* irrtümlich Münter statt Münzer drucken.

14 Franz Marc: Briefe, Schriften, Aufzeichnungen, S. 28f.

15 Bernhard Koehler jun. erinnerte aus dem Abstand von Jahrzehnten, man habe Marc nicht angetroffen, sich wartend ins Café Odeon begeben und den Maler bei dessen Eintreten sofort erkannt, ihn an den Tisch gebeten und erst anderntags im Atelier besucht. Hans Konrad Röthel: Bernhard Koehler Stiftung 1965, S. 4

16 Bernhard Koehler jun. meinte später auch, er habe die Bronze in der Buch- und Kunsthandlung Littauer am Odeonsplatz erworben. Ebenda

17 Ebenda

18 Maria Marc: Erinnerungen aus meinem Leben mit Franz Marc. Manuskript. Privatbesitz

19 Elisabeth Erdmann-Macke: Erinnerung an August Macke, S. 187f.

20 Elisabeth Erdmann-Macke: Begegnungen, S. 104f.

21 Maria Marc: Erinnerungen an mein Leben mit Franz Marc. Manuskript. Privatbesitz

22 Franz Marc. 1880–1916, S. 27

23 1534 veröffentlichte François Rabelais, ein französischer Schriftsteller der Renaissance, sein Buch mit Titel *Gargantua, ein Schelmenroman*, eine Groteske über das Essen und Trinken. Die Zechbrüder machen sich auf den Weg zur Insel der Seligen, das heißt zur »dive bouteille«, der göttlichen Flasche. »Trinkt!«, so die Weisung des Orakels.

24 Franz Marc an August Macke, Januar / Februar 1910. August Macke / Franz Marc: Briefwechsel, S. 12

25 Unter anderem: *Sibirische Schäferhunde, Sibirischer Hund, Liegender Hund, Kiefernbäumchen, Kiefernzweig, Eichenbäumchen, Schwarzamselnest in Kiefernzweigen, Kalkofen, Wildes Kaninchen, Schilfhocken, Verschneiter Wald, Waldinneres mit Rehen, Rehe im Schilf, Rehe in der Dämmerung, Katzen auf rotem Tuch*

26 Maria Marc: Erinnerungen aus meinem Leben mit Franz Marc. Manuskript. Privatbesitz

27 Elisabeth Erdmann-Macke: Erinnerung an August Macke, S. 147

28 Über die Schreibweise seines Namens wurde viel spekuliert. Exakt so schreibt sich Prohorecky selbst und zwar in einem Brief ohne Datum an Franz Marc. DKA. Nachlass Franz Marc

29 Elisabeth Erdmann-Macke: Erinnerung an August Macke, S. 188f.

30 Fritz Ostini: Ausstellung bei Brakl. In: *Münchner Neueste Nachrichten* Nr. 70 vom 12. Februar 1910

31 Tagebuch Otto Piltz. Siehe: www.otto-piltz.net [zuletzt geöffnet am 10. Februar 2021]

32 Franz Marc an Paul Marc, Postkarte o. D., Poststempel 10. September 1910. DKA. Nachlass Franz Marc

33 *Der Cicerone*, II. Jahrgang 1910, S. 94

34 Wassily Kandinsky an Gabriele Münter, 6. August 1911: »Für Swarzensky [sic!] schwärmt Marc *ganz* besonders …« Eine Kopie des Briefes stellte mir dankenswerterweise Dr. Bernd Fäthke zur Verfügung.

35 Archiv Franz Marc Museum Kochel

36 Franz Marc an Reinhard Piper, 30. April 1910. Franz Marc: Briefe, Schriften, Aufzeichnungen, S. 30ff.

37 Franz Marc an Reinhard Piper, 25. April 1910. DKA. Nachlass Franz Marc

38 Marias Winteraufenthalt 1909 / 1910 in Gräfelfing erklärt, warum in jener Zeit manche Bilder von Franz Marc dort entstanden.

39 Franz Marc an August Macke, 6. Mai 1910. August Macke / Franz Marc: Briefwechsel, S. 14

40 Ebenda. Der Kunstkritiker Ignaz Berth pflichtete Franz Marc bei. In seiner Besprechung der XX. Ausstellung der Berliner Secession nannte er Ferdinand Hodler »einen der selbständigsten Künstler unserer Zeit«. *Der Cicerone*, II. Jahrgang 1910, Heft vom 8. April

41 Franz Marc an August Macke, 6. Mai 1910. August Macke / Franz Marc: Briefwechsel, S. 14

42 Brief des Vorstandes an die Mitglieder Neuen Secession. DKA. Nachlass Georg Tappert

43 Später machte Heinrich Hoffmann als Adolf Hitlers Haus- und Hoffotograf von sich reden.

44 Isgard Kracht: Verehrt und Verfemt, S. 308

45 Elisabeth Erdmann-Macke: Begegnungen, S. 98

46 Maria Marc: Erinnerungen aus meinem Leben mit Franz Marc. Manuskript. Privatbesitz

47 Elisabeth Erdmann-Macke: Erinnerung an August Macke, S. 206

48 Handschriftliche Anmerkung: »Penzberg VI 09«. Werkverzeichnis Franz Marc. Band III, S. 109. Für die topografische Einordnung danke ich Gisela Geiger, ehemalige Leiterin des Stadtmuseums Penzberg, und Michael Mayr, ehemals Steiger im Bergwerk.

49 Elisabeth Erdmann-Macke: Erinnerung an August Macke, S. 207

50 August Macke an Großmutter Catharina Koehler, 13. April 1910, und an Bernhard Koehler, 23. April 1910. August Macke: Briefe an Elisabeth und die Freunde, S. 237 und 241

51 August Macke an Franz Marc, 17. Mai 1910. August Macke / Franz Marc: Briefwechsel, S. 16

52 Reisetagebuch 1903. Im Original Französisch. DKA. Nachlass Franz Marc

53 Elisabeth Erdmann-Macke: Begegnungen, S. 115

54 Privatarchiv Erwin Wimmers

55 Maria Marc: Erinnerungen aus meinem Leben mit Franz Marc. Manuskript. Privatbesitz

56 Das Bürgerliche Gesetzbuch des Deutschen Reiches, erläutert von P. Aug. Lehmkuhl. Freiburg im Breisgau 1899. Viertes Buch. Familienrecht, Zweiter Abschnitt Verwandtschaft. II. 1. Elterliche Gewalt des Vaters

57 DKA. Nachlass Franz Marc

58 Bernhard Koehler an Franz Marc, 18. Juli 1910. DKA. Nachlass Franz Marc

59 Insgesamt gingen mehr als siebzig Gemälde, Papierarbeiten und Druckgrafiken aus allen Schaffensphasen Franz Marcs in das Eigentum von Bernhard Koehler über. 1927 erbte sein Sohn den gesamten Bestand, musste aber bald darauf, aufgrund der Weltwirtschaftskrise, etliche Werke französischer Impressionisten verkaufen. In den dreißiger Jahren gelang es Koehler jun., die Bilder verfemter Expressionisten vor dem Zugriff der Nationalsozialistischen zu bewahren. Ein großer Teil der Sammlung, darunter nicht wenige Werke Franz Marcs (u. a. der *Flammende Busch*, die *Großen gelben Pferde* und *Heitere Formen*, ferner sämtliche Grafiken und Aquarelle), verbrannte am 3. Februar 1945. Von den zuvor vorsorglich aus dem zerstörten Berliner Wohnhaus in den Bunker am Zoologischen Garten und ins Kaiser-Friedrich-Museum (heute Berliner Nationalgalerie) ausgelagerten Bildern fehlt seit Kriegsende jede Spur; sie wurden vermutlich als sogenannte Beutekunst außer Landes gebracht. Einige wenige Arbeiten von Franz Marc aus der Sammlung Koehler hatte Maria Marc vorübergehend in Obhut genommen und im ländlichen Ried sicher aufbewahrt. Nach dem Tod von Bernhard Koehler jun. übergab dessen Witwe Elly Koehler insgesamt 23 Kunstwerke von Jawlensky, Macke, Marc (die Bronze *Zwei Pferde* sowie die Gemälde *Blaues Pferd I, Tiger, Rehe im Walde II, Reh im Klostergarten, Im Regen)* und Niestlé der Städtischen Galerie im Münchner Lenbachhaus.

60 Bernhard Koehler an Franz Marc, 18. Juli 1910. DKA. Nachlass Franz Marc

61 Franz Marc an August Macke, 9. August 1910. August Macke / Franz Marc, Briefwechsel, S. 17

62 Ebenda

63 Franz Marc an August Macke, 29. und 30. August 1910. August Macke / Franz Marc: Briefwechsel, S. 18ff.

64 Darunter die Hauptvertreter des Fauvismus: André Derain, Maurice de Vlaminck, Kees van Dongen, Georges Braque, Georges Rouault

65 Lothar-Günther Buchheim: Der »Blaue Reiter« und die »Neue Künstlervereinigung München«, S. 28f.
66 Franz Marc: Schriften, S. 216ff.
67 Privatbesitz. Nachlass Adolf Erbslöh. Franz Marc: Briefe, Schriften und Aufzeichnungen, S. 219f.
68 Wassily Kandinsky: »Selbstcharakteristik«. *Das Kunstblatt.* Berlin 1919, Heft 6, S. 172
69 Klaus Lankheit: Franz Marc. Seine Leben und seine Kunst, S. 56f.
70 Franz Marc an Adolf Erbslöh, 24. Oktober 1910. Privatbesitz. Nachlass Adolf Erbslöh
71 August Macke an seine Großmutter Catharina Koehler, 13. April 1913. August Macke: Briefe an Elisabeth und die Freunde, S. 238
72 Elisabeth Erdmann-Macke: Erinnerung an August Macke, S. 210f.
73 Helmuth Macke an Will Wieger, 24. Dezember 1910. Andreas Hüneke: Der Blaue Reiter, S. 38
74 Helmuth Macke über Franz Marc. Andreas Hüneke: Der Blaue Reiter, S. 40
75 Franz Marc an August Macke, 2. Dezember 1910. August Macke / Franz Marc: Briefwechsel, S. 23
76 Bernd Fäthke: Marianne Werefkin, S. 109
77 Elisabeth Erdmann-Macke: Erinnerung an August Macke, S. 238
78 Ebenda
79 Amtliches Dienstzeugnis Alexej Jawlensky, ausgestellt am 31. Dezember 1894, aufbewahrt im Russischen Militärgeschichtlichen Archiv, Moskau. Irina Dewjatjarowa, Omsk, überließ Bernd Fäthke eine Kopie, die er mir dankenswerterweise zur Verfügung stellte. Übersetzung aus dem Russischen
80 Marianne von Werefkin: Aufzeichnungen. Heft IV, S. 14. Privatarchiv Fäthke-Born. Übersetzung aus dem Russischen
81 Clemens Weiler: Marianne Werefkin. Briefe an einen Unbekannten, S. 42f.
82 Ebenda
83 Ebenda, S. 45
84 Franz Marc an Maria Franck, 8. Dezember 1910. DKA. Nachlass Franz Marc
85 Ebenda
86 Franz Marc an August Macke, 14. Februar 1911. August Macke / Franz Marc: Briefwechsel, S. 45
87 Franz Marc an Maria Franck, 6. Dezember 1910. DKA. Nachlass Franz Marc
88 Ebenda. Nachweislich nahm Franz Marc 1910 auch Eduard Raehlmanns Studie *Ueber Farbensehen und Malerei* zur Hand. Auf Seite 9 dieses Buchs steht: »Mischt man zwei Spectralfarben miteinander, welche im Farbenkreis diametral gegenüber liegen, so erhält man keine Mischfarbe im eigentlichen Sinne, sondern *Weiss.* Solche Farben nennt man, weil sie sich zu weiss ergänzen, Komplementäre, oder weil sie sich in ihren farbigen Wirkungen gegenseitig aufheben, Gegenfarben. In einem solchen Verhältnisse stehen Orange und Grünblau – Hellgelb und Violett – Purpur und Grün …«

89 Franz Marc an Maria Franck, 8. Dezember 1910. DKA. Nachlass Franz Marc

90 Franz Marc an August Macke, 12. Dezember 1910. August Macke / Franz Marc: Briefwechsel, S. 27ff.

91 Franz Marc an Maria Franck, 8. Dezember 1910. DKA. Nachlass Franz Marc

92 Franz Marc an Maria Franck, 6. Dezember 1910. Franz Marc: Briefe, Schriften und Aufzeichnungen, S. 34

93 Franz Marc an August Macke, 2. Dezember 1910. August Macke / Franz Marc: Briefwechsel, S. 23, und Franz Marc an Maria Franck, 8. Dezember 1910. DKA. Nachlass Franz Marc

94 Franz Marc an Maria Franck, o. D. Dezember 1910, vermutlich Fortsetzung eines Briefes vom 11. des Monats. DKA. Nachlass Franz Marc

95 Franz Marc an Maria Franck, 21. Dezember 1910. DKA. Nachlass Franz Marc

96 Franz Marc: Briefe, Schriften, Aufzeichnungen, S. 39

97 Ebenda

98 Igor Grabar an seinen Bruder, 8. November 1896: »Kandinsky schlug hier drei Wochen tot und fuhr nun zu seiner Frau nach Odessa; er will sie endlich mitnehmen und ihr hier ernsthaft das Zeichnen beibringen.« Igor Grabar: Pis'ma 1891–1917, S. 79. Übersetzung aus dem Russischen

99 Bernd Fäthke: Im Vorfeld des Expressionismus. Anton Ažbe und die Malerei in München und Paris, S. 7

100 Im Rückblick datierte Wassily Kandinsky den Beginn seiner Aufnahme in den Kreis um Werefkin und Jawlensky auf den Frühsommer 1897: »Wir kennen uns seit 1897, das heisst, dass unsere Bekanntschaft in 2 – 3 Monaten 37 Jahre alt sein wird«, schrieb er Ende März 1934 an Jawlensky. Bauhaus-Archiv Berlin. Übersetzung aus dem Russischen

101 Auf die Existenz dieses Kindes haben als Erste Gerhard J. Bellinger und Brigitte Regler-Bellinger in ihrer Publikation *Schwabings Ainmillerstraße und ihre bedeutendsten Anwohner*, S. 315, hingewiesen. Die Autorin dieser Biografie hat den Eintrag des Kindesnamens und des Todestags, »29. XI. 1897«, auf dem amtlichen Meldebogen des Vaters überprüft. Städtische Civilconscription 3. Serie P 115 Nr. 356091, Stadtarchiv München.

102 Matrikelbuch III 1884–1920, Nr. 02178

103 Gisela Kleine: Gabriele Münter und Wassily Kandinsky, S. 147

104 Ebenda, S. 121

105 Heute: Kottmüllerallee 6

106 Gerhard J. Bellinger und Brigitte Regler-Bellinger: Schwabings Ainmillerstraße und ihre bedeutendsten Anwohner, S. 315

107 Ausführende: Marie Gutheil-Schoder, Kammersängerin, und Etta Werndorff, Klavier

108 Franz Marc an August Macke, 12. Dezember 1910. August Macke / Franz Marc: Briefwechsel, S. 29

109 Franz Marc an August Macke, 12. Dezember 1910. August Macke / Franz Marc: Briefwechsel, S. 29

110 Franz Marc an August Macke, 14. Januar 1911. August Macke / Franz Marc: Briefwechsel, S. 40

111 Franz Marc an Maria Franck, 24. Oktober 1915. DKA. Nachlass Franz Marc

112 Siehe: www.erbsloeh.org [zuletzt geöffnet am 10. Februar 2021]

113 Franz Marc an Maria Franck, 14. Januar 1911. Andreas Hüneke: Der Blaue Reiter, S. 280

114 August Macke: Briefe an Elisabeth und die Freunde, S. 260

115 Franz Marc an Maria Franck, 10. Februar 1911. Franz Marc: Briefe, Schriften, Aufzeichnungen, S. 48

116 Franz Marc an Maria Franck, 20. Februar 1911. Franz Marc. 1880–1916, S. 119

117 Franz Marc an Maria Franck, 4. Januar 1911. DKA. Nachlass Franz Marc

118 Franz Marc an Maria Franck, 21. Januar 1911. DKA. Nachlass Franz Marc

119 Franz Marc an Maria Franck, 28. Januar 1911. DKA. Nachlass Franz Marc

120 Alexander Kanoldt an Franz Marc, 28. Januar 1911. DKA. Nachlass Franz Marc

121 Franz Marc an Maria Franck, 28. Januar 1911. DKA. Nachlass Franz Marc

122 Franz Marc an Maria Franck, 17. Januar 1911. Franz Marc: Briefe, Schriften, Aufzeichnungen, S. 43

123 Auch das Bild *Große grüne Agave* wurde 1911 von Franz Marc zerstört.

124 Franz Marc an Maria Franck, 17. Januar 1911. Franz Marc: Briefe, Schriften, Aufzeichnungen, S. 43

125 DKA. Nachlass Franz Marc

126 Marc vermutete, dass Werefkin, Jawlensky und Erbslöh an Erfahrungen mit den Gründungsmitgliedern Hugo Schimmel und Charles Palmié dachten, die bereits aus der Neuen Künstler-Vereinigung München ausgetreten waren. Franz Marc an Maria Franck, 5. Februar 1911. Franz Marc: Briefe, Schriften, Aufzeichnungen, S. 45

127 Maria Marc: Erinnerungen aus meinem Leben mit Franz Marc. Manuskript. Privatbesitz

128 Franz Marc an Maria Franck, 5. Februar 1911. Franz Marc: Briefe, Schriften, Aufzeichnungen, S. 45f.

129 Maria Marc: Erinnerungen aus meinem Leben mit Franz Marc. Manuskript. Privatbesitz

130 Annegret Hoberg und Helmut Friedel: Der Blaue Reiter und Das Neue Bild, S. 39

131 Wassily Kandinsky an Franz Marc, 20. März 1912. Klaus Lankheit: Wassily Kandinsky / Franz Marc. Briefwechsel, S. 148

132 Franz Marc an Maria Franck, 13. Februar 1911. Franz Marc: Briefe, Schriften, Aufzeichnungen, S. 49, und Franz Marc an August Macke, 10. August 1911. August Macke / Franz Marc: Briefwechsel, S. 65

133 Franz Marc an Maria Franck, 10. Februar 1910. Franz Marc: Briefe, Schriften, Aufzeichnungen, S. 39

134 Franz Marc an Alexej Jawlensky, 13. Februar 1911. Gisela Kleine: Gabriele Münter und Wassily Kandinsky, S. 364

135 Franz Marc an Maria Franck, 1. Januar 1911. Franz Marc: Briefe, Schriften, Aufzeichnungen, S. 47, und DKA. Nachlass Franz Marc
136 Wassily Kandinsky: Der Blaue Reiter (Rückblick). In: *Das Kunstblatt* Januar 1930
137 Franz Marc an Maria Franck, 10. Februar 1911. Franz Marc: Briefe, Schriften, Aufzeichnungen, S. 47
138 Elisabeth Macke: Erinnerung an August Macke, S. 188
139 Möglicherweise war Bechtejeffs Gemälde *Nach dem Bade* gemeint.
140 Franz Marc an Maria Franck, 13. Februar 1911. Franz Marc: Briefe, Schriften, Aufzeichnungen, S. 47
141 DKA. Nachlass Franz Marc
142 Franz Marc an Maria Franck, 15. Februar 1911. DKA. Nachlass Franz Marc
143 Cornelia Providoli: Jean-Bloé Niestlé, S. 49f.
144 Franz Marc an Maria Franck, 20. März 1911. DKA. Nachlass Franz Marc
145 Ebenda
146 Franz Marc an Maria Franck, 27. Februar 1911. DKA. Nachlass Franz Marc
147 Franz Marc an Maria Franck, 2. März 1911. DKA. Nachlass Franz Marc
148 Maria Franck an Franz Marc, 20. Februar 1911. DKA. Nachlass Franz Marc
149 Franz Marc an August Macke, 12. April 1911. August Macke / Franz Marc: Briefwechsel, S. 53f.
150 Franz Marc an Wassily Kandinsky, 12. April 1911. Klaus Lankheit: Wassily Kandinsky / Franz Marc. Briefwechsel, S. 28
151 Im September 1911 wurde die Doppelausstellung Marc / Girieud vom Kunstverein Mannheim wiederholt.
152 *Münchner Neueste Nachrichten* vom 12. Mai 1911
153 1929 wurde Barmen mit Elberfeld und noch anderen Orten zusammengeschlossen. 1930 bekam das Stadtgebilde den Namen Wuppertal.
154 Gemeinsam mit Franz Marc stellten im Juni 1911 die folgenden Künstler aus: Alexander Bertrand, Maria Caspar-Filser, Wenzel Hablik, Katharina Schäffner, Wilhelm Leibl (und sein Kreis), Carl Schuch, Johann Sperl, Helmut Thoma, Fritz von Uhde. Ulrike Becks-Malorny: Der Kunstverein in Barmen, S. 265
155 Franz Marc an Marianne von Werefkin, 4. Juli 1911. DKA. Nachlass Franz Marc
156 Franz Marc an August Macke, 8. September 1911. August Macke / Franz Marc: Briefwechsel, S. 73
157 Franz Marc an Paul Marc, 1. Juni 1911. DKA. Nachlass Franz Marc
158 Maria Marc: Aus meinem Leben mit Franz Marc. Privatbesitz
159 Ebenda
160 Ebenda
161 Franz Marc an Paul und Helene Marc, 13. Juli 1911. DKA. Nachlass Franz Marc
162 Philipp und Helene Franck an Maria Franck, 14. Juni 1911. DKA. Nachlass Franz Marc
163 Marianne von Werefkin an Franz Marc und Maria Franck, 12. August 1911. DKA. Nachlass Franz Marc

164 Maria Marc: Erinnerungen aus meinem Leben mit Franz Marc. Manuskript. Privatbesitz

165 Franz Marc an Wassily Kandinsky, 7. August 1911. Klaus Lankheit: Wassily Kandinsky / Franz Marc. Briefwechsel, S. 50

166 Wassily Kandinsky an Franz Marc, 19. Juni 1911. Klaus Lankheit: Wassily Kandinsky / Franz Marc. Briefwechsel, S. 40

167 Franz Marc an August Macke, 8. September 1911. August Macke / Franz Marc: Briefwechsel, S. 72

168 Entweder wählten sie den Weg über Aidling am Riegsee oder denjenigen über die Weiler Hagen und Zell.

169 August Macke an Franz Marc, 3. August 1911. August Macke / Franz Marc: Briefwechsel, S. 62

170 Franz Marc an August Macke, 10. August 1911. August Macke / Franz Marc: Briefwechsel, S. 65f.

171 Gisela Kleine: Gabriele Münter und Wassily Kandinsky, S. 397

172 Ebenda

173 Franz Marc an Reinhard Piper, 10. September 1911. Reinhard Piper: Briefwechsel mit Autoren und Künstlern, S. 125

174 Hans Christoph von Tavel: Der Blaue Reiter, S. 194

175 Andrea Firmenich: Heinrich Campendonk, S. 25

176 Heute: Hauptstraße 5

177 Andrea Firmenich: Heinrich Campendonk, S. 26

178 Franz Marc an Wassily Kandinsky, 30. Oktober 1911. Klaus Lankheit: Wassily Kandinsky / Franz Marc. Briefwechsel, S. 71

179 Den Sommer hatte die Familie Macke in Kandern am Fuße des Schwarzwalds verbracht. Ein Aufenthalt bei Augusts Schwester war sie billiger gekommen als, wie ursprünglich geplant, mehrere Ferienwochen in Sindelsdorf. Franz hatte sich bereits nach einer passenden Wohnung für die Freunde plus Kind und Hausmädchen umgesehen.

180 August Macke: Briefe an Elisabeth und die Freunde, S. 268

181 Andreas Hüneke: Der Blaue Reiter, S. 234

182 Elisabeth Erdmann-Macke: Begegnungen, S 103

183 Wassily Kandinsky: Rückblick [1913], S. 58

184 August Macke an Franz Marc, 23. Januar 1912. August Macke / Franz Marc: Briefwechsel, S. 98

185 Elisabeth Macke an Franz Marc und Maria Franck, 9. November 1911. August Macke / Franz Marc: Briefwechsel, S. 75

186 Elisabeth Erdmann-Macke: Begegnungen, S. 96f.

187 Maria Marc: Erinnerungen an mein Leben mit Franz Marc. Manuskript. Privatbesitz.

188 Maria Marc: Brief an August Macke, 3. Dezember 1911. August Macke / Franz Marc: Briefwechsel, S. 83

189 Annegret Hoberg und Helmut Friedel: Der Blaue Reiter und Das Neue Bild, S. 31

190 Klaus Lankheit: Wassily Kandinsky / Franz Marc. Briefwechsel, S. 41

191 August Macke / Franz Marc: Briefwechsel, S. 64

192 Am 22. des Monats vermutlich, laut Jawlenskys Lebenserinnerungen, ging er, kurz nach jenem Besuch, mit Werefkin »auf 14 [Tage] nach Paris«. Bernd Fäthke: Inszenierung eines Krachs. Neues vom »Blauen Reiter«. In: *Weltkunst* Nr. 13 / 2000, S. 2219

193 Klaus Lankheit: Wassily Kandinsky / Franz Marc. Briefwechsel, S. 74

194 Franz Marc: Briefe, Schriften, Aufzeichnungen, S. 59

195 August Macke / Frank Marc: Briefwechsel, S. 83–86. Am 22. November 1938 kam Kandinsky in einem Brief an Jawlenskys damalige Freundin und Förderin Emmy Scheyer auf das Zerwürfnis 1911 zurück: Er schreibe ihr »auf dem Papier der N. K. V.M« [Neuen Künstler-Vereinigung München]. Der seit Ewigkeiten ungültige Briefkopf habe ihn an den von ihm vorausgesehenen »hübschen Krach« erinnert. Eine Kopie des Briefes wurde mir dankenswerterweise von Dr. Bernd Fäthke zur Verfügung gestellt.

196 Dreiundvierzig Bilder waren laut Katalog ausgestellt und mindestens fünf weitere.

197 Wassily Kandinsky an Franz Marc. 23. Januar 1912. Klaus Lankheit: Wassily Kandinsky / Franz Marc. Briefwechsel, S. 112

198 Franz Marc an Wassily Kandinsky, 10. Januar 1912. Klaus Lankheit: Wassily Kandinsky / Franz Marc. Briefwechsel, S. 112

199 Ausgabe vom 10. Januar 1912. Eine gekürzte Fassung dieser Rezension war zuvor in den *Hamburger Nachrichten* erschienen.

200 Ausgabe vom 22. Dezember 1911

201 Jean Bloé Niestlé an Franz Marc, 3. Januar 1912. DKA. Nachlass Franz Marc

202 Anfang Januar 1912, in Berlin, nahm Marc für sich und Kandinsky ihre Wahl zu Mitgliedern der Neuen Secession an.

203 Anke Daemgen und Uta Kuhl: Liebermanns Gegner. Die Neue Secession in Berlin und der Expressionismus, S. 59ff., und *Der Cicerone*. III. Jahrgang. 23. Heft, S. 930f.

204 Max Creutz hatte das Bild im Oktober gesehen und zwar in der Ausstellung »Kunst unserer Zeit in Cölner Privatbesitz«. Dort war Marc nur mit diesem einen Werk vertreten.

205 DKA. Nachlass Franz Marc. Genau genommen hatte der Kunstsammler und Kunstmäzen Karl Ernst Osthaus das Gemälde gekauft und dem Folkwang Museum (heute: Osthaus Museum) überlassen.

206 Elisabeth Macke an Maria Franck, 9. November 1911. August Macke / Franz Marc: Briefwechsel, S. 76

207 Franz Marc an Paul Klee, 11. Dezember 1912. Zentrum Paul Klee, Bern. Transkription Katja Förster. Unveröffentlichtes Typoskript

208 Franz Marc an Helmuth Macke, 26. Juni 1915. In: *Das Kunstblatt* 1926, S. 98

209 Sequenz: Franz Marc an Wassily Kandinsky, 3., 10. und 18. / 19. Januar 1912. Klaus Lankheit: Wassily Kandinsky / Franz Marc. Briefwechsel, S. 101, 109 und 121

210 Paul Cassirer an Franz Marc, 9. März 1912. DKA. Nachlass Franz Marc

211 Franz Marc an Herwarth Walden. Staatsbibliothek Berlin, Handschriftensammlung, Sturm Archiv I, Franz Marc

212 Franz Marc an Wassily Kandinsky, 29. Dezember 1911. Klaus Lankheit: Wassily Kandinsky / Franz Marc. Briefwechsel, S. 93

213 Ebenda, S. 93f.

214 Karl Schmidt fügte den Namen seines Geburtsorts Rottluff seinem Allerwelts-Geburtsnamen hinzu.

215 Meike Hoffmann: Leben und Schaffen der Künstlergruppe »Brücke«, S. 54. Fritz Bleyl schied bereits 1907 aus der Brücke aus.

216 Sequenz: Klaus Lankheit: Wassily Kandinsky / Franz Marc. Briefwechsel, S. 100–116

217 Franz Marc an Wassily Kandinsky, 18. / 19. Januar 1912. Klaus Lankheit: Wassily Kandinsky / Franz Marc. Briefwechsel, S. 122

218 Franz Marc an Wassily Kandinsky, 30. Dezember 1911. Klaus Lankheit: Wassily Kandinsky / Franz Marc. Briefwechsel, S. 94

219 Franz Marc an Wassily Kandinsky, 6. Januar 1912. Klaus Lankheit: Wassily Kandinsky / Franz Marc. Briefwechsel, S. 104

220 Klaus Lankheit: Franz Marc. Sein Leben und seine Kunst, Anm. S. 210

221 »Grünäugige Wasserbrötchen mit Astralblick«, hatte August Macke gelästert. Brief an Franz Marc, 23. Januar 1912. August Macke / Franz Marc: Briefwechsel, S. 99

222 August Macke an Bernhard Koehler, 22. Januar 1912. August Macke: Briefe an Elisabeth und die Freunde, S. 278

223 Pantoffelheldentum meint: zu viel Rücksichtnahme auf Gabriele Münter.

224 August Macke an Franz Marc, 22. Januar 1912. August Macke / Franz Marc: Briefwechsel, S. 96f.

225 August Macke an Franz Marc, 5. Juni 1912. August Macke / Franz Marc: Briefwechsel, S. 129

226 Gisela Kleine: Gabriele Münter und Wassily Kandinsky, S. 429

227 August Macke / Franz Marc: Briefwechsel, S. 110f. und 113f.

228 Gabriele Münter an Franz Marc, 26. März 1912. Abschrift DKA. Nachlass Franz Marc

229 Klaus Lankheit: Wassily Kandinsky / Frank Marc. Briefwechsel, S. 114f.

230 Franz Marc an Wassily Kandinsky, 25. Februar und Ende [?] Februar 1912. Klaus Lankheit: Wassily Kandinsky / Frank Marc. Briefwechsel, S. 135 und S. 137

231 Hinter dem Sammelbegriff »Expressionisten« verbargen sich die Namen Georges Braque, André Derain, Raoul Dufy, Othon Friesz, Pierre Girieud, Auguste Herbin, Ferdinand Hodler, Edvard Munch, Maurice de Vlaminck. Die vollständige Kollektion war im Juli im Folkwang-Museum in Hagen und im September im Kunstsalon Marcel Goldschmidt & Co. in Frankfurt ausgestellt.

232 Bis 1907 das Wohnhaus des Berlin-Spirituosen-Herstellers Theodor Gilka.

233 Paul Klee war durch eine Empfehlung von August Mackes Freund Louis Moilliet mit Wassily Kandinsky in Kontakt gekommen.

234 Paul Klee: Briefe an die Familie. Bd. 2. 1907–1940, S. 661

235 Vermutlich eine Vorstudie zu dem im Mai 1912 in Sindelsdorf entstandenen Gemälde *Die kleinen gelben Pferde.*

236 Franz Marc an Georg Tappert, 19. Juni 1912. DKA. Nachlass Georg Tappert

237 Der Almanach erschien in vier verschiedenen Varianten und Preisklassen: geheftet, gebunden, als Luxus- und als Museumsausgabe.

238 Franz Marc an Wassily Kandinsky, 11. Mai 1912. Klaus Lankheit: Wassily Kandinsky / Franz Marc. Briefwechsel, S. 169

239 Franz Marc: Zwei Bilder. In: Klaus Lankheit: Der Blaue Reiter, S. 34

240 Ebenda, S. 35f.

241 Franz Marc: Die »Wilden« Deutschlands. In: Klaus Lankheit: Der Blaue Reiter, S. 29

242 August Macke an Franz Marc, 14. Mai 1912. August Macke / Franz Marc: Briefwechsel, S. 121

243 1910 unter der Leitung des Berliner Kunsthändlers und Verlegers Paul Cassirer neu gegründet.

244 Franz Marc: Die neue Malerei. In *PAN.* 2. Jahrgang. Heft 16 vom 7. März 1912, S. 468–471. Max Beckmann: Gedanken über zeitgemäße und unzeitgemäße Kunst. In: *PAN.* 2. Jahrgang. Heft 17 vom 14. März 1912, S. 501. Franz Marc: Anti-Beckmann. In: *PAN* 2. Jahrgang. Heft 19 vom 28. März 1912, S. 556

245 Pechsteins Ausschluss aus der Brücke stand kurz bevor.

246 Maria Franck an Elisabeth Macke, 26. Juni 1912. August Macke / Franz Marc: Briefwechsel, S. 134

247 Postkarte Franz Marc an Sophie Marc. DKA. Nachlass Franz Marc

248 Staatsbibliothek Berlin, Handschriftensammlung, Sturm Archiv I, Franz Marc

249 *Frankfurter Zeitung.* Erstes Morgenblatt, Nr. 271, 30. September 1915:
»Der Münchner Maler Franz *Marc* läßt in der 34. Veranstaltung des *Sturms,* dem Tummelplatz der Jungen und Jüngsten, wo man wirklich einmal eine neue Anregung mit nach Hause nehmen kann, eine Sammelausstellung sehen, die einen vortrefflichen Überblick über den Entwicklungsgang und das Schaffen des reich begabten Künstlers gibt. Ich weiß nicht, in welche Klasse des -ismus und in welche Zunft von –isten ihn jene stecken, die jede künstlerische Erscheinung in falschem, wissenschaftlich sein sollendem Getue einzuschachteln belieben. Das ist auch nebensächlich. Hauptsache ist, daß Marc, der ja heute auch nicht zu den Jüngsten zählt, jeder Zoll ein Maler ist, daß durch sein ganzes Werk eine gewaltige Glut reiner sinnlicher Freude an der Farbe geht, die von einem außerordentlichen, sowohl malerischen wie zeichnerischen Können noch weiter angefacht wird. Von jenen, die einen absurden Most verschenken, weil sie nicht die technische Kraft und das fachliche Können besitzen, einen klaren Wein zu keltern, ist Marc weit, himmelweit entfernt. Die solide, nie versagenden Beherrschung des Handwerklichen, wie es sich eben für einen Malersohn schon von vorneherein ziemt, bildet die unverrückbare Grundlage seines ganzen Schaffens. Die ganze Art, wie er Farben zusammenbindet oder in Gegensatz zueinander stellt, verrät auf Schritt und Tritt nicht nur den geborenen, sondern auch den gelernten Maler. …«

250 Ausgabe vom 22. September 1912
251 Heute: Bornheimer Straße 96
252 Mehr als hundert Werke entfielen auf die Vincent-van-Gogh-Retrospektive.
253 Andreas Hüneke: Der Blaue Reiter, S. 201
254 Barbara Schaefer: 1912. Mission Moderne, S. 253
255 Klaus Lankheit: Wassily Kandinsky / Franz Marc. Briefwechsel, S. 190
256 Franz Marc an Wassily Kandinsky, 31. Juli 1912. Klaus Lankheit: Wassily Kandinsky / Franz Marc. Briefwechsel, S. 188
257 Franz Marc an Wassily Kandinsky, 23. September 1912. Klaus Lankheit: Wassily Kandinsky / Franz Marc. Briefwechsel, S. 190
258 Franz Marc an Paul Klee, o. D., zwischen dem 18. und 30. Dezember 1912. Zentrum Paul Klee, Bern. Transkription Katja Förster. Unveröffentlichtes Typoskript
259 Franz Marc an Herwarth Walden, 26. September 1912. Staatsbibliothek Berlin, Handschriftensammlung, Sturm Archiv I, Franz Marc
260 Franz Marc an Paul Klee, 11. Oktober 1912. Zentrum Paul Klee, Bern. Transkription Katja Förster. Unveröffentlichtes Typoskript
261 Franz Marc an Wassily Kandinsky, 23. Oktober 1912. Klaus Lankheit: Wassily Kandinsky / Franz Marc. Briefwechsel, S. 198
262 Ebenda
263 Marc hatte den Katalog zur Futuristen-Ausstellung der Galerie Sturm im Frühjahr 1912 von Walden geschickt bekommen. Darin war das Manifest (erstmals 1909 auf dem Titelblatt des Pariser *Le Figaro* abgedruckt) in voller Länge wiedergegeben.
264 DKA. Nachlass Franz Marc
265 Wassily Kandinsky an Franz Marc, 30. Dezember 1912. Klaus Lankheit: Wassily Kandinsky / Franz Marc. Briefwechsel, S. 207
266 Den Brief schrieb Macke am 8. Oktober 1912, noch während Marcs Anwesenheit in Bonn. August Macke / Franz Marc: Briefwechsel, S. 292
267 Ulrike Becks-Malorny: Der Kunstverein in Barmen 1866–1946, S. 266
268 1. Oktober 1912. Klaus Lankheit: Wassily Kandinsky / Franz Marc. Briefwechsel, S. 191
269 Später bereute Münter ihr finanzielles Engagement. Nicht nur, dass der Galerist Goltz dem Galeristen Walden den Alleinvertretungsanspruch hinsichtlich Blauer Reiter streitig machte, 1913 / 1914 musste Kandinsky auch einen Prozess gegen Goltz anstrengen, um an sein Geld zu kommen.
270 Sequenz: Gisela Kleine: Gabriele und Wassily Kandinsky, S. 403f.
271 *Die Alpen*, VII. Jahrgang. 1912 / 13. Heft 2. Oktober 1912, S. 123f.
272 Maria Franck an Elisabeth Macke, 1. Dezember 1912. August Macke / Franz Marc: Briefwechsel, S. 140
273 *Münchener Neueste Nachrichten* vom 24. Oktober 1912
274 Nell Walden gab den 23. November 1912 als ihr Hochzeitsdatum an. Auf nähere Ausführungen zu ihrem damaligen Aufenthalt in London verzichtete sie in ihrem Erinnerungsbuch.

275 Franz Marc an Herwarth Walden, 1. Dezember 1912. Staatsbibliothek Berlin, Handschriftensammlung, Sturm-Archiv I, Franz Marc
276 Franz Marc: Botschaften an den Prinzen Jussuff, S. 6, Geleitwort von Maria Marc
277 Ebenda
278 Gottfried Benn: Rede auf Else-Lasker-Schüler (1952). In: Lebensweg eines Individualisten. Gesammelte Werke. Bd. 1, S. 535f.
279 Septemberheft 1912, Doppelnummer 125 / 126
280 Sequenz: Else Lasker-Schüler an Franz Marc, 9., 14. und 28. November 1912. Ulrike Marquardt und Heinz Rölleke: Else Lasker Schüler – Franz Marc, S. 28ff.
281 *Der Turm der Blauen Pferde* gilt seit 1945 als verschollen. Sein letzter Besitzer, Hermann Göring, hatte das Gemälde nach seiner Entfernung 1937 aus der Münchner Ausstellung »Entartete Kunst« für seine Sammlung vereinnahmt.
282 Sequenz: Maria Franck an Elisabeth und August Macke, 21. Januar 1913. August Macke / Franz Marc: Briefwechsel, S. 147ff.
283 Maria Franck an Elisabeth und August Macke, 21. Januar 1913. August Macke / Franz Marc: Briefwechsel, S. 147ff.
284 Sequenz: Ebenda
285 Else Lasker-Schüler an Franz Marc und Maria Franck, 19. Januar 1913. Ulrike Marquardt und Heinz Rölleke: Else Lasker Schüler – Franz Marc, S. 44
286 1920 wurde Richard Simon emeritiert. Universitätsarchiv München, Personalakte Richard Nathan Simon
287 Marc ging fälschlicherweise von tausendsechshundert Mark aus.
288 Maria Franck an Elisabeth und August Macke, 21. Januar 1913. Postskriptum Franz Marc. August Macke / Franz Marc: Briefwechsel, S. 149
289 Gymnastikanleitungen der Amerikanerin Bess M. Mensendieck zielten auf die Verbesserung von weiblicher Körperhaltung und weiblichem Körpergefüge ab.
290 Maria Franck an Elisabeth und August Macke, 21. Januar 1913. Postskriptum Franz Marc. August Macke / Franz Marc: Briefwechsel, S. 149
291 Franz Marc an Herwarth Walden, 22. Februar 1913. DKA. Nachlass Franz Marc
292 Franz Marc an Robert Delaunay, 2. März 1913. Sigrid von Strachwitz: Franz Marc und Friedrich Nietzsche. Dokumentarischer Anhang, S. 40
293 Ebenda
294 Franz Marc an Maria Marc, 22. Februar 1916. Franz Marc: Briefe aus dem Feld, S. 146f.
295 Cathrin Klingsöhr-Leroy (Hg.): Zwischen den Zeilen. Dokumente zu Franz Marc, S. 145
296 Hans Hildebrandt an Franz Marc, 25. April 1913. DKA. Nachlass Franz Marc
297 Franz Marc an Hans Hildebrandt, 27. April 1913. The Getty Research Institute. Research Library / Research Services, Los Angeles, California / USA, Hans and Lily Hildebrandt Papers, acc. 850676. Erstabdruck in Klaus Lankheit: Franz Marc. Sein Leben und seine Kunst, S. 110
298 Franz Marc an Hans Hildebrandt, 27. April 1913. Franz Marc: Briefe, Schriften, Aufzeichnungen, S. 87f.

299 Franz Marc: Geistige Güter. Geschrieben 1911, abgedruckt im Almanach *Der Blaue Reiter*. Klaus Lankheit: Franz Marc. Schriften, S. 147. Ganz ähnlich hatte es zuvor Kandinsky ausgedrückt: »Das ist eine der bitteren Seiten des Lebens, daß das Leben einem Stacheln aufsetzt. Und ganz besonders, wenn man ›geistige Güter‹ schenken will.« Wassily Kandinsky an Franz Marc, 29. Oktober 1911. Klaus Lankheit: Wassily Kandinsky / Franz Marc. Briefwechsel, S. 68

300 Maria Franck an Elisabeth Macke, nach dem 20. März. August Macke / Franz Marc: Briefwechsel, S. 155

301 Johann Peter Eckermann: Gespräche mit Goethe, 29. Mai 1831

302 Franz Marc an Bernhard Koehler, 17. März 1915. DKA. Nachlass Franz Marc

303 Klaus Lankheit: Franz Marc. Sein Leben und seine Kunst, S. 124f.

304 Skizzenbuch XXVIII. Franz Marc: Schriften, S. 115

305 Privatarchiv Erwin Wimmers

306 Franz Marc an Robert Delaunay, 2. März 1913. Sigrid von Strachwitz: Franz Marc und Friedrich Nietzsche. Dokumentarischer Anhang, S. 40

307 Kurz vor seinem Tod schrieb Franz Marc am 17.2.1916 an seine Mutter: »Wer schlecht tut und wer nichts tut, – der hat die Strafe schon im Leben davon, in seinem Gewissen und in seiner – Todesfurcht … Wer aber nach Reinheit und Erkenntnis strebt, dem kommt der Tod immer als Erlöser.« Franz Marc: Briefe, Schriften, Aufzeichnungen, S. 196

308 Franz Marc an Maria Marc, 22. Februar 1916. Franz Marc: Briefe aus dem Feld, S. 145

309 Franz Marc an Sophie Marc, 17. Februar 1916. Franz Marc: Briefe, Schriften, Aufzeichnungen, S. 195

310 Heiratsregister Nr. 297 / 1913. DKA. Nachlass Franz Marc

311 27. Juni 1913. Annegret Hoberg und Isabelle Jansen: Franz Marc. Werkverzeichnis. Bd. II, S. 328

312 Diamantzaaginrichting Groen & Co., Groene Burgwal 27

313 DKA. Nachlass Franz Marc

314 Elisabeth Macke an Franz und Maria Marc, 30. Juli 1913. August Macke / Franz Marc: Briefwechsel, S. 165

315 Höchstwahrscheinlich eine Wiedergabe der Off-Mühle in Sindelsdorf.

316 Franz Marc an Wassily Kandinsky, Mitte November 1913. Klaus Lankheit: Wassily Kandinsky / Franz Marc. Briefwechsel, S. 244. *Die Verzauberte Mühle* hat die Maße 130,2 x 90,8 cm.

317 Franz Marc, Henri Nannen und die Blauen Fohlen. Katalog zur Ausstellung, Kunsthalle Bremen, 3. Oktober 2013–19. Januar 1914, Bremen 1913

318 Die Chicagoer Ausstellung fand im Januar 1913 statt.

319 *Svenska Dagbladet* vom 4. Januar 1914

320 Franz Marc an Paul Klee, 6. August 1913. Zentrum Paul Klee, Bern. Transkription Katja Förster. Unveröffentlichtes Typoskript

321 Heute russisch: Wschody. Schreibweise, von 1820 bis 1912, Gendrinnen, später dann Gendrinn. Ab November 1938 auf Anordnung der Nationalsozialisten lautete der Name Ilmenhorst.

322 Heute russisch: Schelesnodoroschny

323 Handbuch des Grundbesitzes im Deutschen Reiche, I. Das Königreich Preussen: Die Provinz Ostpreussen. Güter des Landkreises Gerdauen

324 Franz Marc an Herwarth Walden, 22. August 1913. Staatsbibliothek Berlin, Handschriftensammlung, Sturm-Archiv I, Franz Marc, und Franz Marc an Paul Klee, 25. August 1913. Zentrum Paul Klee, Bern. Transkription Katja Förster. Unveröffentlichtes Typoskript

325 Maria Marc: Aufzeichnungen. DKA. Nachlass Franz Marc. Das Ehepaar Storch hatte auf der Kurischen Nehrung, in Sarkau (heute Lesnoi), ein Ferienhaus. Freundliche Auskunft Felicitas Brachert-Schneider.

326 Franz Marc an Jean Bloé Niestlé, 31. August 1913. Cornelia Providoli: Jean-Bloé Niestlé, S. 175. Johannes Thiemann, Pfarrer und begeisterter Ornithologe, hatte die Vogelwarte 1901 begründet.

327 Maria Marc: Erinnerungen aus meinem Leben mit Franz Marc. Manuskript. Privatbesitz

328 Franz Marc an Wassily Kandinsky, 30. September 1913. Klaus Lankheit: Wassily Kandinsky / Franz Marc: Briefwechsel, S. 241

329 Ebenda

330 Franz Marc an Wassily Kandinsky, 30. September 1913. Klaus Lankheit: Wassily Kandinsky / Franz Marc. Briefwechsel, S. 241

331 Die genaue Anzahl der Exponate zu ermitteln, ist nicht möglich. Es gibt unterschiedliche Angaben. Im Katalog sind dreihundertsechsundsechzig Werke aufgeführt. Es waren aber mindesten dreihundertachtundsechzig. Allerdings schrieb Franz am 27. September 1913 an Alfred Kubin: Der Katalog gäbe keinen realistischen Überblick, »eine Reihe von Bildern, die darin reproduziert sind, wurden von uns gar nicht gehängt, Walden hat ihn im voraus zusammengestellt nach den eingesandten Photos; die Ausstellung selbst ist im Grunde etwas ganz anderes geworden.« Andreas Hüneke: Der Blaue Reiter, S. 474

332 Franz Marc: Kandinsky. *Der Sturm*, November 1913, S. 130

333 August Macke: Briefe an Elisabeth und die Freunde, S. 312 und S. 314

334 Franz Marc in Sindelsdorf. Anekdoten gesammelt von Karl Steinberger. Privatarchiv Christine Hübner

335 27. Juni 1913. Annegret Hoberg und Isabelle Jansen. Franz Marc. Werkverzeichnis. Bd. II, S. 322

336 Maria Franck an Elisabeth Macke, 8. Mai 1912. August Macke / Franz Marc: Briefwechsel, S. 120

337 Ebenda

338 Wassily Kandinsky an Franz Marc, Ende Juni 1913. Klaus Lankheit: Wassily Kandinsky / Franz Marc. Briefwechsel, S. 229

339 Maria Marc an Elisabeth und August Macke, nach dem 10. Februar 1914. August Macke / Franz Marc: Briefwechsel, S. 177f.
340 Fritz-Walter Schmidt und Joachim Giessler: Wandern auf den Spuren des Blauen Reiters, S. 73
341 Maria Marc: Aufzeichnungen. DKA. Nachlass Franz Marc
342 Ebenda
343 1909 hatte für das Haus in Pasing ein Kaufangebot in Höhe von zwanzigtausend Mark in bar vorgelegen. Sophie Marc wollte jedoch zweiundzwanzigtausend haben und lehnte ab, was sie später bereute. Franz Marc an Wassily Kandinsky, 25. Februar 1912. Klaus Lankheit: Wassily Kandinsky / Franz Marc. Briefwechsel, S. 137
344 Notarieller Tauschvertrag vom 18. Mai 1914. Privatarchiv Erwin Wimmers
345 Maria Marc: Aufzeichnungen. DKA. Nachlass Franz Marc
346 Franz Marc an Marianne von Werefkin, 21. Februar 1914. DKA. Nachlass Franz Marc. Marc berichtet von dem bevorstehenden Hauskauf und Hausverkauf: »Ich übernehme damit natürlich Zinsverpflichtungen gegenüber m. Familie, aber ich denke es wird schon gehen!«
347 Laut Maria Marc waren die Zahlungen an Sophie Marc nicht höher als die eingesparten Kosten für die Miete bei den Niggls.
348 Maria Marc an Elisabeth und August Macke, o. D. August Macke / Franz Marc: Briefwechsel, S. 178
349 Maria Marc: Erinnerungen aus meinem Leben mit Franz Marc. Manuskript. Privatbesitz
350 DKA. Nachlass Franz Marc
351 Marianne von Werefkin an Franz (und Maria) Marc, o. D., Ende Februar / Anfang März 1914. DKA. Nachlass Franz Marc
352 Franz Marc an Marianne von Werefkin, 12. März 1914. DKA. Nachlass Franz Marc
353 Franz Marc an August Macke, o. D. Karte in einem Brief. August Macke / Franz Marc: Briefwechsel, S. 179
354 Wassily Kandinsky an Franz Marc, 10. März 1914. Klaus Lankheit: Wassily Kandinsky / Franz Marc. Briefwechsel, S. 253
355 Franz Marc an Wassily Kandinsky, 13. März 1914. Klaus Lankheit: Wassily Kandinsky / Franz Marc. Briefwechsel, S. 255f.
356 Hugo Ball war derzeit als Dramaturg an den Münchner Kammerspielen tätig.
357 Hugo Ball: Das Münchener Künstlertheater, S. 359ff.
358 Franz Marc an Hugo Ball, 8. April 1914. Franz Marc: Briefe, Schriften und Aufzeichnungen, S. 95: Zeitungsleute redeten in Rätseln, statt zu schreiben, dass wir »durchaus keine Lust haben, dem Künstlertheater schöne neue Dekorationen und ›Bühnenbilder‹ zu schaffen, sondern dass wir die Scene selbst sind, d. h. also das *Schauspiel* neue organisieren und nach unseren künstlerischen Vorstellungen gestalten wollen«. … »So wie ich Bechtejeff, Jawlensky, Seewald und Weisgerber kenne, werden diese gewiß famose Dekorationen und Bühnenbilder schaffen, zu denen das Düsseldorfer Ensemble ein homogenes Spiel bieten wird … Ich bin davon fest überzeugt, aber ebenso überzeugt von der Ummöglichkeit meinerseits,

hier mitzuthun. Ich warte dann lieber, bis sich einmal *wirklich etwas Neues* schaffen lässt, mit *eigenem* Ensemble und *vollkommener Bewegungsfreiheit.* Sonst kommt nichts Echtes zustande. Dann müsste man Kokoschka, Kandinsky, Klee, Macke berufen und als Musiker … den *Schönberg*kreis (Schönberg, Webern, Alban Berg u. a.) gewinnen, alles zeitig vorbereitet, damit nichts überstürzt wird … Könnte man denn nicht eine Gesellschaft gründen mit diesem offenen Programm … Vielleicht ja nur eine Utopie … Ich hab nicht die geringste Lust, an einer halben Sache mitzuwirken.«

359 DKA. Nachlass Franz Marc und Franz Marc, Schriften, S. 121

360 August Macke / Franz Marc: Briefwechsel, S. 184

361 Er hatte die Waffe von seinem Schwiegervater geerbt. Franz Marc an Bernhard Koehler, Silvester 1914 / 1915. DKA. Nachlass Franz Marc

362 Franz Marc an Alfred Kubin, 10. Juli 1914. Franz Marc. 1880–1916, S. 126

363 Maria Marc: Erinnerungen aus meinem Leben mit Franz Marc. DKA. Nachlass Franz Marc

364 Wassily Kandinsky: Unserer Freundschaft. Manuskript 1926 / 1927. DKA. Nachlass Franz Marc

365 Der große Krieg. Eine Chronik von Tag zu Tag. Frankfurt am Main 1914, Heft 1, S. 38

366 Nachsatz Franz Marc zum Brief von Maria Marc an Elisabeth Macke, 19. Juni 1914. August Macke / Franz Marc: Briefwechsel, S. 186

1914 bis 1916

1 *Vossische Zeitung* vom 9. August 1914

2 Bayerisches Hauptstaatsarchiv Abt. IV, Kriegsarchiv, München. Kriegsranglisten und -stammrollen des Königreichs Bayern, 1. Weltkrieg 1914–1918; 13585 – Aufzeichnung für Franz Marc

3 Der große Krieg, S. 666

4 Franz Marc an Bernhard Koehler, vor dem 4. August 1914. DKA. Nachlass Franz Marc

5 Franz Marc an Maria Franck, 21. Januar 1911. DKA. Nachlass Franz Marc

6 Vor dem 4. August 1914. DKA. Nachlass Franz Marc

7 3. August 1914, DKA. Nachlass Franz Marc

8 7. August 1914. DKA. Nachlass Franz Marc

9 Paul Marc wurde dem 3. Bayerischen Fußartillerie-Regiment zugeteilt.

10 Franz Marc an Bernhard Koehler, 21. Oktober 1914. DKA. Nachlass Franz Marc

11 Bayerisches Hauptstaatsarchiv Abt. IV, Kriegsarchiv, München. Kriegsranglisten und -stammrollen des Königreichs Bayern, 1. Weltkrieg 1914–1918; 13585 – Aufzeichnung für Franz Marc

12 Klaus Lankheit: Franz Marc im Urteil seiner Zeit, S. 68f.

13 Franz an Maria, 24. August 1914. DKA. Nachlass Franz Marc

14 Maria Marc: Erinnerungen aus meinem Leben mit Franz Marc. Manuskript. Privatbesitz

15 Staatsbibliothek Berlin, Handschriftensammlung, Sturm-Archiv I, Franz Marc
16 Alfred Kubin an Maria Marc, 12. August 1914. DKA. Nachlass Franz Marc
17 Gabriele Münter an Maria Marc, 19. September 1914. DKA. Nachlass Franz Marc
18 Elisabeth Macke an Maria Marc, 5. September 1914. August Macke / Franz Marc: Briefwechsel, S. 189f.
19 Oskar Kokoschka an Franz Marc, 3. September 1914. DKA. Nachlass Franz Marc. Zu seinem größten Bedauern zunächst zurückgestellt, setzte Kokoschka alle Hebel in Bewegung, um doch noch an die Front zu kommen. Wie durch ein Wunder überlebte er 1915 einen Kopfschuss und einen Bajonettstich in die Brust.
20 1. Februar 1915. DKA. Nachlass Franz Marc
21 Franz Marc an Maria Marc, Postkarte mit Bildmotiv Ulmer Münster, o. D. Privatbesitz
22 Amtliche deutsche Schreibweise ab 1915: Saal
23 Franz Marc an Maria und Sophie Marc, 2. September 1914. Franz Marc: Briefe aus dem Feld, S. 7
24 Franz Marc an Maria und Sophie Marc, 6. September 1914. Franz Marc: Briefe aus dem Feld, S. 8f.
25 12. September 1914. Franz Marc: Briefe aus dem Feld, S. 11
26 Maria Marc an Franz Marc, 11. September und 11. Oktober 1914. DKA. Nachlass Franz Marc
27 Maria Marc an Franz Marc, 26. November 1914. DKA. Nachlass Franz Marc
28 Maria Marc an Franz Marc, 4. Oktober 1914. DKA. Nachlass Franz Marc
29 Annette von Eckardt an Franz Marc, 18. September 1914. DKA. Nachlass Franz Marc
30 Franz Marc an Bernhard Koehler, 25. Oktober 1914. DKA. Nachlass Franz Marc
31 Franz Marc an Maria Marc, 13. Oktober 1914. Franz Marc: Briefe aus dem Feld, S. 18f.
32 24. September 1914. Franz Marc: Briefe aus dem Feld, S. 12
33 Im Archiv des Byzantinischen Instituts im Kloster Scheyern befinden sich hundertachtundfünfzig Briefe Paul Marcs an Albert Ehrhard aus den Jahren 1908 bis 1923.
34 Franz Marc an Maria Marc, 30. September 1914. Franz Marc: Briefe aus dem Feld, S. 13f.
35 Seit 1920: Sélestat
36 Franz Marc an Maria Marc, 8. Oktober 1914. Franz Marc: Briefe aus dem Feld, S. 16
37 Siehe Irene Dütsch: Alfred Mayer – ein Mäzen im Umkreis des »Blauen Reiter«, S. 96
38 Wiederabdrucke 1915 und 1916 im *Kunstgewerbeblatt* und in der Zeitschrift *Der Sturm*.
39 Im Fegefeuer des Krieges. Franz Marc: Schriften, S. 158f.
40 Ebenda, S. 161
41 Paul Klee an Franz Marc, 17. Oktober 1914. DKA. Nachlass Franz Marc

42 August Macke an Elisabeth Macke, 9. September 1914. August Macke: Briefe an Elisabeth und die Freunde, S. 331

43 Franz Marc an Albert Bloch, 22. November 1914. DKA. Nachlass Franz Marc

44 Franz Marc an Paul Klee, 23. Oktober 1914. Zentrum Paul Klee, Bern. Transkription Katja Förster

45 Paul Klee an Franz Marc, 28. Oktober 1914, DKA. Nachlass Franz Marc. Transkription Katja Förster

46 Nachdem an Mackes Tod keine Zweifel mehr bestanden, schickte Maria den Nachruf wie geplant an die *Frankfurter Zeitung*. Hans Hildebrandt sandte ebenfalls einen Nachruf ein, nur dieser wurde gedruckt.

47 Franz Marc: Schriften, S. 156

48 Wassily Kandinsky an Franz Marc, 8. November 1914. Klaus Lankheit: Wassily Kandinsky / Franz Marc. Briefwechsel, S. 265. Am 20. März 1915 schrieb Franz Marc an seine Frau: »Du weiß ja auch, wie sehnsüchtig ich für mich und für Kandinsky die Erfüllung jenes großen Nietzschewortes wünschte: ›Nur wer ich wandelt, bleibt mit mir verwandt.‹« DKA. Nachlass Franz Marc.

49 Das geheime Europa. Franz Marc: Schriften, S. 163ff.

50 Heinrich Campendonk an Franz Marc, 4. Dezember 1914. Claus Pese: Franz Marc. Leben und Werk, S. 43

51 Helmuth Macke an Franz Marc. 5. November 1914 und 15. Juni 1915. DKA. Nachlass Franz Marc

52 In Nietzsches Werk *Jenseits von Gut und Böse*, parallel zu *Also sprach Zarathustra* konzipiert, bezeichnet der Philosoph die Welt als ein großes instinktives Ganzes: zum einen bevölkert von willenlosen »Sklaven«, hervorgebracht vom Christentum, und zum anderen von »Übermenschen«, hervorgegangen aus einer Oberschicht, geadelt durch ihre Wertmaßstäbe, durch Machtbewusstsein, Mut und Stärke.

53 Franz Marc: Schriften, S. 158

54 Maria Marc an Franz Marc, 1. April 1915. DKA. Nachlass Franz Marc

55 Franz Marc an Maria Marc, 10. Januar 1915. DKA. Nachlass Franz Marc

56 Franz Marc an Maria Marc, 7. April 1915. Franz Marc: Briefe aus dem Feld, S. 63

57 Franz Marc an Maria Marc, 16. Dezember 1915. DKA. Nachlass Franz Marc.

58 Nahezu vollständig wurde Franz Marcs schriftstellerischer Nachlass erst 1978 von Klaus Lankheit herausgegeben.

59 Franz Marc an Maria Marc, 18. November 1914. Franz Marc: Briefe aus dem Feld, S. 28f.

60 Franz Marc an Bernhard Koehler, 21. Oktober 1914. DKA. Nachlass Franz Marc

61 Franz Marc an Bernhard Koehler, 7. November 1914. DKA. Nachlass Franz Marc

62 Maria Marc an Franz Marc, 14. Januar 1915. DKA. Nachlass Franz Marc

63 Maria Marc an Franz Marc, 26. November 1914. DKA. Nachlass Franz Marc

64 Franz Marc an Maria Marc, 3. Dezember 1914. DKA. Nachlass Franz Marc

65 Annette von Eckardt an Franz Marc, 18. Dezember 1914. DKA. Nachlass Franz Marc

66 Auf dem Soldatenfriedhof von Guebwiller, dem einstigen Gebweiler, sind etwa dreißigtausend in der Region Gefallene des Ersten Weltkriegs, Deutsche und Franzosen, bestattet.

67 Franz Marc an Paul Marc, 30. Dezember 1914. DKA. Nachlass Franz Marc

68 Franz Marc an Paul und Lily Klee, 31. Dezember 1914. Zentrum Paul Klee, Bern. Transkription Katja Förster

69 Franz Marc an Bernhard Koehler, 31. Dezember 1914. DKA. Nachlass Franz Marc

70 Franz Marc an Maria Marc, 2. Februar 1916. Archiv Franz Marc Museum, Kochel

71 Telegramm des Festungslazaretts Lötzen an Hertha Franck, 9. Dezember 1914. Privatarchiv Erwin Wimmers

72 Maria Marc an Franz Marc, 2. Februar 1915, DKA. Nachlass Franz Marc

73 Alexander L. Suder: Komponisten in Bayern. Bd. II: Heinrich Kaminski, S. 15

74 Ebenda, S. 18

75 Interview der Autorin mit Frau Prof. Sigrid Delius, 22. März 1999, und Auszüge aus einem Gespräch mit Elisabeth Brosing-Büschler, gesendet am 22. Oktober 1994, WDR 5, Landesstudio Bielefeld: Musikszene West. Der fast vergessene Heinrich Kaminski

76 DKA. Nachlass Franz Marc

77 Maria Marc an Franz Marc, 1. April 1915. DKA. Nachlass Franz Marc

78 Franz Marc an Maria Marc, 13. April 1915. Franz Marc: Briefe aus dem Feld, S. 67

79 Maria Marc an Franz Marc, 2. Mai 1915. DKA. Nachlass Franz Marc

80 Franz Marc an Maria Marc, 18. April 1915. Franz Marc: Briefe aus dem Feld, S. 69

81 1. April 1915. Abdruck des Briefes in: *Das Kunstblatt*. 1926, S. 97

82 26. Juni 1915. Abdruck des Briefes in: *Das Kunstblatt*. 1926, S. 97

83 10. Mai 1915. Unveröffentlichtes Typoskript. Zentrum Paul Klee, Bern. Transkription Katja Förster

84 5. Oktober 1915. August Macke / Franz Marc: Briefwechsel, S. 216f.

85 Franz Marc an Maria Marc, 11. Juni 1915. DKA. Nachlass Franz Marc

86 Franz Marc: Briefe aus dem Feld, S. 76f.

87 Franz Marc an Maria Marc, 25. März 1915. DKA. Nachlass Franz Marc

88 Franz Marc: Briefe aus dem Feld, S. 51, S. 65 und S. 67

89 Hinzufügung von Lily Klee im Brief Paul Klees an Franz Marc. 17. Oktober 1914. DKA. Nachlass Franz Marc

90 Mit Werefkin und Jawlensky waren bekanntlich dessen Geliebte Helene Nesnakomoff und der gemeinsame Sohn Andreas in die Schweiz gegangen.

91 Galerie Der Sturm. Vierunddreißigste Ausstellung

92 Franz Marc an Bernhard Koehler, 17. März 1915. Klaus Lankheit: Franz Marc. Sein Leben und seine Kunst, S. 126

93 26. April 1915. DKA. Nachlass Franz Marc

94 Franz Marc an Herwarth Walden, 15. März und 17. März 1915. Staatsbibliothek Berlin, Handschriftensammlung, Sturm-Archiv I, Franz Marc. Um die gleiche Zeit gingen zwei von Marcs kleineren Schafbildern, ebenfalls zu einem Spottpreis, in den Besitz von Herwarth beziehungsweise Nell Walden über.

95 Maria Marc an Franz Marc, 7. Juni 1915. DKA. Nachlass Franz Marc
96 Klaus Lankheit: Franz Marc. Sein Leben und seine Kunst, S. 22
97 Franz Marc an Maria Marc, 20. Februar 1915. Franz Marc: Briefe aus dem Feld, S. 49
98 Franz Marc an Maria Marc, 17. März 1915. Franz Marc: Briefe aus dem Feld, S. 50
99 Franz Marc an Bernhard Koehler, 26. April 1915. Franz Marc. Ausstellung Städtische Galerie im Lenbachhaus 1963, o. S., Text zu Abb. 36
100 Franz Marc an Maria Marc, 29. April 1915. Franz Marc: Briefe aus dem Feld, S. 54f.
101 Franz Marc an Maria Marc, 17. März 1915. Franz Marc: Briefe aus dem Feld S. 50
102 Franz Marc an Maria Marc, 17. und 21. Juli 1915. Franz Marc: Briefe aus dem Feld, S. 82f.
103 Maria Marc an Franz Marc, 24. Juli 1915. DKA. Nachlass Franz Marc
104 Franz Marc an Maria Marc, 30. Juli 1915. Franz Marc: Briefe aus dem Feld, S. 85
105 Franz Marc an Maria Marc, 25. Oktober 1915. DKA. Nachlass Franz Marc
106 Franz Marc an Maria Marc, 21. Juli 1915. Franz Marc: Briefe aus dem Feld, S. 83
107 Paul Klee: Tagebücher 1898–1918, S. 370
108 Ebenda, S. 371
109 Franz Marc an Maria Marc, 18. August 1915. DKA. Nachlass Franz Marc
110 Franz Marc an Maria Marc, 21. Juli 1915. Franz Marc: Briefe aus dem Feld, S. 83
111 Franz Marc an Maria Marc, 18. September 1915. Franz Marc: Briefe aus dem Feld, S. 90
112 Franz Marc an Maria Marc, 28. Oktober 1915. Franz Marc: Briefe aus dem Feld, S. 105
113 Im Fegefeuer des Krieges (Oktober 1914). Franz Marc: Schriften, S. 158
114 Franz Marc an Maria Marc, 21. Juli 1915. Franz Marc: Briefe aus dem Feld, S. 83
115 Franz Marc an Maria Marc, 30. Juli 1915. Franz Marc: Briefe aus dem Feld, S. 85f.
116 Franz Marc an Maria Marc, 18. August 1915. DKA. Nachlass Franz Marc
117 Franz Marc an Sophie Marc, 2. September 1915. DKA. Nachlass Franz Marc
118 Franz Marc an Maria Marc, 26. August 1915. DKA. Nachlass Franz Marc
119 Franz Marc an Maria Marc, 19. September 1915. DKA. Nachlass Franz Marc
120 Ebenda
121 Franz Marc an Maria Marc, 30. September 1915. Franz Marc: Briefe aus dem Feld, S. 93
122 Der vielfältig begabte und weit gereiste Hugo Daffner, Jahrgang 1882, war Komponist, Dirigent, Schriftsteller, Journalist und ab 1920, nach abgeschlossenem Medizinstudium und Promotion, auch Arzt. Er starb 1936 im Konzentrationslager Dachau.
123 *Frankfurter Zeitung*. Erstes Morgenblatt, Nr. 271 vom 30. September 1915.
124 Franz Marc an Maria Marc, 30. September 1915. Franz Marc: Briefe aus dem Feld, S. 93
125 Ob Koehler gegen Ende des Jahres 1915 den *Wasserfall im Eis* kaufte oder vielleicht doch das Gemälde *Frauen unter einem Wasserfall*, das, wie erst jetzt bekannt ist, zuvor in Berlin ausgestellt war, wäre noch zu klären.

126 Franz Marc an Maria Marc, 30. September 1915. Franz Marc: Briefe aus dem Feld, S. 93

127 Es steht in Frage, ob Niestlé ausreichend gut Schwedisch sprach. Unbekannt ist auch der Inhalt von Marcs Begleitschreiben. Eventuell sollte Niestlé die Rezensionen an seinen Jugendfreund, den Halbskandinavier Charles-Clos Olsommer, mit der Bitte um Übersetzung weiterleiten.

128 Franz Marc an Maria Marc, 13. Oktober 1915. Franz Marc: Briefe aus dem Feld, S. 99f.

129 Franz an Maria Marc, 28. Oktober 1915. Franz Marc: Briefe aus dem Feld, S. 106

130 Franz Marc an Elisabeth Macke, 5. Oktober 1915. August Macke / Franz Marc: Briefwechsel, S. 216

131 Franz Marc an Albert Bloch, 24. Oktober 1915. DKA. Nachlass Franz Marc

132 Franz Marc an Paul Marc, 26. November 1915. DKA. Nachlass Franz Marc

133 Franz Marc an Herwarth Walden, 6. November 1915. Staatsbibliothek Berlin, Handschriftensammlung, Sturmarchiv I, Franz Marc

134 Irene Dütsch: Alfred Mayer – ein Mäzen im Umkreis des »Blauen Reiter«, S. 97

135 Franz Marc an Sophie Marc, 1. Dezember 1915. Franz Marc: Briefe, Schriften, Aufzeichnungen, S. 175

136 Franz Marc an Helmuth Macke, 15. September 1915. In: *Das Kunstblatt*. Heft 10, 1926, S. 101

137 Franz an Maria Marc, 29. November 1915. DKA. Nachlass Franz Marc

138 Franz Marc an Maria Marc. DKA. Nachlass Franz Marc

139 Brief Richard Seewald an Maria Marc, 4. Februar 1916. Franz Marc. 1880–1916, S. 47

140 Franz Marc an Helmuth Macke, 27. Januar 1916. DKA. Nachlass Franz Marc

141 Franz Marc an Maria Marc, 2. Dezember 1915. Franz Marc: Briefe aus dem Feld, S. 116f.

142 Franz Marc an Helmuth Macke, 27. Januar 1916. Privatarchiv Wimmers

143 Heute: Léning

144 Franz Marc an Jean Bloé Niestlé, o. D. Ende 1915. DKA. Nachlass Franz Marc

145 Franz Marc an Maria Marc, 29. Dezember 1915. DKA. Nachlass Franz Marc

146 Franz Marc an Maria Marc, 1. Januar 1916. Franz Marc: Briefe aus dem Feld, S. 128

147 Franz Marc an Maria Marc, 12. Januar 1916. Franz Marc: Briefe aus dem Feld, S. 132

148 Franz Marc stand Alfred Kubins illustrierter phantastischer Roman *Die andere Seite* vor Augen.

149 Franz Marc an Maria Marc, 29. / 21. Dezember 1915. Franz Marc: Briefe aus dem Feld, S. 126f.

150 Franz Marc an Maria Marc, 31. Dezember 1915. DKA. Nachlass Franz Marc

151 Franz Marc an Maria Marc, 1. Januar 1916. Franz Marc: Briefe aus dem Feld, S. 128

152 Franz Marc an Maria Marc, 12. Januar 1916. Franz Marc: Briefe aus dem Feld, S. 133

153 Franz Marc an Maria Marc, 3. Februar 1916. Franz Marc: Briefe aus dem Feld, S. 142

154 Franz Marc an Sophie Marc, 19. Februar 1916. Franz Marc: Briefe, Schriften und Aufzeichnungen, S. 197

155 Franz Marc an Maria Marc, 7. Februar 1916. Franz Marc: Briefe aus dem Feld, S. 142f.

156 Bayerisches Hauptstaatsarchiv Abt. IV, Kriegsarchiv, München. Kriegsranglisten und -stammrollen des Königreichs Bayern, 1. Weltkrieg 1914–1918; 15273 – Aufzeichnung für Paul Marc. Vermutlich war Paul Marc, die Route legt es nahe, auf der Rückreise von einem Heimaturlaub in München.

157 Franz Marc an Maria Marc, 4. Januar 1916. DKA. Nachlass Franz Marc

158 Franz Marc an Maria Marc, 5. Januar 1916. DKA. Nachlass Franz Marc

159 Franz Marc an Bernhard Koehler, 9. Januar 1916. Franz Marc. Ausstellung Städtische Galerie im Lenbachhaus 1963, o. S., Text zu Abb. 54

160 Franz Marc an Maria Marc, 6. Februar 1916. Franz Marc: Briefe aus dem Feld, S. 141

161 Franz Marc an Paul Marc, 11. Februar 1916. DKA. Nachlass Franz Marc

162 Hans Schilling: Aus dem Soldatenleben Franz Marcs. In: *Frankfurter Zeitung* vom 8. Juli 1917

163 Franz Marc: Briefe aus dem Feld, S. 146

164 Franz Marc: Briefe aus dem Feld, S. 147

165 Ebenda, S. 148

166 Ebenda, S. 150

167 Hans Schilling: Aus dem Soldatenleben Franz Marcs. In: *Frankfurter Zeitung* vom 8. Juli 1917

168 Ausgabe vom 29. Februar 1916

169 Franz Marc an Maria Marc, 4. März 1916. Franz Marc: Briefe aus dem Feld, S. 150f.

170 Maria Marc an Franz Marc, 1. März 1916. DKA. Nachlass Franz Marc

171 Franz Marc: Briefe aus dem Feld, S. 150f.

172 Im Zivilberuf war Hans Schilling-Ziemssen (1868–1950), so sein Künstlername, Dirigent und Komponist.

173 Hans Schilling: Aus dem Soldatenleben Franz Marcs. In: *Frankfurter Zeitung* vom 8. Juli 1917

174 Franz Marc an Maria Marc, 23. September 1915. DKA. Nachlass Franz Marc

175 Franz Marc an Sophie Marc, 17. Februar 1916. Franz Marc: Briefe, Schriften, Aufzeichnungen, S. 195

176 Der Text des Telegramms: »lt [leutnant] marc auf dem felde der ehre gefallen.« DKA. Nachlass Franz Marc

177 Heinrich Hackspiel, ein Handlungsgehilfe aus München, geboren 1884, hat den Krieg überlebt. Bayerisches Hauptstaatsarchiv Abt. IV, Kriegsarchiv, München. Kriegsranglisten und -stammrollen des Königreichs Bayern, 1. Weltkrieg 1914–

1918; 16037 – Aufzeichnung für Heinrich Hackspiel. Hackspiels Bericht trägt das Datum 4. August 1917. DKA. Nachlass Franz Marc

178 Hans Schilling: Aus dem Soldatenleben Franz Marcs. In: *Frankfurter Zeitung* vom 8. Juli 1917. Das Motiv des beschriebenen »Votivbilds« stimmt verblüffend mit zwei im Werkverzeichnis Band II (Annegret Hoberg und Isabelle Jansen, S. 352f.) abgedruckten Federzeichnungen auf Postkarten überein. Diese befanden sich ab 1920 im Besitz des Schriftstellers, Privatgelehrten und Admiralitätsrats Dr. Hans Beggerow (1874–1942). Heute gehören sie zum Bestand des Kupferstichkabinetts der Staatlichen Museen zu Berlin.

179 Bayerisches Hauptstaatsarchiv Abt. IV, Kriegsarchiv, München. Kriegsranglisten und -stammrollen des Königreichs Bayern, 1. Weltkrieg 1914–1918; 13585 – Aufzeichnung für Franz Marc. Im Personalakt 1602 Franz Marc heißt es: »Beerdigt im Schloßhof …«

180 Maria Marc: Aufzeichnungen. DKA. Nachlass Franz Marc
Maria wurde, wie aus ihrem Telegramm an Paul Klee hervorgeht, auf dem Frankfurter Bahnhof von der Frau des mit Paul Marc befreundeten Altertumswissenschaftlers Otto Hirschfeld im Empfang genommen. »In inniger Freundschaft«. Alexej Jawlensky, Paul und Lily Klee, Marianne Werefkin, S. 50

181 Paul Marc an Sophie Marc, 7. März 1916. DKA. Nachlass Franz Marc

182 Jean Bloé Niestlé an Maria Marc, o. D. DKA. Nachlass Franz Marc

183 Annette von Eckardt an Maria Marc, 24. Mai 1916. DKA. Nachlass Franz Marc

Nachleben

1 Herwarth Walden hatte die Berliner Paketfahrgesellschaft mit dem Kunsttransport beauftragt. Maria Marc warf ihm Verletzung seiner Sorgfaltspflicht vor und versuchte, ihn für den Schaden haftbar zu machen. Das Gemälde wurde von Paul Klee restauriert.

2 Die von wem auch immer in die Welt gesetzte und seither ungeprüft wiederholte Behauptung, Paul Marc habe im Krieg ein Bein verloren, ist falsch. Unter dem Datum 16. September 1918 ist lediglich ein »Erguß ins linke Kniegelenk« vermerkt. Er wurde im Dezember des Jahres unversehrt aus dem Militärdienst entlassen. Bayerisches Hauptstaatsarchiv Abt. IV, Kriegsarchiv, München. Kriegsranglisten und -stammrollen des Königreichs Bayern, 1. Weltkrieg 1914–1918; 15273 – Aufzeichnung für Paul Marc

3 Helene Franck an Maria Marc, 30. Januar 1920. Privatarchiv Erwin Wimmers

4 Die Ehe Herwarth Waldens mit Nell Roslund war 1924 geschieden worden. Gemeinsam mit seiner dritten, 1930 verstorbenen russischen Ehefrau Mila, reiste er Ende der zwanziger Jahre mehrfach in die Sowjetunion. Die Übersiedlung 1932 erfolgte gemeinsam mit der Übersetzerin Ellen Bork, sie wurde Waldens vierte Ehefrau und entging der Verhaftung. Ihr und der Tochter Sina gelang es, sich in die Deutsche Botschaft zu retten; sie durften nach Deutschland ausreisen.

ANHANG

DANK

An Erwin Wimmers als Vertreter der Erbengemeinschaft nach Maria Marc für seine allumfassende Unterstützung meiner Arbeit an der Biografie, insbesondere für die Bereitstellung von Fotos, Dokumenten und Skizzenbüchern aus Familienbesitz sowie für die Genehmigung des Abdrucks von Zitaten aus den sowohl in privaten als auch öffentlichen Archiven verwahrten Aufzeichnungen Maria Marcs.

An Mitarbeiterinnen und Mitarbeiter des Deutschen Kunstarchivs Nürnberg, für die positive Begleitung meines Vorhabens von Anfang an und für die zuverlässige Vorlage einer Fülle von Quellen aus dem Marc-Nachlass.

An Dr. Cathrin Klingsöhr-Leroy, Direktorin Franz Marc Museum Kochel, für die mir freundlich gewährte Möglichkeit der Durchsicht von dort verwahrten Archivalien und alle Unterstützung darüber hinaus.

An Dr. Annegret Hoberg und Isabelle Jansen, Autorinnen des dreibändigen Werkverzeichnisses Franz Marc, dessen Herausgabe (2004 bis 2011) ebenfalls zu den unabdingbaren Voraussetzungen für das Entstehen des Lebens- und Schaffensporträts des Malers gehörte.

An Stefan Frey und Dr. Katja Förster für die großzügige Überlassung der Transkription der Klee-Marc-Korrespondenz noch vor dem Zeitpunkt ihrer Veröffentlichung (Förster Katja, unter Mitwirkung von Stefan Frey: Paul und Lily Klee – Franz und Maria Marc. Der Briefwechsel, Bern 2014).

An Heinrich Graf von Spreti für die freundlich erteilten Auskünfte und den Versand von Fotokopien zur Familiengeschichte.

An Christine Hübner, Chronistin in Sindelsdorf, für ihr Interesse an meinem Projekt. Sie reichte ihre Ortskenntnisse an mich weiter und versorgte mich ebenso uneigennützig sowohl mit historischen Aufnahmen als auch mit Schriftstücken aus ihrer privaten Sammlung.

An Max Leutenbauer, ehrenamtlicher Archivar der Gemeinde Kochel; er suchte an einem Sonntag gemeinsam mit mir alte Ansichten heraus und scannte sie sogar noch für mich ein.

An die Heimatforscher Andreas Ehrmann und Thomas Hasselwander in München-Pasing – keine Bitte um Auskünfte zur Villenkolonie und dem Wohnhaus der Marcs ließen sie unbeantwortet.

An Werner Jürgensen vom Landeskirchlichen Archiv der Evangelisch-Lutherischen Kirche in Bayern, der mir die Besonderheiten des Religionswechsels der jugendlichen Marc-Brüder erklärte.

An Kirsten Schäffner und Michael Tröbs von den Landesarchiven Greifwald und Coburg sowie an Winfried Theuerer vom Stadtarchiv Bamberg, ohne deren Engagement ich bei meinen Erkundungen im Zusammenhang mit Marie Schnürs Herkunft auf halbem Wege stecken geblieben wäre.

An die Mitarbeiterinnen und Mitarbeiter Sachgebiet Lieferdienst Sächsische Landes- und Universitätsbibliothek Dresden, zeitweilig habe ich sie mit Bücherbestellungen geradezu überhäuft, aber auch mit dem einen oder anderen Sonderwunsch nicht überfordert.

An Gerlinde Off für ihre Übersetzungen, besonders die Übertragung von Franz Marcs Reisetagebuch 1903 aus dem Französischen ins Deutsche. Sie gehörte auch zu denen, die mir auf die unterschiedlichste Art beigestanden haben. Niemanden bat ich vergebens um die Diskussion von offenen Fragen im Detail respektive um Grundsatzgespräche, um klärende Hinweise in Bezug auf philosophisch-theologische oder kunsthistorische Sachverhalte, um Weitergabe von zielführenden Papieren aus eigenen Beständen oder um Erlaubnis ihrer publizistischen Verwertung. Von gleicher Bedeutung war für mich die kritische Beurteilung des Manuskripts durch Probeleserinnen und Probeleser. Manchmal reichte auch ganz einfach Zuspruch. Stellvertretend für die nicht namentlich erwähnten hilfreichen Mitmenschen seien hier genannt: Prof. Dr. Lothar Bily (SDB), Dr. Bernd Fäthke und Ehrengard Fäthke-Born, Anne Friedmann, Hildegard Gobrecht, Jutta Groß, Marianne Jacobs, Jiri Ort und Dr. Brigitte Salmen.

Dass die vorliegende – überarbeitete und ergänzte – Taschenbuchausgabe der Biografie im Münchner Allitera Verlag erscheinen durfte, erfüllt mich mit besonderer Freude, und ich danke Dietlind Pedarnig und Alexander Strathern für das Vertrauen, welches sie dem Projekt uneingeschränkt entgegenbrachten.

Ein besonderer Dank geht an Bernd, meinen Mann, nach wie vor für alles.

ARCHIVE UND FUNDSTELLEN

Deutsches Kunstarchiv (DKA) im Germanischen Nationalmuseum Nürnberg, Nachlass Franz Marc
Adalbert Stifter Verein, München
Archiv des Diözese München-Freising, München
Archiv Franz Marc Museum, Kochel am See
Archiv Schloßmuseum Murnau
Archives of American Art, Washington D. C., USA
August Macke Haus, Bonn
Bayerische Staatsbibliothek, München
Bayerisches Hauptstaatsarchiv, München
Bayerisches Hauptstaatsarchiv Abt. III, Geheimes Hausarchiv, München
Bayerisches Hauptstaatsarchiv Abt. IV, Kriegsarchiv, München
Bundesarchiv, Zentrale Datenbank Nachlässe
Byzantinisches Institut, Kloster Scheyern
Deutsches Literaturarchiv Marbach, Handschriftenabteilung
Frankfurter Goethe-Haus / Freies Deutsches Hochstift, Abteilung Handschriften, Frankfurt am Main
Gemeindearchiv Kochel am See
Institut für Kunstgeschichte, München
Karl Ernst Osthaus-Archiv / Osthaus Museum, Hagen
Kulturzentrum Ostpreußen, Ellingen
Landesarchiv Berlin
Landeskirchliches Archiv der Evangelisch-Lutherischen Kirche in Bayern, Nürnberg
Landeskirchliches Archiv der Pommerschen Evangelischen Kirche, Greifswald
Marktarchiv Murnau
Münchner Stadtbibliothek, Handschriftensammlung
Münchner Stadtbibliothek / Literaturarchiv Monacensia
Pasinger Archiv e. V., München
Privatarchiv Fäthke-Born, Wiesbaden
Privatarchiv Erwin Wimmers (Nachlass Maria Marc nach Franz Marc), Wachtberg
Privatarchiv Christine Hübner, Sindelsdorf
Staatsarchiv München
Staatsbibliothek Berlin, Handschriftensammlung, Sturm-Archiv
Stadtarchiv Bamberg
Stadtarchiv Coburg
Stadtarchiv Dachau
Stadtarchiv Lichtenfels

Stadtarchiv München
Städtische Galerie im Lenbachhaus / Gabriele Münter- und Johannes Eichner-Stiftung, München
The Getty Research Institute, Research Library / Research Sevices, Los Angeles, California / USA
Universitätsarchiv München
Universitätsarchiv Saarbrücken
Vorpommersches Landesarchiv, Greifwald
Zentralarchiv für Kunstgeschichte, München
Zentralarchiv des internationalen Kunsthandels ZADIK, Köln
Zentrum für Berlin-Studien / Zentral- und Landesbibliothek, Berlin
Zentrum Paul Klee, Bern

QUELLEN UND BIBLIOGRAFISCHE AUSWAHL

Zitate sind originalgetreu wiedergegeben, orthografische und grammatikalische Abweichungen gehen auf die jeweiligen handschriftlichen oder gedruckten Vorlagen zurück.

Artinger, Kai: Die Moderne und der Zoo: Franz Marc und August Macke. In: Kai Artinger: Von der Tierbude zum Turm der blauen Pferde. Die künstlerische Wahrnehmung der wilden Tiere im Zeitalter der zoologischen Gärten. Berlin 1995

Ball, Hugo: Das Münchner Künstlertheater. Eine prinzipielle Beleuchtung. In: Walter Schmitz (Hg.): Die Münchner Moderne. Die literarische Szene in der »Kunststadt« um die Jahrhundertwende. Stuttgart 1990, S. 359–363

Baron, Frank: Prägende Jahre in München und Wien. Kandinsky und Marc fördern Albert Bloch. In: Literatur in Bayern, Nr. 48 / Juni 1997, S. 2–13

Baumann, Bringfriede: Der Münchner Maler Wilhelm Marc (1839–1907). Monographie mit Werkverzeichnis. München 1986

Baumeister, Kathrin: Voltaires Candide-Illustrationen von Paul Klee. Magisterarbeit an der Universität Trier 1999

Baumgärtel-Fleischmann, Renate (Hg.): Franz Ludwig von Erthal Fürstbischof von Bamberg und Würzburg. Bd. 7 der Veröffentlichung des Diözesanmuseums. Bamberg 1995

Bauschinger, Sigrid: Else Lasker-Schüler. Eine Biographie. Göttingen 2004

Beckmann, Max: Gedanken über zeitgemäße und unzeitgemäße Kunst. In: PAN. 2. Jahrgang Heft 17. Berlin 14. März 1912, S. 501

Becks-Malorny, Ulrike: Der Kunstverein in Barmen 1866–1946. Bürgerliches Mäzenatentum zwischen Kaiserreich und Nationalsozialismus. Wuppertal 1992

Belli, Petra (Hg.): FreiLichtMalerei. Der Künstlerort Dachau. Dachau 2002

Bellinger, Gerhard J., und Brigitte Regler-Bellinger: Schwabings Ainmillerstraße und ihre bedeutendsten Anwohner. Ein repräsentatives Beispiel der Münchner Stadtgeschichte von 1888 bis heute. Norderstedt 2012, 2. durchgesehene Aufl.

Beloubek-Hammer, Anita, u. a. (Hg.): Brücke und Berlin. 100 Jahre Expressionismus. München 2006

[Gottfried] Benn: Lebensweg eines Intellektualisten. Gesammelte Werke. Herausgegeben von Dieter Wellershoff. Stuttgart 1989

Berger, Ursel, und Jörg Zutter: Aristide Maillol. München 1996

Berger, Klaus: Japonismus in der westlichen Malerei 1860–1920. München 1980

Berlin um 1900. Ausstellung der Berlinischen Akademie und der Akademie der Künste. Berlin 1984

Berth, Ignaz: Die zwanzigste Ausstellung der Berliner Secession. In: Der Cicerone. II. Jahrgang. Heft 8, April 1910, S. 274–276

Beyme, Klaus von: Das Zeitalter der Avantgarden. Kunst und Gesellschaft 1905–1955. München 2005

Bezold, Wilhelm von: Die Farbenlehre im Hinblick auf Kunst und Kunstgewerbe. Braunschweig 1874

Bilang, Karla: Nell Walden (1887–1975). In: Britta Jürgs (Hg.): Sammeln nur um zu besitzen? Berühmte Kunstsammlerinnen. Berlin 2000, S. 229–255

Dies. (Hg.): Kandinsky, Münter, Walden. Briefe und Schriften. 1912–1914. Bern 2012

Bill, Max (Hg.): Kandinsky. Essays über Kunst und Künstler. Stuttgart 1955

Bilski, Emily D.: Die »Moderne Galerie« von Heinrich Thannhauser. München 2008

Blei, Franz: Félicien Rops. Mit siebzehn Vollbildern. Berlin 1906

Blühende Gärten des Ostens. 78 Erzählungen. Gedichte und Schwaenke aus den Literaturen des Orients. Illustriert von. Franz Christopher, verlegt von Julius Zeitler. Leipzig 1907

Braun, Günter, und Waltraud Braun: Mäzenatentum in Berlin. Berlin 1993

Brücke, Ernst: Die Physiologie der Farben für die Zwecke der Kunstgewerbe. Leipzig 1887

Buchheim, Lothar-Günther: Der Blaue Reiter und die »Neue Künstlervereinigung München«. Feldafing 1958

Bünemann, Hermann (Hg.): Franz Marc. Zeichnungen – Aquarelle. München 1948

Calé, Walter: Nachgelassene Schriften. Berlin 1907

Chevreul, Michel Eugène: Die Farbenharmonie mit besonderer Berücksichtigung auf den gleichzeitigen Contrast in ihrer Anwendung in der Malerei, in der decorativen Kunst, bei Ausschmückung der Wohnräume, sowie Kostüm & Toilette. Stuttgart 1878

Clark, Christopher: Schlafwandler. Wie Europa in den Ersten Weltkrieg zog. München 2013

Clemenz, Manfred: Franz Marc und Paul Klee 1912–1916. Krieg und Kunst als Heilsgeschichte: Ein Beitrag zur ästhetischen Theorie der Avantgarde. In: Hans Zitko (Hg.): Theorien ästhetischer Praxis. Wissensformen in Kunst und Design. Köln u. a. 2014, S. 157–184

Decker, Kerstin: Mein Herz – Niemandem. Das Leben der Else Lasker-Schüler. Berlin 2009

Delank, Claudia: Die Japansammlungen der Maler des »Blauen Reiter« und ihr Einfluß auf die Malerei. In: Brigitte Salmen: »… diese zärtlichen, geistvollen Phantasien …« Die Maler des »Blauen Reiter« und Japan. Murnau 2011, S. 89–95

[Robert] Delaunays Serien. Katalog zur Ausstellung organisiert von Mark Rosenthal. Ostfildern-Ruit 1997

Denecke, Christel: Die Farbe im Expressionismus bei Franz Marc und Emil Nolde. Düsseldorf 1955

Der Almanach »Der Blaue Reiter«. Bilder und Bildwerke in Originalen. Herausgegeben vom Markt Murnau am Staffelsee. Bearbeitung des Konzepts und Koordination Birgit Jooss und Brigitte Salmen. Murnau 1998

Der Blaue Reiter. Herausgegeben von Wassily Kandinksy und Franz Marc. Dokumentarische Neuausgabe von Klaus Lankheit. München 1965
Der Blaue Reiter. Herausgegeben von Christine Hopfengart. Kunsthalle Bremen. Bremen 2000
Der große Krieg. Eine Chronik von Tag zu Tag. Urkunden, Depeschen und Berichte der Frankfurt Zeitung. Heft 1–6. Frankfurt am Main 1914
Der Große Widerspruch. Franz Marc zwischen Delaunay und Rousseau. Herausgegeben von der Franz Marc Museumsgesellschaft durch Cathrin Klingsöhr-Leroy. Berlin / München 2009
Dering, Peter (Hg.): Der Gereonsclub 1911–1913. Europas Avantgarde im Rheinland. Bonn 1993
Deseyve, Yvette: Der Künstlerinnen-Verein München e. V. und seine Damenakademie. Eine Studie zur Ausbildungssituation von Künstlerinnen im späten 19. und frühen 20. Jahrhundert. München 2005
Dick, Ricarda: Else Lasker-Schüler – Franz Marc. Eine Freundschaft in Briefen. München / London / New York 2012
Die Maler des »Blauen Reiter« und Japan. Bearb. von Brigitte Salmen, herausgegeben vom Schloßmuseum Murnau. Murnau 2011
Drenker-Nagels, Klara, u. a.: Treffpunkt und Topos: Schloss Dilborn 1911–1931. Das Künstlerehepaar Heinrich Nauen und Marie von Malachoski und seine Gäste. Bonn 2011
Düchting, Hajo: Franz Marc. Köln 1991
Dütsch, Irene: Alfred Mayer – ein Mäzen im Umkreis des »Blauen Reiter«. Hinter den Kulissen der Münchner Bohème. In: Schriften des Historischen Vereins Murnau am Staffelsee e. V. Heft 22. Jahrbuch 2004, S. 69–124
Ebers, Hermann: Aus meiner Studienzeit, www.tmfm.de/dokumente/Ebers3.pdf [zuletzt geöffnet am 10. Februar 2021]
Edschmid, Kasimir: Münchner Fasching. In: Walter Schmitz (Hg.): Die Münchner Moderne. Die literarische Szene in der »Kunststadt« um die Jahrhundertwende. Stuttgart 1990
Ein Protest deutscher Künstler. Mit Einleitung von Carl Vinnen. Jena 1911
Eltz, Johanna: Der italienische Futurismus in Deutschland 1912–1922. Bamberg 1986
Erdmann-Macke, Elisabeth: Erinnerung an August Macke. Frankfurt am Main 1989
Dies.: Begegnungen. Herausgegeben von Margarethe Jochimsen und Hildegard Reinhardt. Bonn 2009
[Architect August] Exter. Villen-Colonien in Pasing. Publikation zur Ausstellung Herausgegeben von der Pasinger Fabrik GmbH, Kultur- und Bürgerzentrum. München 1993
Fäthke, Bernd: Marianne Werefkin und ihr Einfluß auf den Blauen Reiter. In: Marianne Werefkin: Gemälde und Skizzen. Ausstellungskatalog Städtisches Museum Wiesbaden, 28. September – 23. November 1980, S. 14ff.
Ders.: Jawlensky und Malerfreunde. Ausstellung Städtisches Museum Wiesbaden, 27. Februar – 26. Juni 1983, Museum Wiesbaden 1983

Ders: Marianne Werefkin. Leben und Werk 1860–1938. München 1988

Ders.: Elisabeth Ivanowna Epstein. Eine Künstlerfreundschaft mit Kandinsky und Jawlensky. Ascona 1989

Ders.: Heroische Zeiten. Der Blaue Reiter und das Neue Bild. München. Städtische Galerie im Lenbachhaus – Kunstbau. In: Weltkunst, Nr. 8, 1999, S. 1434

Ders.: Die Münchner Ausstellung »Der Blaue Reiter und das Neue Bild«. Vertrautes, Unbekanntes, Fremdartiges. In: Handelsblatt vom 23./24. Juli 1999

Ders.: Der Blaue Reiter. Ausstellung der Kunsthalle Bremen. In: Weltkunst, Nr. 8, 2000, S. 1349

Ders.: Inszenierung eines Krachs. Neues vom »Blauen Reiter«. In: Weltkunst, Nr. 13, 2000, S. 2218f.

Ders.: Marianne Werefkin. München 2001

Ders.: Marianne von Werefkin. Von Farben, Formen und Linien. In: Marianne von Werefkin in Murnau. Kunst und Theorie, Vorbilder und Künstlerfreunde. Ausstellungskatalog Schlossmuseum Murnau. Bearb. von Brigitte Salmen. Murnau 2002, S. 9ff.

Ders.: Jawlensky und seine Weggefährten in neuem Licht. München 2004

Ders.: Von Werefkins und Jawlenskys Faible für die japanische Kunst. In: Die Maler des »Blauen Reiter« und Japan. Bearb. von Brigitte Salmen. Murnau 2011, S. 103–132

Fechheimer, Hedwig: Plastik der Aegypter. Berlin 1914

Feiler, Bernd: Der Blaue Reiter und der Erzbischof. Religiöse Tendenzen, christlicher Glaube und kirchliches Bekenntnis in der Malerei Münchens von 1911 bis 1925. Diss. München 2002

Firmenich, Andrea: Heinrich Campendonk 1889–1957. Leben und expressionistisches Werk. Recklinghausen 1989

Fleckner, Uwe (Hg.): Angriff auf die Avantgarde. Kunst und Kunstpolitik im Nationalsozialismus. Berlin 2007

Förster, Katja: Auf der Suche nach einem vollkommenen Sein. Franz Marcs Entwicklung von einer romantischen zu einer geistig-metaphysischen Weltinterpretation. Diss. Karlsruhe 2000

Dies., unter Mitwirkung von Stefan Frey: Paul und Lily Klee – Franz und Maria Marc. Der Briefwechsel. Bern 2014 (Klee-Studien. Beiträge zur internationalen Paul-Klee-Forschung und Edition historischer Quellen, Bd. 5, Schriftenreihe begründet und herausgegeben von Stefan Frey, Wolfgang Kersten und Alexander Klee)

Friedel, Helmut, und Annegret Hoberg: Der Blaue Reiter im Lenbachhaus München. München 2013

[Die] Futuristen. Umberto Boccioni, Carlo D. Carra, Luigi Russolo, Gino Severini. Zweite Ausstellung Der Sturm. Berlin 1912

Gerok, Gustav (Hg.): Karl Gerok. Ein Lebensbild aus seinen Briefen und Aufzeichnungen. Stuttgart 1892

Gottdang, Andrea: Vorbild Musik. Die Geschichte einer Idee in der Malerei im deutschsprachigen Raum 1780–1915. Berlin 2004

Guth, Klaus: Louis Mark. Konsul der Vereinigten Staaten von Nordamerika für das Königreich Bayern (1844). In: 116. Bericht des Historischen Vereins Bamberg. Bamberg 1980, S. 196

Haftmann, Werner: Über die Funktion des Musikalischen in der Malerei des 20. Jahrhunderts. In: Hommage à Schönberg. Der Blaue Reiter und das Musikalische in der Malerei der Zeit. Berlin 1974, S. 8–41

Hahl-Koch, Jelena: Kandinsky. Stuttgart 1993

Dies (Hg.): Wassily Kandinsky und Arnold Schönberg. Der Briefwechsel. Stuttgart 1993

Handbuch des Grundbesitzes im Deutschen Reiche, I. Das Königreich Preussen: Die Provinz Ostpreussen. Güter des Landkreises Gerdauen. Bearb. durch Paul Ellerholz und H. Lodemann. Berlin 1879

Hartog, Hans: Heinrich Kaminski. Leben und Werk. Tutzing 1987

Haug, Christine: Fluch dem Buch! Sei's von Ricarda, Rudolph oder Friedrich Huch!. Der Verlagsbuchhändler und »Kulturgastronom« Georg Steinicke (1877–1939). In: Freunde der Monacensia e. V. Jahrbuch 2013, München 2013, S. 188–205

Hauptmann, Gerhart: Der Narr in Christo Emanuel Quint. Berlin 1910

Hausenstein, Wilhelm: Die bildende Kunst der Gegenwart. Berlin 1914

Heißerer, Dirk: Lehmkuhl. 100 Jahr Leben mit Büchern. 1903–2003. Eine Chronik in Bildern, Texten und Stimmen, München 2003

Hinz, Petra: Der Japonismus in Graphik, Zeichnung und Malerei in den deutschsprachigen Ländern um 1900. Diss. München 1982

Hirner, Andrea: Wie der Japonismus nach München kam. In: Die Maler des »Blauen Reiter« und Japan. Bearb. von Brigitte Salmen. Murnau 2011, S. 19–28

Hirner, Andrea: Die Ausstellung »Japan und Ostasien in der Kunst«. In: Die Maler des »Blauen Reiter« und Japan. Bearb. von Brigitte Salmen. Murnau 2011, S. 61–68

Hoberg, Annegret: Maria Marc. Leben und Werk. 1876–1955. München 1995

Dies. und Helmut Friedel (Hg.): Der Blaue Reiter und Das Neue Bild. Von der »Neuen Künstlervereinigung München« zum »Blauen Reiter«. Katalog zur Ausstellung in der Städtischen Galerie im Lenbachhaus. München 1999

Dies.: Franz und Maria Marc. München u. a. 2004

Dies. und Helmut Friedel (Hg.): Franz Marc. Die Retrospektive. Katalog zur Ausstellung in der Städtischen Galerie im Lenbachhaus und Kunstbau München. München 2005

Dies. und Isabelle Jansen: Franz Marc. Werkverzeichnis Bd. I: Gemälde; Bd. II: Aquarelle, Gouachen, Zeichnungen, Postkarten, Hinterglasmalerei, Kunstgewerbe, Plastik; Bd. III: Skizzenbücher und Druckgraphik. Erarb. von der Städtischen Galerie im Lenbachhaus München, herausgegeben von der Franz Marc Stiftung Kochel am See. München 2004–2011

Dies.: Der Blaue Reiter. Der Almanach. Hamburg 2008

Hoffmann, Meike: Leben und Schaffen der Künstlergruppe »Brücke«. 1905 bis 1913. Berlin 2005

Horsley, Jessica: Der Almanach des Blauen Reiters als Gesamtkunstwerk. Eine interdisziplinäre Untersuchung. Frankfurt am Main 2006

Huebner, Friedrich Markus: Moderne Kunst in holländischen Privatsammlungen. Leipzig 1921

Hüneke, Andreas: Der Blaue Reiter. Dokumente einer geistigen Bewegung. Leipzig 1989

Ders.: Hinter einem schwarzen Vorhand tanzende Gedanken. Pläne des Blauen Reiter. In: Der Blaue Reiter. Ausstellungskatalog. Bremen 2000, S. 31ff.

Im Kampf um die Kunst. Die Antwort auf den »Protest deutscher Künstler«. Mit Beiträgen deutscher Künstler, Galerieleiter, Sammler und Schriftsteller. München 1911

Im Kampf um die moderne Kunst. Das Schicksal einer Sammlung in der 1. Hälfte des 20. Jahrhunderts. Staatliche Galerie Moritzburg. Halle 1985

»In inniger Freundschaft«. Alexej Jawlensky, Paul und Lily Klee, Marianne Werefkin. Der Briefwechsel. Herausgegeben vom Zentrum Paul Klee (Bern) und Stefan Frey. Zürich 2013

Jansen, Isabelle: Franz Marc et l'art français du XIXe siècle. Paris 2007

Japan und Ostasien in der Kunst. Offizieller Katalog der Ausstellung. München 1909

Junge, Henrike (Hg.): Avantgarde und Publikum. Zur Rezeption avantgardistischer Kunst in Deutschland 1905–1933. Köln 1992

Jüngling, Kirsten, und Brigitte Roßbeck: Franz und Maria Marc. Die Biographie eines Künstlerpaares. Berlin 2004

Jung-Hubsch, Thea: Sur deux lettres inédites de Franz Marc à Robert Delaunay. In: Les Cahiers du Musée d'Art Moderne, Nr. 27/1989, S. 85–93

Kainz, Gabriele: Der Briefwechsel zwischen Franz Marc und Pfarrer Otto Schlier in den Jahren 1894–1900. Eine Studie um protestantischen Hintergrund des Künstlers. Leipzig 2015

Kandinsky, Wassily: Selbstcharakteristik (1919). In: Die Gesammelten Schriften. Bd. I. Herausgegeben von Hans K. Roethel und Jelena Hahl-Koch. Bern 1980, S. 60–63

Ders.: Punkt und Linie zu Fläche. Beitrag zur Analyse der malerischen Elemente. München 1926

Ders.: »Der Blaue Reiter« (Rückblick). In: *Das Kunstblatt*. 14. Jahrgang, Januar 1930, S. 57–60

Ders.: Über das Geistige in der Kunst (1912). Bern 1952

Ders.: Rückblick (1913). Baden-Baden 1955

Ders.: Die Gesammelten Schriften. Herausgegeben von Hans K. Roethel und Jelena Hahl-Koch. Bd. 1. Autobiographische, ethnographische und juristische Schriften. Bern 1980

Ders.: Über das Geistige in der Kunst – insbesondere in der Malerei. Vorwort und Kommentar von Jelena Hahl-Fontaine. Einführung von Max Bill. Bern 2004

[Wassily] Kandinsky / Franz Marc: Briefwechsel. Mit Briefen von und an Gabriele Münter und Maria Marc. Herausgegeben von Klaus Lankheit. München / Zürich 1983

[Der fast vergessene Heinrich] Kaminski. Ein Hörfunkbeitrag des WDR 5, Musikszene West. Landestudio Bielefeld vom 22. September 1994

[Paul] Klee: Briefe an die Familie 1893–1940. 2 Bde. 1893–1906 und 1907–1940. Herausgegeben von Felix Klee. Köln 1979
[Paul] Klee: Tagebücher 1898–1918 (Textkritische Neuedition). Herausgegeben von der Paul-Klee-Stiftung Bern. Bearb. von Wolfgang Kersten. Stuttgart 1988
Kleine, Gisela: Gabriele Münter und Wassily Kandinsky. Biographie eines Paares. Frankfurt am Main 1994
Klingsöhr-Leroy, Cathrin: Zwischen den Zeilen. Dokumente zu Franz Marc. Ostfildern-Ruit 2005
Dies.: Paul Klee und Franz Marc: Analyse oder Mysterium. In: Michael Baumgartner u. a. (Hg): Franz Marc – Paul Klee. Ein Dialog in Bildern. Wädenswil 2010, S. 153–197
Kracht, Isgard: Verehrt und Verfemt. Franz Marc im Nationalsozialismus. In: Uwe Fleckner (Hg.): Angriff auf die Avantgarde. Kunst und Kunstpolitik im Nationalsozialismus. München 2007, S. 307–379
Landbuch des Herzogthums Stettin. 1. Bd. Bearb. von Dr. Heinrich Berghaus. Anklam 1865
Lankheit, Klaus: Franz Marc Herausgegeben von Maria Marc. Berlin 1950
Ders. (Hg.): Franz Marc im Urteil seiner Zeit. Köln 1960
Ders.: Franz Marc. Katalog seiner Werke. Köln 1970
Ders.: Franz Marc. Sein Leben und seine Kunst. Köln 1976
Ders.: Führer durch das Museum Kochel am See. München 1996
Lasker-Schüler, Else: Gesichte. Essays und andere Geschichten. Berlin 1913
[Else] Lasker-Schüler / Franz Marc: Mein lieber, wundervoller blauer Reiter. Privater Briefwechsel. Herausgegeben von Ulrike Marquardt und Heinz Rölleke. Düsseldorf / Zürich 1998
[Else] Lasker-Schüler: Werke und Briefe. Kritische Ausgabe. Bd. 6 und 7. Briefe 1893–1913 und Briefe 1914–1924. Bearb. von Ulrike Marquardt. Frankfurt am Main 2003 und 2004
[Else] Lasker-Schüler. Gestirne und Orient. Die Künstlerin im Kreis des »Blauen Reiter«. Herausgegeben von der Franz Marc Museumsgesellschaft durch Cathrin Klingsöhr-Leroy. Kochel 2012
Laučkaitė, Laima: Ekspresionizmo raitelė Mariana Veriovkina. Vilnius 2007
Liebermanns Gegner. Die Neue Secession in Berlin und der Expressionismus. Mit Beiträgen von Anke Daemgen und Uta Kuhl. Köln 1911
Ludwig, Horst: Kunst, Geld und Politik um 1900 in München. Berlin 1986
[August] Macke: Briefe an Elisabeth und die Freunde. Herausgegeben von Werner Frese und Ernst-Gerhard Güse. München 1987
[August] Macke ganz privat. Konzeption von Ausstellung und Katalog Ina Ewers-Schultz. Stade / Freiburg / Bonn 2009–2011
[Helmuth] Macke. Tektonik der Farbe. Herausgegeben vom Verein August Macke Haus e. V. Bonn 1995
Mann, Thomas: Nietzsches Philosophie im Lichte unserer Erfahrung. Vortrag am XIV. Kongress des PEN-Clubs in Zürich am 3. Juni 1947. Basel 2005

Marc, Franz: Anti-Beckmann. In: *PAN*. 2. Jahrgang. Heft 19, Berlin 28. März 1912, S. 556

Ders.: Erwiderung. In: *Münchner Neueste Nachrichten* vom 30. Juli 1912

Ders.: Die neue Malerei. In: *PAN*. 2. Jahrgang. Heft 16, Berlin 7. März 1912, S. 470

Ders.: Ideen über Ausstellungswesen. In: *Der Sturm*. 3. Jahrgang. Heft 113/114, Berlin Juni 1912, S. 66

Marc, Franz: Stella Peregrina. Achtzehn Faksimile-Nachbildungen nach den Originalen von Franz Marc. Handkoloriert von Annette von Eckardt mit einer Einleitung von Hermann Bahr. München 1917

[Franz] Marc an Helmuth Macke. Unveröffentlichte Feldpostbriefe und -Karten zum 10. Todestag von Franz Marc. In: Das Kunstblatt. Heft 10. 1926, S. 97–105

[Franz] Marc: Unbekannte Briefe. Herausgegeben von Elisabeth Keimer-Dinkelsbühl. In: Das Unterhaltungsblatt der *Vossischen Zeitung* vom 6. Juli 1930

[Franz] Marc: Botschaften an den Prinzen Jussuff. Mit einem Geleitwort von Maria Marc und einem Essay von Georg Schmidt: »Über das Poetische in der Kunst Franz Marcs«. München 1954

[Franz] Marc: Skizzenbuch aus dem Felde (Faksimile-Ausgabe). Mit einem Textheft von Klaus Lankheit. Berlin 1956

[Franz] Marc. Ausstellung Städtische Galerie im Lenbachhaus. München 1963

[Franz] Ders.: Schriften. Herausgegeben von Klaus Lankheit. Köln 1978

[Franz] Marc. 1880–1916. Katalog zur Ausstellung in der Städtischen Galerie im Lenbachhaus München. München 1980

[Franz] Ders.: Briefe, Schriften und Aufzeichnungen. Herausgegeben von Günter Meißner. Leipzig/Weimar 1980

Marc, Ders.: Briefe aus dem Feld. Nach Originalen. Herausgegeben von Klaus Lankheit und Uwe Steffen. München/Zürich 1982

[Franz] Marc und der Blaue Reiter. Herausgegeben von der Franz Marc Stiftung Kochel am See. München 1998

[Franz] Marc. Die Retrospektive. Herausgegeben. von Annegret Hoberg und Helmut Friedel. München 2005

Marc, Franz – Paul Klee. Dialog in Bildern. Herausgegeben von Michael Baumgartner, Cathrin Klingsöhr-Leroy und Katja Schneider. Wädenswil 2010

[Franz] Marc, Henri Nannen und die Blauen Fohlen. Herausgegeben von Frank Schmidt für die Stiftung Henri und Eske Nannen und Schenkung Otto van de Loo. Emden 2013

Maria Marc: ›*Das Herz droht mir manchmal zu zerspringen*‹. Mein Leben mit Franz Marc. Herausgegeben von Brigitte Roßbeck. München 2016

[Maria] Marc im Kreis des »Blauen Reiter«. Herausgegeben vom Schloßmuseum des Marktes Murnau. Bearb. von Brigitte Salmen. Murnau 2004

[Maria] Marc über Franz Marc. In: Klaus Lankheit: Franz Marc. Berlin 1950

Martens, Gunter: Im Aufbruch das Ziel. Nietzsches Wirkung im Expressionismus. In: Hans Steffen (Hg.): Nietzsche. Werk und Wirkungen. Göttingen 1974, S. 115–166

Marquardt, Ulrike, und Heinz Rölleke (Hg.): Else Lasker-Schüler/Franz Marc. Mein lieber, wundervoller blauer Reiter. Privater Briefwechsel. Düsseldorf/Zürich 1998

Maur, Karin von: Vom Klang der Bilder. Die Musik in der Kunst des 20. Jahrhunderts. München 1985

Meier-Graefe, Julius: Tagebuch 1903–1917 und weitere Dokumente. Herausgegeben und kommentiert von Catherine Krahmer. Göttingen 2009

Meisenbach, Meinhard: Miscellanea zu Dr. Adalbert Friedrich Marcus und E. T. A. Hoffmann. In: 140. Bericht d. Hist. Vereins Bamberg. Bamberg 2004, S. 151–186

Mik, Grete: Das Eheverbot des Ehebruchs in Deutschland vom Beginn des Zweiten Deutschen Kaiserreiches 1891 bis zur Abschaffung 1976. Magisterarbeit Universität Wien, 2008

Müller, Andreas E.: Vom Verschwinden einer unbekannten Grösse: Der Byzantinist Paul Marc. In: Wolfram Hörandner u. a. (Hg.): Wiener Byzantinistik und Neogräzistik. Wien 2004, S. 308–314

Neumann, Karl Eugen (Hg. und übers.): Der Wahrheitspfad. Ein Buddhistisches Denkmal. Aus dem Pāli in den Versmassen des Originals. Leipzig 1893

Niemeyer, Christian (Hg.): Nietzsche-Lexikon. Darmstadt 2009

Ders. (Hg.): Reinhard Piper. Briefwechsel mit Autoren und Künstlern 1903–1953. München 1979

Ders.: Nietzsche, die Jugend, die Pädagogik. Weinheim / München 2002

Niemeyer, Wilhelm: Malerische Impressionen und koloristischer Rhythmus. Beobachtungen über Malerei der Gegenwart. Denkschrift des Sonderbundes auf die Ausstellung MCMX. Düsseldorf 1911

[Friedrich] Nietzsche: Gesammelte Werke. Großoktav-Ausgabe bei Kröner. 19 Bd. Leipzig 1894ff.

Ders.: Also sprach Zarathustra. Ein Buch für Alle und Keinen. Stuttgart 1994

Ofczarek, Beate, und Stefan Frey: Chronologie einer Freundschaft (Franz Marc – Paul Klee). In: Michael Baumgartner u. a. (Hg.): Franz Marc – Paul Klee. Ein Dialog in Bildern, Wädenswil 2010, S. 198–227

Oh, Myung-Seon: Der Blaue Reiter und der Japonismus. Diss. München 2006

Orlik, Emil: Aus meinem Leben. In: Kleine Aufsätze. Berlin 1924

Ostini, Fritz von: Die Schwabinger Bauernkirchweih. In: Velhagen & Klasings Monatshefte. September 1906, S. 697–709

Otterbeck, Christoph: Europa verlassen. Künstlerreisen am Beginn des 20. Jahrhunderts. Köln u. a. 2007

Pese, Claus: Franz Marc. Leben und Werk. Stuttgart 1989

Piper, Reinhard: Briefwechsel mit Autoren und Künstlern 1903–1953. Herausgegeben von Ulrike Buergel und Wolfram Göbel. München 1979

Ders.: Mein Leben als Verleger. Vormittag. Nachmittag. München 1964

Prinz, Friedrich, und Marita Krauss (Hg.): München – Musenstadt mit Hinterhöfen. Die Prinzregentenzeit 1886–1912. München 1988

Providoli, Cornelia: Jean-Bloé Niestlé. 1884–1942. Ein Tiermaler zwischen Tradition und Avantgarde. Hauterive 1997

Pucks, Stefan: Die Kunststadt Berlin 1871–1945. Berlin 2007

Raehlmann, Eduard: Über Farbensehen und Malerei. Eine kunstphysiologische Abhandlung in allgemein verständlicher Darstellung. München 1901
Robertson, Frederick William: Sozialpolitische Reden. Göttingen 1895
Röthel, Hans Konrad (Hg.): Bernhard Koehler Stiftung 1965, München 1965
Rosenthal, Mark (Hg.): Pariser Visionen. Robert Delaunays Serien. Ausstellungskatalog. New York 1997
Roßbeck, Brigitte: Maria Marc. Immer im Schatten des Genies. In: *Süddeutsche Zeitung* vom 8. Januar 1996
Dies. und Kirsten Jüngling: Franz und Maria Marc. Die Biographie eines Künstlerpaares. Berlin 2004
Dies.: Marianne von Werefkin. Die Russin aus dem Kreis des Blauen Reiters. München 2010; Taschenbauausgabe München 2015
Rufer, Josef: Schönberg – Kandinsky. Zur Funktion der Farbe in Musik und Malerei. In: Hommage à Schönberg. Der Blaue Reiter und das Musikalische in der Malerei der Zeit. Berlin 1974, S. 69–75
Rychlik, Otmar: Emil Orlik 1870–1832. Wien 1997
Salmen, Brigitte: Die Maler des »Blauen Reiter« und ihre Begegnung mit japanischer Kunst. In: Die Maler des »Blauen Reiter« und Japan. Bearb. von Brigitte Salmen. Murnau 2011, S. 69–88
Sauerbeck, Gerhard: Friedrich Lauer – eine Lebensbiographie. Braunschweig 2007
Schaefer, Barbara: 1912. Mission Moderne. Die Jahrhundertschau des Sonderbundes. Köln 2012
Schardt, Alois J.: Franz Marc. Berlin 1936
Schilling, Hans: Aus dem Soldatenleben Franz Marcs. In: Frankfurter Zeitung, Nr. 186, Erstes Morgenblatt vom 8. Juli 1917, S. 1f.
Schmidt, Fritz-Walter, und Joachim Giessler: Wandern auf den Spuren des Blauen Reiters. Grafenaschau 2004
Schmidt-Bauer, Silvia: Die Sammlung Bernhard Koehler. In: Die Moderne und ihre Sammler. Französische Kunst in deutschem Privatbesitz vom Kaiserreich zur Weimarer Republik. Berlin 2001, S. 267–286
Schmitz, Walter (Hg.): Die Münchner Moderne. Die literarische Szene in der »Kunststadt« um die Jahrhundertwende. Stuttgart 1990
Schulte-Wülwer, Ulrich, und Felicitas Bracher-Schneider: Karl Storch und seine Malschülerinnen Maria Marc, Marianne Rusche und Paula Steiner-Prag. In: Nordelbingen. Beiträge zur Kunst- und Kulturgeschichte Schleswig-Holsteins 82 (2013), S. 152–172
Schulz-Hoffmann, Carla (Hg.): Sammlung Etta und Otto Stangl. Von Klee bis Poliakoff. Ostfildern-Ruit 1993
Schuster, Klaus-Peter (Hg.): Die »Kunststadt« München 1937. Nationalsozialismus und »Entartete Kunst«. München 1987
Seidenstücker, Karl: Buddhismus in Übersetzungen. Texte aus dem buddhistischen Pāli-Kanon und dem Kammavācam. Breslau 1911
Stählin, Carl Ludwig (Hg.): Lebens- und Sterbensgeschichte eines frühvollendeten Kindes Gottes. Nürnberg 1857

Steinicke, Georg C.: Wie ich der Schwabinger Buchhändler wurde. In: Münchner Mitteilungen für künstlerische und geistige Interessen. Jahrgang 2, 1928, S. 605–607
Ders.: Erinnerungen eines München-Schwabinger Buchhändlers. In: Festausschuß des Börsenvereins der Deutschen Buchhändler zu Leipzig. Kantate-Stimmen 1929. S. 86–90
Steub, Ludwig: Das bayerische Hochland. München 1860
Strachwitz, Sigrid von: Franz Marc und Friedrich Nietzsche. Zur Nietzsche-Rezeption in der bildenden Kunst. Diss. Bonn 1997
Suder, Alexander L. (Hg.): Komponisten in Bayern. Bd. 11. Heinrich Kaminski. Tutzing 1986
Tavel, Hans Christoph von (Hg.): Der Blaue Reiter. Katalog zur Ausstellung. Kunstmuseum Bern 1986
Thiemann-Stoedtner, Ottilie, und Gerhard Hanke: Dachauer Maler. Die Kunstlandschaft von 1801–1946. Herausgegeben von Klaus Kiermeier. Dachau 1989
Tolstoi, Lew: Was ist Kunst? Berlin 1898
Über das Poetische in der Kunst Franz Marcs. München 1954
Uhlig, Franziska: Die »Neue Künstlervereinigung München« im Spannungsverhältnis von Ost und West. In: Annegret Hoberg und Helmut Friedel (Hg.): Der Blaue Reiter und Das Neue Bild. Von der »Neuen Künstlervereinigung München« zum »Blauen Reiter«, Katalog zur Ausstellung in der Städtischen Galerie im Lenbachhaus München vom 2. Juli – 3. Oktober 1999. München 1999, S. 292–299
Wagner, Christoph: Franz Marc und die Musik. Primatische Farbigkeit und organischer Rhythmus. In: Franz Marc und der Blaue Reiter. Herausgegeben von der Franz Marc Stiftung Kochel am See u. a. München 1998, S. 67–94
Walden, Nell, und Lothar Schreyer (Hg.): Der Sturm. Ein Erinnerungsbuch an Herwarth Walden und die Künstler aus dem Sturmkreis. Baden-Baden 1954
Waldowsky, Michael: Tolstoi und Nietzsche über den Wert der Kultur. Ein Beitrag zur Kulturphilosophie. Diss. Jena 1910
Walther, Peter (Hg.): Endzeit Europa. Ein kollektives Tagebuch deutschsprachiger Schriftsteller, Künstler und Gelehrter im Ersten Weltkrieg. Göttingen 2008
Wedekind, Gregor: Der Münchner Blaue Reiter – Bruderschaft der Avantgarde. In: Richard Faber und Christine Holste (Hg.): Kreise – Gruppen – Bünde. Soziologie moderner Intellektuellen-Assoziation. Würzburg 2000, S. 109–131
Weiß, Elisabeth: Franz Marc. Ein Versuch zur Deutung expressionistischer Stilphänomene und ihrer Voraussetzungen. Diss. Frankfurt am Main 1933
Winkler, Walter: Psychologie der modernen Kunst. Tübingen 1949
Wolter, Franz: Skizzenbuch Altmünchner Künstler. München 1924
Wouwermans, Alwin von: Farbenlehre. Wien u. a. 1891
Wunschel, Hans Jürgen: Das Verhältnis Franz Ludwig von Erthals zu Protestanten und Juden. In: Franz Ludwig von Erthal. Fürstbischof von Bamberg und Würzburg, S. 101–108
Ziegler, Edda: 100 Jahre Piper. Die Geschichte eines Verlags. München 2004
Zijlmans, Kitty, und Jos Hoogeveen: Kommunikation über Kunst. Eine Fallstudie zur Entstehungs- und Rezeptionsgeschichte des »Blauen Reiters« und von Wilhelm Worringers »Abstraktion und Einführung«. Leiden 1988

BILDNACHWEIS

Aufmacherseiten:

S. 8: Franz Marc am Kaffeetisch, um 1910 © Nürnberg, Germanisches Nationalmuseum, Deutsches Kunstarchiv, NL Marc, Franz, I, A-1-0073a

S. 14: Stammbaum der Familie Marc (1750–1916) © Nürnberg, Germanisches Nationalmuseum, Deutsches Kunstarchiv, NL Marc, Franz, I, A-14-0004

S. 26: Wilhelm Marc: Skizze »Willi [anfänglicher Rufname des Vaters für Franz], Tölz [18]82« © Nürnberg, Germanisches Nationalmuseum, Deutsches Kunstarchiv, NL Marc, Franz, I, A-10-0012

S. 78: Franz Marc und Maria Franck in Tracht, 1906 © Monacensia im Hildebrandhaus, München

S. 134: Plakat zur Ausstellung von Franz Marc in Brakels Moderner Kunstbuchandlung, 1910 (privat)

S. 240: Franz Marc (ganz oben sitzend mit übergeschlagenen Beinen) und seine Kolonne auf einem Dach, wahrscheinlich Elsass, 1914 © Nürnberg, Germanisches Nationalmuseum, Deutsches Kunstarchiv, NL Marc, Franz, I, A-1-0147

Bildarchive:

Artothek: S. 31

Franz Marc Museum, Kochel am See: S. 36, 56

Gemeindearchiv Kochel am See: S. 101

Heinrich Kaminski Gesellschaft (www.heinrich-kaminski.de): S. 257

Nürnberg, Germanisches Nationalmuseum, Deutsches Kunstarchiv: S. 35 (NL Marc, Franz, I, A-14-0003a), 39 (NL Marc, Franz, I, A-14-0008a), 49 o. (NL Marc, Franz, I, A-14-0010), 63 (NL Marc, Franz, I, A-0046), 64 u. (NL Marc, Franz, I, A-14-0044), 68 l. u. (NL Marc, Franz, I, A-14-0070), 68 l. o. (NL Marc, Franz, I, A-14-0066), 68 r. o. (NL Marc, Franz, I, A-14-0067), 68 r. u (NL Marc, Franz, I,A-14-0072), 69 (NL Marc, Franz, I, A-14-0069), 70 (NL Marc, Franz, I, A-14-0058), 88 (NL Marc, Franz, I, A-1-0060), 117 (NL Marc, Franz, I, A-14-0076), 137 (NL Marc, Franz, I, A-14-0107a), 182 (NL Marc, Franz, I, A-14-0123), 233 u. (NL Marc, Franz, I, A-14-0111), 268 (NL Marc, Franz, I, A-14-0126), 269 (NL Marc, Franz, I, A-14-0079), 276 (NL Marc, Franz, I, A1-0146a), 278 (NL Marc, Franz, I, A-14-03_05a)

Privat: S. 30, 32, 37, 40, 41, 49 u., 53, 54, 60, 62, 64 o., 73, 76, 78, 81, 83, 86, 90, 93, 98, 99, 100, 104, 115, 119, 125, 139, 149, 164, 178, 181, 200, 202, 233 o., 254, 275, 279

Privatarchiv Christine Hübner: S. 124

Privatarchiv Erich Wimmers: S. 29, 33, 34, 96, 175, 203, 230

Städtische Galerie im Lenbachhaus und Kunstbau München: S. 108 (Foto: Simone Gänsheimer, Ernst Jank)

PERSONENREGISTER